L'approche qualité perçue

Éditions d'Organisation
Groupe Eyrolles
61, bd Saint-Germain
75240 Paris cedex 05

www.editions-organisation.com
www.editions-eyrolles.com

Dans la même série,

Olivier DEMUSSAT, *Travailler avec les Japonais.*

Jean-Louis GIORDANO

L'approche
qualité perçue

Éditions
d'Organisation

Sommaire

Partie II
La démarche qualité perçue – Rendre objectif le subjectif client

Partie III

La mise en œuvre de la valeur perçue - Projets et processus métiers

© Groupe Eyrolles

Introduction

Les transformations radicales des sociétés modifient profondément les échanges commerciaux. Les leviers classiques de la vente, tels que l'image de la marque, la force de vente, la publicité, ne suffisent plus à limiter les risques d'échec très nombreux des produits lancés sur les marchés. Tout le monde reconnaît que les clients ont changé. Formés par les évolutions de l'offre, ils sont de plus en plus exigeants et informés, ils ont un choix devenu excessif. Ce client n'est plus monolithique mais pluriel, selon le contexte il peut changer de comportement, il n'est plus fidèle de façon inconditionnelle, il « zappe ». La technique offre des possibilités considérables, surtout avec la montée du virtuel. La pression de la concurrence se généralise et se joue sur des marchés élargis. Les attentes de la « demande » dépassent aujourd'hui le simple fonctionnement correct des produits, elles portent aussi sur des éléments immatériels, tels que les services, l'apparence immédiate, l'émotion et le sensoriel.

Nous définirons la « Qualité perçue » comme l'ensemble des qualités positives, perçues par un client. Elle consiste à proposer des valeurs attractives et reconnaissables, chacun pouvant percevoir dès le premier regard les qualités d'un produit par des signes qui doivent l'attirer et lui donner confiance, puis être satisfait ensuite à l'utilisation. Tout ceci doit être cohérent avec la promesse faite au départ par l'image du produit, le label ou sa présentation. Les qualités qui sont perçues par les clients permettent de mettre en valeur le produit ou le service, exprimant lui-même ainsi ses propriétés, et deviennent un élément prioritaire de la vente. Elles lui donnent un sens car elles expriment par leur *design* une volonté jusque dans le détail.

La notion de « Valeur perçue client » complète celle de qualité perçue car elle détermine ce qui est important pour le marché, depuis le premier contact jusqu'à la prestation vécue. Cette définition est nouvelle ; à la différence de la notion américaine (une fonctionnalité évaluée par rapport au prix), elle s'appuie non seulement sur les prestations effectivement offertes, mais aussi sur le désir que l'on a d'obtenir le produit ou service sans faire intervenir le prix. Puisque cette valeur est fondée aussi bien sur des signes de qualité que sur de réelles prestations, la valeur perçue devient alors une valeur vendable. Les enjeux sont considérables lorsque cette valeur est compétitive par rapport au prix de vente : ceci permet de mieux vendre à meilleure marge. L'attractivité dès la première impression fera progresser les parts de marché et donnera la possibilité de meilleure marge par l'ajustement des prix. La satisfaction à l'usage augmentera la fidélité.

La demande de qualité perçue, qui se confirme de plus en plus, nous semble inéluctable, d'autant que la composante immatérielle prend toujours plus d'importance. Les services, aujourd'hui devenus prioritaires, sont par nature des « instants de vérité », ce qui les rend encore plus sensibles à la bonne qualité perçue dans la relation d'échange. L'information communiquée lors d'un échange devient un langage à décoder qui aura des conséquences fortes selon sa crédibilité perçue.

L'objectif de ce livre est donc de définir de façon très opérationnelle la démarche qualité perçue.

La première partie portera sur les enjeux et les composantes de la qualité perçue des produits, services et informations. Dans les parties suivantes, nous nous limiterons souvent à des produits matériels pour être plus concrets, mais des applications analogues pourraient être faites pour les services et les aspects virtuels.

La valorisation des qualités passe par la perception qui est toujours une interprétation subjective et personnelle. Décoder les perceptions et les attentes des clients est d'autant plus fondamental que nous avons toujours constaté dans les études des écarts importants entre ce que perçoivent les clients et ce que pensent les concepteurs. Il devient nécessaire d'aller voir les clients pour mieux comprendre leurs codes, le *sens* qu'ils donnent et les *émotions* qu'ils éprouvent au contact des objets. La référence au client sera donc un leitmotiv que nous retrouverons dans toutes les parties de ce livre.

Offre et demande font évoluer en permanence la valeur de la qualité perçue : l'offre crée des références nouvelles, la demande change dans ses exigences. Les « fondamentaux » sont le résultat de cette dialectique. Pris ensemble, ils assureront les bases de la qualité perçue. En résumé, cette partie portera sur trois points :

- Définition et enjeux de la qualité perçue ;
- Perception des qualités, écouter et décoder ;
- Dialogue offre/demande et compréhension des mécanismes, création de la valeur perçue et définition des fondamentaux.

La deuxième partie explique la démarche spécifique à la qualité perçue. La demande de plus en plus subjective nécessite de traduire ce subjectif en caractéristiques objectives. Les produits/services constituent le support principal de l'échange ; il sera donc indispensable de définir simultanément l'ensemble de leurs qualités perçues de façon cohérente afin d'assurer une meilleure réussite : aller plus loin que le fonctionnel, maîtriser l'ensemble des interfaces, offrir de réelles prestations exprimées par des signes dans un réel souci du client.

La démarche analytique, qui décompose chaque partie et les étudie séparément, n'est plus suffisante. Elle doit être complétée par une approche systémique qui prend en compte les interactions entre parties, sources de propriétés « émergentes ». Dans ce cas, la démarche qualité perçue est plus difficile à conduire, elle se fait par une approche systématique dont cette partie propose de définir le processus et les outils associés, selon trois étapes :

• Reformuler les attentes clients en services à rendre ;

• Traduire les services en caractéristiques objectives, imaginer le résultat, construire la qualité perçue. Cette deuxième phase doit être menée de façon à prendre en compte ces trois actions qui s'enrichissent lorsqu'elles dialoguent entre elles ;

• Évaluer les qualités perçues des produits et des services. L'évaluation servira pour « manager la convergence » du projet vers les objectifs fixés.

L'objet de la troisième partie est de définir les processus à mettre en œuvre dans l'entreprise, mais aussi avec le client. Créer de la qualité perçue nécessite une démarche transversale dans l'entreprise, elle doit être focalisée sur la bonne perception du produit à obtenir. Ceci conduit à plus intégrer la qualité perçue dans les processus. Non seulement le projet est garant des équilibres entre qualité, coûts et délais, mais il doit aussi assurer une bonne cohérence de la qualité perçue du résultat final. Cette dimension supplémentaire devient importante, elle nécessite de changer de méthode de travail : il s'agit moins de répondre à un cahier des charges ou à des spécifications que d'élaborer le produit en même temps que le projet se déroule. Un dialogue doit s'instaurer entre l'entreprise (qui présente le produit ou le service) et le client. Il repose sur les trois actions suivantes :

• Identifier et utiliser les processus projet s'appuyant sur la « partition commune » de l'entreprise que constitue la logique de développement ;

• Intégrer la qualité perçue dans les gènes du projet : dialogues avec le client et l'entreprise ;

• Animer au quotidien la qualité perçue et les coûts.

L'approche complète que nous préconisons a été mise au point dès les années quatre-vingt dans différents secteurs. Les applications concrètes, les erreurs et réussites permettent des retours d'expériences avec le recul et l'identification des points fondamentaux.

Aujourd'hui, la prise en compte de la qualité perçue est indispensable. Cette approche nouvelle concerne l'entreprise tout entière, aussi bien le designer que la technique, le marketing ou la vente. Elle oblige à se focaliser sur le client et le marché. Comme guide pour allouer les ressources aux aspects les plus valorisés, elle doit intéresser tous ceux qui conçoivent et vendent. Le projet, en premier concerné, gagnera à supporter cette orientation « qualité perçue » car il existe de fortes potentialités de gains.

PARTIE I

La perception des qualités
Valeurs perçues, valeurs vendues

« Tout vrai regard est un désir. »

ALFRED DE MUSSET

Il s'agira ici de la perception des qualités des produits/services pour laquelle nous aurons à distinguer les « quoi » (à quoi cela sert-il) et les « comment » (comment faire) qui correspondent véritablement à des langages différents pour le client.

Qualités exprimées : le fonctionnel seul ne suffit plus, l'apparence seule rend très vulnérable. À l'époque de l'immédiat et du changement, où l'image est importante, il devient impératif que l'objet mis sur le marché offre non seulement des prestations, mais les exprime au travers de toutes les caractéristiques perçues satisfaisantes pour un client. Il existe de nombreuses significations de « qualité ». Nous l'emploierons comme manière d'être, bonne ou mauvaise, ce qui en fait le mérite.

La perception : elle est fondamentale car elle construit une représentation mentale à partir de sensations. Elle est saisie par les sens et interprétée par l'esprit, le rôle du cerveau (cognitif) y est déterminant. Il est donc nécessaire de « décoder » ces représentations.

Qualité perçue : non seulement le produit offre des prestations, mais il va les exprimer par différents signes. Il signifiera de même le « travail bien fait » pour donner confiance dès la première impression. Le point fondamental est que les qualités des prestations offertes et les signes de qualité perçus immédiatement soient cohérents avec ce qui sera vécu. Les différentes définitions de la qualité perçue concordent sur le fait qu'il faut donner confiance dès le premier regard et proposer des promesses de satisfaction à l'utilisation.

Des potentialités fortes de gain par la qualité perçue existent et doivent être exploitées. Pour cela, des fondamentaux sont à respecter afin d'assurer plus de réussite aux produits et services. Ils sont tous indispensables. Cette partie prépare la partie suivante en définissant la qualité perçue et les mécanismes de création de la « valeur perçue client ». Elle portera sur ces trois points : définition et enjeux de la qualité perçue ; perception des qualités, écouter et décoder ; dialogue offre/demande, création de la valeur perçue et définition des fondamentaux.

Chapitre 1

Définition et enjeux

Donner du sens et de la valeur
par la qualité perçue

« La qualité perçue est l'idée qu'on se fait
par rapport aux sensations et à l'opinion qu'on en a. »

Dans toute relation d'échange les produits se doivent d'offrir à la fois des services réels mais aussi de les exprimer dès le premier regard. Leurs dimensions matérielles et immatérielles participent donc à la perception de leurs qualités. Nous abordons dans un premier temps les produits matériels, puis nous verrons sur des exemples que cette notion de qualité perçue est aussi valable pour les services et les concepts. Nous définirons ensuite les enjeux de la qualité perçue concernant les processus d'achat. Un diagnostic global doit être mené par chaque entreprise pour estimer les apports dus à la qualité perçue de leurs produits/services.

La « qualité perçue » donne du sens et de la valeur aux produits, elle limite les risques d'échec par la séduction, la confiance et la satisfaction qu'elle leur confère.

Définition des différentes notions de qualité perçue

Il s'agira des qualités de base toujours nécessaires, des services offerts et des signes de qualité qui sont perçus par un client. La qualité perçue est une notion qui n'est pas uniquement une propriété du produit/service mais qui dépend aussi de celui qui va l'apprécier.

Le tout et le rien : ce que disent les clients

Que dit le client au sujet de qualité perçue ? C'est « tout » mais aussi « rien ». Les études « qualité perçue » que nous avons pu mener (dès 1986 sur la « finition », puis en 1994) montrent que cette notion est large, très subjective. Elle touche l'ensemble du produit (le tout) mais aussi la perception d'un détail qui peut choquer (le rien). La qualité est une notion de fond que le public perçoit de plus en plus dans une relation sensorielle et affective à l'objet, mais qui porte aussi sur du jugement rationnel. Les personnes ne se fient pas qu'à un seul sens où à leur impression de l'ensemble mais vérifient sans cesse, passant de l'ensemble aux détails et inversement, avec une grande versatilité.

Voici quelques phrases mot à mot de clients, relevées dans des enquêtes :

- Dans l'automobile : « *Comment je perçois la qualité ? Pour moi c'est être sans souci, une impression que tout est bien fait, jusqu'au détail, que ça ne fait pas toc, que ça va durer. C'est aussi avoir du confort et la sécurité, être sûre de ne pas manquer mon rendez-vous, être informée que tout va bien sur mon véhicule.* »

- En grande consommation. Pour connaître les attentes il suffit d'écouter des conversations, par exemple des échanges entre femmes parlant de la qualité des vêtements qu'elles ont vus : « *Il faut que ce soit facile à porter, mais aussi que ça dure deux à trois saisons* », dit l'une. « *La mode varie souvent, je la suis de loin, mais enfin je veux que ce soit moderne et valorisant, qu'on ait l'impression qu'il y a un quelque chose en plus. Au toucher de la matière, on sent tout de suite un bon tissu. Une robe me tentait, mais je ne l'ai pas prise car elle avait un petit truc qui ne m'a pas plu. Pour moi, ce qui est le plus important c'est que ce soit bien adapté à ma personnalité, que ça me corresponde* », ajoute une autre.

Il y a coexistence d'aspects objectifs (fonctionnels et mesurables) et subjectifs (esthétique, plaisir vécu, relationnel). Le détail « qui tue », car inadmissible pour les standards actuels, ou la fausse note dans une interprétation, la faute d'orthographe peuvent tout changer et décrédibiliser l'ensemble. Des phrases portant sur l'automobile sont citées plus en détail dans les exemples de ce chapitre.

La qualité est couramment définie comme « *ce qui donne satisfaction à un client* ». Elle est constituée par « *l'ensemble des propriétés et caractéristiques d'un produit ou service qui lui confèrent l'aptitude à satisfaire des besoins exprimés ou implicites* »[1].

La perception des qualités se fait par rapport aux références de personnes qui les apprécient. Les produits de consommation donnent des repères au consommateur

---

1. AFNOR NFX 50-120.

dans différents domaines. Si la qualité des tissus des vêtements évolue, pourquoi les tissus et matériaux de son salon ou de sa voiture n'évolueraient-ils pas aussi. La bonne qualité d'un matériau dans un secteur devient une référence pour un autre secteur.

L'offre de qualité s'est faite, au début par la robustesse, la durabilité, la fiabilité et la technologie. Elle est devenue ensuite une qualité donnant un bon rapport qualité/ prix. Aujourd'hui elle concerne aussi bien le plaisir et la sensorialité que la valeur d'usage. La modernité intervient car une fois la qualité de base acquise, l'attente se déplace vers une qualité dédiée au plaisir de perception et d'utilisation. Le contenu qualité évolue constamment avec l'offre qui devient plus performante et le client plus exigeant.

Qualités perçues ou qualité perçue ? Deux notions coexistent pour les produits matériels :

* **La notion de « qualités perçues »** couvre l'ensemble des dimensions perceptibles, sensibles et sensorielles : aussi bien les services rendus (prestations) que les caractéristiques qui expriment une promesse de qualité. Cette première notion est d'origine américaine (issue des études PIMS, que nous évoquerons par la suite), elle considère que la qualité perçue constitue la satisfaction du client et représente un système global de jugement. Elle prend en compte tout ce que le client peut percevoir et qui induit pour lui un niveau de satisfaction ;

* **La notion de « qualité perçue »** plus européenne porte sur les perceptions immédiates, rationnelles et subjectives, du tout comme du détail, que le client a vis-à-vis d'un produit. Elle ne prend pas en compte les prestations à l'usage ni le vieillissement, et se limite souvent au premier contact que le client peut avoir, dans une salle d'exposition par exemple.

Nous emploierons les deux termes ; au singulier dans un sens général ; au pluriel si l'on veut souligner que la perception porte sur ses différentes composantes.

Un ensemble d'impressions sensibles et sensorielles

La qualité perçue est constituée, dans la définition que nous adoptons, de toutes les « qualités » (suscitant une opinion) perçues par le client. C'est l'ensemble des impressions sensibles et sensorielles, ainsi que des indices qui séduisent et attirent dès le premier regard, interprétés par le client comme une promesse de qualité lui donnant confiance, et qui le satisfont à l'utilisation.

La qualité perçue ainsi définie repose sur trois composantes qui coexistent et forment un « système consistant » c'est-à-dire un ensemble qui se doit d'être cohérent (figure 1-1). Cette classification repose sur les niveaux définis dans le diagramme de Kano que nous détaillerons au chapitre 2 sur la perception :

• **La qualité de base** : pas de défaut dans ce qui est offert. Cette qualité constitue de plus en plus un dû. Elle est perçue si elle n'est pas satisfaite, le jugement sera alors négatif ou motivera un rejet. Lorsqu'elle est obtenue, elle ne crée plus de satisfaction. Cette première composante basique concerne la qualité robustesse, celle du fonctionnement qui n'a pas de défaut, pas de panne, pas de fausse note pour une interprétation musicale ou ne comporte pas d'information erronée dans un texte.

• **La qualité des services rendus** (que sont les prestations subjectives et objectives), aussi bien sensibles que sensoriels. Les services offerts par un produit/service sont les raisons même de leur achat. Leurs qualités s'apprécieront surtout par les expériences que les clients vivront après l'achat, lors de leur utilisation ou au moment où ils consommeront le service lui-même.

Cette deuxième composante repose sur de la qualité standard offerte sur un marché, la réponse aux normes, le bon rapport qualité/prix, la qualité « performance » du diagramme de Kano. C'est par exemple la sécurité, le confort, les performances pour un véhicule, la qualité de la relation, l'attente, le service effectif pour une offre de service.

• **Les signes de qualité.** Ils deviennent importants car ils vont exprimer dès le premier regard que l'on peut faire confiance et acheter le produit. Ces signes se présenteront de diverses façons :

– les signes de la qualité de base, démontrant le travail bien fait et donnant confiance,

– l'expression connotée des prestations que sont les signes évoqués lors de l'utilisation des services. L'utilisation permet de consommer des services mais comporte simultanément des aspects qui lui sont associés et auxquels on va penser. Citons, par exemple, l'impression de sportivité qui peut se dégager d'un bruit de moteur de véhicule, la sensation de ne pas être pris en considération par l'hôtesse d'accueil si elle répond à d'autres personnes, le doute qu'une faute d'orthographe va jeter sur la valeur d'un texte,

– la qualité « plus » qui différencie, est un facteur d'attrait, une promesse de plaisir. Le « petit plus » que tout le monde n'a pas sera réellement valorisé si les deux autres niveaux sont satisfaits. Nous associons ces « plus » aux signes de qualité car des prestations nouvelles, des aspects innovants se doivent d'être signifiés dès le premier contact par tous les signes et symboles associés au produit ; sans cela ils risquent de passer inaperçus. Citons pour illustrer les innovations des produits de grande consommation qui sont mises en valeur dans la présentation du produit, la qualité du service d'un hôtel associée à une charte visible par tout client, le label pour un vin ou une certification pour un processus.

Figure 1-1. Différentes notions de « qualité perçue »

Définition générale QP (USA – Japon)	Définition QP limitée à la perception lors de l'achat	Composantes Qualité Perçue	Contenu QP	Exemples de QP
Toutes les Qualités (propriétés offrant de la valeur, subjectives et objectives, prestations fonctionnelles et signes)	**Signes de qualité** séduisants et convaincants, donnant confiance et suggérant une promesse de prestation	Signes de qualité, perçus dès le « premier regard »	• Signes exprimant des qualités, Design du produit • Expression du service • Attractifs, séduisants • Signes donnant confiance	• Design du produit • Qualité de la relation de service • Image de marque perçue sur le produit • Emballage, flacon … • Label
perçues par les clients sur un marché défini **Qualité des services rendus**		• Qualité des prestations • Satisfaction à l'utilisation	• Satisfaction à l'usage • Qualité des services rendus (prestations subjectives et objectives) sensibles, sensorielles. • Bouche-à-oreille	• Services rendus • Prestations subjectives et objectives (confort, sécurité, performances ..) • Qualités sensorielles
	Qualité de Base	• Travail bien fait • Exactitude, rigueur	• Qualité sans souci • Dû, qualité de base, pas de défaut, non perçu s'il n'y a pas de problème	• Bien conçu, bien étudié, bien fabriqué • Relation sans souci • Qualité de l'information, exacte, sans faute, fiabilité, durabilité

La nécessité d'objets cohérents

Les personnes réagissent au contact d'objets cohérents qui les interpellent :

Figure 1-2. Définitions de la « qualité perçue »

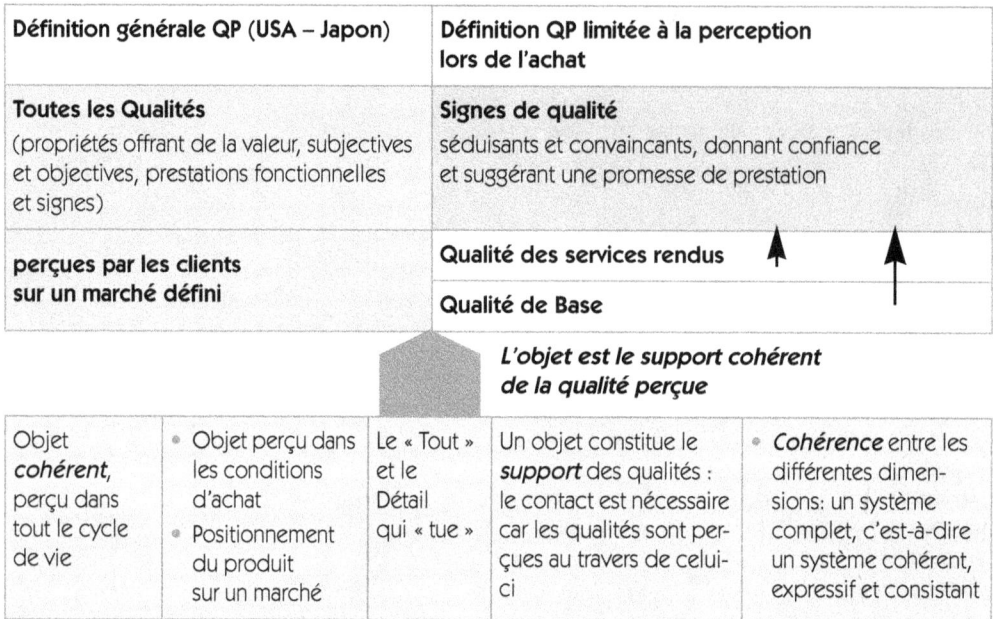

Définition générale QP (USA – Japon)	Définition QP limitée à la perception lors de l'achat
Toutes les Qualités (propriétés offrant de la valeur, subjectives et objectives, prestations fonctionnelles et signes)	**Signes de qualité** séduisants et convaincants, donnant confiance et suggérant une promesse de prestation
perçues par les clients sur un marché défini	**Qualité des services rendus** ▲ ⬆ **Qualité de Base**

L'objet est le support cohérent de la qualité perçue

| Objet *cohérent*, perçu dans tout le cycle de vie | • Objet perçu dans les conditions d'achat
 • Positionnement du produit sur un marché | Le « Tout » et le Détail qui « tue » | Un objet constitue le *support* des qualités : le contact est nécessaire car les qualités sont perçues au travers de celui-ci | • *Cohérence* entre les différentes dimensions: un système complet, c'est-à-dire un système cohérent, expressif et consistant |

Les objets ont un cycle de la vie. On parle de l'habitude des objets, compagnons quotidiens. Pour Henri Piéron[1], *« L'enfant apprend à reconnaître les objets qui l'entourent, et les informations sensorielles prennent une signification en relation avec cette reconnaissance, qui sera un guide pour ses actions »*.

L'objet est le support des prestations et des signes : nous sommes depuis toujours des sociétés ayant des contacts avec des objets, et l'homme dans le cycle de sa vie apprend l'utilisation de tous ces éléments qui lui sont extérieurs. Avant de parler de qualités, il nous faut donc parler des produits (objets) qui supportent ces qualités. En fait, un constructeur ne vend pas de la satisfaction au client, mais des produits, des services, des informations. La satisfaction des clients constitue toujours une priorité, mais elle ne pourra se faire qu'au travers des objets matériels ou immatériels offerts, perçus et « consommés ».

---

1. Dans « Le maniement de la perception », *in Le maniement humain*, PUF, Vendôme, 1956.

La cohérence entre les trois composantes ci-dessus de la qualité perçue est fondamentale car, comme nous le verrons dans la perception, toute personne a besoin de
se construire une vision cohérente au contact du monde qui l'entoure.

Produit et qualité perçue : des exemples de « bien fait » et « pensé client »

La notion de qualité est indissociable des « qualités » du produit, on ne peut en
parler qu'au-dessus d'un minimum qui comprend, en matière automobile par
exemple : la séduction esthétique, l'impression globale de sécurité, un bon niveau
d'équipement, au minimum conforme au standard du niveau de gamme, un
confort satisfaisant, une bonne motorisation. Ces notions ne font pas partie de la
qualité « traditionnelle » mais sont perçues par les clients comme indissociables de
ce qui fait qualité perçue. Un produit, pour supporter ces prestations de qualité
perçue, doit avoir à la fois une :

- Une cohérence : l'unité, l'intégration et la continuité des formes, la perception
  des matériaux, la cohérence et l'homogénéité de l'ensemble ; l'intégration des
  parties ne constitue pas un patchwork dans le mauvais sens du terme (un puzzle
  fait de « bric et de broc ») ;

- Une expressivité : le produit « parle », exprime ce qu'il est, selon les codes culturels du client et les connotations qui sont suggérées par sa personnalité ;

- Une authenticité : un produit perçu en trois dimensions avec son « épaisseur ». Il
  n'est pas factice, il ne ment pas comme peut le faire une « image ». C'est le
  contraire du « vide », du « sec », du « plat » ou de ce qui est cassant, trop brillant,
  de ce qui n'est pas « vrai ».

La notion de finition

Ce terme souvent employé possède de multiples sens. Il signifie le souci du détail
bien fait, la qualité de l'ouvrage terminé et achevé. En construction automobile, il
signifie un niveau de qualité d'équipement ou de matériaux, des coutures faites avec
soin mais aussi valorisantes.

Les tendances socioculturelles

L'individu d'aujourd'hui est multiple et paradoxal, un consommateur autonome,
plus exigeant et moins fidèle, plus informé dans une société où la communication
est surabondante. Il exprime des besoins de sens, d'émotions, de confiance et de
satisfaction, immédiats et réels.

Les mutations profondes de la société conjuguent des traits forts et parfois contradictoires :

- **La montée de l'individualisme implique des personnalisations multiples.** Les références sont prises relativement à la personne, à son groupe de référence ou son clan. Cette tendance est générale dans tous les pays : avoir du plaisir individuel et en groupes d'amis, du temps pour soi ;

- **L'attrait de l'immédiat et de l'apparence implique la perception instantanée de l'image.** Aujourd'hui, l'image remplace souvent les mots, et même la pensée ; elle engendre une société de l'instantané et de l'apparence. Dans une société de l'immédiat, de la vitesse, du court terme et de l'achat rapide (en consommation, la majorité des achats se fait en moins d'une minute) l'image devient déterminante. Mais chacun a appris que ce qu'expriment les images est parfois mensonger ;

- **La quête du bonheur implique de vivre des émotions, de prendre du plaisir.** La montée des exigences des consommateurs s'exprime par des besoins plus forts de sensoriel, de sensations, d'émotions et de plaisirs. « *J'aimerais vivre de nouvelles émotions tous les jours* » devient majoritaire dans les enquêtes (en 1983, 33 % des Français ; en 2001, 52 %). La société se « féminise » et s'accompagne d'une montée du subjectif et de nouvelles sensibilités ;

- **Le besoin de confiance implique d'être rassuré et satisfait.** Ainsi plus formés, les consommateurs doutent et sont devenus incrédules, ils ont besoins de preuves et de confiance. Dans une société de défiance, de repli sur soi, le plaisir immédiat se double de la peur des risques. Chacun veut se protéger des incertitudes, des mauvaises découvertes (« ne pas se faire avoir ! ») afin d'être satisfait à la fois dans l'immédiat et le futur. Les besoins de se rassurer portent sur des attentes de santé et de sécurité, un retour vers l'authentique et vers ses racines, le désir de retrouver le cocon de son enfance.

  La perte de confiance, de crédibilité vis-à-vis des médias est frappante. On veut donc du vrai et ne pas être déçu, sans cela il n'y aura pas de satisfaction. Au-delà de l'apparence qui suscite l'impulsion d'achat, la personne demande aussi de consommer de réelles prestations ;

- **Le besoin d'imaginaire et l'attirance pour le matériel impliquent une quête de sens.** En même temps, la montée de l'immatériel confirme le fort besoin d'imaginaire que les sociétés ont depuis toujours. Un besoin de relations personnelles et de rêve, au-delà de ce qui est purement fonctionnel ou utilitaire, existe. La quête du sens, le besoin de savoir pourquoi, est permanente. Une des premières revendications des usagers des transports en commun lors d'incidents est d'être informés de ce qui se passe afin de pouvoir s'organiser.

La qualité perçue répond aux tendances sociales

Il sera important de concevoir, produire et vendre de « bons » produits qui expriment leurs qualités perçues et répondent aux tendances citées, à savoir :

- La qualité perçue permet une personnalisation par la possibilité de l'achat d'un produit dont la lecture déclenche la remarque « il me correspond » ;
- Elle répond au besoin d'image et de rapidité par l'information qu'elle donne sous forme de signes dès le premier contact ;
- Elle offre un produit séduisant, doté de réels services, elle procure du plaisir pour celui qui l'a voulu ;
- Elle donne un « sens » au produit qui exprime les prestations qu'il offre par différents signes : il raconte une histoire par des symboles, des images, en montrant ce qu'il est et ce qu'il devient. Les produits ont toujours signifié leurs fonctions, mais l'offre se banalise et les objets deviennent relativement moins expressifs. La qualité perçue rajoute une signification, donnée directement par l'objet et interprétée par la personne qui le perçoit. Tous ces signes permettent de se l'approprier rapidement ;
- Elle appelle des appréciations suggérant la confiance : en avoir pour son argent. Lorsqu'une personne achète un produit, utilise un service ou une information, elle doit faire, en grande partie, confiance *a priori* dans la qualité de ce qu'elle achète. Celle-ci doit donner l'assurance d'une jouissance durable, une confiance par anticipation et qui s'exprime dans tous les cycles de perception, dès le premier contact. La perte de confiance est dramatique pour une entreprise, d'autant que le consommateur peut de moins en moins vérifier la qualité de la technique, il s'en rendra compte ensuite. Nous avons tous en tête les pertes catastrophiques d'entreprises qui ont eu des problèmes de qualité ;
- Les signes de qualité donnent envie d'aller plus loin avec le produit. La notion de qualité varie en fonction de l'utilisateur et de l'objet dont il est question. Mais elle constitue un des facteurs importants à l'achat, avec le « bouche-à-oreille » à l'utilisation. La satisfaction du client mesure uniquement l'expérience que fait celui-ci avec le produit, les qualités perçues aideront à rendre le produit ou le service plus attractif, donner envie de l'acquérir. Il ne suffit plus d'offrir des prestations fonctionnelles, il faut aussi aller au-delà, anticiper, exprimer et démontrer la qualité et la promesse faite, une parole à tenir.

Vers plus de qualité perçue, une tendance de fond à moduler selon les cultures

La sensibilité à la qualité reste très variable selon les marchés et les cultures.

L'influence de la culture : codes et valeurs, cohérence des systèmes de symboles

La culture est un peu l'âme d'un groupe social. Dans un sens large, elle se compose de coutumes, croyances, langues, idées, goûts esthétiques, connaissances techniques, organisation de l'environnement des hommes, culture matérielle, outils, habitat, technologies. Un groupe social est un lieu de production symbolique dans lequel il y a partage des références communes et un ensemble de valeurs étayant les représentations que le groupe se fait de lui-même et de ses rapports avec les autres. De ce fait, une culture comporte des niveaux, comme le montre la figure 1-3, depuis les signes manifestes et exprimés, jusqu'à l'imaginaire inconscient. Les aspects symboliques permettent de donner un sens aux messages qui s'échangent, aux relations sociales.

Les codes sont des conventions permettant d'attribuer un sens aux signes d'un message, ils constituent un système structuré de symboles, de signes et de règles. Ils représentent une information ou bien transmettent un message qu'ils associent à l'objet de celui-ci. Ce sont donc des éléments indispensables à toute communication verbale ou non verbale.

Les différentes qualités perçues selon les codes culturels

Les qualités perçues sont différentes selon les codes des cultures. Les États-Unis ou le Japon n'ont pas les mêmes demandes que l'Europe. Les Japonais acceptent de mélanger les contraires, ce qui est matériel n'est pas nécessairement durable, leur pragmatisme impose l'utilisation de l'outil avant celle du signe. Mais le signe devient nécessaire dès que la qualité est satisfaite, surtout dans cette culture qui fait une grande part aux symboles, une culture du « signe » précisément. Le pragmatisme et la culture du service des Anglo-Saxons feront passer en priorité la facilité, le service réel, la sécurité de fonctionnement, avant les signes de qualité (dans le secteur automobile, par exemple). Aux États-Unis, la grosse berline avec des prestations de rangement facile, un bon air conditionné, du confort, prime sur la subtilité de la finition. En Europe, Allemands et Italiens n'ont pas la même perception de la qualité. Pour les Allemands, pragmatiques, sécuritaires, un produit doit tout d'abord répondre à des canons de rigueur, de qualité, de robustesse. Pour les Italiens, la perception immédiate, l'aspect artistique primeront.

Malgré ces différences, l'évolution générale tend vers une meilleure prise en compte de la confiance que les constructeurs auront à donner à leurs marchés.

Figure 1-3. Composantes de la culture

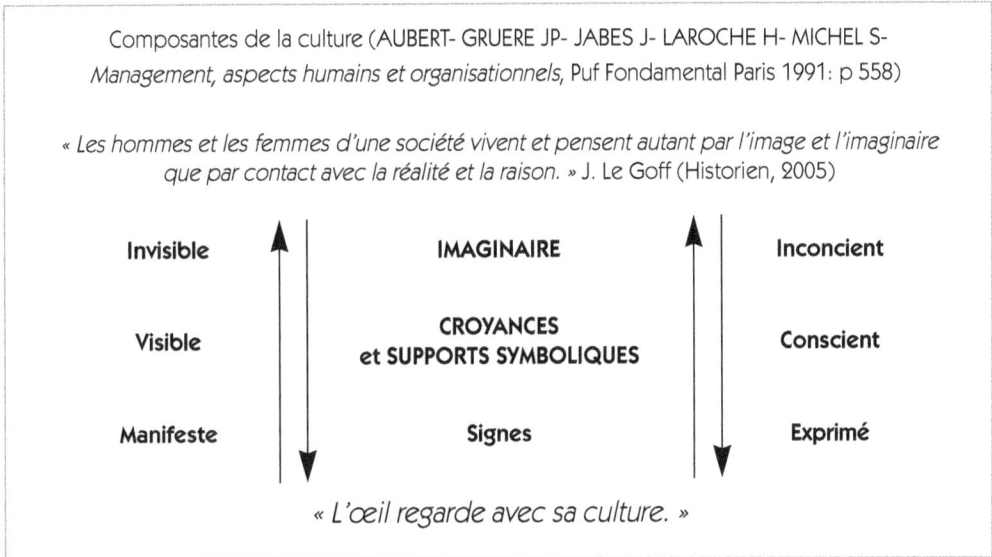

Composantes de la culture (AUBERT- GRUERE JP- JABES J- LAROCHE H- MICHEL S- *Management, aspects humains et organisationnels,* Puf Fondamental Paris 1991: p 558)

« Les hommes et les femmes d'une société vivent et pensent autant par l'image et l'imaginaire que par contact avec la réalité et la raison. » J. Le Goff (Historien, 2005)

Invisible	IMAGINAIRE	Inconcient
Visible	CROYANCES et SUPPORTS SYMBOLIQUES	Conscient
Manifeste	Signes	Exprimé

« L'œil regarde avec sa culture. »

Offrir de la « valeur perçue client »

La qualité perçue sur tout le cycle de vie du produit correspond à offrir de la « valeur perçue client », c'est-à-dire à aller au-delà de la satisfaction, attirer, séduire, satisfaire.

La qualité perçue est un facteur déterminant à l'achat et à l'utilisation, elle joue sur la satisfaction et influence l'image de la marque.

Qualité perçue = Qualité vendue

La « qualité perçue » sera une « qualité vendue » car un produit qui exprime ses qualités se vendra d'autant plus facilement.

La décision d'achat d'un consommateur est aussi bien incitée par des éléments rationnels (prix ou utilité) que faite de façon impulsive et émotionnelle, relevant des perceptions immédiates. Celui-ci peut être influencé par l'image de marque, par des conseils ou ses propres émotions. Cependant ; il se fie plus en plus à sa propre perception. Il ne juge en général pas directement les qualités intrinsèques et objectives mais il va sélectionner un produit sur des impressions.

La qualité qu'il perçoit dès le premier regard est déterminante dans l'acte d'achat. La « première impression » que nous détaillerons dans le chapitre 2, correspond à ce besoin de rapidité ; elle est, dit-on, « toujours la bonne, surtout lorsqu'elle est mauvaise » car, dans ce cas, la possibilité d'une deuxième chance est fortement compromise. On risque de ne plus revoir la personne, elle gardera en plus un mauvais souvenir. Cette impression s'exprimera par des images, des signes, des symboles, tout ce qui communique spontanément. Le « bouche-à-oreille » y participera, ainsi que toute la communication des marques et les images *a priori* des produits. Mais de plus en plus les consommateurs veulent avoir des preuves par eux-mêmes. La qualité perçue fait alors la différence entre des produits techniquement similaires, ou lorsque le consommateur n'est pas en mesure d'apprécier la qualité technique. Elle participe à l'opération de séduction inhérente à toutes démarches commerciales.

Un produit désirable, attractif, exprimant ce qu'il est, devient un levier majeur de vente car il se vend par lui-même.

Aller au-delà des qualités perçues et de la satisfaction du client

Satisfaire les clients ne suffit plus, il faut offrir de la valeur perçue au client.

Satisfaction et insatisfaction ne sont pas des notions inverses : il existe une zone neutre entre les deux ; s'il n'y a pas d'insatisfaction, cela ne veut pas dire qu'il y a pour autant de la satisfaction (figure 1-4). Il ne suffit donc pas de corriger les insatisfactions pour que le client soit satisfait. Il faut aller au-delà et lui offrir une prestation positive qui motive sa satisfaction.

Figure 1-4. Satisfaction et insatisfaction

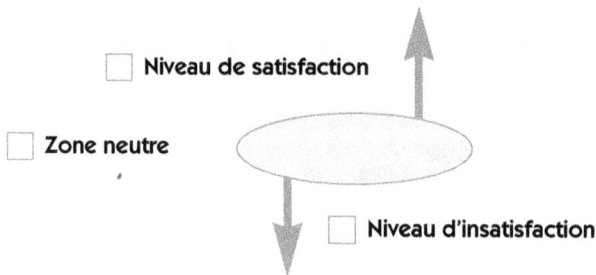

La satisfaction est fondamentale car un client non satisfait (insatisfait ou indifférent) ne revient généralement pas mais le dira à cinq fois plus de personnes qu'un client satisfait. Sans satisfaction, il n'y a pas de fidélisation possible. Or la fidélité génère du profit. Cette fidélisation est de plus en plus difficile à obtenir compte tenu de l'intensification de la concurrence et de l'évolution des consommateurs qui ont plus tendance à « zapper ». L'entreprise doit donc être vigilante à la satisfaction, sous peine de perdre en volume de vente, de ne pas pouvoir vendre à son prix, de détériorer son image de marque.

Satisfaire les clients n'est plus suffisant aujourd'hui. Les consommateurs, plus exigeants, plus informés, plus autonomes, évoluent en permanence. La satisfaction résultera de l'écart d'appréciation du client entre ce qu'il perçoit et ce qu'il attend (figure 1-5). Ils demandent des produits ayant plus de fonctionnalités, également associés à des services et qui procurent des émotions et du plaisir.

Figure 1-5. Qualité perçue et satisfaction, écart de perception

Écart de perception

Satisfaction ou insatisfaction = Qualité : attendue - perçue

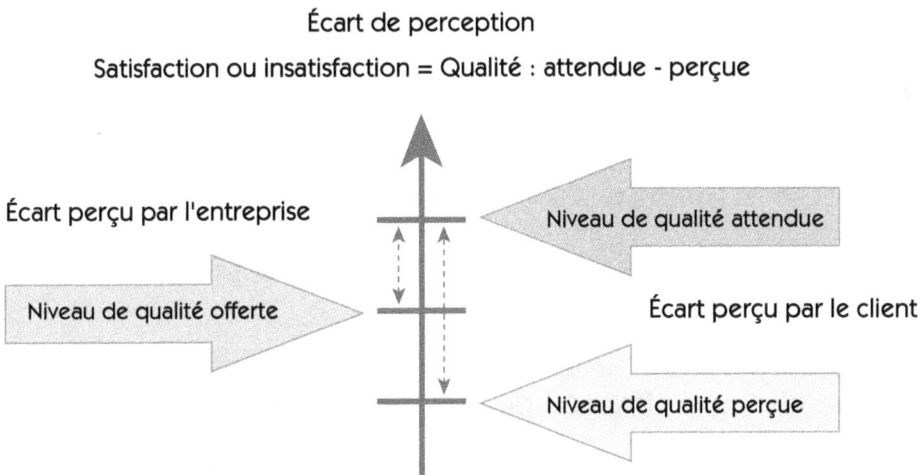

Une offre satisfaisante ne sera pas pour autant achetée si la concurrence est plus attractive. Les nouveaux produits et services doivent répondre aux attentes futures alors que l'enquête de satisfaction mesure les produits et services déjà sur le marché. Il est donc nécessaire d'anticiper les attentes nouvelles et latentes des clients. La mesure de la satisfaction ne concerne que les clients qui ont acheté et il est nécessaire d'élargir aux consommateurs qui ne sont pas venus acheter. Selon Daniel Ray, *« satisfaire ses clients est une condition indispensable, la fidélité génère du profit et sans satisfaction il n'y a pas de profit. (Mais) il ne suffit plus de satisfaire pour que la personne achète, un concurrent peut être plus attractif »*[1].

---

1. Daniel Ray, *Mesurer et développer la satisfaction clients*, Éditions d'Organisation, 2001.

La valeur perçue appréciée par le client est « *l'aptitude à être désiré dans tout ce que perçoit le client* ». Nous l'aborderons plus en détail au chapitre 3. La notion de valeur complète la qualité perçue en précisant ce qui est valorisé par le client : une qualité qui est perçue mais non valorisée n'amène pas un plus (une valeur) pour lui. Valeur et qualités perçues constituent les fondamentaux de l'approche client.

La valeur permet une prise en compte plus complète des attitudes et comportements des clients que la seule satisfaction. Nous résumons les différences entre satisfaction et valeur de la qualité perçue dans le tableau suivant :

Satisfaction consommateurs	Valeur perçue clients
Concerne uniquement les clients potentiels	Inclue l'ensemble du marché
Rétrospective	Prospective
Orientée caractéristiques	Orientée bénéfices
Relative aux attentes	Relative aux alternatives proposées
Utile pour améliorer les processus au contact du client	Utile pour prévoir le comportement des consommateurs
Le client change si l'offre est plus attractive	L'offre a une attractivité qui séduit et fidélise

À chaque niveau d'offre (ou de prix) son niveau de qualité perçue

La notion de qualité demandée et perçue a évolué. Pour l'automobile, par exemple, ce n'est plus :

- Un prix élevé, lié à un fort niveau d'équipement, ou du luxe. D'ailleurs des produits « de luxe » ne faisaient pas forcément qualité par le passé, mais restaient dans l'exceptionnel par leur image ;

- La robustesse du « tank ». De grosses tôles épaisses, indestructibles mais qui peuvent rouiller ne vont plus signifier la qualité.

Qualité perçue : le juste nécessaire par rapport au marché, au positionnement, au prix

Des prix peuvent aussi être bas mais l'offre n'est plus dépouillée, elle est « tout compris ». Aujourd'hui les marchés n'admettent plus des prestations dégradées, même à prix bas. Il existe un seuil minimum de prestations, le dû qui doit être offert sous peine de ne plus vendre. Les enseignes « bas prix » qui ont fleuri ces années dans la grande consommation le démontrent.

À chaque niveau de prix doit correspondre un niveau de qualité perçue

Chaque niveau de l'offre peut être maintenant perçu comme de qualité. Pour les prix minimums ou minima, les prestations doivent être au-dessus du dû considéré par les clients comme indispensable. Les signes de qualité pour ce niveau seront limités mais mettront l'accent sur le nécessaire : signe de bonne fabrication permettant d'être rassuré sur l'utilisation du produit. La qualité de base est indispensable aujourd'hui pour assurer ce socle minimum de prestations. Un produit qui va tomber en panne ne pourra pas être perçu comme ayant un minimum de qualités, si ces défauts sont courants par rapport à la concurrence.

Figure 1-6. À chaque niveau de prix, sa qualité perçue

(les niveaux se rapprochent de ceux du « diagramme de Kano » Fig. 2-27)

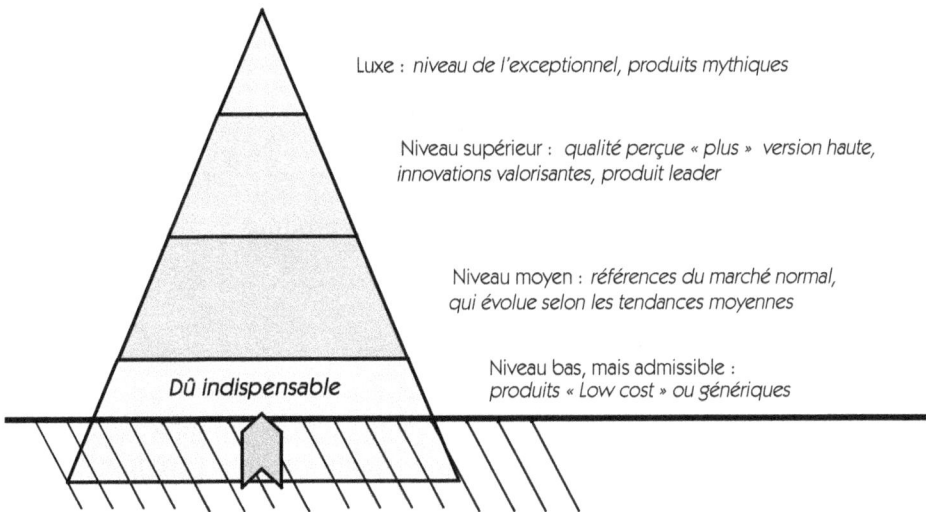

Luxe : *niveau de l'exceptionnel, produits mythiques*

Niveau supérieur : *qualité perçue « plus » version haute, innovations valorisantes, produit leader*

Niveau moyen : *références du marché normal, qui évolue selon les tendances moyennes*

Niveau bas, mais admissible : *produits « Low cost » ou génériques*

Dû indispensable

Pour des niveaux moyens, les prestations seront dans le marché, les qualités perçues exprimeront le bien fait, le fait qu'on a une attention pour le client. Le produit respectera à l'utilisation ces prestations. Il n'est pas besoin à ce niveau d'enrichir plus que nécessaire le produit, mais une cohérence est nécessaire pour en faire un produit ayant une unité, comme pour le niveau minimum d'ailleurs.

Au niveau supérieur, les prestations sont plus élevées mais les signes et l'image vont devenir prioritaires. Une richesse sera demandée, mais le coût est supérieur. Ces « plus » pourront être payés par le marché par des prix relativement élevés. À ce niveau, la cohérence du produit doit être forte pour créer une personnalité d'exception (voir les différents niveaux du diagramme de Kano).

Figure 1-7. Niveau de qualité perçue et niveau de prix

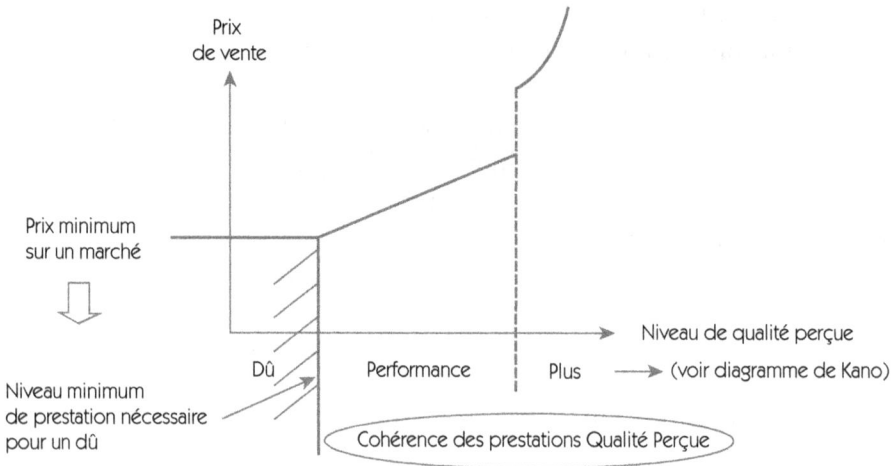

Le poids des incertitudes sur la réussite ou l'échec des produits

Des incertitudes pèsent sur la réussite ou l'échec des produits à cause des évolutions permanentes et de la pression de la concurrence.

Nouvelle économie, nouvel environnement : le rôle du produit dans un sens élargi

L'économie a changé, elle passe de l'échange de biens, de la physique du matériel, à une économie où les services et l'information prennent une part fondamentale. L'environnement est multiple et très connecté (réseaux), immatériel, évolutif ; tout devient flou et subjectif.

Historiquement, la consommation s'est développée depuis les années cinquante par l'offre dans une société qui avait d'énormes besoins à satisfaire. Durant cette période « poussée par l'offre » (*push* ou *product-out*), les fabricants imposaient les produits qui correspondaient à la technique existante. Ceci avait l'avantage de satisfaire rapidement les fonctions de base en offrant des produits « standardisés ». Cependant, les marchés évoluant, les produits ne rencontraient plus les clients devenus exigeants. Il s'en est suivi une période dans laquelle le consommateur impose de plus en plus ses demandes, une période tirée par la demande (*pull* ou *market-in*). L'écoute du client est devenue prioritaire et le restera, les constructeurs devant absolument les satisfaire.

Ces démarches ont l'avantage de mieux répondre aux besoins du moment, d'offrir des prestations « personnalisées ». En revanche, elles demandent de faire « rentrer le client dans l'entreprise », ce qui se fait toujours aussi difficilement.

L'évolution des références

La perception évolue avec l'offre, les modes, l'éducation, le niveau d'information. La qualité est quelque chose que producteur et consommateur réalisent ensemble en créant le produit, le service, la solution. Elle résulte pour le fournisseur d'un savoir-faire, pour le consommateur d'une expérience sensitive ou sensorielle, d'un vécu de prestations qui lui permet de juger, d'apprécier ce qui lui est offert.

L'offre de produits crée de nouvelles références et les attentes changent. Cette évolution est motivée non seulement par les produits sur un marché mais par l'ensemble de tous les produits et services dans différents domaines auxquels la personne sera confrontée. Nous le dirons au chapitre 3, il existe dans cette dynamique offre/demande des références provenant de marchés très différents. L'offre est élargie : l'amélioration du service de création d'un produit, le raccourcissement des délais pour l'obtenir, créera des attentes nouvelles de rapidité dans le domaine de la vente de la grande consommation ou dans les services après-vente.

Réussites et échecs dans le marché de grande consommation : des risques permanents

Le consommateur devenu versatile dispose d'une latitude de choix et rend le succès des produits aléatoire. En dix ans (1990-2000), le taux d'échec des lancements de nouveaux produits de grande consommation est passé de 40 % en moyenne à 95 %, aux États-Unis, et 90 % en Europe[1]. Dans le même secteur, 50 à 70 % des nouveaux produits lancés sont des échecs...[2]

Les consommateurs se lassent de plus en plus vite. Leurs goûts évoluent. Aujourd'hui ils veulent qu'on les étonne avec autre chose. Même si un produit est innovant, sa réussite n'est pas assurée. Les facteurs explicatifs du succès sont :

- Un avantage significatif de performance ou de prix (74 % des succès identifiés offraient au consommateur une meilleure performance pour un prix égal ou plus élevé, alors que 20 % seulement des échecs répondaient à cette condition) ;

---

1. Selon la *Revue française du marketing*, n° 182, 2001.
2. Selon plusieurs ouvrages sur la grande consommation, et notamment celui de Nathalie Joulin, *Les coulisses des nouveaux produits*, Éditions d'Organisation, 2002.

- Une différence significative par rapport aux produits existants (sur 50 succès observés, 68 % des nouveaux produits ayant réussi étaient très différents des produits existants) ;

- Une nouvelle idée encore non essayée.

La plupart du temps, lorsqu'un produit est réussi, il se vend tout seul car il possède naturellement les qualités perçues qui sont appréciées par le marché.

Les principaux facteurs à l'achat portent sur les produits et services offerts

Nous schématisons dans le tableau qui suit les principaux facteurs traditionnels de vente et leurs tendances. Notons que dans le secteur automobile, 70 % des éléments ayant particulièrement influencé le choix sont relatifs au produit (voir les données sur l'automobile en fin de chapitre : « Enquêtes quantitatives dans le secteur automobile »). De nombreux exemples montrent la perte de confiance du consommateur dans ce qu'on lui offre. Sans vouloir négliger les facteurs de force de vente, nous soulignons le rôle fondamental du produit. Face à l'extrême concurrence, les produits et services offerts, perçus comme de bonne qualité par le consommateur, feront la différence parce qu'ils lui donneront confiance.

Image de marque	Baisse de son importance, sert si le client ne connaît pas l'offre
Promotion, publicité, communication	Perte de crédibilité
Réseau de vente et distribution	Nécessite une présence de grande taille, une implantation favorable
Actions commerciales, vente	Réticences vis-à-vis du vendeur, mais des demandes plus fortes d'informations et de renseignements
Fidélité des clients à la marque ou au produit	Baisse générale de la fidélité des personnes dans toutes les cultures
Produits et services offerts	Vecteur qui devient de plus en plus important et qui associe produits, services et conseils

L'évaluation de la demande

Il s'agit d'évaluer l'importance d'une offre réussie sur la rentabilité, ses enjeux sur l'ensemble des phases de vie d'un produit. *« Quand on aime on ne compte pas »* (dit-on).

Ce sont les clients qui font vivre l'entreprise en achetant ou non ses produits et services, ce qui se traduit par la fidélité et le renouvellement des produits dans la marque, la conquête faite sur des concurrents et par l'élargissement du marché potentiel ou la création d'un nouveau marché.

La qualité perçue : satisfaction et rentabilité au regard d'études PIMS[1]

Selon Daniel Ray[2], il existe deux cercles vertueux :

- Satisfaction – part de marché – profit : « *La profitabilité d'une entreprise est directement liée à sa part de marché […] c'est-à-dire à la perception des clients. […] La qualité d'un produit ou d'un service pour Buzzell et Gale est tout ce que le consommateur perçoit de ce qu'il est.* »

- Satisfaction – fidélité – profit : « *Sans satisfaction il n'y a pas de profit, la fidélité en génère […] il ne suffit plus de satisfaire pour que la personne achète, un concurrent peut être plus attractif.* »

Des études donnent des évaluations sur la rentabilité[3] : « *La qualité perçue est la contribution la plus importante au ROI (retour sur investissement) d'une entreprise, elle a plus d'impact que la part de marché, la recherche et développement ou les dépenses de marketing. Elle est en général au cœur de ce que les consommateurs achètent.* »

La fidélité des clients et le renouvellement maximisent le profit

En général il n'y a pas de fidélité sans satisfaction

La satisfaction des clients reflète la perception qu'ils ont de la qualité des produits et services offerts. La fidélité est fonction de la valeur dont la forme est une courbe logistique (figure 1-8). Une faible valeur peut malgré tout conserver des clients par habitude, mais le danger de fuite est évident. Une forte valeur ne donnera pas une fidélité inconditionnelle car de nombreux facteurs coexistent.

---

1. Le programme PIMS (*Profit Impacts of Marketing Strategies*) fut initialisé en 1972 aux États-Unis et concerne actuellement 2 600 domaines d'activité aux États-Unis et en Europe.
2. Daniel Ray, *Mesurer et développer la satisfaction clients, op. cit.*
3. Cabinet Advalue, 1998.

Figure 1-8. Fidélité selon le niveau des qualités perçues

Taux de fidélité

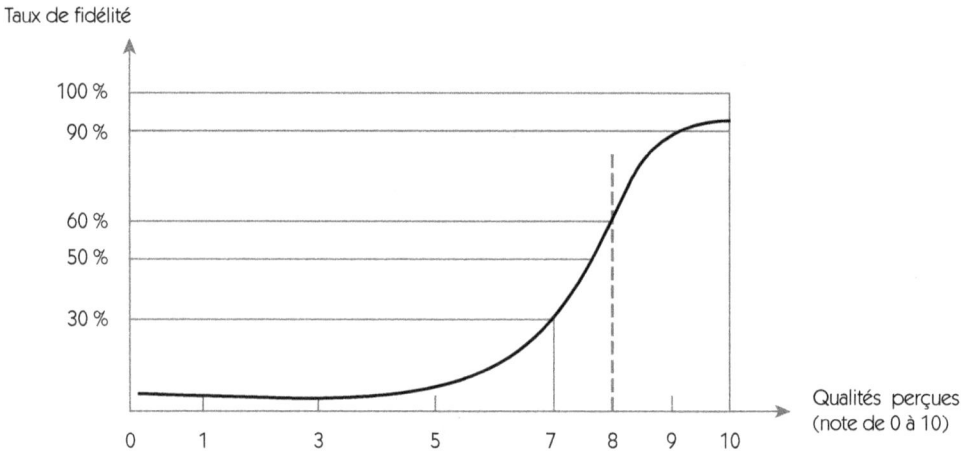

Qualités perçues
(note de 0 à 10)

La fidélité (Produit, Marque) augmente fortement à partir d'une note de 8 et principalement lorsque les clients sont « très satisfaits ».
Différents types de clients se répartissent selon les niveaux de fidélité :
- Opportunistes (20 à 30 %) : infidèles, zappent ;
- « Consommacteurs » (20 à 60 %) : attractivité du produit ou service, bilans Valeur / Prix ;
- Fidèles psychologiques (20 à 50 %) : image, résistance au changement, valorisent le contact et la relation avec le réseau.

Dans une situation commerciale, paradoxalement acheteur et vendeur ont tous deux l'impression d'avoir gagné. Les deux parties sont satisfaites, sinon il n'y aurait pas vente. Si ce n'est pas le cas, nous ne sommes plus dans une situation commerciale mais de conflit ou de coercition. Après l'achat, se produit le phénomène de « dissonance cognitive »[1] : face à ce qu'on perçoit et ce qu'on nous dit, nous aurons soit tendance à argumenter et résister aux critiques, soit à avoir des doutes et des pertes de confiance. Le « bouche-à-oreille » s'alimentera de ces réactions spontanées. Il est souvent sous-estimé et cependant très important. Il sera certainement amené à se développer avec les messageries électroniques et les téléphones portables.

La qualité perçue rend les produits et services immédiatement attractifs. Le coup de cœur du client s'accompagne souvent d'un effort supplémentaire qu'il consentira pour acheter à un prix plus élevé. Un plus sera donc valorisé en prix de vente et apportera une marge unitaire plus forte.

---

1. Selon la théorie de Festinger (1957).

Fidélité et conquête : des rencontres différentes entre l'offre et la demande

Des produits ou des services qui expriment dès le premier contact un attrait, une séduction, auront tendance à être spontanément achetés, et ceci au détriment de la concurrence. Les signes de qualité vont permettre une conquête plus forte sur les concurrents.

Valeur perçue et marché potentiel élargi

Un « premier regard » attractif déclenche l'achat et le renouvellement, mais permet aussi de convaincre des personnes qui ne seraient pas forcément venues sans ces promesses séduisantes, grâce à la publicité ou à la force de vente. Chacun sait bien que ces leviers sont faits pour vendre, et leur crédibilité a baissé. Les signes convaincants de qualité du produit vont eux-mêmes faire leur propre communication de façon très large. Les ventes possibles portent alors sur des masses beaucoup plus importantes de clients possibles, d'où un marché potentiel très accru.

Un produit innovant doit l'exprimer tout de suite et ne pas attendre que le client découvre par lui-même, au bout d'un certain temps, que ce produit est somme toute intéressant pour lui. La qualité perçue est le support majeur de prestations nouvelles et promeut la création de nouveaux marchés.

La qualité perçue n'augmente pas les prix

Au global, si nous faisons un bilan complet des gains et des surcoûts sur l'ensemble des cycles de vie, nous constatons que la qualité perçue n'augmente pas les prix car la qualité de base va réduire les coûts (bien travailler), la qualité des prestations doit être compétitive par rapport au marché (satisfaction) et apporter des volumes.

Par contre, les signes de qualité peuvent entraîner des surcoûts (par exemple, une meilleure qualité de matériaux) mais ils concernent un marché potentiel plus large car le produit s'exprime par lui-même et peut séduire ceux qui ne seraient jamais venus à lui par la publicité. Si l'on additionne tous les effets, les études montrent que faire de la qualité perçue n'augmente pas le coût (ce que nous détaillerons au chapitre 8).

De plus nous avons souvent vérifié en évaluant la demande que la réussite s'accompagnait d'un facteur d'amplification sur les gains : par exemple, 10 % de réussite en plus dans la note de satisfaction entraînait 20 à 40 % de plus de profit pour l'entreprise (figure 1-9).

Figure 1-9. Dynamique de la réussite

Non-linéarité du succès ou de l'échec : la réussite entraîne la réussite

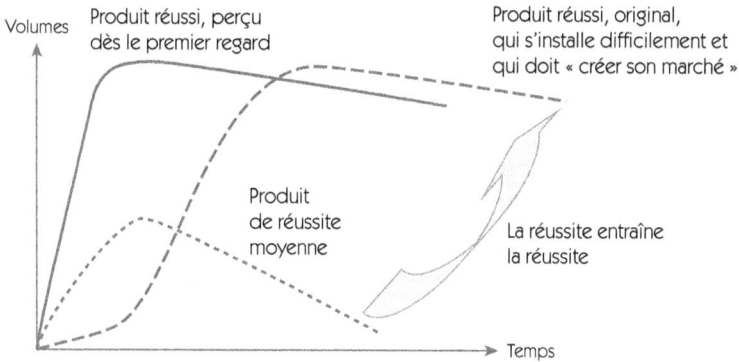

La réussite entraîne plusieurs effets conjugués qui amplifient les bénéfices :
• Maximum plus élevé
• Obsolescence moins forte (certains produits mythiques sont « éternels »)
• Durée de vie plus longue

La qualité perçue permet donc de « mieux vendre, à meilleure marge » (figure 1-10).

Figure 1-10.
Les qualités perçues permettent de « mieux vendre à meilleure marge »

L'ensemble des qualités perçues par les clients permet de mieux vendre et de justifier des prix de vente plus élevés correspondant à la valeur perçue et offerte. Une qualité de base (travail bien fait) évite des coûts (retouches, rebuts, remises, retours clients ..) les qualités des prestations sont nécessaires pour être compétitif, les signes de qualité expriment une promesse à un marché élargi.

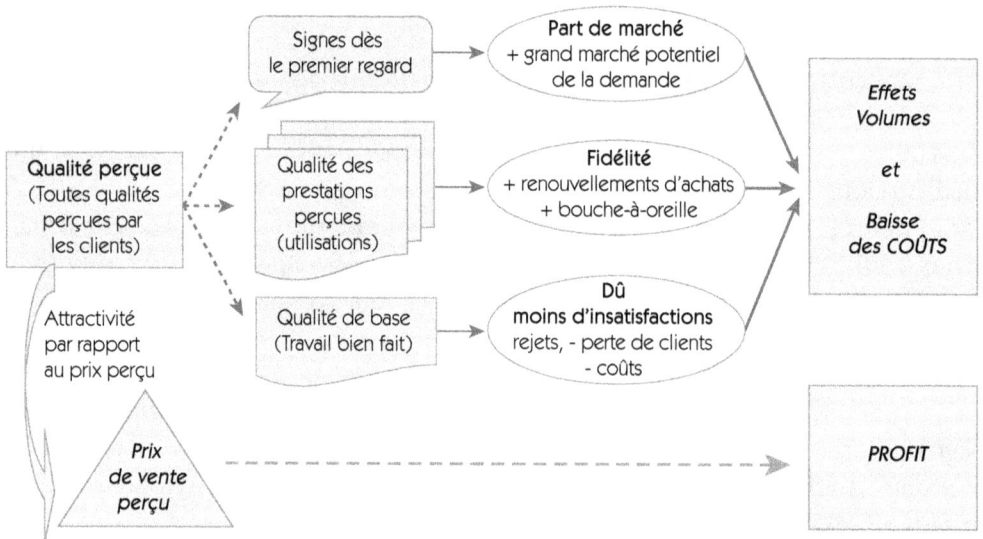

Des exemples pour illustrer la « qualité perçue » des produits, des services et des concepts

« Un label de crédibilité. »

De plus en plus, émerge une demande croissante des clients et des marchés, vis-à-vis non seulement de produits seuls mais aussi d'une offre complète associant le produit, des services, voire des informations et conseils d'accompagnement technique.

La différence de nature des objets matériels et immatériels

La « nature des choses » est ce qui est propre à un ensemble de caractères fondamentaux qui définissent les êtres, l'ensemble de traits qui constituent une personnalité et leurs propriétés. La différence de nature des réalités matérielles et immatérielles induit des lectures différentes. Puisque nous utiliserons ces différences, donnons des exemples de ces lectures.

Nature du réel	Exemples	Caractéristiques	Lecture des objets de perception
Matériel : tangible • Produit	Matière, liquide, gaz Objet physique, outil	• Présence • Dure et vieillit	• Échanges matériels • Voir le même objet permet de vérifier
Immatériel : intangible • Service	Énergie, flux Action, événement Service, relationnel Lien social	• « Instants de vérité » intangibles • Se consomme au moment où il se crée • Échanges impliquant les deux parties • Ne se stocke pas ou peu	• Vécu, consommé, échangé • Contact fugitif, non reproductible, ressenti subjectif
Immatériel : virtuel • Information, concept	Information, indice Signe, signal, symbole Langage, mythe Idée, connaissance	• Partage, rendements croissants • Crédibilité, preuve, confiance, label • Sens, apprentissage • Ruptures exponentielles	• Partages des informations • Divergences dues à l'imagination de chacun • Évolutions infinies

Prestations et signes tangibles caractérisent le produit

En ce qui concerne les objets matériels, matières et fluides, il y a présence de l'objet, un contact tangible évident, l'objet dure et se dégrade, il peut se stocker.

Prenons en exemple, le jouet de l'enfant : le jouet est pour lui à la fois un objet transitionnel, le contact qui sécurise et que l'on retrouve dans son coffre. Un jouet permet à l'enfant de prendre conscience de l'espace et de s'approprier les formes. Il a un rôle de formation. Utiliser des produits par la suite rappellera un peu le jeu de son enfance.

Pour le produit automobile, le fonctionnel ne suffit plus, la guerre des prix conduit à l'échec

Les enquêtes qualité Europe montrent que la qualité perçue est une demande récente, de fond, mais varie selon les marchés et cultures. Les nouvelles exigences vont au-delà du seul fonctionnel pour exprimer aussi des aspects symboliques. Il est intéressant par exemple de suivre l'évolution des constructeurs automobiles, qui, après avoir tenté d'assurer des produits sans problème, leur associent maintenant plus de valeur de signe.

« *L'industrie automobile au bord du gouffre* », titre aux États-Unis le *New York Times* en avril 2005. Le numéro un mondial perd constamment des parts de marché aux États-Unis. La forte dégradation de ses résultats est due aussi à une structure de coûts trop élevés. Mais le recul de ses parts de marché s'explique par la concurrence japonaise et européenne, qui constitue de plus en plus une référence du marché. Le risque est aggravé par l'arrivée de nouveaux entrants coréens et chinois. Ce constructeur s'est lancé en 2001 dans une guerre des prix (crédits et ristournes pouvant aller jusqu'à 4 000 dollars par véhicule) qui n'a pas enrayé sa chute. Pour satisfaire les marchés financiers, il n'a pas suffisamment mis l'accent sur le développement de nouveaux produits et a joué systématiquement le court terme. Maintenir sous perfusion ses ventes en cassant les prix implique qu'un client achète plus dans une concession un rabais qu'une voiture.

Par le passé, de nouveaux produits venaient relancer le marché. Dans les années quatre-vingt, CHRYSLER invente le monospace ; dans les années quatre-vingt-dix, les constructeurs font entrer les 4 X 4 de loisir. Puis les Japonais conquièrent des parts du marché des 4 X 4 et entament leur hégémonie dans le domaine des Pickups (les plus grosses ventes).

Les enquêtes très influentes JD Power donnent la Lexus de TOYOTA et BMW en premier (62 000 clients de voitures neuves aux États-Unis, nombre de problèmes recensés au bout de trois mois). Les progrès du constructeur américain en qualité sont nets. Cependant ses véhicules offrent des éléments fonctionnels (confort, air conditionné, fiabilité) mais sont mal placés sur les autres prestations : le design et, d'une manière générale, la qualité perçue. Pour le client de la rue, « *ils doivent écouter ce que veulent les gens au lieu d'essayer d'imposer leur goût au consommateur. Ils font des voitures hideuses. Faire des voitures et des utilitaires que les clients ont vraiment envie d'acheter, au lieu de véhicules qu'ils tolèrent dans leurs garages à cause d'une réduction ou d'un taux zéro ».*

Percevoir un véhicule : les enquêtes qualité perçue dans l'automobile[1]

« La notion de qualité perçue est apparue dans le secteur automobile en 2000. Elle met en avant le soin apporté à la conception et réalisation, une exigence accrue accordée aux détails. Facteur clé de la décision d'achat [...] (elle) permet de fidéliser un client devenu expert. Des études ont démontré que le client avait développé une perception organisée et fine de la voiture qu'il parcourt du regard suivant une lecture jalonnée de points de vigilance [...] L'harmonie d'ensemble est déterminante, il faut surtout éviter la fausse note. »

Les attentes, besoins, évaluations et cycles de perception se dessinent au travers de verbatim et de comportements exprimés dans des enquêtes réalisées en Europe en 1996. Nous avons observé à ce propos quelques points qui nous paraissent fondamentaux, bien que partiels :

- **Le décalage entre les perceptions de l'utilisateur et celles de l'industriel** (une différence de « points de vue »). L'utilisateur s'intéresse avant tout aux aspects vécus et subjectifs de la qualité et tend à laisser à l'industriel la responsabilité de l'aspect technique ;

- **La mutation de la perception de qualité** (depuis les années quatre-vingt-dix) correspond à des exigences de plus en plus fortes. Elle se porte plus sur l'utilisation, la relation, les bénéfices attendus et moins sur les « qualités de base » solidité, fiabilité, durabilité, qui deviennent des acquis. Si elle s'apparentait alors encore à du luxe, elle est devenue un standard ;

- **Le contenu qualité de ces niveaux évolue en fonction du temps,** l'offre devenant plus performante, le client plus exigeant ;

- **De difficiles repères objectifs.** Les jugements de qualité se font aussi bien sur l'expression de la cohérence de conception que sur la réalisation ou sur la conformité aux usages. Le client se fonde aussi sur des « signes passages obligés » des choses très signifiantes : son de la fermeture de porte, poignée manipulée, revêtement et matériaux, commandes ergonomiques, tissus. Certains indices inquiètent, d'autres rassurent. Le jugement des « plastiques » se fait par l'épaisseur, le galbe, la souplesse, l'aspect, les ajustements. Le grand public ne rejette plus les

---

1. Dossier *Les Échos Automobile*, 21 septembre 2004.

matériaux composites comme faisant « plastoc » s'ils ont des propriétés intéressantes. Le niveau d'équipement en quantité et qualité est un autre repère. Il faut être au trait, mais tout équipement n'est pas forcément de la qualité perçue ;

- La « **modernité** » perçue est une promesse que le produit a bénéficié des derniers progrès : ces signes de modernité donnent une crédibilité aux perfectionnements.

Le terme qualité très employé dans les années quatre-vingt-dix est en définitive très vague. Lorsqu'on demande en spontané à l'utilisateur d'un véhicule ce que c'est que pour lui la qualité, ce qu'il perçoit, les réponses sont très variées :

- *« Du sanssouci... On a l'impression que tout est bien fait... Ça ne fait pas rajouté... Savoir que je serai averti s'il y a un problème... »*

- *« Ce petit détail veut dire qu'ils n'ont pas fait l'effort de bien finir leur véhicule... Ces boutons font quincaille, ça fait cheap... D'après ce que je vois, je suis sûr que ça va se dégrader rapidement... J'ai vu un petit défaut, ça ne me donne pas confiance, je vais vérifier qu'il n'y en a pas d'autres, pour moi c'est un indice qui me donne des doutes... »*

- *« Il y a des choses qui ne se remarquent pas tellement, si c'est régulier ça passe inaperçu, mais là, les jeux qu'on a sont vraiment trop larges, on y voit au travers. Remarquez, c'est dans des zones un peu cachées que l'on voit si le constructeur a bien travaillé. »*

- *« Au toucher, c'est vraiment bien doux, ça paraît aussi durable, c'est du beau tissu sur le siège, ça se voit tout de suite... Rien qu'au bruit, ça fait qualité, c'est mat, pas clinquant... »*

- *« Avoir la qualité, ce n'est plus du luxe, la voiture ne doit pas être plus chère, sauf si c'est une finition très élevée. Mais tout de même, la petite doit aussi avoir une certaine qualité. »*

- *« C'est le confort et le service. C'est de pouvoir mener mes enfants à l'école sans problème... Pour moi qui suis médecin, c'est d'être sûr d'arriver rapidement chez mes malades... Ne pas tomber en panne, aujourd'hui c'est la moindre des choses... »*

- *« La qualité, c'est tout ce qui me fait dire qu'on a pensé à moi. »*

Grande consommation : ouverture des prestations et nécessaire confiance

Ce secteur est en train de faire sa révolution. Il évolue vers une offre de tout un ensemble de prestations, plus de transparence vis-à-vis du consommateur, des services effectifs, des informations associées, des conseils, des labels, donc, au total, une orientation forte qualité perçue. Le marché de grande consommation est une référence pour l'ensemble des consommateurs, puisque tout le monde a eu un contact avec lui. Il fournit des références et des exemples pour les autres secteurs.

Pour Nathalie Joulin[1], « *50 à 70 % des nouveaux produits sont des échecs. Il y a une multiplication des références sur les linéaires. Les marchés s'interpénètrent, avec apport de valeur ajoutée à la fois fonctionnelle et imaginaire, mais une prudence par rapport aux fausses bonnes idées, aux gadgets. La différenciation est de plus en plus difficile, la vitesse plus que jamais le facteur déterminant. L'immatériel peut donner une valeur, l'émotionnel est nourri par la dimension imaginaire : tous les sens sont sollicités. Le succès est dans le détail qui peut entraîner l'échec… ».*

Prestation intangible et importance du relationnel caractérisent le service

C'est une manière de faire sur une prestation intangible, un lien entre personnes. Pour revenir à notre exemple du jeu des enfants, celui-ci forme à des relations, aux échanges. Il permet une socialisation, la prise en compte du regard de l'autre, et apprend le partage.

Le service, premier élément au contact du client, est créateur de valeur

Au restaurant, le besoin de confiance dans ce qu'on mange doit être satisfait, mais aussi tout un ensemble de prestations. Le fonctionnel seul (une nourriture correcte) ne suffit plus. S'il faut donner confiance dans ce qu'on mange, l'ambiance compte autant que la qualité des plats.

Des sociétés d'étude client[2] ont remarqué une forte évolution du comportement des clients. Quant au restaurant, les comportements ont changé. « *Avant, lorsqu'on allait au restaurant en famille, on appréciait les plats. Si l'on n'était pas content de la viande, on appelait le serveur et on se plaignait au patron. Aujourd'hui, lorsqu'on va au restaurant entre amis ou en famille, on sait que la cuisine est très bien, mais on a vraiment trop attendu pour être servi, il y avait du bruit, ça sentait la fumée, le serveur n'était pas très souriant, ma femme a eu froid. Nous n'avons rien dit, mais en partant nous nous sommes promis de ne plus revenir. Je ne suis pas satisfait, le repas était correct mais pas le service. D'ailleurs, la semaine suivante nous avons signalé à des amis qui cherchaient un bon restaurant, de ne pas aller là.* » L'évolution porte sur le jugement qui associe plus d'aspects, mais aussi sur l'infidélité qui se créera sans le dire à ce restaurant, lequel ne saura pas directement pourquoi ses ventes chutent.

Immatériel, intangible, un service est chaque fois un instant de vérité, qui se consomme instant par instant. À la différence du produit tangible qui peut être offert plusieurs fois ou stocké lorsqu'il a été constitué, le service nécessite d'être

---

1. Nathalie Joulin, *Les coulisses des nouveaux produits, op. cit.*
2. Dont la Cofremca, société d'enquêtes socioculturelles, Paris, 1988.

construit à chaque contact. Le point important est la « simultanéité de la consom-mation et de la production ». Il implique donc un relationnel avec des personnes et est de nature très subjective. Il n'y a pas de service standard tout fait, prêt à être livré. Chaque service constitue un « moment de vérité », selon l'expression de Carl-son, analogue à la prestation de l'acteur de théâtre : l'instant, la performance, l'acte chaque fois unique qui se vit comme une relation.

La perception des services pour la grande consommation

Au-delà du service rendu lui-même, la perception des services passe aussi par l'expression d'une intention et la manière de le faire. Souvent le client ne peut pas se faire une idée quantitative : il ne mesure pas le volume du coffre d'une voiture mais en a une impression subjective, à la différence de l'acheteur professionnel qui va avoir des exigences très quantifiées. C'est la perception qui compte d'abord pour apprécier ou non le service :

- **La perception globale.** On voit un tout et non des éléments séparés : relation vendeur, réception, présentation du produit, intention du vendeur, confort de la salle. Un seul élément faisant défaut peut conduire à une mauvaise impression. On perçoit la cohérence entre les diverses actions ;

- **La façon de faire conduit à des interprétations du client** : le vendeur veut trop bien faire, il s'agite dans tous les sens, le client perçoit plutôt une panique, un signe de mauvaise organisation qui lui suggère qu'on va mal le servir ;

- **La façon de répondre du vendeur peut insécuriser** : « Vous n'êtes pas le seul à avoir ce problème ! » Des choses évidentes pour le client sont incompréhensibles si elles ne sont pas dues.

Le contact du service, plus encore que celui du produit, déclenche des inférences immédiates. La première impression est fondamentale. Une grande partie de la qualité perçue dépend de la relation vécue avec le client (accueil, écoute, conseil, information, contact, ambiance, etc.).

L'information, prestation virtuelle, ne fait pas appel aux mêmes critères d'appréciation

Dans notre exemple des jeux d'enfants, les contes sont des histoires qui stimulent l'imaginaire de l'enfant, dont toute société a besoin. L'imaginaire a souvent des conséquences bien réelles.

La production humaine ne se limite pas aux produits matériels et aux services, nous échangeons aussi des informations, des idées, des produits culturels, du virtuel. De plus en plus surabondante, l'information se rajoute aux aspects tangibles et intangibles, ses propriétés sont en rupture avec les deux autres types. Citons les principaux aspects.

La nécessité de codes culturels

Des codes culturels sont nécessaires pour interpréter l'information, leur sens est fait de multiples significations, de signes, signaux, symboles qui vont exprimer tout ce qui est connoté :

- L'information est inépuisable, sans fin, il existe toujours une nouvelle idée, on apprend toujours. L'imagination part de rien, les associations d'idées créent de nouvelles informations. Les « technologies de l'information » offrent une croissance exponentielle des applications ;

- L'information donne du sens par la pédagogie : selon l'adage, « *Donne un poisson à une personne, tu le fais manger un jour. Apprend lui à pêcher, tu le fais manger pour toujours.* » ;

- L'information nécessite crédibilité et confiance de par le décalage qu'il peut y avoir avec la réalité, d'où la nécessité d'un « label », de validations, d'assurances, de preuves ;

- Difficilement séparable, le contenu des idées doit plutôt se partager pour une compréhension commune et complète. L'information ne se déploie donc pas de façon classique en se découpant. Pour une bonne coordination entre membres d'un groupe de travail, il est nécessaire que chacun ait en tête les objectifs et le pourquoi du travail.

Une information volatile

L'information est volatile, elle s'écrase, disparaît, se copie, mais est aussi secrète :

- La consommation à plusieurs ne détruit pas l'idée : elle est non exclusive, elle se partage (chacun peut regarder la même télévision) ;

- 1+1 = 3 (les heureuses coïncidences) : une nouvelle information se crée à partir d'informations élémentaires, croiser des informations donne de nouvelles idées ;

- L'information est fragile. Elle doit être fraîche, vivante, elle peut être périssable.

Virtuel et matérialité

Le virtuel s'appuie sur des éléments matériels (un électron, un génome, une carte, des émetteurs et des récepteurs, des ondes, un cerveau) :

- Le besoin de contact physique : nous avons besoin de toucher ou de voir. Mais le virtuel peut aussi être vécu : suggérer des images est possible ; si on met des personnes en situation en leur racontant des histoires, ils peuvent alors « voir » le concept évoqué ;

- Les informations peuvent se stocker à la différence des services.

Une autre évaluation de sa valeur

La valeur de l'information doit être évaluée différemment des autres produits. Celle d'un livre ne tient pas dans le prix du papier, le nombre de pages, mais principalement dans son contenu :

- Les produits virtuels participent d'une économie ayant des rendements croissants. Il y a cumul, mise en relation, réseaux : plus on utilise, plus on apprend, moins ça coûte ;

- L'abondance : l'information qui compte est celle qui est pertinente pour résoudre une question.

La nécessaire adéquation du fond et de la forme

Aujourd'hui la forme est aussi nécessaire que le fond, mais l'image peut mentir.

L'achat se fait souvent à partir de la première impression. Mais un produit qui n'offrira que de l'apparence sans réelle prestation ne pourra pas survivre durablement. À l'inverse, il ne suffit plus de faire un bon produit techniquement, qu'il serve correctement, il faut aussi qu'il exprime ses qualités. De plus en plus le « plaisir », l'explosion des sens, l'émotion et le sensoriel sont demandés. Tous les sens seront sollicités, mais il n'y a pas de vrai plaisir sans confiance. Faire rêver dès le premier regard exige une relation de confiance, de la transparence sur les produits vendus. L'entreprise doit faire plus de pédagogie sur les effets de l'utilisation des produits. Elle devra tenir ses promesses, dire ce qu'elle va faire et faire ce qu'elle a dit.

Enquêtes quantitatives dans le secteur automobile (Europe)

À la question « Quels sont les éléments ayant particulièrement influencé votre choix ? »[1], les réponses se répartissent comme suit :

Visite/Vendeur	Journaux/Publicité	Bouche-à-oreille	Expérience personnelle	Image constructeur	Fidélité modèle
25 %	30 %	30 %	60 %	30 % (variable)	25 %

L'image de marque joue d'autant plus que l'opinion de la personne n'est pas précise (influence). La voiture antérieure (si elle existe) constitue une référence servant à noter. Les items portant sur la qualité peuvent refléter l'image de la marque ou du produit s'ils ne correspondent pas à une expérience précise. Les aspects concernant le produit portent sur plus de 70 % (expérience personnelle, plus ceux issus du bouche-à-oreille, image…) des facteurs de choix.

Citons des extraits d'appréciations sur l'achat et l'utilisation en « milieu de gamme » par les utilisateurs :

Motifs de choix en pourcentage	Motifs de rejet en pourcentage	Pourcentage de satisfaits	Pourcentage d'insatisfaits
Ligne esthétique : 35	Prix : 40	Confort : 33	Finition : 10
Équipement : 14	Coûts : 15	Tenue route : 22	Consommation : 10
Robustesse extérieure : 12	Ligne : 10	Ligne : 14	Performance : 10
Performance : 10	Finition : 3	Finition : 10	Insonorisation : 8

La ligne esthétique constitue le premier motif à l'achat. Les rejets concernent principalement les coûts. La satisfaction résulte à l'usage de prestations fonctionnelles. L'impression de robustesse de la carrosserie intervient plutôt à l'achat alors que la finition intérieure s'apprécie à l'utilisation.

Des études montrent que les élasticités prix/volumes varient de - 2 à - 4 pour un modèle et que celles concernant les prestations/volumes sont de l'ordre de + 2 à + 3 (élasticité : variation relative de volumes de vente pour 1 % de variation relative de prix ou de prestation).

---

1. Estimations faites dans le milieu des années quatre-vingt-dix, citations multiples, enquêtes sur les possesseurs de véhicules de trois mois, plus de 20 000 personnes par pays européens.

▷   ## Fiches outils

Diagnostic pour identifier les difficultés et estimer un pronostic sur les progrès nécessaires en qualité perçue sur vos produits ou services :

- Faire un diagnostic pour identifier la nature des difficultés, les symptômes, les causes ;
- Estimer un pronostic sur les progrès en qualité perçue.

Fiche 1. Diagnostic d'une offre : les points forts/points faibles

Constructeur : marché États-Unis	(Cas factice fait à partir des articles de presse sur un constructeur mondial automobile sur le marché américain)
Quelle offre : produits services	Automobile et services associés
Quels marchés : sensibilité à la qualité	Marché US (plus spécifiquement, Californie), sensibilité principalement axée sur les aspects fonctionnels
Tendances socioculturelles	Pragmatisme et marché tout puissant. Évolution à long terme de la perception de qualité par les évolutions de références et de la concurrence étrangère.
Quels concurrents et évolutions probables	Constructeurs japonais, européens et, à venir, coréens et chinois
Quelle est la référence du marché	TOYOTA (Lexus), BMW
Forces et faiblesses : quels produits promouvoir, quels produits améliorer	+ : Qualités fonctionnelles (fiabilité en progrès, fonctions de confort), prix - : Prestations perçues client et coûts (pour l'offre grande consommation) - - : Design sur l'offre (pour les véhicules phares) - - - : Qualités perçues (*a minima* sur toute l'offre)

Fiche 2. Les niveaux de qualité perçue observés sur le « cycle de vie complet » de produits

Ces niveaux sont à remplir pour une offre que vous avez choisie.

Niveau de qualités perçues Cycle de vie	Qualité de base	Qualité des services (prestations)	Signes de qualité
Avant achat			
Achat			
Utilisation, fin de vie			
Renouvellement			

Fiche 3. Estimation des enjeux selon les objectifs de qualité perçue

Quantifiez les enjeux en estimant les influences sur les composantes du « profit » global.

		Gains		
		Gain de qualité de base	Gain de qualité des services (prestations)	Expression des signes de qualité
Influences sur	Vente			
	Prix (marges)			
	Image			
	Satisfaction			
	Conquête			

✔ Les points marquants

Les pièges à éviter

- Ne pas prendre en compte la tendance qualité perçue.
- Présenter un produit banalisé, inexpressif.
- Augmenter le coût des produits et services en voulant faire une trop forte qualité perçue par rapport à la demande du marché : la confondre avec surqualité, suréquipement ou trop de luxe.

Les points les plus importants

- La qualité perçue aide à vendre un produit ou service, par ce qu'il exprime par lui-même.
- Faire un diagnostic produit/marché et une évaluation de la demande.
- Assurer la cohérence de l'offre avec la promesse faite (communication) : tenir ses promesses.
- Offrir des prestations fonctionnelles et les exprimer par un *design* fort.
- Définir le juste nécessaire selon la sensibilité du marché et les évolutions probables.
- Chaque détail compte dans l'offre produit/service.

Pour en savoir plus

DESCHAMP Jean-Philippe, et NAYAK P. Ranganath, *Les maîtres de l'innovation totale*, Éditions d'Organisation, 1996.

« La bataille des nouveaux produits est en passe de devenir l'élément central de la stratégie [...]. Qualité et coûts compétitifs ne suffisent plus à faire la différence. [...]. Seules survivront et se développerons les entreprises qui sauront créer, simultanément et de façon continue, une valeur exceptionnelle [...] La vie de l'entreprise ne se réduit pas à l'amélioration de la productivité, [...] le processus de création de produits tient une place particulière, car il est à la base de la satisfaction simultanée des clients, des employés et des actionnaires. » Livre de référence sur la création de produits, traduit du livre *Product Juggernauts* (Harvard).

JOULIN, Nathalie, *Les coulisses des nouveaux produits*, Éditions d'Organisation, 2002.

Innover en s'inspirant de la « grande consommation »… Ce livre offre une solide base de réflexion sur le sujet, ainsi qu'une méthodologie rigoureuse appuyée sur de nombreux exemples.

RAY, Daniel, *Mesurer et développer la satisfaction clients*, Éditions d'Organisation, 2001.

Le livre détaille les mécanismes de la satisfaction client selon les nouvelles normes ISO 9000 V 2000, les liens entre satisfaction des clients et profits de l'entreprise, ainsi qu'avec la fidélité. Il rappelle le programme PIMS (*Profit Impacts of Marketing Strategies*, initialisé en 1972 aux États-Unis, concernant actuellement 2 600 domaines d'activité aux États-Unis et en Europe).

HOROVITZ, Jacques, *La qualité de service. À la conquête du client*, InterÉditions, 1987.

Un des premiers livres sur les services avec celui de, Pierre Eiglier et Éric Langeard (*Servuction. Le marketing des Services*, McGraw-Hill, 1987) qui sont des références dans le domaine du service.

GALE, Bradley T., *Managing Customer Value. Creating Quality and Service that Customer can see*, The Free Press, New York, 1994.

Se reporter aux commentaires du chapitre 4.

Chapitre 2

Perception et interprétations subjectives donnent sens et émotions

> « *En l'absence de connaissance sensorielle,*
> *chacun de nous serait privé de tout contact,*
> *non seulement avec le monde physique,*
> *mais aussi avec les autres.* »
>
> HENRI PIÉRON[1]

> « *Tout ce qui existe, n'existe qu'en tant que perçu*
> *par un sujet percevant. Être, c'est être perçu. Être, c'est percevoir.* »
>
> GEORGE BERKELEY (évêque et philosophe irlandais du XVIIIe siècle)

La perception est le point de départ de toutes les activités humaines. Nous distinguerons dans la perception le résultat perçu, qui n'est pas la réalité mais une interprétation subjective et personnelle, du mécanisme de connaissance de notre environnement. Ces mécanismes se créent au contact de ce qui est perçu, pour former des « impressions » personnelles ou collectives de la réalité. Ils en donnent une interprétation qui doit être décodée. Ainsi la perception joue un rôle fondamental pour donner du *sens* et des *émotions*, elle permet l'action. Cependant notre cerveau nous trompe, les erreurs de perception sont très courantes, elles participent au décalage qui existe entre le réel et son interprétation.

Tout passe par les sens, perception consciente limitée

La perception détermine la connaissance du réel par l'intermédiaire d'un ensemble de signaux sensoriels que sont les sensations, qui avertissent le corps, et surtout le

---

1. Dans « Le maniement de la perception », *op. cit.*

cerveau de ce qui se passe à l'extérieur et à l'intérieur de notre corps. De ce fait, rien ne peut exister qui ne passe par la perception. Supprimer les diverses sensations reviendrait à être coupé du monde extérieur et ne plus sentir son corps.

Nous distinguerons dans la perception le résultat du processus que constitue le percept, l'image mentale ou la représentation formée dans le cerveau, du processus lui-même qui se fait de façon inconsciente, difficile à décrire et à analyser.

Nous limiterons le résultat de l'activité de perception (percept mental) à une prise de conscience, qu'elle soit consciente, semi-consciente ou consciente mais non explicite. Dans ce cas, les aspects subliminaux ne font pas partie de ce mécanisme, bien qu'ils puissent influer une opinion, ni, bien sûr, le « non-perçu » qui constitue cependant la majeure partie de notre vécu. Par ailleurs, la perception peut être immédiate (premier contact, première impression), vécue lors de l'utilisation ou encore évoquée (les images mentales sont proches de celles qui se produisent en présence de l'objet réel). L'imagination pure ne fait pas partie de ce qu'on nomme perception, bien qu'elle soit nécessaire pour constituer la mémoire. Les percepts sont résistants et stables.

La perception est aussi constituée de l'ensemble des processus par lesquels un individu traduit la réalité de façon plus ou moins consciente en impressions cohérentes et structurées. La quantité d'informations à capter de notre environnement étant immense, ces processus de traduction sont nécessairement sélectifs.

La perception subjective et personnelle, relative à un point de vue

La perception, « impression » de la réalité, est une interprétation

Percevoir semble très naturel et spontané, évident et banal : la lumière frappe nos yeux, le son nos oreilles. Cette activité est cependant complexe et s'effectue très souvent de façon inconsciente. Percevoir permet de prendre connaissance de notre environnement et d'interagir avec lui par aller et retours, mais ce que nous percevons sera différent selon les personnes. Par exemple, nous ne « voyons » pas le même visage sur la figure 2-1 : certains reconnaissent une jeune fille, d'autres personnes, une vielle dame. Dans ces conditions, chacun ne voyant pas la même chose et ayant une impression différente, il est difficile pour plusieurs personnes de se comprendre si elles n'expliquent pas ce qu'elles « voient ». Elles auront interprété une même réalité de façon différente.

Figure 2-1. « La jeune, la vieille », des visions différentes

(figure très connue, présentée dans la plupart des livres de psychologie cognitive)

La prise en compte indispensable de l'humain

« *Je suis un, mais une multitude est en moi.* »

ZÉNON

La perception implique non seulement l'objet observé dans l'environnement mais aussi la personne elle-même avec toute sa subjectivité. Avant d'être un « consommateur », le client est une personne qui percevra certains aspects et pas d'autres avec sa propre logique.

Personnalité et cohérence : des « logiques personnelles », des rationalités limitées

L'homme est un « tout », à la fois « un et multiple », un parce qu'on ne pourra pas dissocier sa personnalité de son affectif ou de son cognitif (processus qui inclut la perception, la mémoire, le raisonnement, la résolution de problèmes) ; multiple car une même personne peut se comporter différemment – un être à la fois de raison et d'émotion. En fait, pour exister, une personne doit satisfaire à la fois les trois besoins fondamentaux : matériels, relationnels (liens sociaux) et spirituels (symboliques).

L'attitude et le comportement d'une personne sont cependant en cohérence avec sa logique personnelle, qui s'apparente souvent à une *rationalité limitée* : même dans ses attitudes de zapping, de plus en plus observées car favorisées par les progrès technologiques, comme la télécommande, qui ont permis une révolution des comportements, une personne fait rarement n'importe quoi !

L'importance du point de vue

La perception est subjective, relative à un point de vue ; elle induit des lectures personnelles et multiples. Les façons de regarder un paysage sont différentes selon qu'il s'agisse d'un agriculteur ou d'un touriste : le premier aura une vision rationnelle, fonctionnelle, le considérant sous l'angle de l'efficacité (exposition, bonne terre…) et le second recherchera plutôt le cadre agréable. Leur regard ne portera pas sur les mêmes points, les impressions qu'ils en retireront ne seront, en partie, pas identiques.

Affectif, cognitif, comportemental, des besoins différents

La complexité provient aussi de la remarquable adaptation de l'homme à des conditions extrêmes, de ses apprentissages tirés de ses expériences, de l'entraînement qui fera évoluer ses capacités. Cette plasticité rend indispensable le suivi permanent de ses besoins. Le besoin de respect, de reconnaissance, de participation est caractéristique de l'époque actuelle. Deviennent aussi prioritaire le désir de confiance pour compenser l'inquiétude d'un avenir incertain, le besoin d'être rassuré, sécurisé, car les personnes sont maintenant plus sceptiques, plus averties, moins fidèles de façon inconditionnelle, elles refusent un modèle imposé : on ne dicte plus une décision, il est nécessaire d'impliquer la personne.

Les travaux du psychologue Abraham Maslow ont conduit à élaborer une théorie de la personnalité (voir la pyramide de Maslow, figure 2-2). Elle classe les besoins humains du physique au spirituel et distingue les besoins psychologiques. Tout d'abord, ceux de base : de sécurité (être protégé), d'appartenance (être reconnu, aimé), d'estime (sentir son importance, réussir). S'ils ne sont pas satisfaits, ces besoins entraînent une névrose. Mais ces besoins de base ne font pas la totalité de la personnalité. La pointe de la pyramide figure les besoins supérieurs, qui se traduisent par une aspiration à accomplir son potentiel créatif et spirituel. C'est là que se posent les questions de culture, du sens de sa vie. Ces besoins supérieurs sont toujours insatisfaits.

Pour Frederick Herzberg, il existe une dissymétrie entre satisfaction et insatisfaction en situation d'action (dans un travail par exemple). Certains facteurs sont motivants ou valorisants, d'autres sont des facteurs de conditionnement. La figure 2-3 compare les deux types d'approches, que nous aurons à utiliser lorsque nous aborderons la hiérarchisation des attentes des clients. Notons aussi que la sensibilité à une situation varie selon les personnes.

Nous retrouverons ces notions dans le diagramme de Kano à la fin de ce chapitre.

Figure 2-2. La pyramide de Maslow

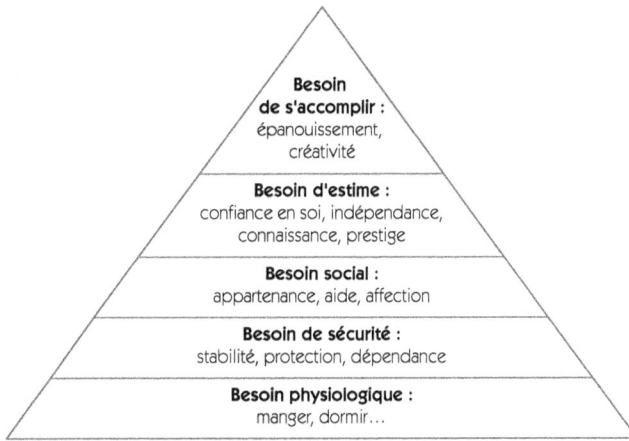

La hiérarchie des besoins selon Maslow

Les besoins sont vécus de la manière suivante :
- L'être humain progresse du premier besoin au 5°.
- Si les premiers besoins ne sont pas satisfaits, les autres ne se manifestent pas.
- Lorsqu'un besoin est satisfait, il cesse d'être motivant.
- Seuls les besoins supérieurs semblent insatiables.?

Figure 2-3. La théorie des besoins : Herzberg et Maslow

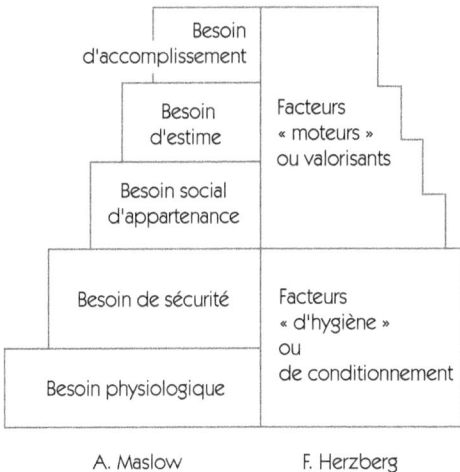

Les deux facteurs d'Herzberg :
Dans les années 60, F. Herzberg complète le travail de A. Maslow en cherchant dans les activités de travail les facteurs source de satisfaction ou d'insatisfaction. Les études montrent que ces facteurs ne sont pas les mêmes :
- certains provoquent de l'insatisfaction quand ils ne sont pas pris en considération, mais ne peuvent provoquer de la satisfaction. Ils ne font que diminuer le niveau d'insatisfaction (facteurs d'hygiène).
- d'autres, ne provoquent pas d'insatisfaction quand on ne les prend pas en compte, mais en jouant sur eux, on déclenche de la satisfaction (facteurs moteurs).

Ces recherches ont contribué à développer un discours sur la motivation.

(source : *Management - aspects humains et organisationnels,* Puf, p. 177 Adapté de Herzberg, *Work and the nature of man,* 1965).

(source : J.P Gruère et J. Jabes, *Traité des organisations,* Paris, Puf, 1982).

La perception est poly-sensorielle, plusieurs sens interviennent

La caractéristique principale de la perception est son aspect poly-sensoriel, conjuguant plusieurs sens, depuis les sensations, le traitement et l'organisation des informations, jusqu'à l'élaboration des interprétations. Précisons bien que la perception ne se limite pas aux seuls cinq sens, il en existe bien d'autres.

Les cinq sens

Les sens ne sont pas tous de la même importance. Nous proposerons le classement suivant :

- **Les sens à distance :**
  - **La vision**. La vue est le sens le plus stimulé, elle traite la majorité des informations sensorielles concernant l'espace. C'est un sens d'anticipation qui détecte à distance, il permet l'attaque. L'information visuelle est celle qui arrive la première à la mémoire ainsi qu'à la conscience. Globale à l'intérieur d'un champ de vision, elle est aussi directionnelle et sélectionne la partie de l'espace que l'on veut voir. La vision binoculaire permet de reconstituer la profondeur, le relief, la troisième dimension. L'œil est une caméra très performante qui peut apercevoir des détails subtils. Mais l'œil n'est pas seulement une caméra, il informe surtout le cerveau pour construire une représentation, une image mentale. En somme voir par l'imagination est aussi important que voir par l'œil ;
  - **L'ouïe**. Processus à la fois simultané et séquentiel, l'ouïe est un sens qui traite des événements temporels, un sens de « veille » dans l'espace (360 degrés) et le temps (puisqu'on entend même en dormant), ainsi que de défense. Il permet aussi la focalisation. Il existe des effets acoustiques (interactions avec d'autres sons), ainsi que des effets de masque. Insistons sur la différence qui existe entre entendre (sensation) et écouter (interprétation). Les sons peuvent participer à la création d'une ambiance et avoir des impacts sur des réactions affectives (plaisir, humeur) et cognitives (perception d'une image). La musique semble influer sur la perception de temps : il a été constaté dans des magasins que les gens passent plus de temps dans une ambiance musicale ;
  - **L'odorat**. Il concerne le cerveau archaïque, la mémoire et l'affectivité, c'est un élément important du goût, bien qu'il ne soit pas le seul à y participer. Les appréciations des odeurs sont très personnelles. Le pouvoir discriminant du système olfactif des mammifères est immense. L'homme est capable de distinguer 4 000 odeurs, un nez d'œnologue en distingue plus de dix mille. Les sensibilités olfactives et gustatives procurent du plaisir mais sont aussi des sens

d'alerte. L'odorat est le sens qui véhicule le plus d'émotions et peut réactiver des sensations profondément enfouies ; la mémoire olfactive est plus tenace que la mémoire visuelle, elle provoque une impression diffuse que le souvenir met en forme. Une odeur déclenche instantanément une émotion qualifiée d'agréable ou désagréable, traduite spontanément par « j'aime » ou « je n'aime pas ». Les odeurs peuvent aussi contribuer à changer la perception du temps, les fragrances évoquer l'évasion, susciter la gourmandise.

- **Les sens de contact, des sens fondamentaux :**
  - **Le toucher,** pour « garder le contact ». Immédiat et sensuel, le sens de la peau est un sens mécanique et thermique. Il intervient dans l'exploration des objets par contact de superficie et palpation. Le toucher est un élément essentiel du bien-être lors de l'utilisation. Il peut nous renseigner sur les aspects de confort, de bon, de beau et d'agréable. Il peut confirmer ou infirmer d'autres sensations et crée la familiarité avec l'objet. La sensibilité tactile est variable selon les régions du corps : si la main est moins performante que l'œil pour discriminer des objets de formes différentes, elle reprend l'avantage lorsqu'il s'agit d'apprécier des propriétés comme la texture, la rugosité, l'élasticité des matériaux ;
  - **Le goût.** Notre appréciation du goût est un jugement plus intuitif que rationnel ; la sensibilité gustative procure du plaisir ou du désagrément, mais sert aussi de signal d'alerte : manger nécessite de la confiance dans les aliments qu'on absorbe. C'est un sens archaïque, il s'inscrit dans la mémoire long terme (si dégoût). Sens chimique, le goût est associé à l'odorat, mais possède ses propres raisons d'être. Il est reconnu qu'il existe quatre qualités primaires : sucré, salé, aigre et amer. En fait, il en existe beaucoup plus, peut-être une infinité. Le système gustatif s'adapte ; excité par une substance, il peut affecter les seuils sensoriels sur d'autres substances. La construction d'un goût composé n'est pas une simple addition de goûts élémentaires : le goût A plus le goût B n'est pas le goût (A + B) mais un autre type de goût, le goût C. Les réactions à un goût sont de type « j'aime » ou « je n'aime pas ». L'homme prend en compte un grand nombre de facteurs innés et acquis. L'environnement culturel, ses propres expériences peuvent faire évoluer la perception d'une saveur (aversion pour une substance qui a provoqué un dégoût). Il semble que les préférences des sociétés tendent à former le goût.

Les sens de synthèse

Citons la faim, la position des membres, les sens de la peau (la somesthésie, ou perception des modifications du corps), les sens qui donnent les indications essentielles de position (horizontale, verticale, devant, derrière). Sans cela, on ne comprendrait pas les messages des autres sens. Des sens concernent aussi la détection des formes, l'appréhension de l'espace, la mobilité (kinesthésique) ; les sens de l'accélération (récepteurs de l'oreille, forte sensibilité aux accélérations), de la vitesse (perception par la vue principalement, dépendant aussi de plusieurs facteurs comme la position des yeux, le niveau et la qualité du bruit). Plus on va vite, plus le champ visuel se rétrécit. À l'allure du piéton, on dispose d'un champ de 180°, en automobile, le champ visuel n'est plus que de 30° à 130 km/h.

La « proximité », appelée bulle personnelle, est aussi un sens qui est différent selon les cultures.

La perception du temps

Il existe différentes notions de temps perçu : succession des événements, durée pouvant être perçue de façon très différente d'une durée chronomètre. Une attente dans une queue est fastidieuse, une attente à la pêche (pour un pêcheur) est un plaisir, cinq à sept secondes peuvent paraître très longues en situation de risque.

Les constantes perceptives

La « constance perceptive » ne fait que traduire que la grandeur apparente des objets que l'on « voit » ne change pas avec la distance, alors que l'image rétinienne se rétrécit avec l'éloignement, parce que les renseignements sur la distance entraînent les corrections appropriées. Une roue est toujours perçue comme un cercle, même vue de travers, alors que son image rétinienne devient une ellipse avec la perspective. Le rôle des expériences acquises est capital. La plasticité perceptive est due à l'interprétation des sensations qui sont ainsi redressées.

La poly-sensorialité et les interactions entre les différents sens

Les modalités réceptives fonctionnent rarement isolément, surtout le toucher, il peut y avoir :

- Simple transfert entre sens lorsqu'on reconnaît au toucher un objet déjà identifié par la vue ;

- Fonctionnement bimodal quand les deux sens sont sollicités simultanément ; par exemple l'œil perçoit la forme d'une éponge tandis que la main en ressent la mollesse.

Les produits éveillent en général tous les sens. Des études récentes ont montré que les cinq sens sont étroitement liés et participent tous au « système perceptif » humain. La perte de l'odorat handicape par exemple la capacité gustative.

La perception est naturellement très développée chez l'homme pour interpréter finement des expressions de visage, les intentions d'un comportement. Ainsi exercés, nous prêtons aussi des intentions aux objets (il est agressif ou joyeux, par exemple). C'est pourquoi nous dirons que les objets « racontent des histoires » ; ils ne font en fait qu'activer ce type d'interprétation.

Les représentations et le besoin de cohérence

Le rôle des trois cerveaux

Figure 2-4. Trois niveaux du cerveau selon Mac Lean

(Sources : H. Laborit, J. Mélèse, E. Berne)

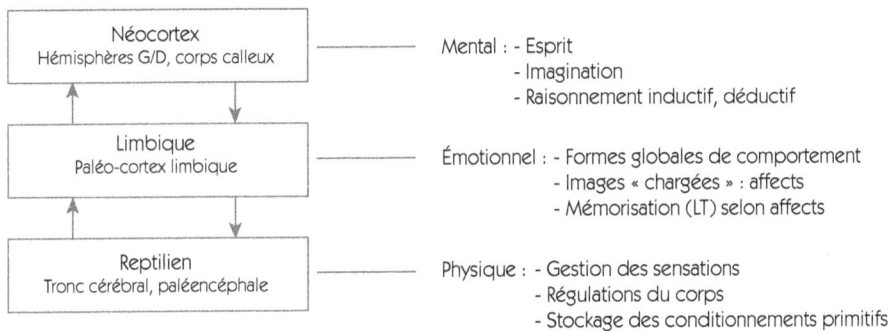

Néocortex Hémisphères G/D, corps calleux	Mental : - Esprit - Imagination - Raisonnement inductif, déductif
Limbique Paléo-cortex limbique	Émotionnel : - Formes globales de comportement - Images « chargées » : affects - Mémorisation (LT) selon affects
Reptilien Tronc cérébral, paléencéphale	Physique : - Gestion des sensations - Régulations du corps - Stockage des conditionnements primitifs

La perception active des processus de traduction qui interprètent les traitements effectués par les différents sens. Le cerveau joue un rôle fondamental dans la façon de « voir » le monde. Nous dirons pour faire vite qu'il fonctionne selon différents niveaux (reptilien, limbique, néocortex) qui correspondent schématiquement au physique, à l'émotionnel, et au mental. Ces trois « cerveaux » donneront lieu à trois types de processus de perception que nous détaillerons plus loin à l'aide de la figure 2.8.

Selon Alain Berthoz[1], la « *cognition couvre tout ce qui est perception, mémoire, raisonnement, langage, motricité, catégorisation, émotions, attention, vision… et leurs interactions* ». Le besoin de cohérence est fondamental pour former dans le cerveau

---

1. Alain Berthoz, professeur au collège de France, directeur du laboratoire de physiologie de la perception et de l'action, interviewé par Hervé Poirier et Nicolas Revoy, « Votre cerveau vous trompe », *Science et Vie*, n° 1044, septembre 2004.

des « objets complets » que sont les représentations mentales. S'il existe une distorsion, une discordance entre des informations délivrées par les divers sens, il y a malaise (mal des transports ou vertige). *« Le cerveau est une "machine" plastique (plasticité synaptique) et adaptatif, qui intègre toutes les informations sensorielles, interprète et impose ses interprétations, anticipe […] et enfin qui se modifie et se distord (par la fatigue par exemple). »*

La perception, « interprétation » de la réalité

Figure 2-5. Le système de perception[1]

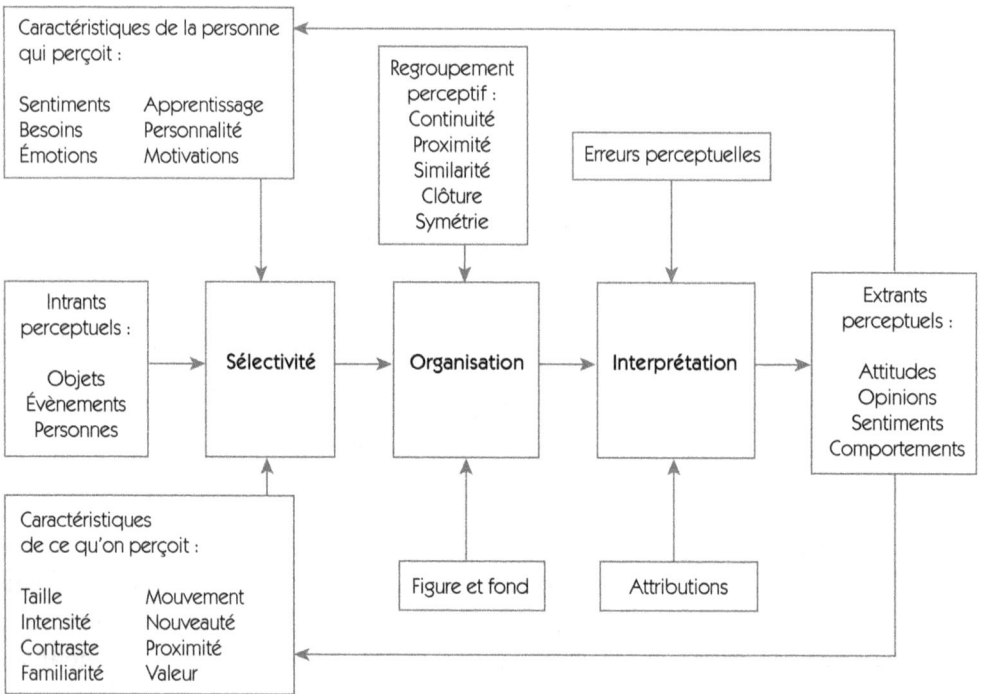

Les étapes de la perception du monde

Pour percevoir le monde, reconnaître un objet, trois grandes étapes sont nécessaires :

- **Sélection et filtrage** : mécanismes associés aux stimuli. Le codage des informations sensorielles analyse séparément les différentes caractéristiques du stimulus ;

---

1. D'après *Management, aspects humains et organisationnels*, Nicole Aubert, Jean-Pierre Guerre, Jak Jabes, Hervé Laroche et Sandra Michel, PUF Fondamental, 1991.

- **Organisation** : regroupement des informations, structuration en unités (ou formes) plus globales. Par exemple, pour la figure de Kanizsa (figure 2-7), nous avons conscience du triangle avant toute analyse. Ces regroupements sont inaccessibles à la conscience ;

- **Interprétation.** Les traitements cognitifs ne concernent pas seulement les représentations conceptuelles et symboliques mais également les aspects les plus automatiques des mécanismes perceptifs. Des connaissances antérieures sont alors nécessaires pour réaliser cette identification ou pour réagir automatiquement. Notre organisme traite simultanément une énorme quantité d'informations dont quelques-unes seulement sont conscientes.

Une perception partielle, ou des « morceaux de réalité »

Le « champ de perception » est partiel, limité, il découpe un « morceau de réalité », une portion de l'environnement, et ne concerne qu'une très faible partie du réel. Par exemple le champ de vision binoculaire est limité à 120 ° en horizontal et 110 ° selon l'axe vertical et la vision n'est possible qu'entre deux longueurs d'onde.

Le contexte conditionne le perçu

Toute perception est influencée ou perturbée par le contexte, les environnements et la situation. Ces éléments extérieurs induisent des écarts d'impression.

Une ambiance peut être source de perturbations (le bruit masque...) : la perception de la couleur est perturbée par d'autres couleurs. L'ambiance est une impression de synthèse, une atmosphère qui entoure ; elle est ressentie au « contact », repose sur l'ensemble des sens, est perçue par l'intuition, un « sixième sens », selon Carl Gustav Jung. Elle active un niveau intermédiaire du cerveau et s'apparente plutôt à une perception de type *Gestalt*, impression globale et instantanée, qui connote, faisant penser à des qualités plus ou moins agréables, gaies ou hostiles.

Percevoir, c'est extraire quelque chose d'un contexte de façon volontariste, les caractéristiques de celui-ci influant sur cette abstraction. Il est donc nécessaire d'en tenir compte dans chaque perception.

Par exemple, dans la figure de Kanizsa (page suivante), des contours illusoires apparaissent, induits par les cercles coupés ; la perception « voit » un triangle. Ceci constitue une illusion d'optique crée par le cerveau.

Figure 2-6. Interactions avec le contexte : l'ancrage[1]

Vous voyez une vieille dame,
un nez crochu,
sa bouche

Selon le contexte ou l'état d'esprit de l'observateur, le point de départ de l'observation on peut détecter sur cette figure réversible une « vieille dame ». Dans ce cas il est ensuite difficile de voir autre chose que la figure d'une vieille dame : il y a eu ancrage de cette figure.

De la même façon un dessin de chien représenté uniquement par des taches ne se perçoit pas au départ comme une forme unique, on y voit des taches sans signification. Mais si ensuite on découvre que c'est un « Dalmatien », les taches se verront toujours comme un « Dalmatien ».

Figure 2-7. Illusions optiques

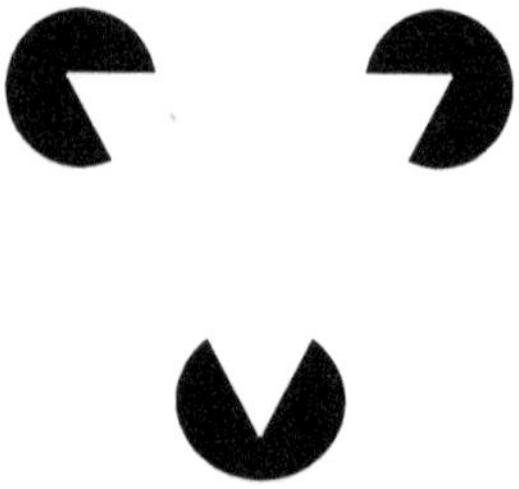

TITCHENER : les cercles A et B sont égaux

POGGENDORF : les deux segments coupant les parallèles sont dans le prolongement l'un de l'autre

Cercles concentrique de DELBOEUF : les cercles A et B sont égaux

MULLER-LEGER : les deux segments horizontaux sont de la même longueur

PONZO : les deux rectangles noirs ont la même hauteur

a- Figure de Kanizsa:
« Figure et fond »,
le cerveau reconstruit
un triangle alors que celui-ci
n'est pas matérialisé par des traits

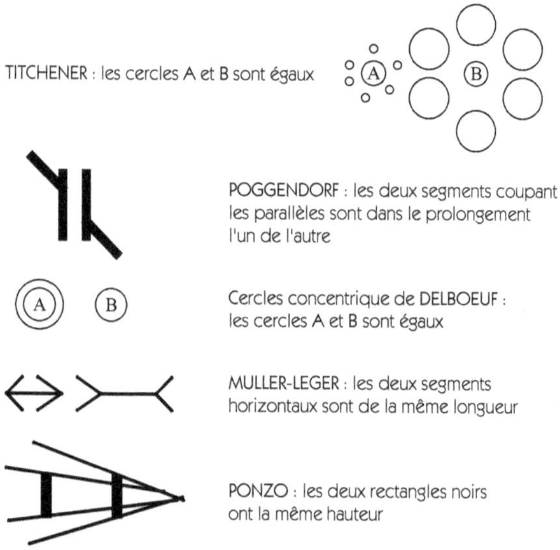

b - D'après E. VURPILLOT, L'organisation perceptive, son rôle dans l'évolution des illusions optico-géométriques, Ed Vrin, 1963

---

1. Adapté de Gerald Zaltman, *How Customers Think*, Harvard Business School Press, Boston, 2003.

Trois processus pour interpréter, plus un processus de cohérence

Figure 2-8. Processus et mécanismes de perception

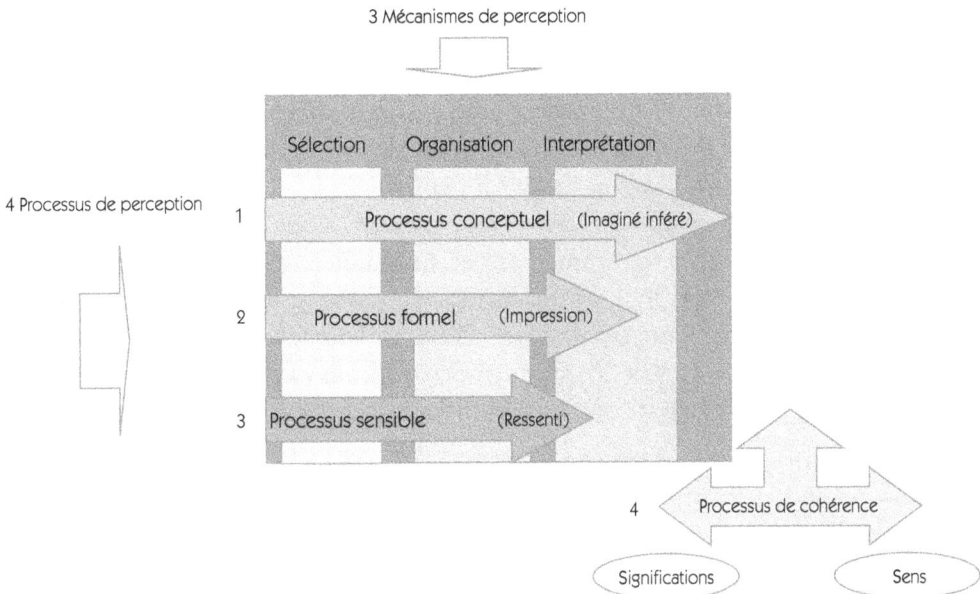

Nous avons toujours observé dans les études clients trois processus de perception, avec chaque fois un processus complémentaire qui permet une cohérence.

Le processus de perception sensible met en jeu le poly-sensoriel

Nos sens sont presque toujours sollicités de manière simultanée. Des phénomènes physiques différents (frottement, rugosité, transfert de chaleur…) peuvent solliciter simultanément les capteurs d'un seul de nos sens (le toucher, par exemple) Mais les modalités réceptives fonctionnent rarement isolément. Les associations et renforcements de sensations amplifient la perception du phénomène : le visuel et l'auditif (un coup-de-poing dans un film associé à un bruit de choc donne une impression complète de choc), l'odorat, le goût et le visuel (pour le vin), le toucher et la vision (pour des objets matériels).

Ces conjugaisons de sensations conduisent de façon inconsciente à évoquer des souvenirs comme dans la « madeleine de Proust » Les réactions sont spontanément du type « j'aime » ou « je n'aime pas » et ces réactions spontanées de perceptions sensibles ou sensorielles prennent le pas sur le raisonnement logique.

Le processus de perception des formes met en jeu immédiateté et émotion

« Percevoir, c'est reconnaître une forme. »

PAUL GUILLAUME[1]

Une forme (*Gestalt* en Allemand, qui a donné Gestalttheorie) n'est pas réductible à une somme de sensations, elle est perçue comme on le fait pour une image. D'après Paul Guillaume, *« une forme est autre chose et quelque chose de plus que la somme de ses parties... Formes, c'est-à-dire des unités organiques qui s'individualisent et se limitent dans notre champ spatial et temporel de perception ou de représentation »*. La reconnaissance des formes est immédiate et simultanée, c'est une perception du premier « coup d'œil » qui inclut l'impression du global et du détail. L'impression immédiate sera déterminante par la suite. Nous insisterons sur l'importance de la « première impression » lors des contacts et des relations personnelles : en une fraction de seconde, nous catégorisons, et cela influera sur notre jugement ultérieur.

Pour les « gestaltistes » (adeptes de la théorie de la forme), la perception est une connaissance globale et immédiate du réel, la constitution de formes qui s'imposent à notre esprit selon certaines lois comme une totalité organisée (structure). Lorsqu'on écoute un morceau de musique, ce que l'on perçoit n'est pas un ensemble de notes séparées (sauf pour le musicien) mais une structure globale où ce qui compte est la place de chaque élément relativement aux autres.

Une mélodie se compose de sons, une figure de lignes et de points. Mais ces éléments possèdent une unité, une individualité. Si une seule note est altérée, on entend une autre mélodie avec des qualités différentes ; la hauteur d'un son fait passer du mode majeur au mode mineur. Une figure constituée d'un ensemble de points se détache du fond, nous ne percevons pas une série de points séparément mais une forme ayant les propriétés d'un ensemble :

- **Elle est transposable** : une mélodie peut être transposée dans d'autres gammes, jouée avec d'autres instruments, on la reconnaîtra ;
- **Elle est immédiate** : le premier coup d'œil donne la première impression déterminante par la suite.

La théorie de la forme a énoncé une série de propriétés que nous avons résumées dans les figures 2-9 à 2-13, par exemple l'influence du contexte : certaines dimensions pourtant identiques semblent différentes selon la figure qui l'entoure.

---

1. Paul Guillaume, *La psychologie de la forme* (1937), Champs Flammarion, 1979.

Figure 2-9. Structures et qualités des formes : théorie de la forme (1)

1 - Toute forme se détache sur un certain fond et le fond influe sur la perception de la figure

Perception
de groupes de taches

Influence du fond

figures réversibles forme-fond

2 - Toute figure possède une organisation interne

L'impression de trièdre est rompue dans le deuxième cas

Figure 2-10. Structures et qualités des formes : théorie de la forme (2)

3 - Les figures sont transposables

Perception d'homothéties
et non de transformation de la structure du triangle

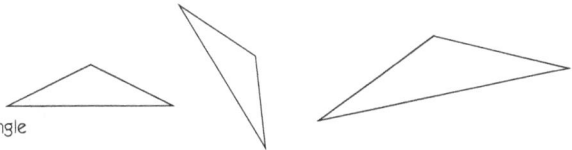

4 - Il existe des « bonnes » formes : unité, simplicité, régularité

Ces figures sont perçues comme formes simples
(par exemple un triangle et un rectangle et
non comme une forme à onze côtés)

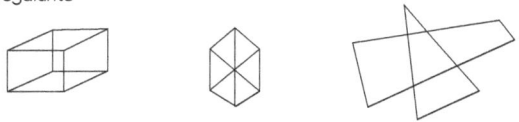

5 - Les figures réagissent les unes sur les autres selon des lois bien définies

Les cercles sont perçus de diamètres différents

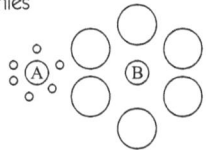

Figure 2-11. Incidence de l'environnement

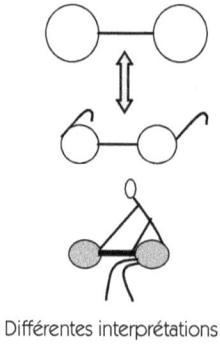

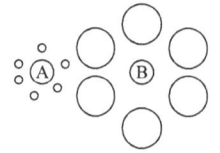

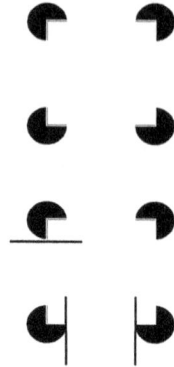

Différentes interprétations

Interactions entre figures
(les cercles au centre sont de même dimension)

Figures de Kanizsa
Contours illusoires :
la perception complète la figure carrée du centre ;
les traits font cesser l'illusion.

Figure 2-12. Lois des formes

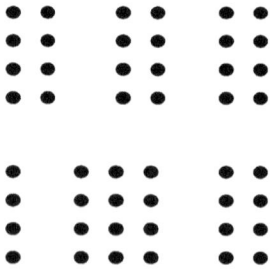

Loi de la similarité
(colonnes espaces réguliers regroupées par couleur)

Loi de la proximité
(perception de regroupements de colonnes)

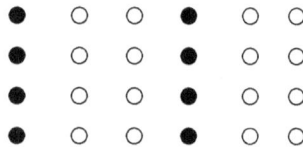

Loi de la continuité
(délimitationd'un carré)

Loi de clôture
(le chiffre 6 est reconnu malgré la ligne interrompue)

Figure 2-13. Illusions de perception

Les dimensions des segments de droite semblent différentes selon le contexte

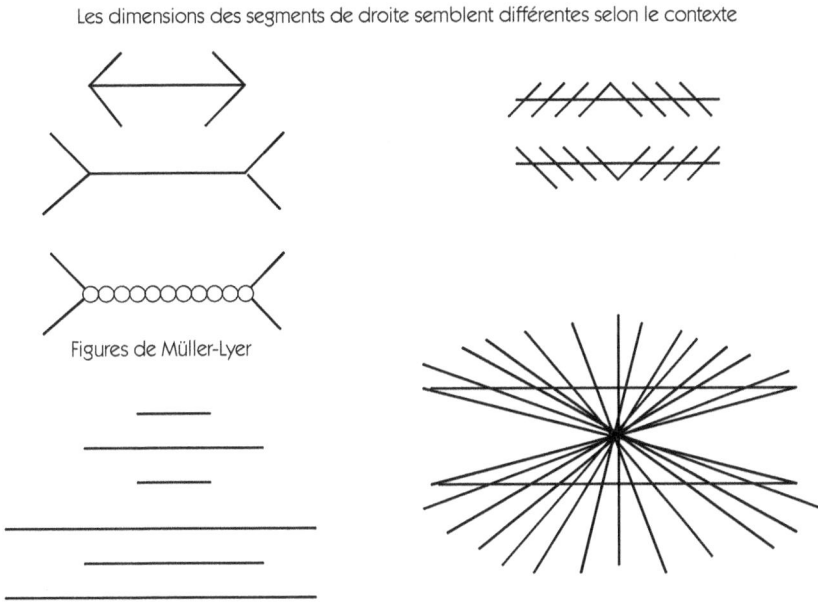

Figures de Müller-Lyer

Le processus de perception cognitive met en jeu intelligibilité et inférences

« L'œil regarde, le cerveau voit. »

Philippe MEYER[1]

La perception cognitive (ou conceptuelle) fait intervenir prioritairement les aspects cognitifs dans l'interprétation du perçu. Elle repose sur le raisonnement qui lui est associé, les déductions faites :

• Percevoir, c'est comprendre, un besoin de rendre intelligible ce qui est perçu. Pour les tenants de la théorie « intellectualiste », la perception est l'interprétation de données sensorielles, elle repose sur les mécanismes du raisonnement ;

• Voir par le regard de l'imagination : le processus de cognition ne procède pas uniquement par traduction des données sensorielles. Il les corrige, les enrichit et les transforme. Ceci conduit à former le « percept », c'est-à-dire une représenta-

---

1. Philippe Meyer, *L'œil et le cerveau*, Odile Jacob, 1997.

tion mentale. L'expérience, la mémoire et le raisonnement participent à ce type de processus. Cette synthèse n'est pas spontanée, elle est le fruit d'un travail inconscient où interviennent :

– l'attention qui oriente l'esprit vers tel ou tel détail qu'elle fait mieux voir,

– l'intelligence et le jugement qui établissent des rapports entre les objets perçus,

– la mémoire qui permet de reconnaître les objets à partir de ce qui est appris,

– l'imagination qui fait percevoir à travers un projet.

Les interprétations sont issues de la question « et si… alors… » : si la vue donne confiance, alors on va moins chercher à vérifier. Mais si une pièce semble de mauvaise qualité, elle déclenche un doute et on va vérifier à l'aide d'un autre sens. Par exemple, la vue d'une matière luisante, d'une couleur ternie va déclencher une vérification par le toucher : on va toquer pour valider. Et si le son est creux, de mauvaise qualité, alors on acquiert une certitude.

Si l'on voit une faute d'orthographe dans un texte, on entend une fausse note dans une interprétation, alors on aura des soupçons sur la qualité de la prestation et on sera plus vigilant sur le reste : lorsqu'on voit un défaut, on en voit dix.

Le processus de cohérence

Tout être humain a un besoin viscéral de construire dans son cerveau une cohérence dans l'espace et dans le temps, d'avoir une représentation unique à partir de différentes informations sensorielles éclatées, de reconstruire le même objet. Lorsque nous interprétons un signal, que nous prenons une décision, nous agissons inconsciemment de façon à nous prouver que cette vision était pertinente. La cohérence est une *promesse de vérité et d'existence*. Elle donne l'impression de l'existence, de la durée, de la cohésion. La notion de cohérence se retrouve dans tous les autres processus mais il sera intéressant de l'identifier aussi comme un processus de base qu'il est nécessaire de décrire. Le cerveau a été formé à établir une cohérence entre les diverses informations lui arrivant au sujet d'une même réalité. En retour, il demandera aussi de la cohérence de la part des diverses informations provenant d'objets vus. Par exemple, le « ça va bien ensemble » pour les couleurs des vêtements, ou le vin et la viande pour la cuisine. Le toucher doit conforter les sensations apportées par le visuel. L'incohérence peut provoquer des malaises (vertige, nausée, s'il y a désaccord des informations de l'oreille interne et de la vue).

Les contacts et vécus des objets : des cycles de perception

> *« Perception, l'impression qui se produit en nous
> à la présence des objets. »*

CONDILLAC

La perception immédiate et la perception vécue

La perception se fait par des interactions permanentes avec le réel lors de contacts. Percevoir, c'est faire l'expérience d'une réalité, c'est une prise de connaissance.

Première impression, premier regard : formation de l'impression de réel

La « première impression » lors des contacts et des relations personnelles est déterminante, en une fraction de seconde nous catégorisons les personnes que nous rencontrons, selon des traits du visage, le timbre de la voix, le comportement. Cette personne inspire ou non confiance. Cette réaction immédiate, rapide, instinctive et irraisonnée est essentiellement contrôlée dans le cerveau par le « complexe amygdalien ». Elle est présente chez des animaux, ce qui en fait une réaction très générale. Cette première impression risque d'être toujours « la bonne » car retenue, elle orientera la suite des perceptions et des actions. L'environnement est traversé par des quantités d'informations, complexes, contradictoires. On n'a pas le temps de traiter toute l'information possible, pas le temps d'interagir avec tous les réels. La première impression forme un jugement rapide, effectue un tri global entre les possibilités retenues par notre attention. La perception complète les informations manquantes, nous extrapolons à partir de quelques caractéristiques fondamentales pour former un jugement rapide (voir « inférence ») La perception reconstruit le réel, nous élaborons nos propres références ; elle élimine aussi les informations qui paraissent superflues, de façon inconsciente. Dès le départ, on a une impression d'ensemble, mais aussi des détails peuvent choquer.

Cette réaction est manichéenne : c'est noir ou blanc. Les critères d'appréciation reposent sur la ressemblance et l'habitude : nous préférons ce qui s'apparente à nous et à ce que nous connaissons mieux. Ceci constitue une économie de pensée et évite les lenteurs de la réflexion. La première impression est cependant tenace, elle repose sur les stéréotypes acquis, les idées préconçues et les préjugés. Les évaluations conscientes parviennent difficilement à remettre en cause la première impression. Une fois un individu catégorisé, il est bien difficile de lui changer son étiquette.

Cependant la première impression peut être trompeuse. Plus tard, si l'on connaît mieux la personne et qu'on constate qu'elle n'est pas du tout sympathique, il y aura désaccord (dissonance) : on s'est trompé, on ne peut se fier aux apparences.

Perçu et imaginé : construction et évolution de la perception

La perception sera ainsi construite, on apprendra progressivement comment évoluent les propriétés et les caractéristiques de ce qu'on voit. Cette évolution est partielle et lente.

L'imagination peut orienter ce qu'on va percevoir et ainsi mettre en avant ou au contraire masquer certains points. Les images que nous retiendrons sont le résultat de cet apprentissage biaisé par notre propre intention.

Vécu et imaginé : création de références, connotations

Le vécu influence le perçu futur, car l'expérience révèle des satisfactions ou insatisfactions, et crée des impressions puis des images. Ces impressions resteront connotées à certains aspects comme la « madeleine de Proust » car la mémoire associera les impressions. Elles auront pu d'ailleurs être faussées. Tout le monde a vu des tissus sales, usés ; ainsi, un nouveau tissu peut apparaître dès le début comme vieilli, simplement à la perception de ces caractéristiques connotées et qui font penser à des vieux tissus usés ou salis.

Perçu et vécu : interaction, ancrage, évolutions de la perception

Les interactions entre première impression et impressions vécues modifient la perception ultérieure par le phénomène d'ancrage (le *priming* ou « amorçage », voir la figure 2-14) qui veut que ce qui vient en premier de façon subliminale influence la suite des perceptions, car ce qui est perçu prépare la perception future et permet de reconnaître plus facilement une figure. L'ordre des informations influence les perceptions successives et l'effet de halo tend à déteindre sur les autres perceptions.

Il est bien connu que dans des interviews, l'ordre des questions influence les réponses, une question peut modifier les réponses suivantes.

Au sens strict, la perception est ponctuelle, alors que le vécu qu'elle permet fait intervenir non seulement les sens mais le physique, l'intellect, l'affectif.

Perçu, vécu, imaginé : positionnement et jugement, références d'évaluation

Il y a continuité entre perception et intelligence car ils résultent des processus allant de la sensation à l'interprétation. Une perception peut évoluer en cours de vécu. L'expérience continue de la vie crée des références de jugement qui servent soit à positionner une représentation, soit à juger. Nous résumons les différentes relations entre perçu, vécu et imaginé dans la figure 2-15.

Figure 2-14. Interactions avec le contexte : interprétations de la perception[1]

- Les interprétations peuvent se faire selon différents modes:

- Ancrage, « Priming » ou « amorçage » : ce qui vient en premier de façon subliminale influence la suite des perceptions
  - Une information subliminale prépare la perception et permet de reconnaître plus facilement une figure
  - L'ordre des informations influence les perceptions successives

- Addition d'informations qui n'y sont pas
  - Le visuel reconstruit une réalité : exemple de la vue en trois dimensions à partir de points lumineux perçus en deux dimensions
  - Exemple du triangle reconstitué de Kanizsa (ci-contre)

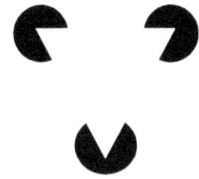

- Soustraction d'informations qui existent
  - L'attention ne remarque pas un détail qui n'est pas pertinent pour la tâche en cours, ou bien l'habitude reconstitue la lettre qui manque (ici le I de Italie, parue dans un journal sous cette forme)

Vu dans un Journal (11 février 1986)
Palerme en état de siège :
PROCÈS : L'TALIE JUGE SES PARRAINS

Figure 2-15. Perçu, vécu, imaginé

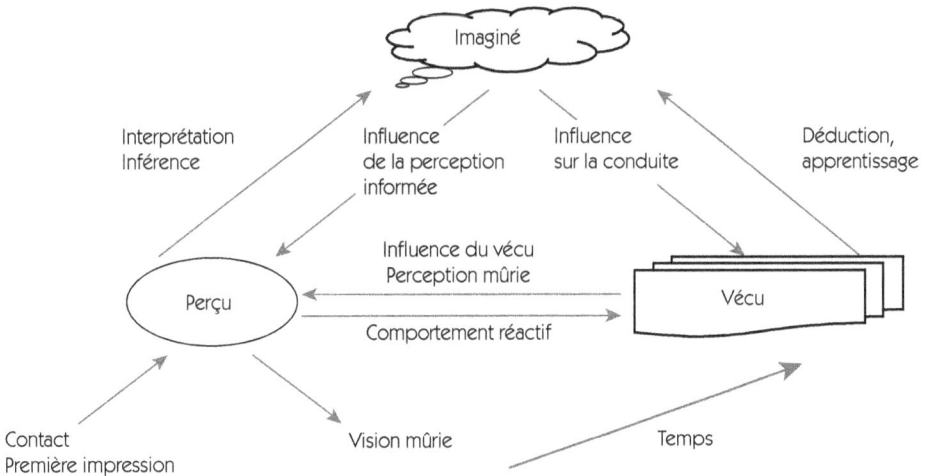

Imaginé

Interprétation / Inférence

Influence de la perception informée

Influence sur la conduite

Déduction, apprentissage

Influence du vécu / Perception mûrie

Perçu

Comportement réactif

Vécu

Contact / Première impression

Vision mûrie

Temps

---

1. Adapté de Gerald Zaltman, *How Customers Think*, Harvard Business School Press, Boston, 2003.

Un client s'exprime mieux sur des présentations de produit, des propositions, sur ses problèmes et ses difficultés. Aller voir ses clients devient fondamental pour avoir un contact direct sur des stimuli et des objets complets.

Cependant, nous assurons que le contact « matériel » peut être stimulé par une histoire ou une métaphore car les découvertes récentes ont pu vérifier qu'en présence du souvenir d'un objet, les zones du cerveau sont activées de façon assez semblable : on « voit » du virtuel s'il est bien raconté.

Les comportements clients : point de vue, cycle de perception et référence

Nous avons observé lors d'une enquête[1] les comportements de clients en évaluation. Deux points nous paraissent importants.

La qualité est associée à un aspect positif ou négatif

Une partie des jugements est faiblement ou pas impliqué : certains produits portent à l'indifférence, ou « on ne recherche pas la petite bête ». Les qualités citées se réfèrent largement aux prestations des produits ou des services comme le confort, la sécurité, l'esthétique ou encore la facilité d'utilisation. La robustesse perçue est l'idée que c'est solide, elle est relative au besoin d'être rassuré.

Les jugements s'expriment spontanément par « j'aime », « je n'aime pas ». Si on aime, on justifie ou on gomme les défauts ; si on n'aime pas, on cherche « la petite bête ». Selon l'appréciation globale que l'on fait, on a tendance à pardonner ou sanctionner. Si la marque est connue, elle est un repère important et influence le jugement, mais les clients se prononcent d'abord par rapport à l'anticipation qu'ils se font de leur utilisation.

Les impressions s'élaborent par rapport à des repères : si quelque chose bouge, alors le jeu s'amplifiera ; si le plastique paraît creux, alors il va casser ; si la couleur est douteuse, alors elle risque de passer ou de jaunir. Dans une enquête, l'évolution ou la durée d'utilisation n'est pas expérimentée, mais nous voyons ici le rôle central du temps et les promesses qui seront perçues et imaginées selon l'expérience personnelle, l'évolution du marché et des normes, l'usage prévu, ou l'évolution des codes culturels.

---

1. Enquête interne à RENAULT, « Sémiologie 1995 », menée en France et en Allemagne sur la qualité perçue des produits et la finition.

La versatilité des acteurs en présence de stimuli

L'approche du client est très subjective : c'est une analyse non logique de l'objet par rapport à soi. Il y a prédominance des perceptions d'ensemble (unité, homogénéité, expressivité – ambiance intérieure), mais la vision peut commencer par des détails qui choquent ou se faire par allers-retours entre l'ensemble et le détail. Des détails choquants sont surpénalisés avec risque de contagion et de défiance, on cherche autour tout ce qui ne va pas aller. Par contre, il peut aussi y avoir survalorisation de détails « intelligents » qui montrent un souci de l'utilisateur.

Mais l'approche n'est pas que subjective, il existe en définitive une très nette cohérence des perceptions, qu'elles soient positives ou négatives. Lorsque la qualité concerne une information, la place prioritaire est donnée au sens et à sa crédibilité. À partir de signes, on reconstruit dans son esprit le produit pour déclencher une suite de raisonnements, une inférence qui ne peut pas s'appuyer sur des éléments factuels : la conclusion se fera au sentiment (voir la figure 2-16).

Figure 2-16. Versatilité des comportements lors d'évaluations.
Utilisation des quatre processus selon les personnes

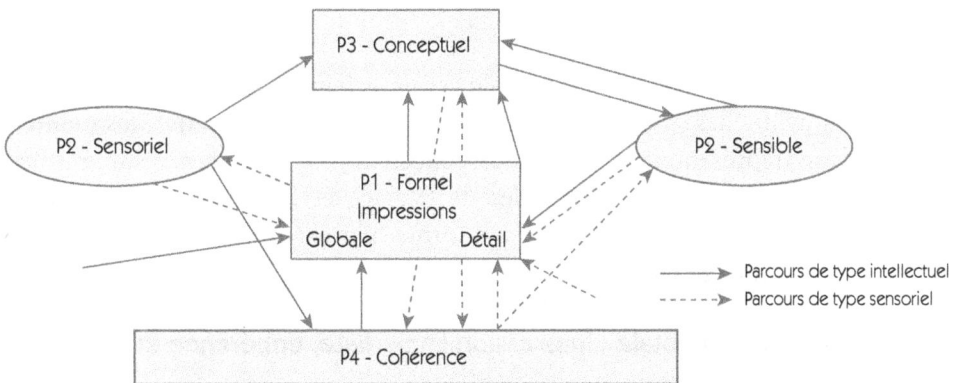

Au global, tous les processus sont activés, mais ils ne le sont pas dans le même ordre ni avec la même fréquence

Il existe de fortes dispersions entre les approches individuelles, des cheminements, qui tiennent à l'histoire individuelle, à l'investissement affectif et social. Mais il existe malgré tout cela une très nette cohérence des perceptions, qu'elles soient négatives ou positives.

Les cycles de perception : le parcours du client

Lorsque le client prend contact avec le produit, il existe un cycle que l'on retrouve souvent dans les mêmes conditions. Par exemple, le contact se fait pour un produit physique, on en fait le tour de loin, puis, se rapprochant, on va en examiner les détails. L'expression « parcours client » est très utilisée dans le secteur des services, notamment par le groupe Accor, pour assurer la qualité de la prestation dans tous les contacts que le client pourra avoir avec le service.

La perception, l'utilisation, les contacts vécus, matériels et immatériels, s'inscrivent dans un cycle complet de perception, qui est recalé par l'utilisation qui est faite. L'entreprise aura ensuite à définir des « profils de mission » qui seront des procédures d'essais, portant sur les utilisations limites de clients (par exemple, pour un véhicule, quel niveau de prestation pour un franchissement de trottoir) et qui serviront à tester les produits matériels ou les services.

Les représentations collectives : la perception est une construction sociale

> « *Tout est langage.* »
>
> Françoise DOLTO[1]

La communication verbale et non verbale est un échange de messages et de représentations individuelles (images et schémas mentaux, soit représentations mentales) ou collectives (représentations mentales collectives). Elle se fait selon plusieurs vecteurs : par les images, les symbloles, le langage et les comportements. Nous donnons pour chacun le stimulus (image-forme, par exemple) et la représentation mentale associée (image mentale).

Image-forme, image mentale : impression immédiate, cohérence et émotion

> « *Une image vaut mille mots.* »
>
> SUN XI (Ve siècle)

Notre société est celle de l'image. L'image physique, la forme suscitent des images mentales. Il est bien connu que l'image possède un fort pouvoir émotionnel, elle suggère des associations à d'autres événements, des souvenirs. Son appréciation et son vécu sont globaux. Les formes, comme les images physiques, entraînent en pre-

---

1. Titre d'un ouvrage de Françoise Dolto paru chez Vertiges-Carrère en 1987.

mier la réaction émotionnelle « j'aime », « je n'aime pas », et se créeront dès la première impression. Dès qu'il y a image, il y a aussi point de vue, une intention a été adoptée. Mais l'interprétation est très polysémique, elle a plusieurs significations.

L'image ment, comme tout le monde a pu s'en apercevoir lors d'événements très médiatisés qui se sont révélés faux. L'image et la communication ne constituent plus des preuves de vérité. Il existe trois aspects de l'image :

- **La dénotation**, c'est-à-dire la description de quelque chose, par exemple la montagne avec les arbres. Lecture littérale, l'image est perçue d'emblée comme une totalité, une évidence. On fait rarement un décryptage des éléments. Chacun dénote l'image en fonction de ses connaissances, « on y voit » des choses différentes selon les individus et l'attention qu'il y porte ;

- **Les connotations**. Ce sont des interprétations. Pour la montagne, par exemple, elle sera associée à air pur sans pollution, aux vacances, au voyage, aux efforts, à la marche, aux paysages, etc. Il existe une grande diversité de sens donnés selon les codes socioculturels ;

- **Les éléments techniques**. Ce sont les éléments qui définissent l'image : plan général, couleur, premier plan, type de trait et graphisme. Certains éléments peuvent renforcer des connotations, en exprimant le passé par exemple.

Prestations sensibles et signaux : connotations, dénotations, ressentis

> *« Tout nom dénote des sujets et connote les qualités*
> *appartenant à ces sujets. »*
>
> GOBLOT

Toute prestation, qu'elle soit sensible ou sensorielle, toute action offre, en plus du service pour laquelle elle s'effectue, un signal, une information associée, connotée. Proposer un bon accueil offre une prestation réelle (renseignement, assistance…) mais donne aussi une impression qui fera penser à « vu la façon dont c'est fait, ce sont des professionnels ! » Nous devons aussi prendre en compte les connotations mentales toujours associées à une action (en ce qui concerne la distinction entre connotation et dénotation, voir glossaire).

Nous donnons dans le tableau suivant les principales différences entre ces notions.

Dénotation	Connotation
Information	Significations, interprétations
Sens direct	Sens associés, « fait penser à… »
Sens invariant, quel que soit le contexte	Sens variant selon le contexte
Désignation objective	Expressions subjectives
Analytique	Synthétique
Représentation	Émotion
Objets, produits ou résultat sensibles	Signes
Pratique, factuel	Mythique, imagé
Faits	Valeurs, opinions

Le signe : son signifiant, son signifié, son référent

Figure 2-17. Les dimensions du signe
(le triangle sémantique selon Ferdinand de Saussure)

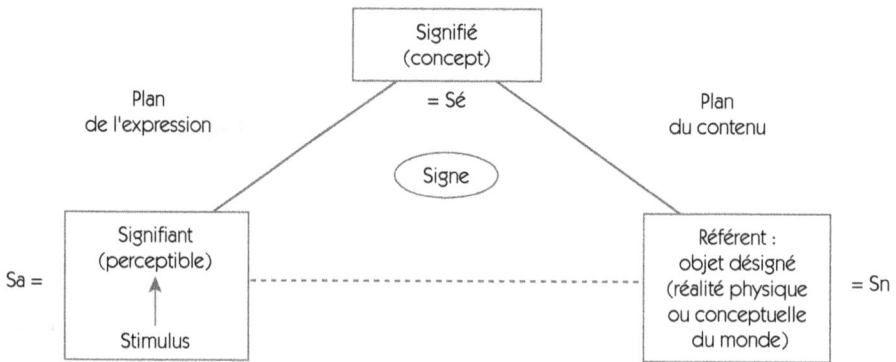

Stimulus et signifiant sont souvent associés (Sa) : image acoustique ou visuelle
Signifié : concept imaginé
Référent : objet désigné, signification qui prend sens selon les environnements
Liaisons (Sé – Sa) et (Sé – Sn) sont d'ordre culturelles
Arbitraire du signe : liaison (Sa - Sn) est le plus souvent arbitraire

Un signe est une réalité susceptible d'en représenter une autre. Il communique quelque chose en dehors du langage, une signification. Révélateur et déclencheur visuel, il raconte une histoire. Il met en exergue les points caractéristiques d'une figure. Un signe sous forme mentale comporte toujours trois aspects : le signifiant, le signifié, le référent ou signification élémentaire, celle qui sera « consommée ». Le sens, plus général que la signification, émergera d'un ensemble de significations (fig. 2-19).

Figure 2-18. Le système du signe : plusieurs niveaux de lecture

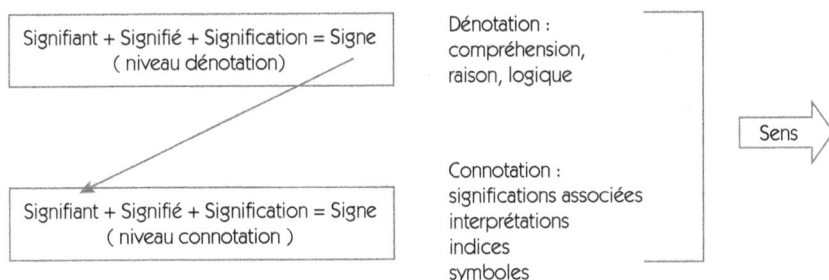

Le symbole

Un symbole est ce qui joint, ce qui *« représente autre chose en vertu d'une correspondance analogique »*[1]. Le symbole montre et rend visible ce qui ne l'est pas. Il demeure exclusif afin qu'il n'y ait pas de contestation sur son contenu et son sens. Ce n'est pas une simple analogie, le symbole réunit, signifie l'appartenance (comme le signe de la croix) et a valeur pour le groupe. C'est l'objet possédé par deux individus, sa possession permettant de se rejoindre, il montre (rend sensible ce qui ne l'est pas), réunit (inclut et exclut) enjoint et prescrit (la couronne pour le pouvoir). Un symbole se différencie du signe et du signal : le signe distingue, le symbole relie.

Il est spécifique à l'homme qui traduit une information en symboles à la différence de l'animal qui interprète l'information comme un signal. Boris Cyrulnik cite l'exemple du pointer du doigt. Pour son chien, le doigt lui fournit un signal et il viendra y frotter son nez. Pour l'homme il désigne une autre chose. Le symbole nécessite un apprentissage collectif dès l'enfance. Il permet de classer, ordonner le monde, de lui donner un sens et d'attribuer de la valeur. Il est ambivalent, en ce sens il est proche de la métaphore.

La métaphore

Une métaphore est le *« procédé par lequel on transporte la signification propre d'un mot à une autre signification qui ne lui convient qu'en vertu d'une comparaison sous-entendue (la lumière de l'esprit, la fleur des ans, brûler de désir...) »*[2]. En plus de son

---

1. *In* Lalande.
2. Selon *Le Petit Larousse.*

sens esthétique et de mémoire, une métaphore comporte toujours deux significations supplémentaires : la dénotation (littérale) et la connotation (émotionnelle).

Le raisonnement déclenché au contact de l'objet

« Si je vois ces protections en plastique, alors ça veut dire qu'ils ont pris soin des
petits chocs, et donc ils ont bien travaillé. » Les raisonnements ne sont en général
pas scientifiques, mais ils « infèrent », cependant, des conclusions qui vont être
ancrées, et ressortir par la suite lors de stimuli ou d'événements analogues.

La perception : une construction sociale, des représentations collectives

Un processus actif élaboré avec l'environnement de l'individu

Le processus de perception est non seulement une acquisition des informations par
les sens, il est aussi un processus actif élaboré lors de l'interaction de l'acteur qui
perçoit avec son environnement. Le contexte influence la perception : il suffit de
voir la perception de la couleur perturbée par d'autres couleurs ou la notion
d'ancrage. Il peut aussi y avoir évolutions de la première impression, une cohérence
s'établit alors dans le temps : on voit différemment quand on connaît mieux.

Figure 2-19. Signes, caractéristiques principales

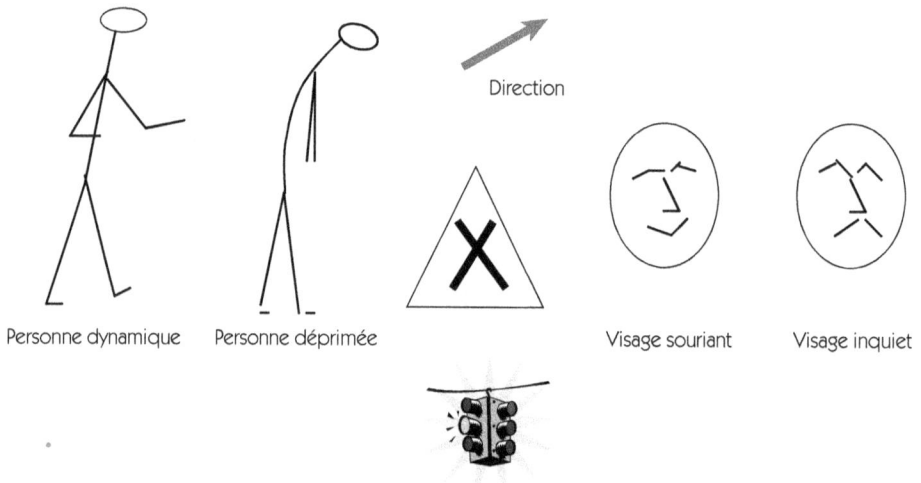

Personne dynamique   Personne déprimée   Visage souriant   Visage inquiet

L'influence du groupe : échanges, conflits et convergences

Une grille de lecture du réel, des représentations collectives sont des interprétations
de la réalité un ensemble d'idées qu'un groupe véhicule à propos d'un phénomène
donné. Les groupes d'appartenance influencent la perception par la création de

références communes qui vont modifier des points de vue Les échanges participent à la construction de la réalité perçue par convergences et représentations partagées. Les exemples, cités par Françoise Héritier[1], concernent des expériences faites par les psychologues qui démontrent l'influence des codes sociaux dans toutes les cultures. La société construit et reproduit l'image que l'on se fait, ce qui aboutit à de réelles conséquences qui perdurent. Par exemple, en ce qui concerne les jouets ou les couleurs affectés aux bébés, les parents ont tendance à reproduire la distinction sociale des sexes.

Si chacun voit selon sa culture, sa peronnalité, son groupe d'appartenance, le dialogue permet de construire une représentation commune (fig. 2-20).

Figure 2-20. Points de vue multiples et convergences : construction des représentations, modélisations du réel perçu

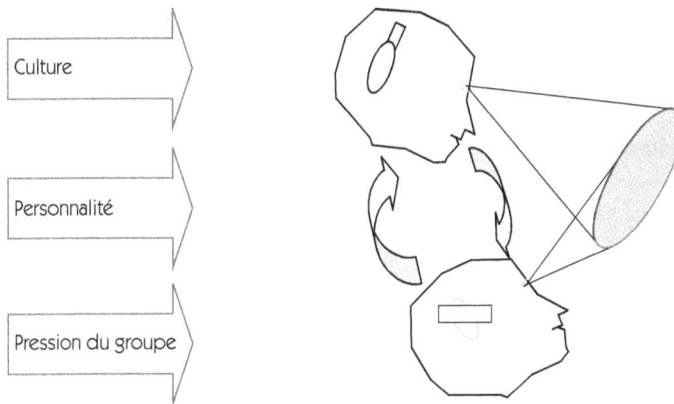

Sens et émotions permettent d'agir et de décider

> « L'homme est né pour le plaisir : il le sent, il n'en faut point d'autre
> preuve. Il suit donc sa raison en se donnant au plaisir. »

Blaise PASCAL

Percevoir permet de créer du sens par l'interprétation qui est faite, mais aussi, à l'évidence, des émotions. Les comportements auront une part de rationnel et une d'émotionnel. Le plaisir ou les émotions sont très moteurs, ils créent une motiva-

---

1. Sociologue et ethnologue, 2004.

tion mais sont peu pérennes et changent rapidement. Le besoin de comprendre (donner un sens) est relativement permanent et de plus en plus nécessaire aujourd'hui.

La recherche de sens est vitale pour l'homme

Elle lui permet de survivre. La création du sens se fait par la communication de signes ou symboles. Un message a du sens lorsqu'il montre le chemin, qu'il est intelligible, apporte et apprend quelque chose, donne une direction. Le sens est porteur d'un futur, montre un ailleurs et correspond à des significations partagées ; l'exemple du film *Full Monty* illustre le fait que la compréhension passe par le langage habituel de la personne : donner des explications dans le langage du « foot » à des gens qui connaissent le football plutôt que des explications théoriques.

Boris Cyrulnik détaille cette création de sens à travers une représentation qu'on se fait de quelque chose, chez les animaux ou les enfants, et souligne le rôle du pointer du doigt pour l'enfant et pour la parole[1], comme nous l'avons signalé.

L'importance des émotions pour la décision et l'action

Les émotions font partie de la nature de l'homme. Les sciences cognitives avaient éliminé l'émotion pour rechercher les évaluations « froides », sans la joie ou la peine. Actuellement, l'émotion est de plus en plus prise en compte, aussi bien dans le fonctionnement du cerveau que dans l'action et la prise de décision.

Antonio Damasio[2] constate dans ses livres, *L'erreur de Descartes*, puis *Spinoza avait raison*, l'importance des émotions pour la décision. Des patients ayant eu un accident au cerveau supprimant toute émotion sont incapables de prendre une décision, bien que leur capacité d'analyse soit conservée : ils vont comparer toutes les possibilités offertes et ne pourront se décider. Les émotions interviennent en premier pour déterminer une « *zone potentielle d'actions possibles* » dans laquelle le cerveau fera ensuite une analyse plus fine. D'autres auteurs confirment ce constat et vont même jusqu'à considérer le plaisir comme une monnaie d'échange contre les désagréments : notre action résulterait d'une optimisation entre plaisirs et déplaisirs. L'émotion constitue un puissant moteur qui poussera un consommateur à agir dans le sens lui procurant le plus de sensations.

---

1. Boris Cyrulnik, *La naissance du sens*, Hachette Pluriel, 1995.
2. Antonio Damasio (neurobiologiste), *L'erreur de Descartes*, Odile Jacob, 1995, et *Spinoza avait raison*, Odile Jacob, 2003.

Le pouvoir des sens : la perception conditionne l'action

Dans une situation de choix, c'est le perçu et non l'aspect objectif qui compte. Le marketing tente de plus en plus de « *réveiller les sens du consommateur. À l'heure de la banalisation des produits, le sensoriel apporte des nouvelles dimensions émotionnelles et cognitives qui touchent l'affect des clients* »[1]. Donnons l'exemple cité dans « Les sorciers des cinq sens »[2] : « *Fragrance et goût subtils, sonorité, aspect et toucher évocateurs : pour doper leurs ventes et se démarquer de la concurrence, les industries grand public misent de plus en plus sur la dimension sensorielle de leurs produits. Et ça marche. Les consommateurs sont désormais tellement sollicités que tous les moyens sont bons pour leur fournir des émotions toujours plus fortes.* »

La diversité des représentations n'empêche pas l'existence d'invariants

Malgré la très grande diversité des personnes et de leurs perceptions, de la versatilité des comportements, il existe des invariants propres à la culture, au sens large, de la personne. Les aspects physiologiques comportent des constantes (perceptives, par exemple) car la nature physique des personnes est proche. Des environnements peuvent être identiques dans leurs fonctionnements (école, famille, amis…). Une même culture offre des références de jugement et des représentations collectives proches les une des autres.

Chacun a son point de vue, les comportements seront donc à définir en détectant les invariants statistiques que l'on retrouve chez tous, sachant qu'il existera toujours une variabilité concernant chaque cas particulier.

Chaque personne possède des références pour juger, évaluer. Il est important de définir quels sont les clients qui ont des références analogues. La construction de typologies relatives aux représentations mentales se justifie donc. Pour ces groupes de clients « homogènes », nous définirons le positionnement et l'attractivité que nous préciserons dans la fiche outil 11 :

- Le positionnement ou l'idée qu'on se fait par rapport à des références, ce qui fait penser à quelque chose sans un jugement de valeur ;
- L'attractivité ou la perception de la valeur d'un objet plus ou moins attirant.

---

1. *In La Tribune*, 22 novembre 2005.
2. *L'Express*, 15 janvier 2004.

Des exemples
pour illustrer les expériences sensorielles

La perception est plus ou moins consciente, ou encore précise. En général, on ne peut pas expliquer par soi-même ses mécanismes. Mais, par contre, chacun peut toujours parler de son ressenti, même s'il se limite seulement à « j'aime » ou « je n'aime pas ».

Voir n'est pas percevoir

La perception est le résultat de la synthèse de différents processus. Il doit y avoir coopération des perceptions pour interpréter, sentir et ressentir, vivre la perception, signifier, intégrer des fonctions pour créer du sens et des émotions.

Le point de départ de la perception ou le détail qui accroche oriente l'interprétation de ce qui est vu, comme sur la figure 2-21.

Figure 2-21. Identifications de la « jeune » ou de la « vieille »

(Reprise de la même figure pour expliquer comment la perception peut être orientée par un détail)

L'identification de cette figure réversible est facilitée par la focalisation sur des points caractéristiques : débuter la vision par le point A suggérera plus le visage de la « Jeune » et inversement pour B

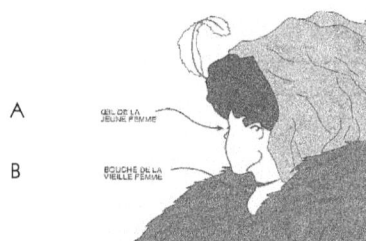

L'interprétation de ce qu'on voit donne une signification. Elle dépend de la culture de ceux qui perçoivent. Prenons l'exemple de la vision du paysage selon Augustin Berque[1] : « *Dans une lettre à son ami Gasquet, Paul Cézanne note que les paysans de la région d'Aix n'ont apparemment jamais "vu" la montagne Sainte-Victoire… On peut voir avec ses yeux un ensemble de terres, d'arbres… penser à la récolte ou à la bonne exposition de la terre, et ne percevoir le paysage, c'est-à-dire utiliser divers sens pour en faire une représentation… Nous reconnaissons les objets qui nous entourent par inférence.* »

La couleur exprime quelque chose, elle donne du sens au produit. Elle est associée à des connotations : rouge (sang, vie, dynamisme) ou bleu (ciel). Elle renforce une forme, peut créer une impression de profondeur, accentuer un effet de style. La

---

1. Augustin Berque, *Les raisons du paysage*, Hazan, 1995.

couleur constitue une seconde peau. Elle peut donner envie de toucher ou procurer du bien-être et du plaisir. C'est un moyen de personnaliser, l'objet devient plus sensoriel. Comme le souligne l'historien des couleurs Michel Pastoureau, « *la couleur sert à classer, codifier, encore faut-il connaître son histoire, ses usages et son évolution* ». Le bleu par exemple, devient une couleur au Moyen Âge. Cette couleur n'a jamais été nommée dans l'Antiquité : chez les Grecs et les Romains, il n'existait pas de mot. Pourtant cette couleur entourait chaque personne, le ciel et la mer étaient bien vus mais pas perçus. Le bleu ne correspondait pas à un besoin social de l'identifier, ne représentait pas une symbolique socioculturelle.

Entendre et écouter : le bruit, c'est la vie

Les significations des sons et des bruits sont très variables, du bruit à la mélodie. Les bruits ont une influence ; par exemple, sur l'impression de vitesse d'un véhicule : le bruit du moteur peut tromper l'impression physique. Un son est aussi un retour d'information, qui indique une bonne fermeture de porte ou un contact qui s'est établi (figure 2-22).

Figure 2-22. Significations d'un son : différents types de bruits-vibrations et leurs caractéristiques[1]

Perception	Vibration parasite	Bruit parasite	Bruit anormal	Bruit agressif	Bruit fonctionnel	Signe signifiant	Signal porteur d'info.	Son musical
Indicateur	Présence niveau	Présence fréquence	Présence origine	Niveau	Niveau qualité	Code interprétation qualité	Type information	Qualité niveau
Prestation	En général négative, éliminer	Agaçant inutile	Inquiétant angoissant	Fatigant	Admissible (car lié au vécu) Diminuer	Révélateur rassurant	Prévient indique retour info	Musicalité agréable
Exemples	Grigri vibration mécanique	Mauvaise qualité de fonction.	Bruit de fuite d'air	Mal aux oreilles: trop sourd, hurlement	Bruit du moteur	Bruit de porte bien fermée	Bruit d'enclenchement commande	Musicalité moteur
Le seul niveau (en dB.A par exemple) n'est pas suffisant pour estimer comment est perçu un bruit et quelle impression il fait sur une personne.								

---

1. « Le bruit fait partie de la vie » (*verbartim* d'une automobiliste dans une enquête qualité perçue), il est multiple et plus ou moins valorisé.

Sentir et ressentir : de l'odeur à la fragrance

La valeur associée à un parfum résulte de la construction de la culture olfactive[1], une odeur sera associée à une adhésion ou un rejet, un construit abstrait qui fait penser à quelque chose. Le parfum est une politesse, un compagnon. Il est un signal de reconnaissance, un caractère qui s'exprime. Les voyages mènent à « *la rencontre des odeurs, le musc du Népal, le jasmin et le santal en Inde… pouvoir extraordinaire de faire surgir du tréfonds de la mémoire des paysages ou des instants de vie oubliés, et de raviver la présence d'une personne aimée. C'est la forme la plus intense du souvenir* »[2].

Toucher et sensualité : du contact à la relation

Le toucher pour avoir le contact est une communication non verbale. Toucher son interlocuteur peut modifier son comportement. Nous avons besoin de toucher et envie d'authenticité, d'accentuer l'impression de confort.

Depuis la nuit des temps on a tâté les étoffes pour en percevoir la qualité. Mettre la main au contact pour apprécier l'état, vérifier si cela fait toc ou riche. « Touche ce tissu et vois comme il est doux ! » La perception de la qualité de matières plastiques dans les études consommateurs[3] a évolué. L'ère du « ça fait plastique veut dire plastoc » est révolue ; aujourd'hui, les matières synthétiques ont des qualités qui peuvent être nobles.

Goût et saveurs : de la sensation au plaisir des arômes

« *Le goût du vin n'est pas dans la bouteille, il est dans la tête* », affirme Frédéric Brochet[4]. Le repas est un construit social qui associe « le goût du vrai », la confiance et la convivialité. Au-delà du fonctionnel, il faut avoir confiance en ce qu'on mange. C'est aussi un partage symbolique. Prenons l'exemple du vin : qu'est-ce qui fait que le vin soit si intéressant dans sa variété, ses nuances subtiles de couleurs et d'odeurs, dans ses goûts ? Toutes ces caractéristiques sont déterminées par la technique et la composition chimique. Pour le consommateur, la qualité est une appréciation et un plaisir, une expérience sensorielle, un rituel. L'appréciation du vin n'est pas une partie du vin lui-même mais il est entièrement la réaction de chacun au caractère du vin.

---

1.   Voir le livre de Patrick Süskind, *Le Parfum*, Fayard, 1986.
2.   Jean-Paul Guerlain, *Les Routes de mes parfums*, Le Cherche midi, 2002.
3.   Études menées par RENAULT en France et en Allemagne en 1996
4.   Chercheur à la faculté d'œnologie de Bordeaux *in Sciences et Avenir*, octobre 1999.

Le goût repose aussi sur la dégustation. L'examen visuel tout d'abord, examiner la robe pour y lire son intensité, ses nuances de couleur et sa limpidité ; puis l'examen olfactif en respirant pour en deviner le bouquet ; enfin, l'examen gustatif qui se pratique en trois phases : l'attaque en bouche qui dégage la première sensation, le milieu de bouche qui livre la palette aromatique, l'équilibre et l'ampleur du vin, la fin de bouche où l'on apprécie la persistance du goût.

Les alliances des mets et des vins suivent des règles : avec des viandes rouges grillées, il vaut mieux un vin rouge souple et bouqueté, alors qu'avec une volaille rôtie, un vin rouge jeune et fruité sera mieux adapté. Toutes ces sensations doivent coexister harmonieusement.

▷ Fiches outils

Le point central que nous préconisons est d'aller voir le client, l'écouter selon différents points de vue, pour décoder ses attentes latentes et le non-dit.

Fiche 4. Décoder les perceptions selon différents points de vue

L'observation des situations de perception et d'utilisation va permettre de décoder les attentes et définir les cycles de perception, de vie, d'utilisation, ainsi que les cas d'utilisation.

Figure 2-23. Nouveau dialogue client

Décoder la perception client : observations, croiser selon des points de vue différents.
Traiter l'ensemble des informations clients

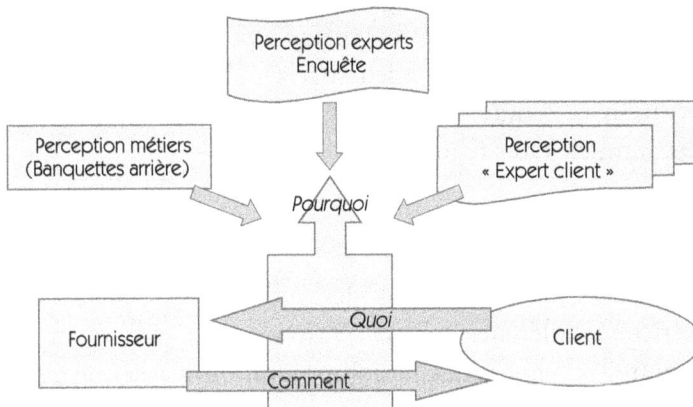

La nécessité du dialogue et du contact direct : écouter, observer, comprendre

Il faut au préalable définir les cibles possibles avant de commencer à cerner les attentes. Leur hiérarchisation dépendra des types de clients, plus que des attentes souvent communes.

Les consommateurs ont du mal à imaginer et à décrire le produit idéal. Il paraît indispensable de le mettre au contact de l'ensemble de l'objet, de lui faire vivre complètement le service. Si l'objet est un concept, il y aura toujours la possibilité de « faire vivre une histoire » en racontant ce qu'est le concept, ce qu'il fait, dans quel contexte.

Comprendre tous les clients repose sur de multiples sources : information des études de marché, tests, réseau commercial, courrier clients… Sans compter le « contact direct » : aller voir les clients pour écouter, sur la base d'un dialogue métier/client ; les réponses à la question : « Qu'est-ce qui vous fait dire ceci ? » seront reformulées avec les gens de métier.

Les interviews des clients se font au contact des produits, ainsi que des produits concurrents, qui ont été choisis (préparation) comme constituant des exemples (stimuli) assez caractéristiques des différentes prestations offertes sur le marché, par un plan d'expérience.

La présence des métiers (appelés « banquettes arrières ») est très enrichissante pour la compréhension mais doit être gérée. La présence de stimulus concrétisé par du physique, de la métaphore, une histoire racontée, est nécessaire pour faire réagir les personnes (figure 2-23).

Cependant, si chaque perception est personnelle, si chacun ne voit pas exactement ce que voit un autre, la communication entre les personnes permettra de construire un perçu qui sera plus commun et mieux partagé. De nouveaux dialogues avec des clients (observation et écoute) sont nécessaires pour comprendre les acteurs qui changent constamment (voir figure 2-20).

Trois points de vue, trois interprétations

Toutes les expériences faites ont fourni des informations nouvelles sur les attentes en faisant participer différents métiers : vision de l'enquêteur (instituts d'études, par exemple) plutôt psychologique, vision produit ou marketing ou commercial, et enfin vision technique.

Erreurs de perception, des biais permanents

Catégorie de biais	Types de biais	Sources principales des écarts de perception
1. Biais individuels : subjectivité, écarts d'interprétation	1.1 Biais physiologiques	• La perception est filtrée par les sens, partielle, elle porte sur un champ limité • La perception est perturbée par la fatigue
	1.2 Biais de forme : impression globale et immédiate	• La réaction affective « J'aime » « Je n'aime pas » détermine l'impression donnée par une perception • La première impression oriente la perception et les perceptions suivantes
	1.3 Écarts cognitifs : subjectif de la personne	• Un *a priori*, un préjugé conduit à des erreurs d'interprétation • L'expertise, la connaissance, rend la perception plus pointue • Si on est averti, on va plus analyser ce qu'on connaît • On ne voit que ce qu'on veut bien voir • L'attention focalise sur un point particulier • La mémoire donne des habitudes qu'il est difficile de changer • La motivation incite à aller au-delà de ce qui est perçu
2. Biais relatifs à l'objet qui met certains aspects en évidence	2.1 Première impression ou utilisation vécue	• Le type d'utilisation modifie la première impression spontanée
	2.2 Biais dus au pouvoir de l'objet	• L'apparence de l'objet peut exprimer ce qu'il n'est pas • Certains aspects de l'objet détournent l'attention
	2.3 Détail qui tue	• Un détail peut donner une mauvaise impression globale
3. Biais relatifs à l'environnement	3.1 Point de vue	• Des points de vue différents donnent des perceptions différentes
	3.2 Biais d'ambiance	• Le contexte ou l'ambiance modifie ce qui est perçu
	3.3 Biais sociaux	• Les interprétations dues à des codes culturels différents sont différentes • L'influence du groupe social change la représentation spontanée d'une personne en éduquant son interprétation • L'image (de marque, par exemple) influence et oriente la perception

« *Le cerveau nous trompe en toute cohérence.* »[1] Il nous faut donc détecter et identifier en permanence les écarts.

Conscients des limites de nos perceptions, de notre impuissance à agir sur nos sens, nous essayons sans cesse de nous entourer de toutes sortes de précautions afin de réduire les causes de distorsion. Il est nécessaire de se protéger des biais. La check-list ci-dessous peut nous y aider :

Fiche 5. Identifier les attentes non conscientes

Nous démarrons le travail par des interviews que nous recouperons ensuite.

Les attentes latentes ou non conscientes se révèlent au contact de l'objet réel ou évoqué par une histoire racontée, une mise en situation ou une « métaphore ».

La démarche d'interview se fait par écoute pour décoder le verbal et le non-verbal et les représentations mentales : « Que veut dire ce signe pour moi ? » Plusieurs étapes sont nécessaires pour identifier ces verbatim clients :

La préparation de l'interview en groupe de travail piloté par les experts des clients

Les interviews sont préparées en définissant le thème du travail et les questions de relance. Ils se feront en suivant le schéma : du global au détail, évocation des images, symboles et signes, puis des prestations sensibles et sensorielles. Des métaphores peuvent être utilisées pour faire vivre des impressions au même titre que la présence physique d'un objet. (figure 2-24).

Les questions de relance seront préparées en groupe : se poser les questions pour lesquelles on voudrait avoir une réponse du consommateur dans le langage du client.

Le guide d'interview de type Shiba, à adapter à chaque cas traité

Ces dialogues ont pour but d'identifier les représentations des clients et le sens qu'ils donnent, par le contact direct ; faire ressortir les attentes non dites, latentes, inconscientes. Seul le dialogue peut initialiser une telle requête. À la différence des enquêtes qualitatives, ce type de travail consiste surtout à réfléchir avec l'interviewé, de construire avec lui une représentation de ses attentes, sous forme verbale et imagée (signes, symboles, anecdotes, métaphores).

---

1. *In Science et Vie*, n° 1044, septembre 2004.

Figure 2-24. Démarche d'interview en contact direct : aller voir ses clients

PRÉPARATION

- Groupe de travail, expression des besoins d'informations clients, liste des questions de relance
- Définition des participants aux interviews, planning

INTERVIEW se fait par équipes de 2 personnes

- 20 à 30 clients
- interviews client par client (face à face, téléphone) avec produit, maquette, stimulus
- Interviewer : suit le guide d'interview et laisse parler le client :
  - reformule pour comprendre
  - *« qu'est-ce qui vous fait dire çà ? Pourquoi ? pouvez-vous me donner un exemple ?»*
  - observe le non-dit
- Technicien : note les « verbatim » (mot à mot), observe sans perturber le client, que veut dire le client ? : …demande des précisions à la fin de l'interview
- Identifier les références du client : produit possédé, univers de sa « concurrence » dans ses choix, niveau d'implication.

- Durée de l'interview : 45 min (objectif) à 1heure
- Suivre les règles de confidentialité (informatique et libertés)

EXPLOITATION (voir guide d'interview)

- Reformuler en critères de jugement
- Évaluer les performances sur ces critères
- Lister les points forts/faibles
- Améliorations - Plans d'actions
- Retour client

Faire l'effort d'aller voir ses clients ou l'écoute terrain

Une équipe va dialoguer avec le client pour écouter, observer, décoder, comprendre les attentes latentes :

- Écouter, c'est-à-dire laisser parler, noter les verbatim (mot à mot en bas latin) ;
- Observer les évaluations clients (essais) et commentaires, les « banquettes arrière » ;
- Dialoguer et décoder après les interviews.

Figure 2-25. Guide d'interview clients

GUIDE D'INTERVIEW CLIENTS

Client ;   Intervieweur :   Date :

Thème :

1. **Images**
   - Quelle image avez-vous ? (entreprise, produits…)
   - Quels produits – services utilisez-vous ?
   - Quelle utilisation en faites-vous ?
   > *(Pourquoi – exemples – relances métiers)*

Interview de type Professeur Shiba

2. **Ici et maintenant** (pour chaque produit – service utilisé)
   2.1 Globalement, comment jugez-vous ce produit – service ? Comment se situent les concurrents ?
   2.2 Quels sont les points forts ?
   2.3 Quels sont les points faibles ?
   > *(Pourquoi – exemples – relances métiers)*

3. **Passé et futur** : dus, améliorations demandées
4. **Points les plus importants**
   > *(Pourquoi – exemples – relances métiers)*

Exploitation
- Reformuler en critères de jugement
- Évaluer les performances sur ces critères
- Lister es points forts/faibles
- Améliorations – Plan d'action
- Retour client

Les interviews se font à deux personnes : l'interviewer et le technicien qui sera en « banquette arrière » afin de ne pas perturber le client. Il s'agit de montrer une réalisation complète et concrète au client, de le faire réagir sur des propositions matérialisées physiques (maquette), par des images, des métaphores. L'important est de ne pas perturber plus qu'il ne faut le client lors de l'interview.

Le rôle de l'interviewer est de poser les questions et de demander le « pourquoi ». Un dialogue « intelligent » s'établira. À la fin d'une série de dialogues, il peut relancer en utilisant les questions de relance des métiers qui ont été préparées. Le rôle du technicien est d'écouter, de noter les phrases et de les interpréter selon son point de vue.

Les interviews se passeront certainement de façon différente de ce qui a été prévu. Chaque contact est particulier. L'important est de pouvoir revenir périodiquement aux points qui ont été préparés, même s'ils ne sont pas abordés dans l'ordre, de tous les balayer. La préparation aura permis la maîtrise de l'interview.

Reformuler périodiquement avec l'institut de test et le groupe de travail marquera une première synthèse, nécessaire pour éviter les dérives techniciennes.

La reformulation à partir des phrases clients

Ce travail fera l'objet du chapitre 3. La reformulation permettra, en repartant des phrases des interviewés, de :

- Définir les prestations attendues du produit ou du service, en distinguant des jugements (évalué plus ou moins) du positionnement exprimé ;

- Hiérarchiser les attentes ;

- Évaluer les produits qui ont été appréciés par les clients ;

- Définir une nouvelle typologie de clients ayant des références ou représentations proches.

  Rappelons que les références dépendent des clients. À partir de la typologie de départ, il est important de définir quels clients ont des références analogues et de redéfinir une typologie par jugement, univers de référence et utilisations, proches. Les pondérations dépendent principalement des types de clients et de leurs références de jugement (figure 2-26 page suivante) ;

- Il sera nécessaire de valider les points, compte tenu des risques de traduction : recouper les faits, croiser l'information.

Un éventuel questionnaire Kano pour des compléments

Nous partons de la liste des services rendus reformulés, chaque service de base servant de question fermée dans un questionnaire QCM à renvoyer aux personnes déjà interviewées (si elles acceptent de le faire). Son but est de valider la liste des « quoi » (oublis) et de calculer les pondérations (selon le questionnaire de Kano). Les questions vont par paire : la première en positif et la deuxième en négatif. Le lecteur n'a plus qu'à cocher la case qui correspond à son sentiment. Généralement cela va de « j'aime beaucoup » à « je n'aime pas du tout ». Dans ce deuxième questionnaire, il est recommandé de rajouter une case devant chaque question où le client donnera une note d'importance. Il est important de préciser quelle est la note signifiant l'importance la plus forte.

Figure 2-26. Typologie des clients, références de jugement

Les dialogues avec des clients peuvent faire ressortir d'autres segmentations, plus fines, construites à partir des comportements observés, ou des prestations attendues.

Pour un même type de clients, les références de jugement sont identiques.

Par exemple dans la prestation « Air conditionné » le premier axe oppose ceux qui veulent cette prestation à ceux qui n'en veulent pas. Le deuxième axe oppose les partisans du confort calme (sans air dans les yeux) à ceux qui veulent un rafraîchissement fortement ressenti.

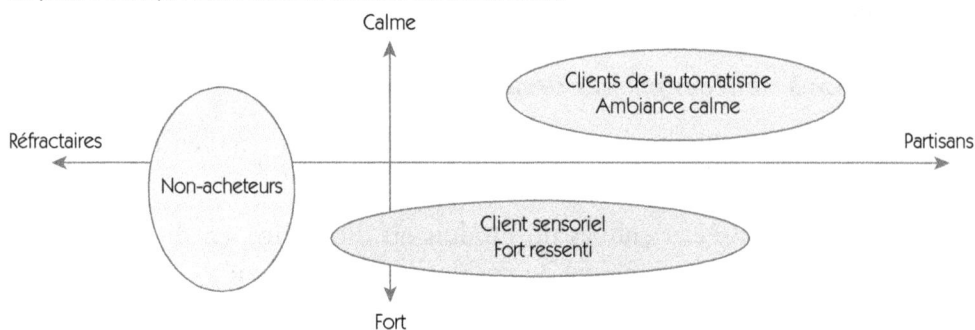

L'exploitation en groupe

Elle fera l'objet du chapitre sur la construction du référentiel client. Elle se fait en :

* Construisant une synthèse des perceptions selon différents points de vue ;
* Estimant les pondérations clients.

La base d'informations clients

Toutes ces informations vont alimenter en permanence une base de données clients.

Les actions correctives

Il s'agit de :

* Réagir par rapport à des insatisfactions exprimées sans attendre de terminer l'étude ;
* Choisir les actions qui vont permettre de faire un retour par rapport au client (leur faire remarquer que l'on prend en compte leurs remarques), ce qui aura tendance à les fidéliser ;
* Valider les propositions en interne avant tout retour.

Les points acquis, questions restant à traiter

Ce processus doit être dynamique, il n'est jamais terminé car il manquera toujours des informations, soit qu'on les veuille plus précises, soit parce que le client évolue de même que les environnements, la technique et la concurrence.

Fiche 6. Hiérarchiser les attentes avec le diagramme de Kano

« Faut-il vraiment aller le demander au client ? »[1]

L'identification des attentes

Identifier les attentes conduit non seulement à écouter et observer des clients éventuels, mais aussi à chercher à décoder les représentations, les messages des acteurs, sous les diverses formes de signes, pour ensuite reformuler ces attentes en services à rendre. Mais le risque est grand de se tromper, car la matière est très subjective, elle fait appel à des codes qu'il faut déchiffrer, d'autant que nous espérons obtenir des attentes hiérarchisées.

Le modèle de Kano permet de visualiser les différents positionnements clients et de suivre leur évolution :

- Sur l'axe horizontal on porte le niveau de prestation mesuré de façon objective par des indicateurs, au moyen d'instruments. Cette mesure peut être aussi effectuée par des notes de 1 à 10 au cours d'enquêtes quantitatives, par jury d'experts ou par des essayeurs. Ce degré de réalisation objectivé du service rendu (ou prestation), nous le retrouverons dans le chapitre consacré au référentiel client, au sujet de la mesure de la réalisation de la prestation de la qualité perçue (deuxième partie) ;

- Sur l'axe vertical, nous mesurons le niveau de satisfaction des clients d'un marché défini. La prestation peut être effective, mais la clientèle peut en même temps ne pas y être sensible (un équipement non valorisé dans un pays qui n'en a pas besoin, par exemple). Satisfaction et niveau de prestation sont à traiter séparément. Cependant, quels que soient les clients et les marchés, le niveau de satisfaction augmentera toujours avec le niveau de prestation, plus ou moins fortement (nul s'il y a insensibilité).

Les courbes du diagramme représentent la liaison entre ces deux dimensions. La pente de ces courbes peut être interprétée comme une sensibilité, une élasticité entre la satisfaction et la prestation, et pourra figurer des « pondérations ».

---

1. Parole d'ingénieur en automobile.

Figure 2-27. Diagramme de Kano

(cité dans les livres de Shiba et Kano en japonais, traduit en anglais par Shiba et autres : *A new American TQM*, Productivity Press, 1993)

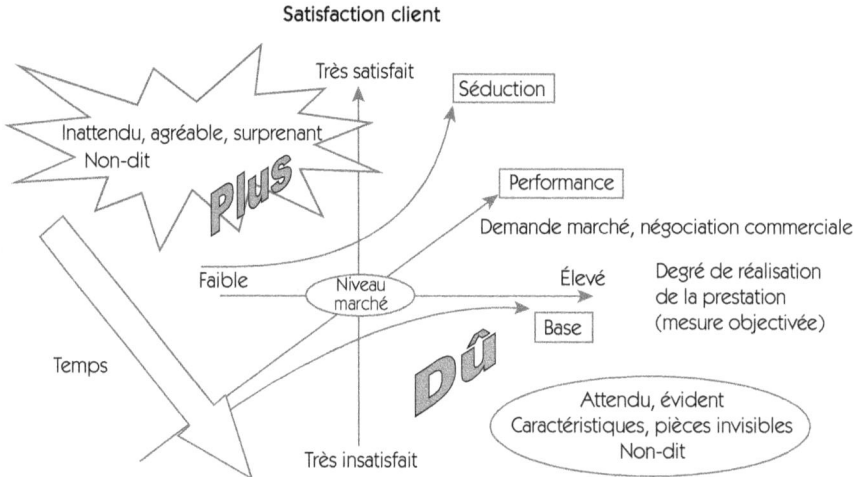

Satisfaction client

Très satisfait

Séduction

Inattendu, agréable, surprenant
Non-dit

Plus

Performance

Demande marché, négociation commerciale

Faible
Niveau marché
Élevé
Degré de réalisation de la prestation (mesure objectivée)

Base

Temps

Dû

Attendu, évident
Caractéristiques, pièces invisibles
Non-dit

Très insatisfait

La distinction de trois niveaux d'offres

Le niveau du marché situe le niveau standard de prestation marché, il correspond à la satisfaction admissible pour le marché. Il est très important de distinguer trois natures d'offre, car elles correspondent à des objectifs et des actions différentes :

*   **Le « dû »** est un service considéré comme normal et dont l'absence se traduit par une insatisfaction voire un rejet de la part du client (si on est en dessous du marché) ; par exemple, en matière automobile, la sécurité ou la fiabilité.

    La réalisation des dus devra être supérieure à un seuil minimal fixé par le marché. Cependant les dus n'engendreront pas pour autant de la satisfaction, ils ne feront que réduire l'insatisfaction. Dépenser beaucoup sur un dû risque de ne pas être perçu, et l'argent sera gaspillé. Il faut donc veiller au « juste nécessaire », c'est-à-dire éviter les surspécifications qui ne seront pas perçues et donc non valorisées ;

*   **Le « plus »** apporte en revanche une satisfaction, qui aux yeux du client démarque le produit ou le service par rapport à la concurrence. Il procure une surprise, une séduction et rend plus attractif le produit. Il est donc valorisé « positivement », payable, mais il ne peut compenser un dû défaillant.

*   **Le niveau « performance »** est une offre intermédiaire du ressort de la négociation commerciale : plus ou moins de satisfaction selon que la prestation est plus ou moins forte.

Au cours du temps, les exigences se modifient tout comme la concurrence. Les plus, s'ils constituent de véritables prestations et non des gadgets ou des offres de niche, deviendront progressivement des « performances » puis des dus.

La définition des poids

Un poids est l'importance donnée par le client, sa sensibilité à l'offre de prestation. Il mesure la variation de satisfaction relative à une variation de prestation (ou service rendu). Ce poids peut être évalué, par exemple, de 1 à 5, à condition de bien préciser ce que représente le 1 et le 5 : le 5 est très important pour le client, le 3 moyennement important, le 1 très peu important. Il ne faut pas les confondre avec l'ordre de priorité qui peut aussi être donné par un client : une prestation choisie en premier (n° 1) a un poids de 3 (sur l'échelle 1 à 3).

La pondération des prestations sensibles

À l'échelle individuelle, il est souvent difficile de définir les priorités car les aspects sont inter-reliés, mais on arrive à définir ce qui est le plus ou le moins important. C'est ce qui est demandé dans le guide d'interview : « En synthèse, quels sont pour vous les points les plus importants ? » Ces techniques peuvent être issues de méthodes type *trade-off*. Dans le cas de contacts individuels, l'expérience nous a prouvé que demander directement ce qui est important marche bien. La méthode est simple, mais les poids doivent être validés par des évaluations quantitatives (régressions d'une note globale sur différentes prestations).

La difficulté de définir une hiérarchie dans certains cas

Pour la qualité perçue, certains aspects sont difficiles à hiérarchiser car elle fait intervenir le cognitif ; des indices suggèrent des inférences qui peuvent beaucoup influer, un « détail qui tue », une cohérence entre aspects qui confirme ou infirme. Les pondérations des aspects cognitifs (symboles, signes, images, détails qui tuent) ne sont pas linéaires, un détail de moindre importance peut exprimer et activer des éléments déterminants.

Fiche 7. Faits et opinions ou écart entre le fait réel vérifiable et l'opinion

« Tu ne vois pas le monde tel qu'il est mais tel que tu es. »

TALMUD

Les écarts entre les faits et les opinions sont fondamentaux à identifier car ils condi-tionnent toutes nos actions. Une perception erronée entraînera des comportements nuisibles, des conflits, de mauvaises appréciations, des conduites erronées.

Figure 2-28. Faits et opinions

Expressions	F	O
1 - Nous avons enregistré la dernière semaine 10% d'arrêts dus à des pannes.	X	
2 - Les secrétaires ne font pas grand-chose.		X
3 - Dans l'usine, ce sont les agents de maîtrise qui travaillent.		X
4 - Durant l'année 1987, la sidérurgie française a réalisé les plus fortes exportations depuis dix ans.	X	
5 - Les machines sont souvent en panne parce que les exploitants ne savent pas les utiliser correctement.		X
6 - Lors d'une réunion hebdomadaire, un divisionnaire dit : « Tous les cadres doivent bénéficier d'une formation continue. »	X	
7 - Avec les nouveaux organigrammes, le problème du sureffectif sera résolu.		X
8 - S'il n'y a pas de réunions hebdomadaires régulières, un atelier ne peut pas fonctionner correctement.		X
9 - La surveillance de la santé des travailleurs constitue une préoccupation majeure des responsables.		X
10 - Nos efforts de montée en production ont été très satisfaisants.		X
11 - La réussite de l'usine de X devrait inciter les autres usines à suivre le même exemple.		X
12 - Les analyses des besoins en formation entrent dans une phase d'exploitation.	X	

Les jugements de fait et de valeur, qui sont à rapprocher de faits et opinions, sont des appréciations de natures différentes : les faits sont vérifiables objectivement par différents acteurs, non personnels, un état qui n'est pas comparable avec un autre, car ils sont différents. Une opinion est subjective, issue d'une interprétation personnelle, associée à des connotations et des images qui vont activer des jugements de valeur.

Face à des citations, nos idées *a priori*, nos préjugés nous font répondre par des inférences (voir la fiche 9). Nous pouvons constater, comme dans l'exemple présenté ici, que ce que nous pouvons effectivement affirmer est bien différent de ce que nous avons tendance à dire. L'opinion, souvent bâtie sur des faits, « car il n'y a pas de fumée sans feu », devient une idée reçue conditionnée par nos points de vue, notre culture, l'influence des autres. Les faits évoluent, les opinions beaucoup moins.

Les opinions sont donc des jugements de valeur, comme, par exemple : « Aujourd'hui il n'y a plus de conscience professionnelle ! » Une opinion est relative à la personne : « Je pense que… » La distinction des faits et des valeurs n'est pas admise par tous. Certains pensent que ces deux aspects sont tellement liés qu'il est illusoire de les séparer. D'autres, au contraire, veulent toujours distinguer les deux. L'orientation actuelle est de maintenir une distinction nette entre ces univers, tout en permettant des passerelles La réalité est toujours plus difficile que la seule option oui ou non. Faire l'effort de vouloir trier faits et opinions conduira à se poser des questions permettant d'éclaircir des situations.

Fiche 8. Niveaux d'abstraction : du concret et de l'abstrait

Le cerveau joue un rôle fondamental dans la perception qui est une représentation du réel : elle se fait en extrayant quelque chose de la réalité. Cette façon de voir le monde constitue une grille de lecture qui se situe à différents niveaux de généralité. L'abstraction « est la somme de propriétés qui ont en commun un certain nombre de cas particuliers »[1]. Elle est partielle et filtrée par les sens, se fait par niveaux de généralité. Ces degrés d'abstraction se situent principalement à trois niveaux : l'imaginaire (imagination), le symbolique (perception), le sensible (perception).

Différencier les niveaux d'abstraction revient à séparer l'abstrait du concret (figure 2-29) :

- **L'abstrait.** C'est extraire de la réalité. Par exemple, un forestier dans une forêt voit le bois qu'on peut utiliser et compte les stères, un peintre souligne les couleurs du paysage. Ils ont extrait une partie de la réalité et ont imaginé un concept ;

---

1. Rudolf Arhneim, *La pensée visuelle*, Champs Flammarion, 1976.

- **Le concret**. C'est percevoir tout de façon immédiate, ce n'est pas voir la forêt mais « être » forêt, vivre, vibrer avec, percevoir par tous les sens, ce qui nécessite un contact vécu avec le réel.

Figure 2-29. Les niveaux d'abstraction

Niveaux d'abstraction	... LA TERRE LE RÈGNE VÉGÉTAL LES FRUITS LES POMMES LA POMME GOLDEN sur la table devant vous	Plus on monte en abstraction, plus le risque d'interprétation des divers interlocuteurs, est grand	Problème d'organisation Pas de communication Pas d'informations Pas de compte-rendu « Je n'ai pas reçu le compte-rendu de la réunion du 01/01/00 »

«J'ai mangé un FRUIT » n'est pas la même chose que
«J'ai mangé la POMME GOLDEN posée sur cette table »

Il est vital de définir les niveaux d'abstraction, sous peine de mélanger des éléments imaginés et d'autres plus réels (figure 2-30).

Figure 2-30. Décodage des messages et niveaux d'abstraction

1 - Niveaux d'abstraction
2 - Écoute, reformulation
3 - Sémiologie, sémiotique

Analyse de tous les signes qui portent des messages. Tout ce qui fait sens.

Sémiologie de la perception :
Analyse des codes des langages : futuriste rétro, code du luxe…

Signe associé à des codes

Qui dit Quoi à Qui : un schéma de communication

Concept
Percept
Niveau de base
Sensoriel

Fiche 9. Se faire une représentation de la réalité

La perception est une modélisation du réel. Elle n'est pas binaire mais synthétise plusieurs sens, pour se donner une image « complète » de ce qui est « vu ». Nous sommes constamment amenés à faire des hypothèses sur ce que nous ne percevons pas, à compléter des informations, donc faire des inférences : nous extrapolons en permanence pour pouvoir arriver à une conclusion et ainsi permettre une action.

Logiques de pensée et inférences, des interprétations successives

Figure 2-31. L'inférence

Texte : L'entrepreneur Jean DUPONT arrive au chantier de la rue Lamartine. Dans la cour un ouvrier crie en espagnol, avec de grands gestes, en regardant en l'air; puis il entre dans la pièce et met du plâtre sur le mur. Près du porche, un jeune barbu parle affectueusement à quelqu'un aux cheveux longs et en blue-jeans.

Propositions	Vrai ou faux ?			Réponses		
1 - Jean DUPONT est entrepreneur	V	F	?	(V)	F	?
2 - Il n'y a que 4 personnes sur le chantier de la rue Lamartine	V	F	?	V	F	(?)
3 - L'entrepreneur est dans le chantier de la rue Lamartine	V	F	?	V	F	(?)
4 - L'entrepreneur a vu l'un des ouvriers crier	V	F	?	V	F	(?)
5 - Un ouvrier de Jean DUPONT mettait du plâtre sur le mur	V	F	?	V	F	(?)
6 - Un ouvrier espagnol était dans la cour	V	F	?	V	F	(?)
7 - L'ouvrier qui crie dans la cour s'adresse à un camarade situé à un étage supérieur	V	F	?	V	F	(?)
8 - Après avoir crié, l'ouvrier se remet à plâtrer le mur de la pièce	V	F	?	V	F	(?)
9 - L'ouvrier qui a crié dans la cour ne rentre pas ensuite dans la pièce	V	F	?	V	F	(?)
10 - Le plâtrier met du plâtre sur le mur de la pièce	V	F	?	V	F	(?)
11 - L'ouvrier barbu se repose un moment	V	F	?	V	F	(?)
12 - Le barbu parle affectueusement à la jeune femme en blue-jeans	V	F	?	V	F	(?)

Les contacts avec le réel nécessitent d'identifier des objets, des situations, des problèmes. Si la formulation paraît spontanée, elle est moins évidente à cause des erreurs, des biais et des interprétations que l'on fait constamment. Nous avons montré qu'en face de la même image (la jeune et la vieille), nous ne voyons pas forcément la même chose. Notre perception transforme la réalité. L'inférence est une interprétation pour qu'il n'y ait pas de « trou » dans notre raisonnement. Il nous est indispensable, par besoin de cohérence, que la suite des faits soit logique pour nous dans notre propre subjectivité. Face à la situation décrite dans l'exemple, chacun suppose spontanément qu'il y a quatre personnes sur le chantier alors qu'il peut y en avoir beaucoup plus, ce n'est pas signifié. L'inférence conduit à établir de proche en proche des relations de cause à effet, sans en être sûr. Ce sont des interprétations successives.

La perception modélise la réalité en triant l'information

La perception est un mécanisme qui recherche l'information, par extraction des aspects qui intéressent, construit, sélectionne, oriente. On ne traite pas toute l'information, on sélectionne quelque chose d'observable. Nos sens sont sensibles à des écarts de stimulations et ne traitent qu'une partie des informations. Nous ne recevons pas uniquement des informations mais nous complétons et reconstituons à partir de quelques caractéristiques clés.

Inférences, mémoire et analogies : une économie de moyens

L'interprétation que nous faisons des phénomènes perçus consiste en majorité à faire des suppositions qui auront le souci de rendre cohérent dans notre logique ce que nous percevons.

Perception non linéaire de l'information : un détail peut tout modifier

Percevoir donne une information qui signifie quelque chose. L'importance de cette information ne réside pas en elle-même mais dans l'association que l'on fait avec autre chose. Un détail peut donc avoir une importance plus fondamentale car il va signifier un fait beaucoup plus important. Nous retrouverons ce point dans la finition d'un produit, qui au-delà de son aspect esthétique, va signifier aussi que le travail a été fait avec soin.

Les points marquants

Les pièges à éviter

- Subir l'influence de l'image de marque ou des *a priori*.
- Écouter de façon incomplète, partielle : sélectionner l'information client *a priori* est une perte.
- Questionner comme pour une enquête avec des questions trop fermées.
- Avoir des perceptions insuffisantes des « banquettes arrière » car peu de contacts.
- Vouloir justifier sa solution technique, demander au client de faire de la technique.

- Trop vouloir faire dire au client des choses trop détaillées (réactions spontanées ou relances).
- Présenter un guide d'interview trop compliqué ou peu préparé : laisser une certaine liberté, mais aborder tous les points, même si ce n'est pas dans l'ordre de l'interview.
- Ne pas prendre en compte les biais et erreurs de perception.

Les points les plus importants

- Faire l'effort d'aller voir le client et de le mettre en contact direct avec le groupe de travail.
- Faire piloter le travail par la direction « client », garante de la perception des clients.
- Mettre les acteurs en contact avec des clients, partager les points de vue.
- Préparer les interviews avec le groupe de travail : objectifs, questions de relance.
- Privilégier les interviews sous forme de dialogue avec le client plutôt qu'une interview classique ; comprendre pourquoi : « Qu'est-ce qui vous fait dire cela, montrez-moi sur la maquette, pouvez-vous préciser, expliquez-moi ? » Le client ne sait pas expliquer le pourquoi technique, mais peut toujours exprimer ce qu'il ressent.
- Privilégier les contacts sur des objets complets : rendre visible l'invisible en montrant des maquettes, prototypes, ou faire vivre des histoires.
- Recueillir les attentes inconscientes ou latentes.
- Écouter, être ouvert, accepter l'inconnu, le surprenant, le dérangeant.
- Observer les signes, connotations et comportements des clients.
- Noter les verbatim et les expressions non verbales
- Décoder l'opinion des interviewés dans le contexte, afin de la traduire en caractéristiques que les techniciens pourront comprendre.
- Respecter impérativement les règles de déontologie.

Cette démarche peut être employée pour des plans de progrès en interne entreprise.

Pour en savoir plus

« Du signe au sens », *Sciences Humaines*, n° 83, mai 1998 ; « La vie des idées », *Sciences Humaines*, n° 21, 1998 ; « Les sciences de la cognition », *Sciences Humaines*, n° 35, 2002 ; « Les représentations mentales », *Sciences Humaines*, n° 128, 2002.

DORTIER, Jean-François (coordonné par), *Le cerveau et la pensée. La révolution des sciences cognitives*, Sciences Humaines éditions, 1999.

GUILLAUME, Paul, *La psychologie de la forme*, Champs Flammarion, 1979.

Un livre de référence sur ce qu'est la Gestalttheorie, définissant la perception comme impression globale et spontanée, constituant des formes au niveau des représentations.

ZALTMAN, Gerald, *How Customers Think*, Harvard Business School Press, Boston, 2003.

Il est extrêmement difficile d'identifier ce qui fera le succès d'un nouveau produit. L'auteur montre les limites des enquêtes classiques (questionnaires, *focus groups*...) qui supposent des consommateurs rationnels, conscients de leurs motivations. Il souligne l'importance majeure de l'inconscient et le rôle fondamental joué par les métaphores.

SHIBA Shoji, GRAHAM Alan et WALDEN David, *New American TQM*, Productivity Press, 1993.

Ce cours du professeur Shiba au MIT constitue le livre de référence sur la démarche TQM.

Nous avons aussi utilisé différents articles publiés par le CREDOC dans *Les Cahiers de la recherche* (décembre 1992), *SIA* (septembre 2004), *Les Échos* (dossier automobile du 21 septembre 2004), *Planète Groupe* (2004) et les dossiers grand public des constructeurs automobiles Renault, PSA, Audi.

Chapitre 3

Les fondamentaux
de la « valeur perçue client »

Comment offrir au client la qualité perçue ? Dans un dialogue permanent entre l'offre et la demande en satisfaisant aux fondamentaux.

La notion de produit est nécessaire pour parler de qualité perçue, parce qu'il est le support des qualités qui seront perçues. Il constitue un « entre-deux » entre l'offre et la demande. Sa perception dépend des clients et des marchés. Il sera donc toujours indispensable de situer un travail sur la qualité perçue par rapport aux références d'un marché bien défini.

Nous appelons « quoi » les services rendus par un produit, perçus et vécus, mais aussi appréciés par les clients. Nous définissons par « comment » les spécifications définissant ce produit.

Au-delà de cette distinction, un produit se définit aussi par les signes qu'il va suggérer, c'est-à-dire par un niveau d'abstraction. Nous proposons une notion généralisant la notion de produit que nous appelons objet (ou artefact) lorsqu'il concerne le service ou l'information, les aspects matériels ou immatériels.

Chaque client est différent d'un autre. La variété de l'offre de produits-services et leur évolution permanente pour s'adapter aux nouvelles exigences nous obligent à définir le mécanisme de leur valorisation. L'offre et la demande interagissent en permanence, ce que nous appelons une dialectique. La création de « valeur perçue » se fait sur un marché défini, à la rencontre du client et de l'objet.

Les marchés sont de plus en plus concurrentiels, élargis à toute offre de prestations, et en perpétuelle évolution. Les « fondamentaux » sont tous à satisfaire pour assurer, dans ces conditions, la qualité perçue des produits/services/informations.

Le « quoi » et le « comment » sont deux langages différents

« Monsieur Piéton et Monsieur Automobiliste. »

Walt DISNEY[1]

L'entreprise ne vend pas une satisfaction, une prestation, mais l'ensemble du produit ou du service supportant les « quoi » et les « comment » qui, eux, sont deux langages différents.

Tout produit nécessite une approche transversale. Un simple crayon d'écolier, par exemple, est constitué de bois peint et d'une mine de graphite. Plusieurs métiers (menuiserie, diverses chimies, assemblage, logistique, marketing, vente) y participent et le produit lui-même doit constituer un ensemble bien cohérent, ayant des propriétés issues de cet assemblage (qualité du trait, confort d'écriture, durée d'utilisation, absence d'agression, esthétique…) Il nous faut donc distinguer ces propriétés perçues par les clients (« quoi » : à quoi sert un crayon, quels services rend-il, pour qui ?) des aspects techniques, c'est-à-dire de comment il est fait. Ces deux aspects, « quoi » et « comment », constituent des points de vue différents comme celui du piéton et de l'automobiliste du dessin animé. Le piéton peste contre ces automobiles qui l'empêchent de marcher tranquillement. Mais, dans sa voiture, il est mécontent de ces piétons qui l'ennuient pour sortir de son garage.

L'expérience montre que nous confondons systématiquement « quoi » et « comment », nous mélangeons constamment attentes et propositions de solutions, ce qui nous rappelle la phrase de Woody Allen : « *La réponse est oui, mais quelle était la question ?* » Ces deux notions sont de natures très différentes. Elles sont à rapprocher de la différence entre le fait et l'opinion.

---

1. Dessin animé montrant deux comportements différents de la même personne comme piéton ou automobiliste.

Figure 3-1. « Quoi » et « comment », deux points de vue différents

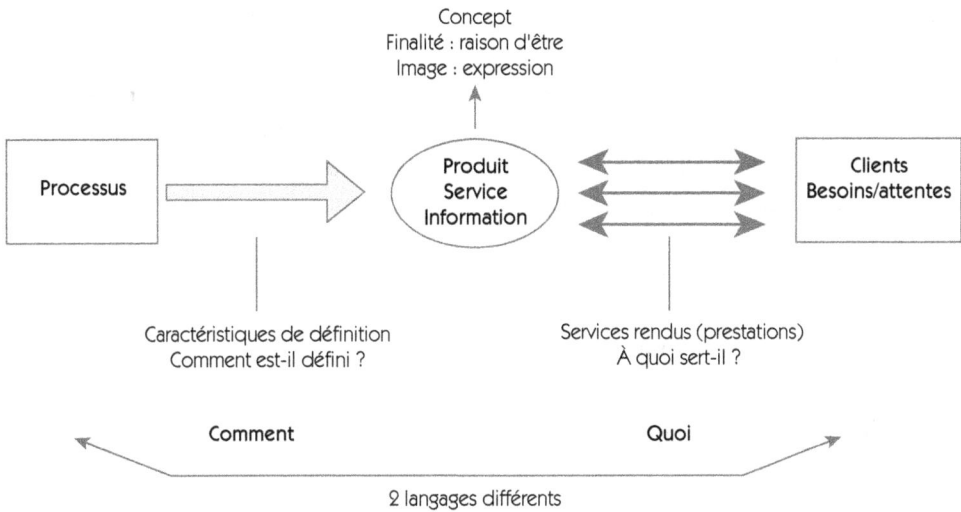

Le « quoi » est relatif à une opinion : un service rendu à un client

Un service rendu (« quoi », appelé aussi prestation) définit « à quoi cela sert » pour un client. Il est relatif à tout ce que perçoit l'utilisateur, tout ce qu'il va valoriser, une source de satisfaction ou d'insatisfaction. Il concerne les qualités qui sont perçues, les prestations sensibles ou sensorielles.

Un « quoi » est une propriété qui se crée au contact de l'objet avec le client, il apporte un bénéfice, une réponse à des attentes. Il constitue un critère de jugement (relatif à une opinion ou une valeur) associé à une évaluation plus ou moins satisfaisant et qualifie les services qui sont rendus.

Par nature un « quoi » est toujours subjectif (relatif à la personne) mais, en même temps, il comporte une partie objective : la part mesurable du service rendu. Par exemple, la performance d'une automobile est décrite par des mesures comme sur l'accélération (0 à 100 km/h), les reprises (50 à 80 km/h), la vitesse maximale. Ces mesures objectives sont le fondement de la prestation mais ne représentent pas totalement le perçu du conducteur ou du passager, qui dépendra aussi du bruit du moteur, de la position par rapport à la route, de facteurs personnels subjectifs.

Une prestation offerte n'est donc un « quoi » que si elle est effectivement perçue et si elle rend un service valorisé. Nous développerons ce point avec la notion de valeur.

Le « comment » est relatif à la description d'un fait : une spécification technique

Un « comment » est la réponse du concepteur à une attente, la définition des caractéristiques qui déterminent un produit, une action de spécification. Il constitue un fait qui ne peut pas être qualifié de bien ou mal. Des « comment » différents ne se comparent pas, ce sont des aspects différents. En général, ils se définissent par des caractéristiques techniques plus objectives que les « quoi ».

Comme résultat d'une action de spécification, d'une démarche de résolution de problèmes, les « comment » constituent des solutions et des réponses à des questions posées par la technique.

Le « quoi » et le « comment » sont des univers différents qui coexistent

Clients et fournisseurs n'ont pas la même logique ou la même perception des phénomènes et ne parlent pas le même langage. Un client parle de service attendu, de son problème, alors que le technicien parle de solutions, de caractéristiques techniques, de spécifications.

Un client apprécie globalement le produit qu'il achète : si un aspect n'est pas bon, l'ensemble risque d'être insatisfaisant. Par exemple, un mauvais accueil ou un service après-vente déficient peuvent amplifier les problèmes de qualité du produit lui-même. Les clients sont d'une extrême subtilité et peuvent critiquer des points que le technicien considère comme mineurs.

À l'inverse, le technicien a des difficultés à écouter et « à se mettre dans les souliers du client ». Ses réponses sont des solutions à des questions internes, moins souvent à celles des clients externes. Il s'intéresse à ce qui est quantifiable et non aux aspects qualitatifs, or la perception de ce qu'on utilise est souvent subjective. Il peut pousser très loin sa spécialité, qu'il aime et sur laquelle il est jugé. Il « se fait plaisir », même si ce n'est pas perçu par le client normal, il peut faire de la technique pour la technique.

Il faut bien voir que les deux aspects coexistent. On peut apprécier des « quoi » sans connaître « comment c'est fait ». Par exemple en musique, il n'est pas nécessaire de posséder la technique musicale, les notes, l'harmonie (le « comment ») pour apprécier la beauté du passage, être entraîné par le rythme (le « quoi »). Celui qui n'a pas appris la technique musicale peut très bien être charmé par la mélodie ou heurté par la fausse note.

Figure 3-2. Le « quoi » et le « comment », des langages différents

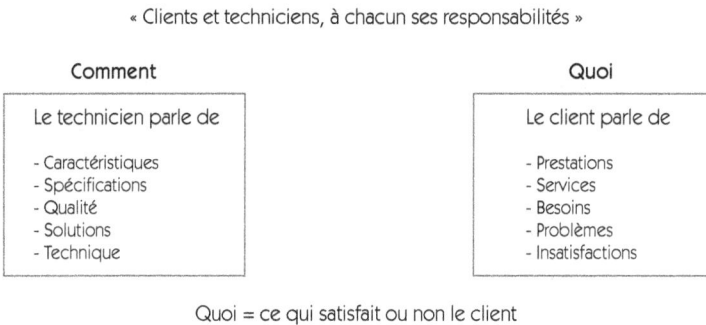

« Clients et techniciens, à chacun ses responsabilités »

Comment	Quoi
Le technicien parle de	Le client parle de
- Caractéristiques - Spécifications - Qualité - Solutions - Technique	- Prestations - Services - Besoins - Problèmes - Insatisfactions

Quoi = ce qui satisfait ou non le client

Les « quoi » ne peuvent être définis sans les clients

Bien que les produits ou services aient des propriétés en propre, la réelle prestation perçue n'est pas complètement identifiée tant qu'elle n'est pas utilisée, vécue, par un client. Les transports illustrent bien cette notion si l'on considère que l'offre est constituée par des places dans un avion ou un train. Le service n'est réellement consommé que lorsque la place est utilisée. Déplacer un siège vide ne constitue pas un service utile.

Les « comment » impactent partiellement les différents « quoi »

Un « comment » impacte en général plusieurs « quoi », en positif et/ou en négatif. La forme du siège influera sur son aspect, le maintien du corps, l'accessibilité, la facilité de changer de position. Un « quoi », par exemple le niveau de confort ou l'absence de fatigue, est le résultat de plusieurs « comment » qui y contribueront de façon partielle : le confort long trajet résultera des fonctions maintien du corps dans une bonne position, soutien souple au contact, qualité thermique pour ne pas transpirer, qualité du tissu pour l'esthétique... Des croisements partiels entre le « quoi » et le « comment » sont donc à prévoir.

Un « comment » peut se dispenser de la présence du client, il peut être produit par une machine ou être défini par le concepteur sans référence obligée à un client. Insistons sur le fait que ce qu'on appelle *fonction* en analyse fonctionnelle (comme celles définies rapidement pour l'exemple du siège ci-dessus) représente un « comment », une spécification (fonctionnelle) et non un « quoi ». Une fonction de spécification ne pourra jamais se substituer à la demande du client qu'il faudra toujours aller consulter.

Les dimensions d'un produit, service ou concept

La perception fait l'interface entre une personne et les divers aspects d'un produit, ses différentes parties, ses fonctions (comme celles du siège), son design, sa forme. Ces composantes sont simultanément tangibles (matérielles, comme un siège), intangibles (services rendus, comme le niveau de confort ou de sécurité) et virtuelles (comme le concept suggéré par la forme, l'information associée, le conseil de la notice d'emploi, le label). Nous sommes amenés à bien définir ces aspects matériels et immatériels car toutes ces dimensions seront peu ou prou perçues, prises en compte et évaluées par les clients.

La définition des objets : une nécessaire cohérence entre les dimensions

En définitive, que ce soit un objet ou un service immatériel, tous rendent des services. Ils ont des qualités et fournissent des prestations qui vont procurer ou non une satisfaction au client.

« *Un produit est ce qui est (ou sera) fourni à l'utilisateur pour répondre à son besoin.* »[1] Il est le résultat d'un processus naturel ou d'une activité humaine. Il est constitué d'attributs qui lui confèrent un caractère distinctif. Nous avons déjà distingué dans le premier chapitre les produits des services et des informations. Nous complétons ici ces définitions.

Les produits tangibles, biens échangés de façon marchande ou non marchande

Ces objets sont tous des biens échangés entre un constructeur et des clients, comme les biens de consommation, d'équipements ou durables. Il y a présence de l'objet, le contact tangible est évident, l'objet dure et s'use, il peut se stocker. Leur aspect matériel nous incite à les décrire par des caractéristiques, leurs spécifications : dimensions, matériaux (« c'est en bois brut »), couleurs, ou par la façon dont ils sont faits (« fait main »). Au-delà des caractéristiques techniques, plus ou moins perçues par l'acheteur, celui-ci recherche un niveau de satisfaction dans l'acquisition du produit. Les produits sont achetés pour leurs qualités intangibles appelées prestations, services rendus, qualités, bénéfices consommateurs, performances produits (le « quoi » : esthétique, confort, sécurité, niveau de performance, économie, aspect pratique…) qui lui procureront de l'utilité lors de l'utilisation.

Un service rendu est effectivement un « quoi » s'il répond à des attentes, besoins ou exigences.

---

1. AFNOR X 50-150.

La spécificité des objets intangibles

Les objets qui nous entourent constituent des signes que nous interprétons. L'information est le double de l'objet. Complétons notre lecture du livre de Boris Cyrulnik, *La naissance du sens*[1] : « *Le petit d'homme [...] va comprendre l'invraisemblable truc du signe : en passant une convention sensorielle entre deux personnes, il pourra enfin échapper à la matière, et naviguer dans la planète des signes. Si nous convenons que l'articulation des sons "tac-toc" désigne l'acte de boire ensemble [...] il suffira désormais de produire cette sensorialité minime [...] pour que la simple perception de cette forme sensorielle prenne la place de ce qui est absent mais ainsi désigné.* »

Les aspects symboliques ont des impacts très forts. Les « objets » peuvent être des échanges marchands ou non-marchands, des services ou des solutions techniques, immatériels (dont les aspects relationnels et subjectifs) ou bien appartenir au domaine du virtuel pur : produits de formation, idées, concepts, symboles et signes, problèmes, décision. L'identification des produits passe par la mise en œuvre de ces divers aspects : le rendre tangible s'il est intangible, mettre en avant l'aspect intangible s'il est uniquement matériel.

Mais plus on est dans l'intangible, plus les besoins de label et de crédibilité sont forts. Des « produits » purement intangibles (des conseils par exemple) se différencient par l'image et la notoriété de la société qui les diffuse.

Le système qui caractérise l'objet généralisé

> « *Il faut voir dans l'objet les contraires dont il est l'unité.* »
>
> HÉRACLITE

Un premier axe oppose le « comment » et le « quoi », un second met en lumière les niveaux d'abstraction.

Tout objet peut être décrit par ses composantes dont les natures conduiront à des propriétés différentes :
- Son identité ;
- À quoi il sert, pour qui ;
- Son concept : que nous suggère-t-il, quelle histoire exprime ce concept, que signifie-t-il, quel sens lui donner ?
- Comment il est fait.

---

1. *Op. cit.*

Un objet est un tout. Il doit donner aux acheteurs une *impression d'intégrité* par la cohérence interne entre ses composants et celle du tout, vis-à-vis de l'externe. Des attributs exceptionnels mais présentant peu d'intégrité conduisent à des produits n'inspirant pas confiance. À l'inverse, une intégrité satisfaisante mais avec peu d'avantages perçus détermine un produit terne ou peu utile.

Le contact des objets, le vécu des événements font que nous percevons en fait non un chaos désorganisé mais des ensembles structurés de choses physiques, d'actions ou de décisions. Tout être humain a besoin de se construire une cohérence, non seulement pour sa propre représentation du monde, mais aussi pour ce qu'il est dans le monde. Cette cohérence impose la présence simultanée des trois composantes, les trois mondes dont nous venons de parler, en interactions permanentes. La perception prend en compte différents aspects de l'objet. Elle lui est transversale. En définitive, l'objet de la perception intègre comme un *tout cohérent* différentes composantes en interactions, comme nous le représentons plus haut sur la carte mentale de la figure 3-1. Nous utiliserons à cet effet la carte mentale définie dans la fiche 11.

Les mécanismes de la dialectique offre et demande

> *« La demande est aussi importante que l'offre,*
> *car c'est la rencontre entre ces deux pôles*
> *qui aboutit à la naissance d'une forme et d'un produit. »*
>
> Tatsuya OKA, designer japonais, 2003

Des allers-retours constants entre offre et demande

Le mécanisme d'allers et retours entre l'offre et la demande ne cesse jamais, car chacune des deux pousse au changement, il y a toujours du nouveau, les références évoluent. La diversité de l'offre répond à la diversité des attentes et à leurs évolutions, qui sont, elles, influencées par une offre nouvelle. Depuis toujours les échanges entre les hommes se sont faits par ajustements successifs, entre des idées nouvelles, imaginées et proposées sous forme d'« artefacts », et les nécessités, besoins et attentes. Lorsque ceux-ci étaient plus ou moins satisfaits, ils incitaient à faire de nouvelles propositions. Mais, en même temps, l'offre venait de créer de nouvelles attentes. Ce mécanisme se traduit au niveau du marché par une dialectique, en fait un dialogue entre l'offre et la demande. Devant l'abondance de l'offre dans les pays industrialisés, nous sommes devenus très exigeants. Pourquoi acheter ce produit alors qu'on offre mieux ailleurs ? Le consommateur a appris à « zapper » car, en même temps, la pression de la vie quotidienne, le stress et les désagréments le poussent toujours à plus de quête de satisfaction.

Écouter ne suffit plus, il faudra faire l'effort d'aller voir ses clients, de décoder le discours, les attitudes, ainsi que le contexte : clients et constructeurs ont chacun leurs responsabilités, elles sont différentes.

Nouveaux consommateurs, nouvelle demande

« On veut, tout à la fois, le beurre et l'argent du beurre. »

Une formidable mutation de la société

Aujourd'hui chacun veut vivre des émotions : « J'aimerais vivre de nouvelles émotions tous les jours » est en progression continue (voir au 1er chapitre). Les comportements d'achat si divers sont maintenant plus orientés vers une recherche d'expériences à vivre plutôt que le résultat d'évaluations par le client des différents attributs des produits en concurrence.

Figure 3-3. Des clients dont on ne voit que le masque

- Un besoin est un désir (ou une nécessité) éprouvé par l'utilisateur d'un système (AFNOR).
- Un besoin est une exigence qui naît de la nature, de la vie sociale ou économique (Larousse).

Les besoins sont interdépendants : (vivre, nécessite de manger, mobilité, rencontres…)

Nota : Il est souvent difficile d'exprimer son besoin. Celui-ci est généralement ressenti voire latent. Il peut être éveillé par une solution.

Photo d'un masque vénitien

- Attente : besoin « concrétisé » au contact réel ou virtuel de l'objet, d'une offre, constituant une solution à un problème de la personne. Les attentes sont diverses. Elles peuvent se créer plus facilement que les besoins (fondamentaux).
- Les attentes peuvent être explicites, suscitées ou « latente » et inconsciente.
- L'indifférence est la négation d'une attente.

Figure 3-4. Le mapping socioculturel

d'après CCA (tendances estimées par l'auteur ⇒)

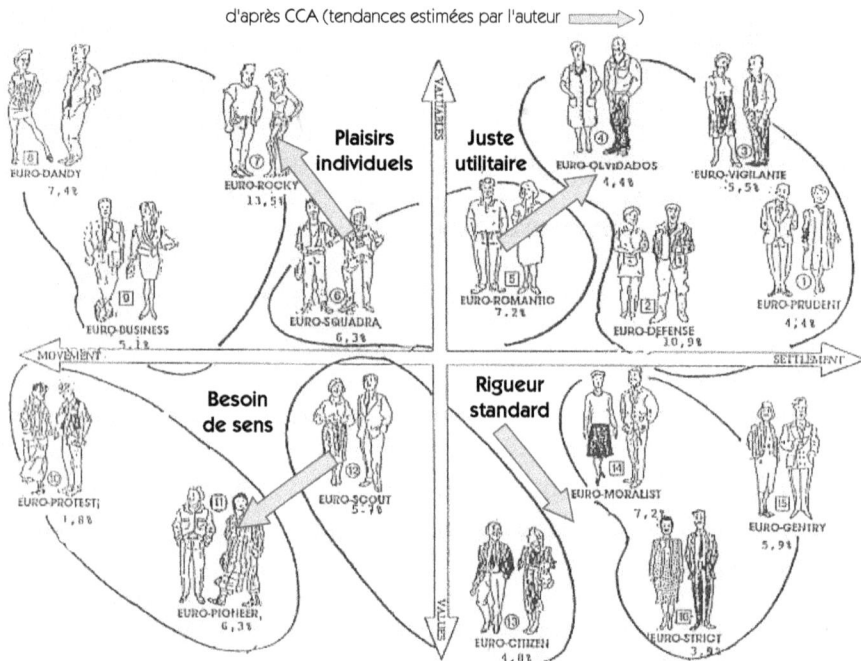

De nouveaux consommateurs de plus en plus exigeants, affectifs et rationnels

Tous les experts de la consommation notent l'émergence d'un nouveau consommateur très mature, capable de décoder dès l'âge de dix ans le moindre discours marketing : « Je veux tout », de l'utile au désirable, « du fiable (un dû) au produit attractif ». Le client achète un ensemble constitué du produit et des services et informations associés.

Caméléons et arlequins, de nouveaux types de clients

Les adolescents cherchent à inventer leur société. Ils bricolent avec différentes notions, la même personne peut utiliser dans un même discours des idées de différentes sources politiques qui pourraient se contredire, associent les multiples. Les « ados » de 8 à 19 ans deviennent particulièrement autonomes en termes de choix dans leurs achats. Ils sont de gros consommateurs de publicité, aimant discuter avec leurs amis, formant des tribus qui se retrouvent périodiquement. Les clientèles seniors ont plus d'argent, elles sont plus en forme physique qu'avant et vont se comporter de façon très différente de ce qu'on peut imaginer *a priori*. Tous ces consommateurs ne jouent plus le jeu qu'on leur avait assigné par le passé.

Figure 3-5. Profils de clientèles d'un segment automobile ou socio-styles[1]

Segments de clientèle	Besoins	Attentes	Socio-style dominant
Jeunes (-30 ans), célibataires ou mariés sans enfant (21 % di M1 en France)	Besoins de transports (objets, passagers) réduits mais roulent beaucoup	Du style et des performances	**Ambitieux** : leur première valeur : la réussite sociale urbains, mobiles, modernes et individualistes veulent un véhicule compétitif et séduisant BUSINESS, DANDY
30-50 ans : foyer de 2 ou 3 personnes jeunes avec enfants (27 %)	Roulent et transportent des enfants à l'arrière partent en vacances	D'abord sensible aux coûts, ensuite : robustesse, esthétique, fiabilité	Peu typés : idem ensemble milieu de gamme inférieur
30-50 ans Riches	Roulent beaucoup, transports d'enfants, d'adultes	Espace et performances	CITIZEN : leader de fort niveau culturel, clientèle d'un monospace
familiaux 26 % Moins riches	Roulent peu mais transportent adultes, enfants	Mal définies et peu satisfaites	**Rêveurs - cocooners** teintés d'utilisarisme recherche d'équilibre et d'harmonie dans un cocon défensif privé veulent une voiture grande, confortable, transformable et personnalisable
50 ans et plus 26 % du M1 en France	Utilisent peu leur voiture	Confort (donc insono.) sécurité (tenue de route), maniabilité (donc vivib.)	**Pour les plus riches :** - **des notables :** responsables, rigoristes voire puritains **Pour les moins riches :** - **socio-assistés :** frustrés, résignés, défensifs, chercheurs de sécurité

---

1. Source : note J. Lehoux, étude interne à RENAULT du service « Synthèse Marketing », 1988.

Figure 3-6. La clientèle de « petits véhicules »[1]

			I1-I2 %	Motivations principales	
Monomotorisés (75 %)	- de 30 ans (28 %)	Célibataires : Hommes　　　　　　Femmes	11	Style - Sportivité - Prix　Style - Maniabilité - Prix faible	
		Mariés	8	Prix - Conso. - Habitabilité - Coffre Polyvalence	*Polyvalence*
	30 à 50 ans (23 %)	1 à 2 personnes au foyer	10	Maniabilité	*Polyvalence*
		3 personnes au foyer	6	Habitabilité - Coffre - Prix	*Polyvalence*
		4 personnes et plus	7	Habitabilité - Coffre - Prix	*Polyvalence*
	50 ans et + (24 %)		24	Habitabilité - Accessibilité - Confort - Sécurité	*Polyvalence*
Multimotorisés (25 %)	Contraints (15 %)	Hommes	7	Prix - Praticité	*Urbain*
		Femmes	8	Prix - Praticité - Maniabilité	
	Aisés (10 %)	Hommes	4	Sportivité - Maniabilité	*Urbain*
		Femmes	6	Forte maniabilité - Prix - Originalité	

De multiples facteurs interviennent dans le processus de choix

Au-delà des critères de prix et d'usage, de nouveaux éléments apparaissent dans l'acte d'achat, liés à la psychologie ou à l'éthique. Acheter, c'est souvent associer moments de bonheur éphémères et promesses d'authenticité, mais aussi de sécurité pour l'avenir face à un monde très changeant et insécurisant. Dans ces conditions, quelles que soient les rationalités, dans la majorité des situations, seule compte la qualité perçue par le client. Cette perception est subjective, mais elle guide les opinions et les choix. Elle lui permet d'espérer une meilleure qualité de consommation.

---

1.   Source : note B. Déchaux, étude interne à RENAULT du service « Synthèse Marketing », 1987.

Figure 3-7. Le comportement du consommateur[1]

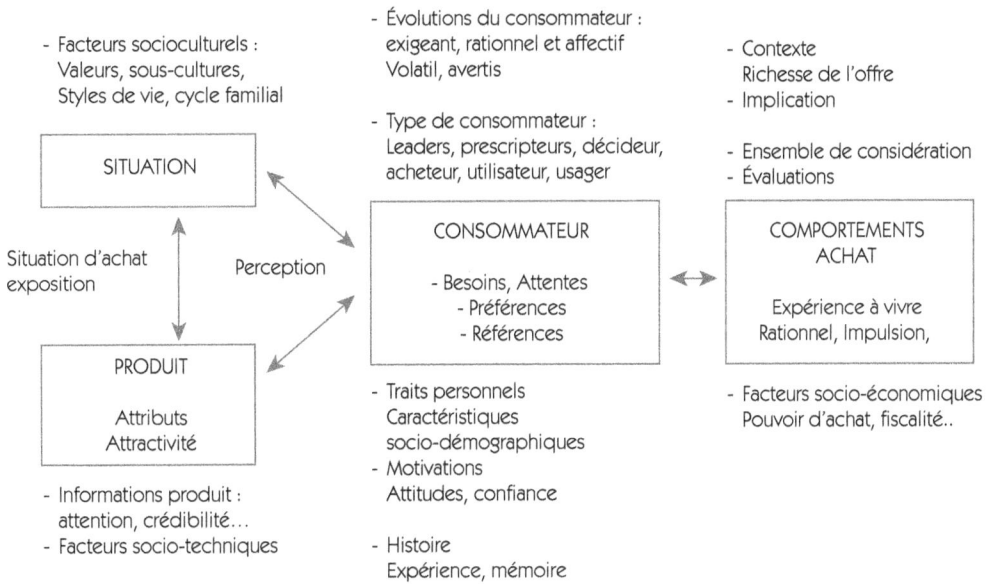

- Facteurs socioculturels :
  Valeurs, sous-cultures,
  Styles de vie, cycle familial

- Évolutions du consommateur :
  exigeant, rationnel et affectif
  Volatil, avertis

- Contexte
  Richesse de l'offre
- Implication

- Type de consommateur :
  Leaders, prescripteurs, décideur,
  acheteur, utilisateur, usager

- Ensemble de considération
- Évaluations

SITUATION

CONSOMMATEUR

- Besoins, Attentes
  - Préférences
  - Références

COMPORTEMENTS ACHAT

Expérience à vivre
Rationnel, Impulsion,

Situation d'achat
exposition

Perception

PRODUIT

Attributs
Attractivité

- Traits personnels
  Caractéristiques
  socio-démographiques
- Motivations
  Attitudes, confiance

- Facteurs socio-économiques
  Pouvoir d'achat, fiscalité..

- Informations produit :
  attention, crédibilité…
- Facteurs socio-techniques

- Histoire
  Expérience, mémoire

Ne pas mécontenter un consommateur pressé et exigeant en quête de sens

Les choix sont faits pour permettre des utilisations futures, vivre des expériences. Les consommateurs sont de plus en plus exigeants et impatients : le client n'aime pas attendre ! L'exemple des produits de grande consommation est frappant, les achats ne durent pas plus que 57 secondes. Le consommateur a de plus en plus de besoins de mobilité et de disponibilité immédiate des objets. Il a une perception plus globale, une demande de « tout compris » plus intelligente : il réagira positivement aux objets dont il percevra le sens et l'expression. Nous constatons, par exemple, que les niveaux de satisfaction des produits automobiles baissent si ceux-ci n'évoluent pas : pour avoir la même appréciation aujourd'hui qu'hier, il faut avoir progressé, avoir offert plus.

Un client insatisfait le dit à beaucoup d'autres, et ceci trois à quatre fois plus qu'un client satisfait : c'est donc un vecteur d'image très puissant. De plus en plus en quête de certitudes, voire de confiance, ce qui le rend méfiant mais influençable, il s'exprime peu auprès de son fournisseur : il préfère tourner les talons et faire de la contre-publicité s'il est mécontent.

---

1. Modèle issu du livre *Le comportement du consommateur face aux variables d'action marketing*, d'Abdelmajid Amine, Éditions Management et Société, 1999.

Dans des secteurs comme l'automobile, sur dix clients mécontents, six ne réclament pas ; sur les quatre qui se manifestent, deux reviennent à la marque ; et sur les six qui ne se manifestent pas, un seul revient (figure 3-8). D'où la nécessité de :

- Garder le contact avec le client dans une relation positive (mais surtout s'il y a eu problème) ;

- Écouter en permanence le client pour comprendre ses besoins qui évoluent.

Figure 3-8. Le bouche-à-oreille

Le client
1 client satisfait le dit à 8 personnes
1 cLient insatisfait le dit à 25 personnes
Sur 10 clients insatisfaits :
• 4 se manifestent auprès du constructeur, 2 reviennent à la marque
• 6 ne se manifestent pas, 1 seul revient à la marque

Il est toujours intéressant de fidéliser au maximum ses anciens clients, mais ce n'est plus suffisant et il faut se battre pour en conquérir d'autres afin de compenser les fuites inévitables.

Des attentes liées à la présence d'un stimulus tangible ou intangible

Ce qui compte pour un client, c'est ce qu'il perçoit effectivement. Ce ressenti complet est souvent qualitatif, subtil. La perception peut être globale, liée à toutes les propriétés du produit, mais aussi partielle, détaillée, déformée par tous les filtres. Un point particulier peut gêner sans que l'on puisse l'identifier.

Des informations provenant des clients diverses et issues de sources partielles

L'information client se trouve de façon éparpillée, surabondante ou partielle, elle est souvent manquante. Par exemple, les études marketing capteront des attentes ou des critiques sur le style du produit, la qualité remontera les défauts, la vente sera sensible aux informations commerciales et l'après-vente privilégiera la rechange ou le service. Toutes ces informations sont partielles et ne représentent qu'une partie de ce que veut le client.

Par ailleurs, toutes les attentes des clients ne sont pas aussi importantes les unes que les autres. Il faut donc les hiérarchiser, en prenant soin de le faire dans le sens d'importance donné par le client et non par celui de l'entreprise.

Figure 3-9. Les types d'informations clients

Écoute : attentes de la clientèle

2 types d'informations :
 	
 • **les demandes :**
       verbatim
       jugement - notes…
       insatisfaction - problèmes…
 	
 • **les préférences (poids)**
       liés aux valeurs des clients

La nécessité d'obtenir plus d'informations,   plus précises sur les attentes   ne doit pas conduire le groupe de travail à se substituer   aux professionnels des études de marché.

Concurrence et marchés « élargis » : les évolutions de l'offre et des références

La consommation a changé

Seulement un produit nouveau sur cinq, sur linéaires marche et on ne sait pas pourquoi[1]. Depuis le début des années quatre-vingt-dix, la consommation a changé. Le besoin d'immatériel dans la consommation et de *sens*, la diversité des réactions des consommateurs, les produits marchands et non marchands, les services, tout cela fait que les références deviennent plus larges que le marché considéré.

Les différentes significations et perceptions du prix de vente dans un marché

La *valeur d'échange* a différentes significations : prix d'achat sur un marché, mais aussi niveau du débours à faire dans son budget, perception du niveau de prix par rapport à d'autres produits. Plus encore, le prix est estimé par rapport au niveau des qualités qui seront perçues (on retrouve souvent la notion de rapport qualité/prix) et il est lui-même perçu par rapport à d'autres domaines (« ce n'est pas cher pour ce que c'est si on compare à d'autres choses »). Enfin, le prix représente un indicateur de qualité utilisé pour évaluer les prestations offertes mais pas toujours patentes à

---

1. Robert Rochefort, *La société des consommateurs*, Odile Jacob, 1995.

évaluer (« plus c'est cher, mieux c'est »). Un prix doit aussi respecter l'image que l'on veut donner du produit (dans le luxe, les prix sont élevés, sinon ce n'est pas crédible).

Le prix se situe donc par rapport à de multiples caractéristiques mais aussi à l'ensemble des prestations fournies ainsi qu'aux signes et images signifiés.

Le marché s'élargit, il est en évolution permanente.

Les produits ne sont plus uniquement en concurrence avec ceux utilisant la même technique mais avec d'autres offres qui n'utilisent pas la même technique. Par exemple, l'offre de transport met en concurrence l'automobile avec le train et l'avion pour le transport de personnes, bien que les techniques diffèrent. S'il s'agit de transporter une information, internet interviendra dans l'univers de concurrence.

Figure 3-10. Des marchés élargis
La concurrence se fait sur les services offerts et moins sur les moyens techniques

Critères	Transporter de Paris à Lyon :			
	Train TGV	Avion	Voiture	e-mail
Confort	++	++	+	
Sécurité	++++	+++++	- - -	
Prix	- -	- - -	- -	+++
Rapidité	+++	++	-	+++++
Synthèse :				
Personnes	+++	+++	+	- - - - - -
Marchandises	++++	-	++	- - - - - -
Information	+	++		+++++
Selon les besoins le moyen est plus adapté: il y a concurrence entre des possibilités techniquement très différentes . On sait que train et avion sont en concurrence, de la même façon la voiture et maintenant les e-mails peuvent être considérés comme solution.				

La forte diffusion des services, qui sont par nature immatériels, rend irréversible cette évolution en mettant en regard différentes techniques.

Évolutions techniques :
le champ des possibles et une certaine idée du progrès

> « *Walkman : le client n'a pas demandé cette nouveauté technique !* »
>
> Phrase de technicien souvent entendue

Figure 3-11. Évolutions techniques.
La technique est un moyen pour satisfaire son client

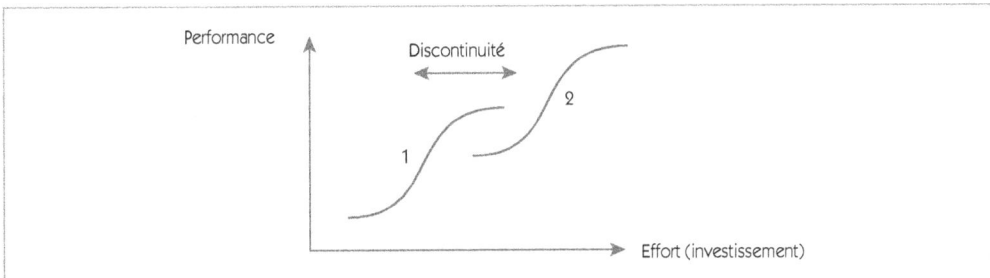

Représentation graphique de la relation entre efforts cumulés consacrés à l'amélioration d'un procédé ou produit, et les résultats obtenus grâce à cet investissement.

A. Leroi-Gourhan, étudiant l'évolution de l'efficacité des silex taillés, a trouvé de telles courbes (voir le livre *Le geste et la parole*) : la longueur de tranchant par kg de pierre taillée, est passée de 10 cm à 70 m.

La discontinuité correspond à un changement de principe technique (de 1 à 2), la nouvelle étant moins efficace que l'ancienne au départ mais plus prometteuse.

(B. Jacomy, *Une histoire des techniques*, éd. Seuil Point Scientif., Paris, 1990.)

Figure 3-12. Courbe de déploiement d'une technologie, ses accélérations

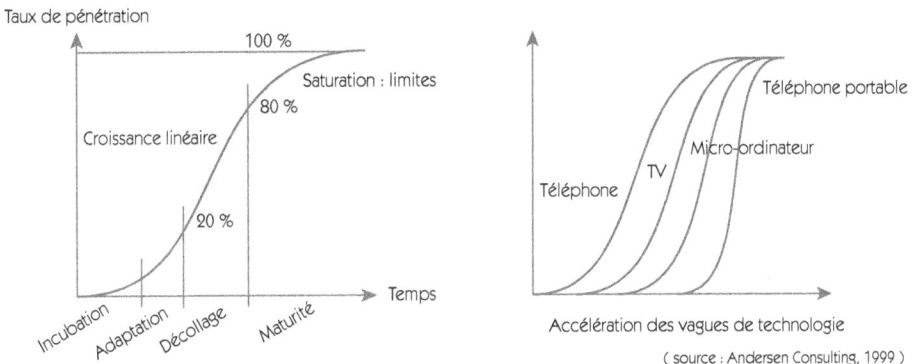

Accélération des vagues de technologie

(source : Andersen Consulting, 1999)

Figure 3-13. Les frontières technologiques

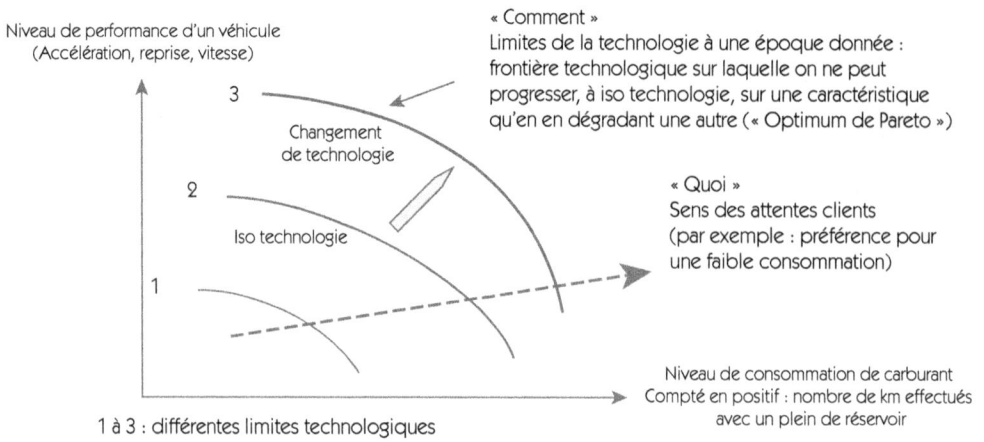

Niveau de performance d'un véhicule
(Accélération, reprise, vitesse)

3

Changement
de technologie

2

Iso technologie

1

1 à 3 : différentes limites technologiques

« Comment »
Limites de la technologie à une époque donnée :
frontière technologique sur laquelle on ne peut
progresser, à iso technologie, sur une caractéristique
qu'en en dégradant une autre (« Optimum de Pareto »)

« Quoi »
Sens des attentes clients
(par exemple : préférence pour
une faible consommation)

Niveau de consommation de carburant
Compté en positif : nombre de km effectués
avec un plein de réservoir

Figure 3-14. Les évolutions des technologies

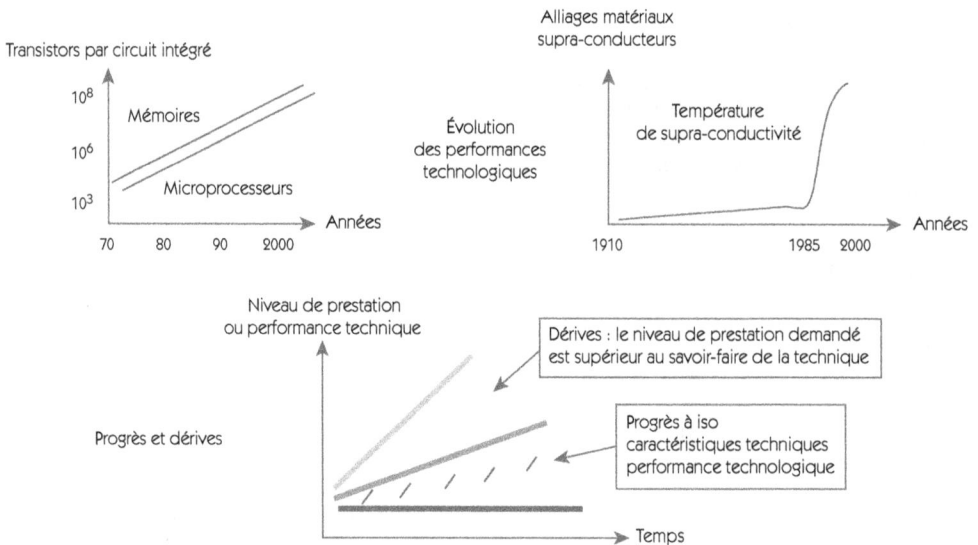

Transistors par circuit intégré

10^8
Mémoires
10^6
Microprocesseurs
10^3

Années

70   80   90   2000

Évolution
des performances
technologiques

Alliages matériaux
supra-conducteurs

Température
de supra-conductivité

Années

1910   1985   2000

Niveau de prestation
ou performance technique

Progrès et dérives

Dérives : le niveau de prestation demandé
est supérieur au savoir-faire de la technique

Progrès à iso
caractéristiques techniques
performance technologique

Temps

Les techniques constituent un « système » comme le montre Bertrand Gille dans
son *Histoire des techniques*[1]. Elles se combinent, il y a interdépendance entre elles.
Le progrès technique permet d'améliorer les compromis effectués sur les produits et
qui sont limités par la connaissance technique. Ceci peut se faire de façon continue

---

1. Bertrand Gille, *Histoire des techniques*, Encyclopédie de la Pléiade, Gallimard, 1978.

et/ou par sauts d'innovation, ouvrant toujours plus le champ des possibles. Cependant, une technique, même très sophistiquée, ne sera jamais illimitée. Elle aura chaque fois des limites technologiques, soit parce que les solutions sont trop chères, soit parce qu'elle n'est pas encore faisable.

Le progrès est un processus non linéaire, il se fait par allers-retours et profite à des domaines différents. S'il est socialement intériorisé, il devient une référence de jugement. La modernité veut alors dire progrès technique. Mais toute technique induit des effets multiples et antagonistes, toute technique a des impacts positifs et négatifs, comporte des risques et des opportunités : une amélioration dans le confort s'accompagne d'une dégradation de la pollution, une meilleure sécurité mais aussi des risques d'accidents.

Francis Bacon (« *Savoir, c'est pouvoir* ») et les Lumières ont défini *le* progrès comme nécessaire, linéaire, continu, irréversible, illimité, permanent et infini. Cette notion de progrès unique, seul à pouvoir apporter les améliorations vers le *mieux*, le bien-être, est maintenant remise en cause. Aujourd'hui, on ne croit plus à un progrès universel, mais à des progrès multiples. Avant, innover, c'était faire du nouveau et de l'original, quitte à ce que ce soit contre le marché car celui-ci n'aime pas le risque, n'a pas l'habitude de la nouveauté et donc ne peut pas être innovant. Aujourd'hui, innover, c'est apporter quelque chose de nouveau qui sera valorisé et correspondra à un réel besoin.

Les entreprises face à des clients qui ont le choix : connaître ses clients ?

Les experts constatent qu'il y a plus de *chances d'échec* que de *risques de succès*. Sur le marché de la consommation, 50 à 70 % des nouveaux produits sont des échecs. Pour l'entreprise qui est dans un environnement très concurrentiel, la réussite n'est jamais sûre et pérenne. Les pressions de la Bourse ou des actionnaires, la nécessité absolue de rentabilité peuvent conduire à négliger ce qui la fait réellement vivre à terme : ses produits et services.

La création de valeur se fait par une dialectique qui dépend de l'offre et de la demande. Satisfaire les clients est vital, mais l'entreprise est soumise à d'énormes contraintes : pression des coûts, délais, qualité, normes, actionnaires et Bourse… Elle doit donc fournir le *juste nécessaire* en permanence et, pour cela, optimiser *simultanément* les aspects « qualité », « coûts » et « délais ».

La dynamique des marchés : des évolutions tendancielles

« Le vent amène sa propre tempête. »

Proverbe hongrois

Un exemple des tendances de la consommation en Europe

D'après le ministère de l'Économie, des Finances et de l'Industrie[1], *« la dimension immatérielle est dominante »*. La consommation est plus hétérogène, avec la persistance de l'immatériel permettant de « rassurer » le consommateur qui attend des signaux objectifs (labels, normes…) et symboliques (communication).

Il est constaté des changements de comportements, *« plus de versatilité, une demande de variété et d'immatériel, une chute de la sensibilité à l'innovation superficielle. Les achats sont aussi bien des achats pratiques que de plaisir et selon les pays 40 à 60 % des personnes demandent une consommation à la fois pratique et de plaisir »*. Il y a émergence de nouvelles consommations, un besoin fort d'information, une consommation plus citoyenne, le besoin de réalisation de soi, de relations sociales, de responsabilité. Le consommateur est plus informé, autonome et « professionnel ».

Le renforcement du rôle du prix se retrouve dans le phénomène des soldes (augmentation de 15 % par an depuis plusieurs années en France), associant bonne affaire et plaisir de la découverte.

Les points jugés importants dans l'acte d'achat selon les marchés sont donnés par la hiérarchie des pourcentages suivants : « Toucher le produit : 91 à 98 %, voir : 86 à 100 %, renseignement : 66 à 90 %, essayer : 95 à 98 %, discuter le prix : 52 à 91 %, avoir un grand choix : 94 à 99 %. »[2]

Concurrence acharnée, ouverte et mondiale, se différencier, apporter des plus, des avantages concurrentiels, devient fondamental pour survivre. Mais il faut aussi les *exprimer*, sans quoi ces avantages risquent de pas être perçus. Aujourd'hui les détails ne sont plus des détails, ils deviennent essentiels.

---

1. Ministère de l'Économie, des Finances et de l'Industrie, *À nouveaux consommateurs, nouvelles stratégies industrielles*, Les Éditions de l'industrie, 2000.
2. *Idem.*

L'évaluation de la demande : la dynamique de la qualité perçue

Il est évident que les marchés étant de plus en plus concurrentiels, les clients ont plus le choix, ils peuvent changer de marque. Dans ces conditions, il devient indispensable d'anticiper l'évolution des marchés et des demandes clients pour être le plus attractif possible. Les services rendus par les produits sur un marché évoluent de façon permanente. Nous trouvons souvent des tendances assez constantes sur une période correspondant à la vie moyenne du produit. Ces évolutions de prestations servent à estimer une moyenne du marché à terme. Les écarts par rapport à ce centrage marché sont à valoriser en prix (en positif ou négatif à même volume de ventes). Par contre, l'évolution correspondant au marché ne peut pas être valorisée sur ce marché. Elle provient des progrès faits par les divers concurrents dans le secteur considéré.

Figure 3-15. Les évolutions tendancielles des prestations

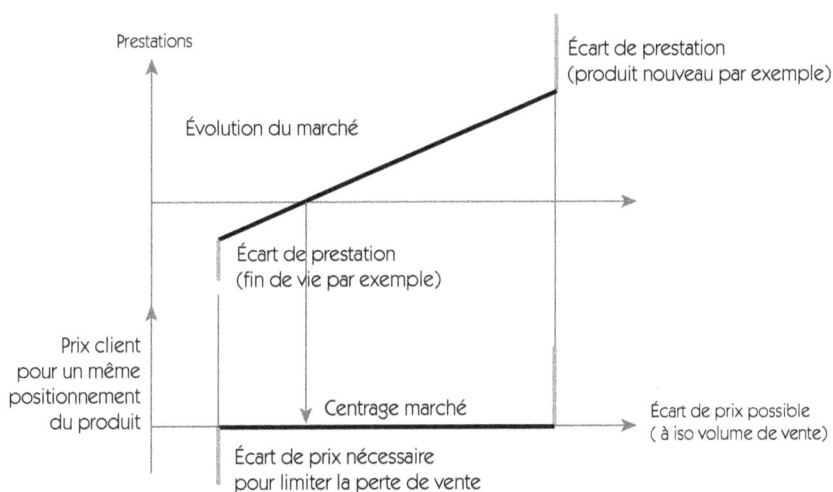

Le couple produit-service : les convergences entre produit matériel et prestation immatérielle

Aucun produit ne peut être vendu maintenant sans services : conseil, livraison, crédit, après-vente, maintenance, garanties, communication et explications de l'origine, du contenu, des efforts faits pour améliorer l'environnement… :

- Les performances et fonctions des produits sont de plus en plus complexes, donc difficiles à percevoir sans notice d'utilisation ;
- Les produits matériels demandent une participation plus active des utilisateurs ;
- Les clients ne distinguent pas les services des produits de ceux des services et consomment l'expérience qu'ils vont en faire.

L'évolution des produits et services vers plus de qualités perçues

Figure 3-16. Évolution des produits et services vers plus de qualités perçues

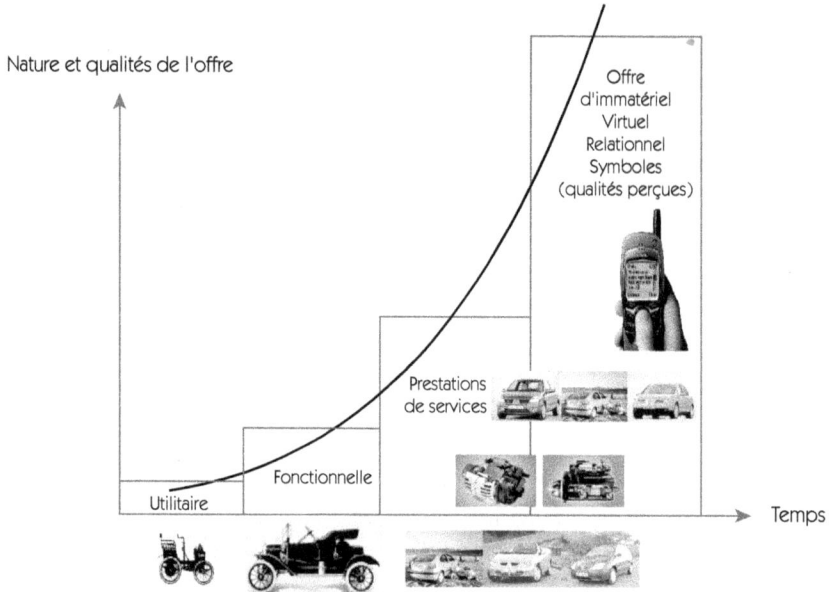

La tendance est à de nouvelles offres complètes de produits avec services et informations :

• Les changements de l'offre sont importants. Les produits sont de plus en plus enrichis en leur associant des prestations nouvelles mais aussi des aspects immatériels (conseils, label, explications, notice d'entretien, historique…). L'offre de produits évolue doublement : un produit matériel comporte des composantes immatérielles de prestations et de signes, ils sont de plus en plus associés à des services et à de l'information ;

• L'évolution des produits vers des objets complets implique que l'offre se doit d'associer émotion et sens ;

• On observe une déconnexion de plus en plus grande du client et de la technique. Le constat est fait dans tous les domaines. Un exemple frappant est celui de l'évolution de l'automobile depuis les années quatre-vingt-dix, que l'on perçoit lorsqu'on voit le coffre du moteur, plein d'équipements, voire d'électronique !

Une diversité importante des produits et services

La durée de vie des produits et services se réduit et leur diversité augmente exponentiellement sous l'influence des *nouvelles technologies de l'information* :

- L'électronique nécessite de définir des systèmes et non plus des fonctions. Les interfaces y jouent un rôle fondamental, plus important qu'en mécanique ;
- En informatique, on ne peut plus fermer les applications : on ne sait pas *a priori* définir l'ensemble des possibilités qui seront offertes par un système nouveau ;
- Les effets explosifs des réseaux et du haut débit constituent un réservoir de nouveautés.

Des produits plus complexes faisant appel à différentes techniques

Conception, fabrication, commerce... nouveaux matériaux, électricité, électronique et informatique, les techniques utilisées sont compliquées pour le client (une chaussure de sport devient très technique) et invisibles. Cette évolution impose une *transversalité* dans les actions car elle s'effectue depuis des fonctions qui étaient indépendantes vers un système utilisant des couplages. Elle va aussi vers l'indétermination de ce que sera le produit par la création de nouvelles informations obtenues à partir du croisement de deux informations existantes. Ces tendances lourdes d'évolution impactent tous les aspects socio-économiques.

Positionnement et jugement de valeur

Le positionnement est l'ensemble des traits saillants et distinctifs de l'image d'un produit attribués par le public auquel il associe des bénéfices (figures 3-17 et 3-18).

La perception entraîne deux réactions :

- **Un *positionnement* dans l'esprit d'une personne ou d'un groupe** : l'objet s'identifie, on le nomme sans lui associer un jugement bien ou mal. Il paraît différent ou semblable à un autre. Le positionnement social correspond à la façon dont un groupe social se représente l'objet. Au travers du positionnement ressort la personnalité de l'objet, son image, en fait ce qu'on retient « en fermant les yeux ». Le positionnement va sélectionner des clientèles ayant une représentation mentale commune, qui seront donc sensibles de façon analogue au produit ;

Figure 3-17. Positionnement de produits sur les courants socioculturels (exemple simplifié)

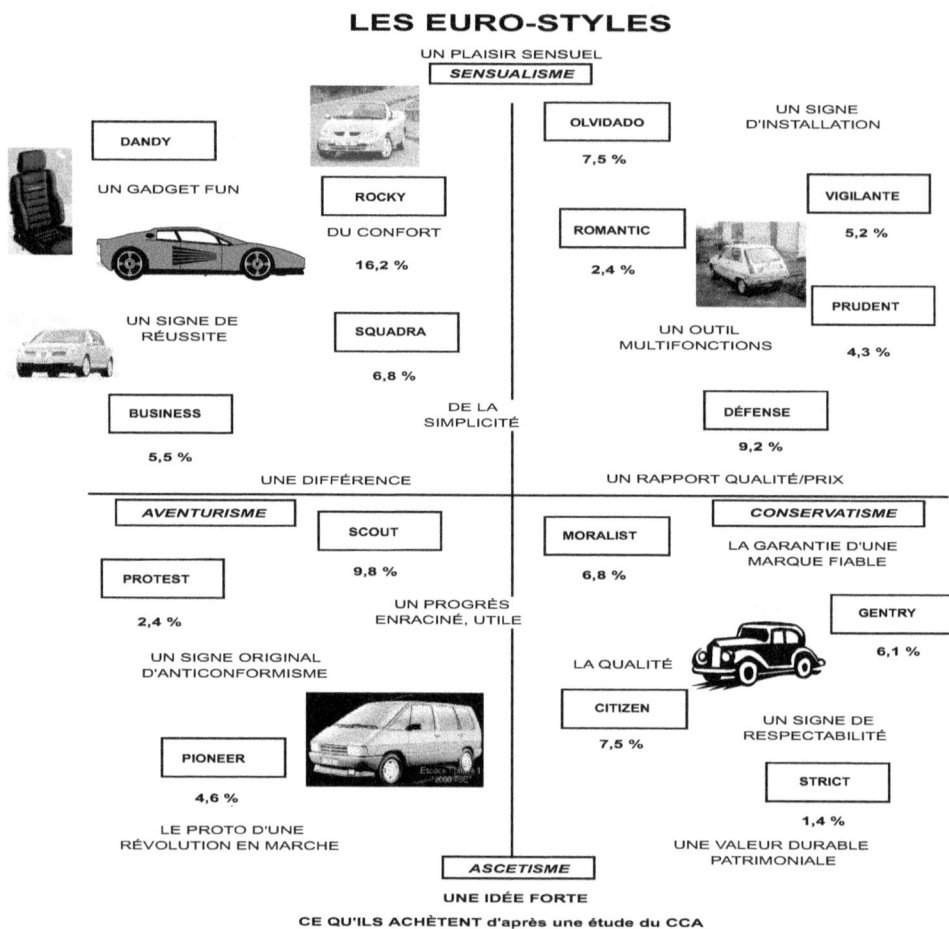

LES EURO-STYLES

UN PLAISIR SENSUEL
SENSUALISME

DANDY

UN GADGET FUN

ROCKY
DU CONFORT
16,2 %

SQUADRA
6,8 %

UN SIGNE DE RÉUSSITE

BUSINESS
5,5 %

UNE DIFFÉRENCE

OLVIDADO
7,5 %

UN SIGNE D'INSTALLATION

ROMANTIC
2,4 %

VIGILANTE
5,2 %

PRUDENT
4,3 %

UN OUTIL MULTIFONCTIONS

DÉFENSE
9,2 %

UN RAPPORT QUALITÉ/PRIX

DE LA SIMPLICITÉ

AVENTURISME

PROTEST
2,4 %

SCOUT
9,8 %

UN SIGNE ORIGINAL D'ANTICONFORMISME

PIONEER
4,6 %

LE PROTO D'UNE RÉVOLUTION EN MARCHE

UN PROGRÈS ENRACINÉ, UTILE

MORALIST
6,8 %

CITIZEN
7,5 %

LA QUALITÉ

CONSERVATISME

LA GARANTIE D'UNE MARQUE FIABLE

GENTRY
6,1 %

UN SIGNE DE RESPECTABILITÉ

STRICT
1,4 %

UNE VALEUR DURABLE PATRIMONIALE

ASCETISME
UNE IDÉE FORTE

CE QU'ILS ACHÈTENT d'après une étude du CCA

- Un *jugement de valeur*, **appréciation subjective conduisant à une évaluation ou une comparaison de qualités perçues** : l'objet paraît ou non « attractif ». Les jugements pour s'effectuer devront se rapporter à des références vécues qui dépendent de la culture, de l'environnement.

Une meilleure attractivité influera la valeur perçue d'un produit, son volume de vente, ou pourra justifier un prix plus élevé.

Bien entendu les notions de positionnement et de valeur sont reliées entre elles, leur séparation n'étant pas aussi nette, mais cette distinction se révèle opération-nelle.

Figure 3-18. Positionnements de tables
(ces deux tables suggérant des utilisations et des environnements différents)

Table de campagne bien posée sur ses pieds,
sur laquelle on peut voir associés :
un chandelier, des bougies,
une boule de pain de campagne

Table en bois « brut »
dans son environnement,
un jardin sauvage

Table de campagne

Table rustique

Valeurs perçues client et attractivité

> « *Le prix passe, la qualité reste.* »
>
> *Les Tontons flingueurs*, un film de Georges LAUTNER,
> dialogues de Michel AUDIARD (comparatif d'armes entre truands)

La valeur perçue client comme synthèse des qualités perçues

> « *Le petit prince s'en fut revoir les roses. […]*
> — *Vous êtes réelles, mais vous êtes vides, leur dit-il encore.*
> *On ne peut pas mourir pour vous. Bien sûr, ma rose à moi,*
> *un passant ordinaire croirait qu'elle vous ressemble.*
> *Mais à elle seule elle est plus importante*
> *que vous toutes, puisque c'est elle que j'ai arrosée.* »
>
> Antoine de SAINT-EXUPÉRY (*Le Petit Prince*)

Une aptitude à être désiré

Si nous nous référons à l'image du *Petit Prince*, la valeur est l'ensemble des services perçus et vécus, pour lesquels *on peut mourir*. Elle constitue l'aptitude à être désiré. Son appréciation implique donc une comparaison avec d'autres biens ou services afin de classer les uns par rapport aux autres. Ceci suppose l'existence d'une échelle de valeur agrégeant les différentes composantes.

La valeur permet d'attirer, convaincre et satisfaire un client. Elle représente l'effort que le marché est prêt à faire pour acquérir le produit ou le service. Nous sommes donc amenés à considérer toutes les phases du *processus client*, avant l'achat, à l'achat et après l'achat, en incluant la satisfaction et la fidélisation, l'image et les intentions d'achats ultérieurs.

S'il ne sert à rien d'offrir une prestation qui n'est pas perçue, il ne sert à rien non plus d'offrir une prestation perçue mais *non valorisée*. Par exemple, le constructeur automobile peut concevoir une prestation évitant le blocage des roues du véhicule en freinage fort ou sur route mouillée. Cette prestation est perçue, elle est considérée comme de la sécurité par certains marchés (en Europe). Par contre, sur d'autres marchés où la vitesse est moindre, où les routes et les habitudes autres, cette prestation pourra être perçue mais sera considérée comme inutile. Elle n'est pas valorisée sur ce marché.

La rencontre de l'offre et de la demande

La *valeur perçue client* prend sa signification dans la rencontre de l'offre et de la demande. Les échanges, qu'ils soient économiques, marchands ou non marchands reposent sur la perception par les acteurs de la valeur des termes de l'échange. L'estimation de la valeur débute par la perception, puis se fait à partir de l'intérêt que l'on porte à un bien ou service. Cet intérêt dépend aussi bien des qualités de ce qui est perçu dans un contexte, que des attentes de la demande.

Pour Frédéric Jallat[1], la logique de la valeur perçue se fait à partir de trois principes : « *1. La valeur perçue est d'abord une représentation mentale. Elle peut se définir comme l'adéquation des prestations offertes aux attentes du marché. 2. (Elle est) relative aux alternatives concurrentes sur le marché. 3. Elle se juge par rapport à un prix… Le consommateur n'est pas seulement une machine "à appréhender et à traiter des signaux" mais un individu à la recherche d'émotions.* »

La valeur perçue par le client inclut de plus en plus d'interprétations de signes car l'économie de la connaissance prend le pas sur celle des objets. Les règles sont alors différentes : l'information s'enrichit quand on l'échange (à propos des rendements positifs, voir le chapitre 1).

Valeur et prix sont deux notions différentes

La définition habituelle de la *valeur* comme rapport entre fonctions et coûts n'est pas celle acceptée par le marché. Elle a fait l'objet de nombreuses études. Une

---

1. Frédéric Jallat, « Le client, meilleur allié de l'actionnaire », *L'Expansion Management Review*, juin 2002.

notion fondée sur l'utilité et la rareté est incomplète car en cas de rareté le prix n'augmente que si le bien est effectivement demandé. Nous observons que la notion américaine de valeur uniquement comme rapport fonction/coût ou rapport qualité/prix ne correspond pas à la réalité de la perception du client en Europe. Valeur et prix sont deux notions différentes, la valeur client n'est pas le prix, un débours n'est pas considéré comme une valeur. Le prix est lui aussi perçu et interprété, il vient mesurer l'effort monétaire que le client est prêt à faire pour acquérir le bien ou le service. Une baisse de prix ne modifie pas la valeur : elle rend plus attractive l'offre. L'exemple des soldes est très intéressant pour le démontrer. D'un jour à l'autre la valeur du produit n'a pas changé, simplement il devient plus intéressant car son prix a baissé. Les soldes activent aussi l'intérêt du chasseur de la bonne occasion, elles offrent donc une valeur supplémentaire, celle de l'aventure de la découverte ou bien l'impression de faire des économies.

L'agrégation de multiples aspects pour définir la valeur perçue client

La valeur perçue doit être globalement cohérente avec le jugement du client pour un marché. Ceci nécessite, une fois définis les divers critères mesurant les services rendus, de pouvoir agréger en une seule note ce qui va représenter cette valeur. Pour ce faire, il faut connaître non seulement comment sont perçus les divers services rendus, mais savoir aussi comment les clients pondèrent ces aspects et comment ils vont intégrer toutes ces évaluations subjectives et intuitives. Nous sommes obligés d'obtenir un deuxième type d'information venant du marché : savoir comment les clients effectuent cette agrégation.

La valeur se compose des facteurs suivants :

- **Les prestations relatives au marché** pondérées par l'importance de chacune aux yeux des clients. Ces prestations incluent les dus (nécessairement présents) et les prestations de performance fonctionnelles ;
- **Les signes de qualité** qui couvrent l'ensemble des connotations, signes et symboles interprétés ;
- **La cohérence** entre tous ces facteurs sur le produit ou le service et dans le temps.

La valeur repose sur des évaluations multiples que l'on agrège en une seule grandeur. En soi, cette opération n'a pas de sens si l'on ne désigne pas pourquoi, avec quelle stratégie ou processus, le marché qui va apprécier cette valeur le fait. Dès qu'il y a plusieurs facteurs, on ne peut plus comparer sans obtenir une information supplémentaire pour en permettre la synthèse. Par exemple, un élève réussit bien en mathématiques et mal en langue, pour un second c'est exactement l'inverse. Quel est le meilleur ? Cette question n'a tout simplement pas de sens. S'ils sont tous les deux dans une même filière scientifique, la société considère que les mathématiques sont plus importantes et pondérera plus cet aspect, ce qui donnera plus de valeur au premier des deux élèves. L'inverse est vrai dans une filière littéraire. Si les élèves sont dans deux filières différentes on ne peut plus les comparer directement.

L'identification des démarches d'agrégation clients dans un marché défini

Identifier la démarche d'agrégation du client, c'est se retourner vers le marché qui avait été ciblé pour identifier comment se forme une opinion à partir d'aspects multiples, comment les clients agrègent leurs critères. C'est donc trouver une « métrique » permettant de faire la synthèse de toutes les dimensions perçues par la corrélation aux notes globales issues du marché :

- Une première approche peut se faire en utilisant les poids et les dus/plus du diagramme de Kano. Parfois les interviews de type « Shiba »[1] sont suivies d'un questionnaire quantitatif ;

- Une approche plus représentative de la logique client sera de refaire des questionnements complétés par une démarche quantitative pour estimer la manière dont se passe l'agrégation. Il faut pour cela un échantillon de plus de 300 personnes. Cette démarche lourde peut être demandée à un institut de sondages ou être issue du suivi des ventes, qui est fait en général systématiquement. Nous verrons dans la fiche 11 comment calculer la valeur perçue client.

Les fondamentaux de la qualité perçue

Les « fondamentaux qualités perçues » servent de fondements essentiels pour garantir l'ensemble des qualités perçues, donc la valeur perçue, car signifiant les qualités dès la première impression, ils assureront que les promesses seront réalisées et donneront confiance dans ce qui est offert. Ils doivent exister pour parler de qualités perçues et ils sont tous à satisfaire. Pour définir les fondamentaux, nous avons croisé les dimensions de base de l'objet perçu avec les quatre processus de perception : conceptuel (ou cognitif), forme, sensible et sensoriel, cohérence. Les fondamentaux sont au nombre de cinq. Ils explorent la totalité des dimensions perçues et valorisées

La qualité perçue c'est aussi « tout et rien » ; il n'y a donc pas de hiérarchie entre les fondamentaux, ils doivent tous se situer au même niveau d'importance, le ratage

---

1.   Du nom de son concepteur, Shoji Shiba, issu du livre *La conception à l'écoute du marché*, en collaboration avec le Mouvement français pour la qualité, Paris INSEP éditions, 1995.

© Groupe Eyrolles

d'un seul pouvant compromettre l'ensemble. Nous identifions ici les cinq fondamentaux, mais la fiche 12 aidera à définir systématiquement leur contenu.

Fondamentaux	Composantes de l'objet	Perception	Processus	Réactions
Suscite une première impression valorisante	Forme globale Détails forts	Gestalt Image émotion	Première impression	Aime ou n'aime pas
Exprime le bien pensé pour le client et le satisfait	« Quoi » et signes de « quoi »	Sensible Sensorielle	Vécu dès le premier contact	Informé : promesse Satisfait
Infère du sens et des valeurs	Expression Histoire	Cognitive	Vécu dès le premier contact	Donne du sens Attire Me correspond
Signifie la maîtrise technique	Signes de « comment »	Cognitive	Vécu dès le premier contact	Confiance
Offre une cohérence, un tout véritable et durable	Tout	Besoin de cohérence	Global Détail	Confiance Satisfaction

F1. Séduire dès la première impression

La perception est immédiate et globale, le premier coup d'œil donne une première impression déterminante pour la suite, ce que traduit le processus *formel* (Gestalt) qui considère la forme dans son ensemble mais perçoit aussi les fausses notes. Cette impression porte sur l'identité du produit ou du service, elle doit être positive et susciter une réaction spontanée : « J'aime. » Elle permet aussi de se différencier par une identité forte perçue.

F2. Exprimer le bien pensé pour le client et le satisfaire

Par des prestations subjectives perçues dès le premier regard, mais aussi en utilisation appréciant des prestations objectives. La perception est sensorielle et sensible, elle porte sur les services rendus (« quoi ») et conduit à la satisfaction de besoins. Les prestations réalisées à l'utilisation seront comme un langage qui signifiera qu'on a bien pensé au client.

F3. Inférer du sens et des valeurs

La perception est surtout un processus cognitif, qui marque le besoin de comprendre le pourquoi d'un élément. Un objet raconte une histoire à l'aide de symboles suggérant du sens. Le fondamental sera positif si l'expression est valorisante, marque un progrès et s'inscrit dans la durée. Il doit valoriser en exprimant une histoire par son expression et donner l'impression d'un *plus*. Sa lecture suggère qu'il correspond bien à sa propre personnalité.

F4. Signifier la maîtrise technique

Donner confiance passe aussi par des signes intelligibles (le cognitif) de ce qui est bien fait (« comment »). Ils seront une promesse de savoir-faire qui évitera les mauvaises surprises et constitue le fondamental : signifier le travail bien fait.

F5. Offrir une cohérence, un tout véritable et durable

La cohérence porte aussi bien sur l'objet à un instant donné que dans la durée. Elle se fait par les signes du produit, le tout et les détails, les prestations effectives et le perçu de la première impression. Mais la cohérence se révèle aussi dans le temps : le produit perdure, offre fiabilité et durabilité. Ainsi chaque élément est vu dans son environnement.

Des exemples pour illustrer le « quoi » et le « comment »

Figure 3-19. Distinguer le « quoi » du « comment »,
un fondamental de l'observation client

EXEMPLES	
Avoir un bon crayon	
• La mine est dure • La mine casse trop souvent • La mine s'écrase • Le crayon n'accroche pas le papier	• Dépôt matière • Résistance au cisaillement • Matière / substrat • Qualité encre
Avoir un siège confortable	
• Le siège est confortable, à la fois souple et dur	• Raideur du dossier • Pression de contact • Densité de mousse
QUOI	**COMMENT**

Le risque de ne pas comprendre « ce que veut le client » est une difficulté permanente. Nous avons découvert, à chacune des études faites, des différences entre ce que veut dire le client et ce que nous avions interprété auparavant (figures 3-20 à 3-23).

Que veut dire un bon service ?

Des enquêtes pour le métro parisien avaient repéré une demande de propreté dans les couloirs. L'éclairage a été amélioré dans une station et le niveau de satisfaction sur la propreté s'est nettement amélioré. En fait, la demande prioritaire concerne la sécurité, y voir, ne pas avoir de mauvaise surprise.

Que veut dire pour le client « souple/dur » pour un siège (ou un lit) ?

Les interviews font apparaître des attentes sur leurs sièges automobiles :

• L'aspect : agréable, ce qui signifie le cossu ou la performance, bien dessiné ;
• Le confort long trajet « souple/dur » : plutôt ferme mais pas trop, une souplesse sous les cuisses, mais avec une aisance de mouvements, et ne pas transpirer ;
• Le maintien : ne pas avoir mal au dos, soutien des cuisses assez long mais pas trop ;
• Les réglages : faciles et qui « tombent sous la main » (phrase de client).

Figure 3-20. Attentes clients pour un siège (automobile), le « quoi »

• Aspect - élégant, harmonie des couleurs - matériaux agréables, de qualité, résistant à l'usure, d'un entretien facile - bonne finition - exprimant le confort - impression de robustesse	• Confort long trajets « souple-dur » - plutôt ferme, mais pas trop - souplesse sous les cuisses - aisance de mouvements - ne pas transpirer
• Maintien - ne pas avoir mal au dos - enveloppant - bon soutien des cuisses, assez long mais pas trop	• Réglages - tombent sous la main - faciles - rapide et précis

Figure 3-21. Que veut dire « souple/dur » ?
Confort d'accueil, soutien d'un couchage

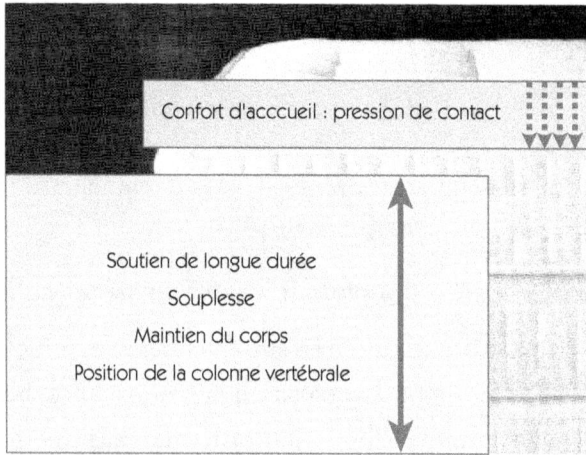

Confort d'acccueil : pression de contact

Soutien de longue durée

Souplesse

Maintien du corps

Position de la colonne vertébrale

Figure 3-22. Confort d'un siège automobile : « souple/dur », le « quoi »

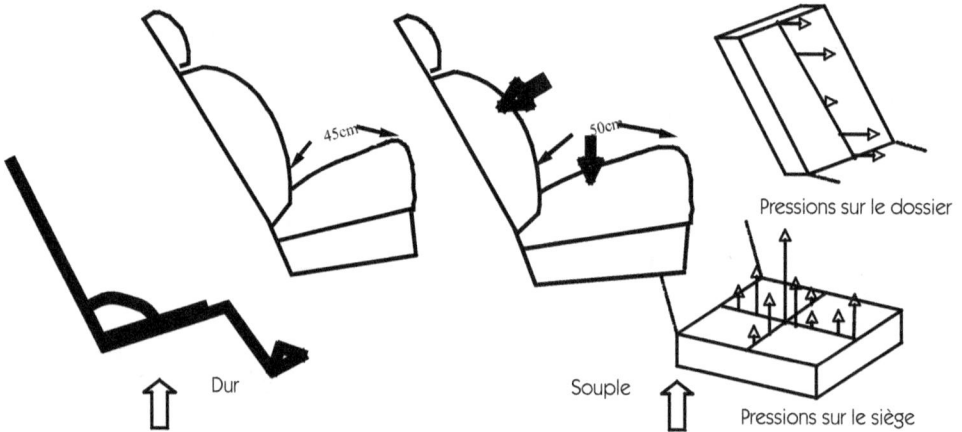

45cm

50cm

Pressions sur le dossier

Dur

Souple

Pressions sur le siège

Maintien du corps : position, angle des membres
Maintien latéral : hauteur des bourrelets latéraux, frottement
des tissus..

Confort d'accueil :
pressions relevées par une nappe
de capteurs « carte des pressions »

Le client allemand se plaint que le siège de gauche n'est pas assez long, car il ne sera pas assez tenu sous les cuisses (courbatures au bout de 200 km). L'inverse se produit pour des personnes plus petites.

Nous remarquons que les demandes sont parfois contradictoires : faut-il une assise longue ou pas, un siège enveloppant ou permettant des mouvements, un confort « souple/dur » ? En fait, le client veut tout, veut être bien, et la technique devra répondre.

Figure 3-23. Définition technique du siège. Caractéristiques : le « comment »

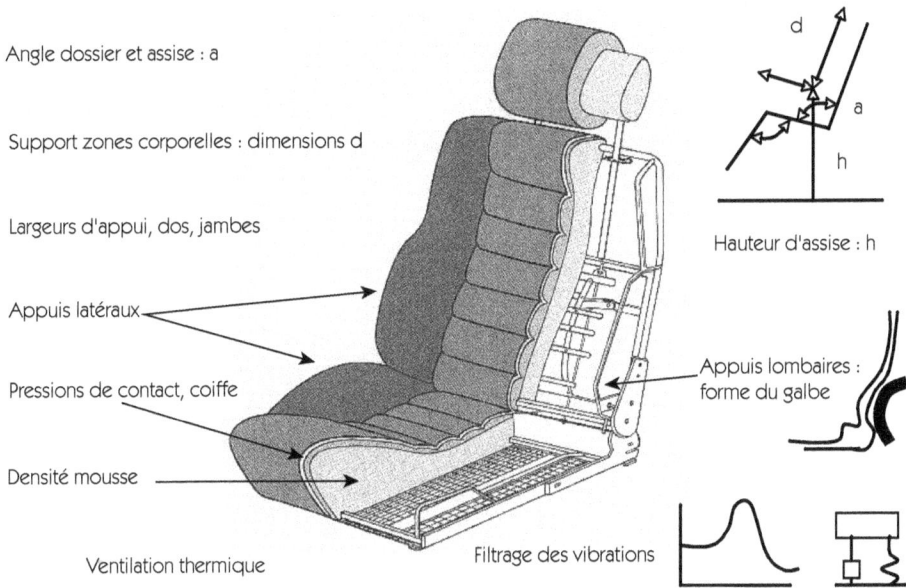

Angle dossier et assise : a

Support zones corporelles : dimensions d

Largeurs d'appui, dos, jambes

Appuis latéraux

Pressions de contact, coiffe

Densité mousse

Ventilation thermique

d

a

h

Hauteur d'assise : h

Appuis lombaires : forme du galbe

Filtrage des vibrations

Si l'expression « souple/dur » est une demande de compromis entre mou et dur, la solution sera d'opter pour un siège moyennement souple. Mais en dialoguant plus avec les utilisateurs, l'attente apparaît plutôt se composer de deux prestations (le « quoi ») :

- Souple au contact en s'asseyant, agréable (pas de point dur ressenti) ; ici c'est la souplesse superficielle qui compte ;

- Dur sur de longs trajets pour maintenir le corps dans une bonne posture, éviter le mal au dos.

Comme pour les matelas, fermeté ne signifie pas dureté, mais niveau de maintien du corps. Selon les morphologies, on opte pour un couchage plus ou moins ferme. Mais un lit trop dur n'est pas agréable et ne remplit pas sa fonction de soutien. La répartition des pressions, mesurée par une nappe de capteurs placée entre le lit et l'utilisateur, donnera la cartographie des pressions aux différents points de contact du corps. Les pressions inférieures à 50 g/cm^2 correspondent au confort de contact ; entre 50 et 100 g/cm^2, le confort reste acceptable mais dépend de la durée ; au-delà, le contact génère de l'inconfort et obligera le dormeur à changer de position.

La solution technique se compose de deux fonctions (le « comment ») :

* Réaliser un contact souple, mesuré par une pression du contact : l'indicateur sera la pression maximum sur la carte de pression ;

* Obtenir la fonction de maintien par la forme ergonomique du siège (assise et dossier), la position (angles de confort ergonomique), le maintien lombaire, la longueur de l'assise et du dossier, le niveau des bourrelets latéraux, la facilité des réglages.

Que veut dire une note de 7/10 dans les enquêtes ?

La note donnée par un client ne suffit pas, il faut connaître le niveau de satisfaction par une échelle sémantique : échelons associés à des explications ou des exemples. Ces explications sont utiles car le même mot n'a pas la même signification et s'interprète selon un contexte.

Que veut dire facilité de manœuvre ?

La demande client ne peut être remplacée par une formule de physique. On perçoit différemment l'effort (F) et la course (C) à produire (pour une commande ou la manipulation d'une porte, par exemple) à même énergie qui est le produit des deux ($W = F \times C$) Les efforts sont jugés selon l'ergonomie de son application (bout de bras, en porte-à-faux…). Il vaut mieux augmenter la course pour diminuer les efforts, mais une course trop longue peut obliger à des mouvements inconfortables. De plus, une course courte est synonyme de précision, mais une course trop courte est difficile à doser. Nous voyons qu'à même niveau d'énergie les appréciations peuvent être très différentes.

La compréhension de ce qui est perçu par l'utilisateur peut conduire à des solutions radicalement différentes.

▷   ## Fiches outils

Nous définissons dans ces fiches comment utiliser les fondamentaux en qualité perçue.

Fiche 10. Des critères pour identifier et distinguer le « quoi » et le « comment »

Le « quoi » et le « comment » prennent sens dans le cadre d'une intention

Prenons l'exemple du *patchwork*. Si voyant un assemblage de morceaux de tissu on perçoit que l'auteur a voulu réaliser des contrastes par les couleurs et les découpages, un puzzle organisé, alors l'objet sera jugé par rapport à des critères esthétiques. Si par contre l'impression se dégage d'un manque de soin dans la réalisation, les aspects qualité seront alors dominants.

Comment distinguer le « quoi » et le « comment » : les critères de classification

Nous différencions le « quoi » et le « comment » selon le critère opposant, d'une part, la logique des faits, l'identification objective, et, d'autre part, la logique des valeurs, le niveau de satisfaction :

- Le « quoi » est relatif à une *opinion* ou une *valeur*, il est subjectif et non exhaustif, le « quoi » offre un service. C'est une action qui associe l'objet et celui qui le perçoit, permettant de le satisfaire ; il induit des appréciations positives ou négatives.

  Le « quoi » est lié à la satisfaction : verbe d'action (qualification du service offert). Le produit (sujet) offre des services (évalué par un groupe verbal : verbe d'action, adverbe qualifiant le verbe) au client (complément d'objet) ;

- Le « comment » existe comme un *fait*, il doit être exhaustif et permettre de décrire, d'agir, de spécifier. Il est constitué de caractéristiques fonctionnelles et structurelles, il peut toujours être décrit, même s'il n'est pas quantitatif (une forme est décrite par un dessin).

  Le « comment » est lié à une spécification *objective* : description, verbe d'état ou de fonctionnement. Le produit (sujet qualifié par un adjectif) est identifié (caractérisé par un verbe) en référence à un processus (complément).

Les conséquences de la différence de nature entre le « quoi » et le « comment »

La distinction fondamentale entre le « quoi » et le « comment » permet de parler d'innovation car il est possible pour un client de juger, d'apprécier un service (le « quoi »), alors même que le « comment » est nouveau (nouvelle technique, processus, matériau…).

Figure 3-24. Comprendre le langage des « quoi » et des « comment »

Langage des « COMMENT »	Langage des « QUOI »
Technique	Besoins
Caractéristiques	Prestations vécues
Spécifications	Attentes
Fonctions	Services rendus
Solutions	Problèmes
Qualité offerte	Insatisfactions
Coûts	Prix perçus
Délais (de réalisation)	Délais (d'attente)
Assurance qualité	Confiance
Signes techniques	Promesse
Qualité réalisée	Qualité perçue

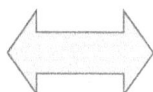

Technique — Client

Fiche 11. Positionnement et valeur : la modélisation de l'objet

Le positionnement des produits qui seront évalués doit être défini au préalable à tout travail d'évaluation afin de situer les références de jugement. Définir le centrage marché est un préalable au calcul de la valeur perçue client.

Le modèle de l'objet perçu : la carte mentale, l'identification des interactions

Le contact avec les objets, leur perception, se structure en définitive selon deux axes :

- Le premier axe est celui qui repose sur la notion de *niveaux d'abstraction* que nous reprendrons dans la partie sur le besoin de sens. Cette opposition constitue notre premier axe de lecture, abstrait/concret ;

- Le deuxième axe se constitue par l'opposition entre l'action de *faire* et l'action de *consommer et vivre des expériences avec.* Cette différence est celle du « quoi » et du « comment ». Nous rappelons les composantes de l'objet modélisées selon la carte mentale figure 3-25. La perception porte sur ces composantes.

Le positionnement :
l'univers de référence, la personnalité de l'objet, les perceptions collectives

Positionner un produit, c'est créer une représentation dans l'esprit des consommateurs, mise en valeur vis-à-vis des produits concurrents, par l'expression des différences, objectives ou imaginaires désirées par la clientèle. Le positionnement repose sur :

Figure 3-25. Modélisation de l'objet de perception : niveaux d'abstraction, caractéristiques et propriétés

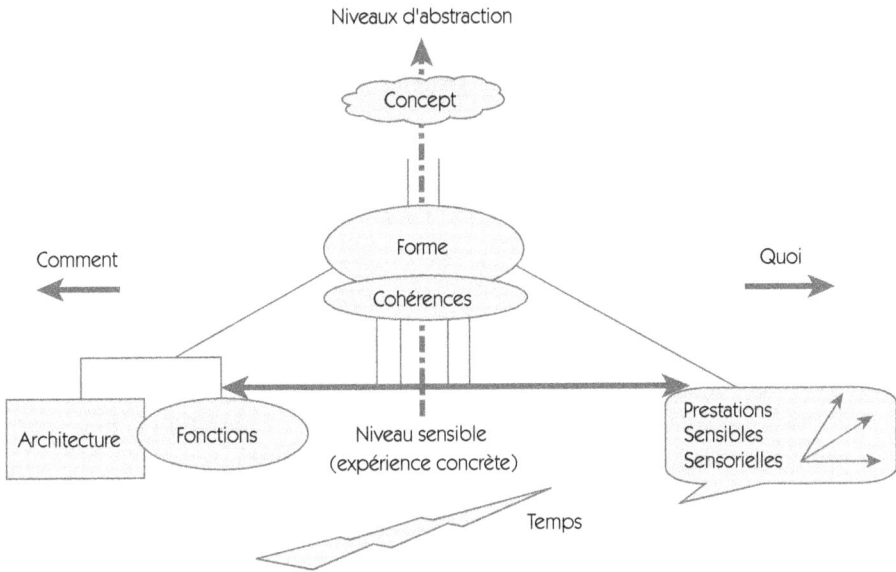

- Quels sont les produits présents à l'esprit des consommateurs : les positionner par rapport aux concurrents, sur le marché dont on attend une source de profit, qui est le marché de référence ;

- La façon dont le consommateur perçoit les différences entre les produits.

Le positionnement :
l'univers de référence, la personnalité de l'objet, les perceptions collectives

Positionner un produit, c'est créer une représentation dans l'esprit des consommateurs, mise en valeur vis-à-vis des produits concurrents, par l'expression des différences, objectives ou imaginaires désirées par la clientèle. Le positionnement repose sur :

- Quels sont les produits présents à l'esprit des consommateurs : les positionner par rapport aux concurrents, sur le marché dont on attend une source de profit, qui est le marché de référence ;

- La façon dont le consommateur perçoit les différences entre les produits.

Le système de valeur des acteurs préexiste au produit, mais ce sont les produits, par les diverses communications (expressivité, design, images, publicité, recommandations, bouche-à-oreille, etc.) et les diverses expériences de leur utilisation qui imposent au consommateur les traits saillants, les caractéristiques principales qui organisent sa perception. Ce sont :

- L'ensemble évoqué ou la structure mentale qui détermine la perception d'un ensemble de stimuli ;

- La proximité, qui mesure la distance entre les produits, leur similarité ou ressemblance.

Le « modèle prix caractéristiques »[1] sert à situer l'offre par ses caractéristiques perçues sur un marché. Il permet de *positionner* les produits les uns par rapport aux autres afin de définir le périmètre des produits que l'on considère comme concurrents. Le modèle consiste en une régression des prix de vente sur les caractéristiques des produits et définit mieux que le seul prix les niveaux de concurrence.

L'hypothèse faite est que les produits sont normalement réussis par rapport à leurs caractéristiques. La valeur supplémentaire par rapport au marché est fournie par la réussite des services offerts pour les mêmes caractéristiques.

L'attractivité des produits

L'évaluation de la demande est relative au calcul des volumes de vente selon les niveaux de prix, de prestations et de pression de la concurrence.

Le vrai client est le client qui achètera le produit, le client futur pour les nouveaux produits. Si des attentes peuvent se créer par effet d'offre, nous pouvons cependant nous appuyer sur des dimensions stables qui permettront d'anticiper une partie des services demandés. Ce sont, par exemple, les tendances lourdes connues pour un marché comme la demande de sécurité, l'esthétique ou l'attente de plaisir. Les évolutions des indices mesurant les prestations des produits pourront être extrapolées pour estimer une situation future de la concurrence.

L'estimation des volumes de vente (ou de la probabilité d'achat) se fait alors en fonction des prestations offertes et signifiées, ainsi que des prix par rapport à une concurrence, sur un marché défini.

Le calcul de la valeur perçue client et les « prix caractéristiques »

Associer les trois aspects du signe

À chaque composante de l'objet perçu en figure 3-25 seront associés les trois aspects du signe vus au chapitre 2 (perçu, réel, signifié).

---

1.   Créé par l'auteur en 1982 en corrélant les caractéristiques des produits aux attentes des marchés.

Faire le calcul opérationnel de la valeur perçue client

Plusieurs valeurs doivent être déterminées :

- **La valeur de forte personnalité** perçue dès le premier regard. Elle mesure la force du produit, son pouvoir de séduction dès le premier contact. C'est l'expressivité du design qui est en jeu. Elle se mesure par une note dans une enquête clients ou par des évaluations d'experts faites dans un optique client.

- **La valeur des prestations** selon le calcul : Somme (Poids X Écart de Prestation/ Prestation du marché) ; nous choisirons les trois prestations clés du produit, celles qui sont à la fois les plus importantes et représentatives.

  Les prestations du marché sont estimées (par rapport au prix caractéristique), par exemple, par une note de satisfaction. Le niveau des prestations centrées marché peut être la moyenne des prestations ou la note moyenne. Mais ce n'est pas toujours le cas s'il y a discordance entre l'offre et la demande (par exemple, pour le marché diesel dans les années quatre-vingt, l'offre était critiquée par les clients).

  Les dus doivent être supérieurs au seuil admissible.

- **Les valeurs des signes.** La seule pondération des prestations ne suffit pas. Il faut que ces propriétés soient exprimées, selon les fondamentaux qui ont été vus plus haut (voir la figure 3-31 dans la fiche 12). Ils n'interviennent par rapport au marché que s'ils se distinguent. Dans le cas où ils constituent un « plus » du diagramme de Kano, ils forment un système par leur cohésion. Nous mesurons donc l'image qui se dégage de tous ces signes.

- **La valeur de cohérence.** On estimera le degré de consistance entre les images, signes et prestations clés à l'aide d'une matrice croisant ces aspects. Les cases de la matrice définissent la cohérence deux à deux : 0 s'il n'y en a pas, 1 si elle existe. Le degré global de cohérence se calcule par la somme des chiffres de la matrice ramenée au nombre d'items considérés.

Le référentiel client qui sera abordé au chapitre suivant détaillera ces différentes valeurs.

Lier les composantes de la valeur avec les cinq fondamentaux :
le « quoi » et le « comment »

La notion de valeur est directement reliée à la perception du client. Elle constitue une agrégation des divers « quoi » perçus. Les quatre valeurs représentent quatre visions du client. Elles serviront de base au diagnostic valeur.

Les cinq fondamentaux sont par contre des « comment » : comment bien concevoir et fabriquer la qualité perçue. Offrir une prestation effective à l'utilisation ne suffit pas, il faut qu'elle soit exprimée par le produit lui-même dès le premier contact. Les fondamentaux détaillent comment assurer que les diverses composantes qualités perçues seront bien réalisées

Lier les valeurs au diagramme de Kano : trois natures d'agrégation

Ces valeurs sont à replacer dans le diagramme de Kano selon la nature de l'offre :

- **Les dus**. Les valeurs seront non perçues si elles alimentent un dû, mais pourront être négatives : les prestations seront supérieures à un seuil marché et ne pourront être payées. Nous sommes dans un domaine non linéaire : une lacune ne peut se compenser par un autre point. Il suffit que l'on signifie que le travail est bien fait pour donner confiance ;

- **La performance**. Les prestations se composent de façon à s'additionner : un point faible peut être compensé par un point fort. Les signes participeront à cette valorisation mais le terme principal est la réalisation de la prestation ;

- **Les plus**. La nouveauté, le plus par rapport à la concurrence doit en priorité être signifié pour que la nouveauté soit appréciée et vendue.

Un exemple d'évaluation de la demande pour le marché automobile

Nous donnons un exemple d'évaluation de la demande pour le marché automobile, avec le calcul de la valeur perçue client portant uniquement sur les prestations offertes et les volumes correspondants, dans les figures 3-26 à 3-30. Ce calcul s'effectue simplement en estimant la somme pondérée des écarts de prestations du produit par rapport au marché. Chaque prestation peut être mesurée par une note de satisfaction ou bien par une évaluation faite par des experts dans l'esprit du client.

Figure 3-26. Évaluation de la demande : définitions

Comment

- Caractéristiques : marque, type véhicule, dimensions, design….
- Positionnement (représentation mentale sociale % concurrents
- Centrage marché : ce qui est considéré comme moyen et normal sur le marché)
- Typologies clients

Quoi

- Qualités perçues, prestations, signes de qualité
- Références d'évaluation
- Préférences clients

Valeur perçue = agrégation des écarts de qualités (prestations) perçues par rapport au marché (avec leurs significations) pondérées par l'importance affectée par les clients.

Distances :

Profils clients

d (caractéristiques)

Euclidienne   distance du Khi2

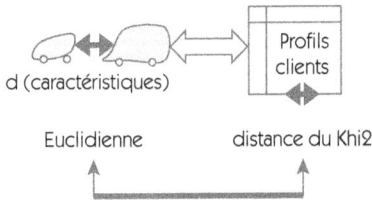

Attractivité :

Intérêt porté, probabilité d'achat compte tenu du prix de vente (perçu) (PVC)

Figure 3-27. Évaluation de la demande : courbes de vie (volumes, prix et prestations)

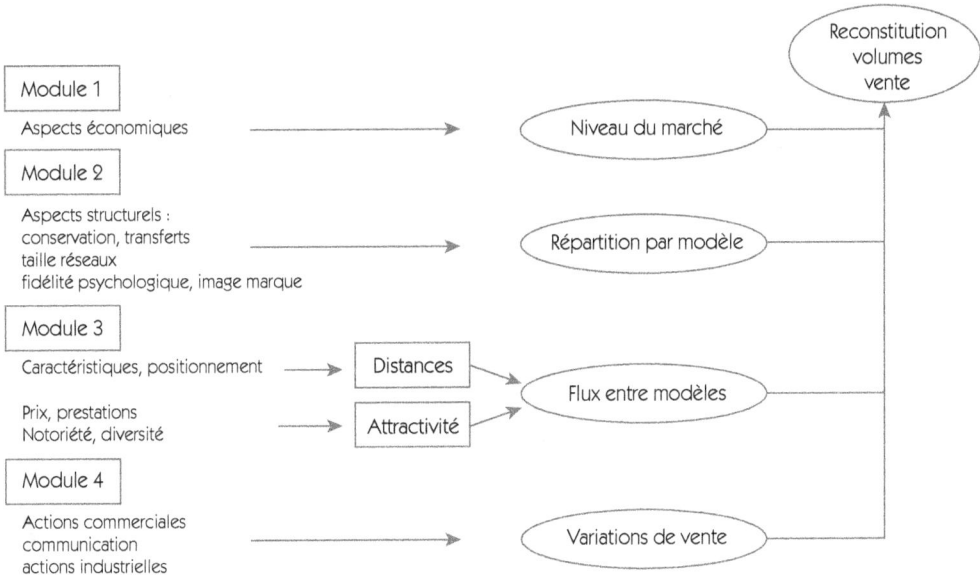

Reconstitution volumes vente

Module 1

Aspects économiques → Niveau du marché

Module 2

Aspects structurels : conservation, transferts taille réseaux fidélité psychologique, image marque → Répartition par modèle

Module 3

Caractéristiques, positionnement → Distances

Prix, prestations Notoriété, diversité → Attractivité

Flux entre modèles

Module 4

Actions commerciales communication actions industrielles → Variations de vente

Figure 3-28. Évaluation de la demande : modèle attractivité/distance

Définition des flux entre modèles

- Valeur perçue d'un produit = somme des prestations relatives au marché, pondérée par l'importance ressentie par les clients dans un marché défini (coefficients d'élasticité ou sensibilité aux prestations perçues).
- Attractivité d'un produit = Valeur perçue – sensibilité au prix (élasticité prix).

C'est un facteur majeur de la probabilité d'achat.

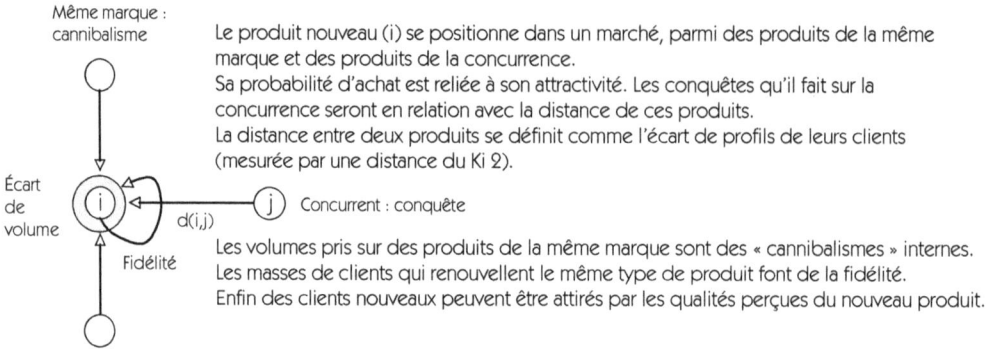

Même marque : cannibalisme

Écart de volume

Fidélité

d(i,j)

Concurrent : conquête

Le produit nouveau (i) se positionne dans un marché, parmi des produits de la même marque et des produits de la concurrence.

Sa probabilité d'achat est reliée à son attractivité. Les conquêtes qu'il fait sur la concurrence seront en relation avec la distance de ces produits.

La distance entre deux produits se définit comme l'écart de profils de leurs clients (mesurée par une distance du Ki 2).

Les volumes pris sur des produits de la même marque sont des « cannibalismes » internes. Les masses de clients qui renouvellent le même type de produit font de la fidélité. Enfin des clients nouveaux peuvent être attirés par les qualités perçues du nouveau produit.

Figure 3-29. Évaluation de la demande : courbes de vie et évolutions du marché

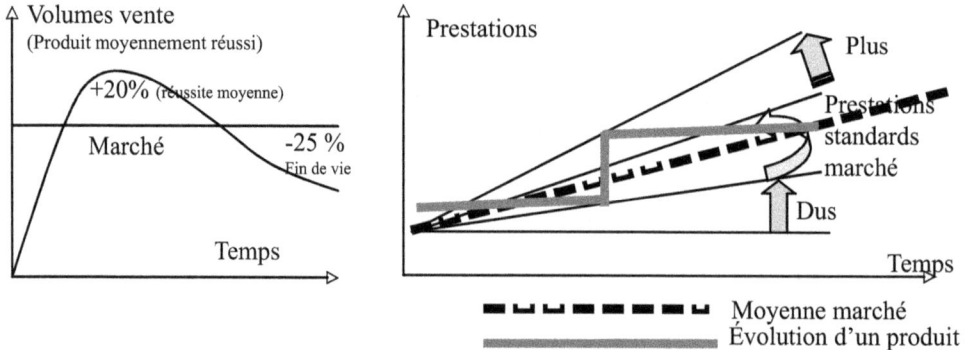

Volumes vente
(Produit moyennement réussi)

+20% (réussite moyenne)

Marché

-25 %
Fin de vie

Temps

Prestations

Plus

Prestations standards marché

Dus

Temps

▬ ▬ ▬ ▬ ▬ ▬ ▬ Moyenne marché
▬▬▬▬▬▬▬ Évolution d'un produit

Variations de volume : élasticités (estimations, %)	Prestations	Esthétique	Prix
Marché (moyenne)	1	1,5	-1
Modèle	1,5 à 2	2 à 4	-2 -3
Version	0,5	0,8	-5 -10

Évolutions annuelles	Prestations	Style, concept	Total
Marché (moyenne)	2%	2,5%	4,5%
Évolution dus (seuils)	0,5 à 1%		0,5 à 1%
Nouveau produit % marché	8 % 10%	10 % 15%	18% 25%
Évolution (restyling)	4%	4%	8%

Figure 3-30. Équivalent valeur perçue : démarche pour un nouveau système innovant

Identification de la valeur d'un système
- Définir « À quoi sert ce système pour les clients ? » (marché à définir)
- Liste des critères de satisfaction clients (Référentiel client)
- Définir les « Dus » et les « Plus » pour se situer dans les zones du marché
- Illustrer le niveau de chaque prestation sur les critères en se référant à des exemples connus du marché et typiques, dont on connaît le niveau de satisfaction pour les clients, dans un marché analogue. Valoriser ces niveaux par le prix caractéristique de l'élément sur le marché
- Positionner les prestations du système sur ces critères
- Estimer l'équivalent en valeur par la somme des prix atteints sur chaque critère par d'autres réalisations

Référentiel client	1	2	3	4	5
Confort	Vitres isolantes		Ventilation améliorée	Air conditionné manuel	Air conditionné automatique
Sécurité	Feux stop modulés	Ceinture embaruée	Antiblocage roues	Airbag avant	Airbag AV AR latéraux
Performance	5 chevaux en plus	Injection		Turbo	V6
Esthétique	baguette	Bouclier de caisse	Nouveaux phares	Restyling	Nouveau style
Système		Équivalent valeur			

La décomposition du prix par sous-système : l'équivalent valeur perçue

Lorsque la valeur est difficile à mesurer pour un organe (air conditionné, motorisation, innovation…) ou pour une prestation ponctuelle (le niveau de confort d'un siège), son estimation reposera sur des analogies ou des équivalences prises dans d'autres domaines. Cette technique permettra de donner une valeur à des éléments et de leur affecter par la suite un objectif de coût. Nous continuerons ce déploiement dans le chapitre 5 en utilisant la démarche QFD pour investir là où le marché porte un intérêt.

Fiche 12. Définition des fondamentaux : le contenu adapté au cas traité

Les fondamentaux sont constitués par la rencontre de la perception et d'un objet sur un marché défini. Ils reposent sur des dimensions et des signes comme nous le montrons dans les figures 3-31 et 3-32. Ils assureront qu'une valeur ainsi définie est effectivement perçue par un client et sera donc vendable.

Figure 3-31. Carte mentale des fondamentaux et des dimensions de la valeur perçue

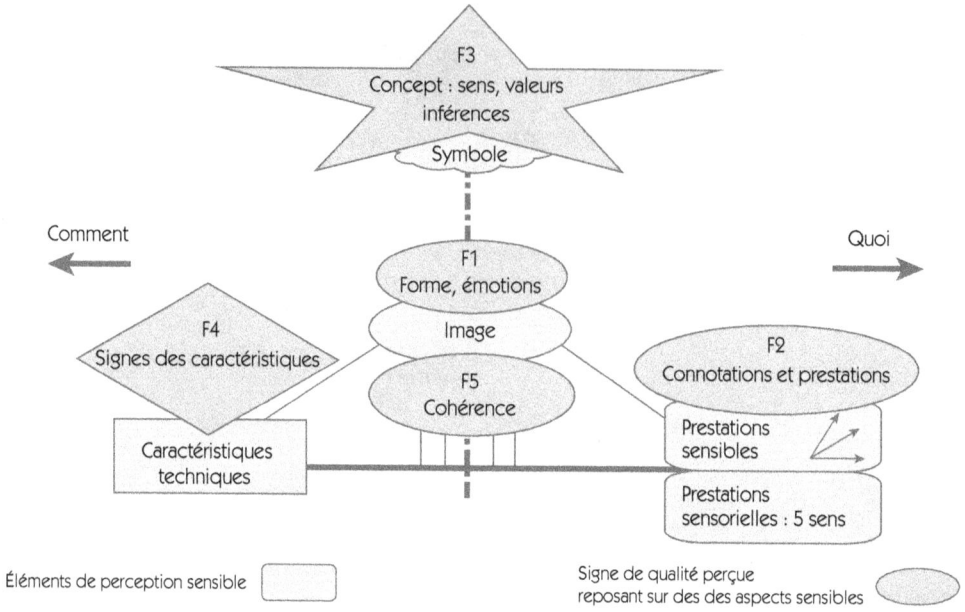

Figure 3-32. Les fondamentaux de la qualité perçue

Dimensions QP (selon un cycle de perception)	Fondamentaux	Exemples	Critères de positionnement	Critères de jugement
Image de la forme	F1- Suscite une première impression valorisante	• Expressivité du « Design » • Impressions de robustesse, fini … • Défaut qui « tue »	Connotations Force Prégnance	Émotion Impression (+ / -) Perçu des détails, intégration
Prestation sensible (Quoi)	F2- Exprime le bien pensé	• Pensé pour le client • Jugement fait en référence à l'offre	Prestation forte Avantages Connotations Défauts	Satisfaction Utilité, esthétique Service rendu sans défaut
Prestation sensorielle (Quoi)	pour le client et le satisfait	• Sensations offrant des prestations au client • Ergonomie	Sensation Connotations Défauts	Aime/aime pas Agréable Pas de défaut
Sens symbolique du concept	F3- Infère du sens et des valeurs	• Concept exprimant : symbole, langage • Inférences selon • les codes culturels	Raconte une histoire Connote Crée une relation	Valeurs Exprime Signifie

Signe sensible (Comment)	F4- Signifie la maîtrise technique	• Finitions, vues selon expérience personnelle	Promesse	Donne confiance rassure ; bonne finition
Cohérences (espace-temps)	F5- Offre une cohérence, un tout véritable et durable	• Non consistance • Perçu non homogène • Vieillissement	Type de cohérence Discordance	Impression de système vrai, non dissonant

F1. Susciter une première impression valorisante

Exprimer dès la première impression un caractère, la force d'une identité, une image attractive et une émotion immédiate : le premier coup d'œil donne la première impression. L'objet séduit dès la première impression.

La forme positionne l'objet et exprime quelque chose. La qualité perçue poussera à créer une première impression valorisante, qui s'exprimera de façon affective par « j'aime » ou « je n'aime pas ». La forme globale n'est pas seulement perçue, les détails donnent aussi vie au produit, ils peuvent être de fausses notes, des erreurs, des défauts « qui tuent ». Le bon sens incite à ne pas attirer l'attention sur un défaut, à le masquer, pour qu'il ne « tombe pas sous » le regard, afin d'inclure l'objet dans un ensemble qui paraît robuste et sécurisant.

Exprimer un sens par la forme devient de plus en plus le premier motif d'achat. Fond et forme offrent une personnalité forte qui différencie.

Figure 3-33. Fondamental 1 : susciter une première impression valorisante

Table simple mais ayant un « quelque chose » de plus

Dès le premier contact, le produit a donné une impression de « moderne attachant » (Twingo 1993)

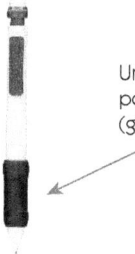

Un critérium qui possède un « plus » (grip)

Siège automobile qui exprime un niveau d'équipement d'une routière sportive

F2. Exprimer le bien pensé pour le client et le satisfaire

Satisfaire et l'exprimer : la satisfaction passe par les prestations sensibles et sensorielles. Mais celles-ci ne sont plus suffisantes, elles seront associées à des signes montrant à l'évidence qu'on a bien pensé au client. L'exemple choisi concerne la manœuvre des ouvertures du tambour de machine à laver. L'ouverture dite *souple* montre qu'il est facile de s'en servir avec un seul doigt. La prestation réelle sera que l'ouverture fonctionne effectivement, sans agressions ni pour les mains ni pour le linge.

Ce fondamental se compose donc du signe et des prestations associées pour démontrer qu'on a pensé au client, il montre le bien pensé pour le client, exprime ses prestations *sensibles* et *sensorielles*.

Figure 3-34. Fondamental 2 : exprimer le bien pensé pour le client

Exemples :

- Affiche sa fonction à l'utilisation,
  des commandes simples faciles agréables

- une commande accessible
  et qui « tombe sous la main »

- des rangements qui permettent de mettre
  ses clés, son portable, la bouteille, les cartes
  de façon évidente, dans une automobile

- le sac de « Madame » trouve une place
  dès qu'on entre dans l'automobile

- la prestation que l'on a en utilisant
  est effectivement celle qui est utile
  « ils ont pensé à moi »

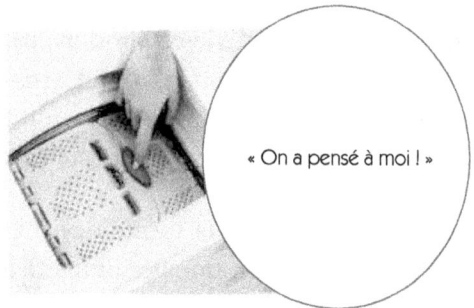

« On a pensé à moi ! »

Exemple de « l'ouverture souple » (voir ergonomie) :
pour une machine à laver le linge, le bouton
se trouve où on l'attend et se manipule d'un doigt

F3. Inférer du sens et des valeurs

Certains symboles suggèrent du sens : par exemple, un bois en chêne ou en hêtre est associé à certaines propriétés comme nous l'exposons dans la figure 3-35. Ils expriment la valeur qui leur est connotée : « Cette ambiance correspond à ma personnalité. » La vision d'un parquet raconte une histoire qui associera les propriétés déjà connues à l'objet. Ces codes dépendent principalement de la culture des personnes et de l'état de l'offre.

Le produit suscite des connotations liées à la prestation : par exemple, le niveau de bruit en décibels mesure une prestation objective mais ne qualifie pas la totalité de la prestation perçue : il manque la qualité du son. En fait, la vraie demande concerne le niveau de fatigue des passagers pour une automobile, la possibilité de pouvoir se parler et se comprendre, le confort et la qualité de l'ambiance.

Figure 3-35. Fondamental 3 : inférer du sens et des valeurs (concept valorisant)

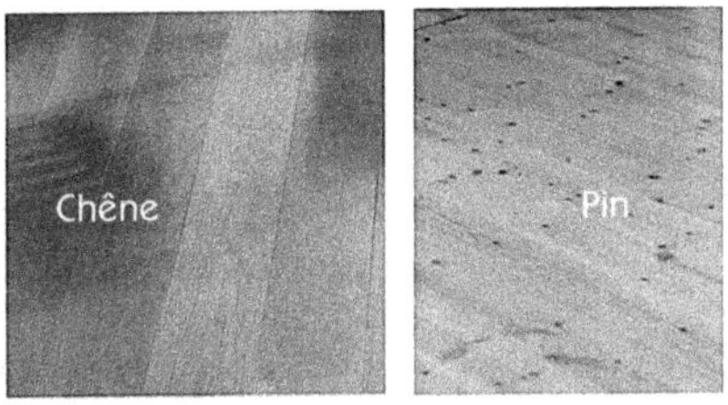

Chêne

Pin

Design des « parquets en bois » : différences d'expression entre le chêne (robuste et structuré) et le pin plus rustique. Ils représentent des symboles différents. Nous donnons ci-dessous quelques associations symboliques.

(Divers catalogues de parquets ont été utilisés, certains éléments en italique sont issus de « Tarkett Design »).

Un parquet en bois s'embellit en vieillissant. Il s'harmonise avec les meubles de différentes époques, et reflète la personnalité de ses possesseurs. Selon les bois un parquet offre des personnalités et des qualités différentes.

Chêne : arbre symbolique, signifie force et sécurité. Le pouvoir du chêne remonte à la Rome ancienne (Jupiter). Aujourd'hui il est reconnu pour sa dureté, sa résistance et son esthétique hors mode. *« Selon les dessins, le chêne peut accentuer le caractère d'une pièce et exprimer une force qui rayonne. »*

Hêtre : au fil du temps le hêtre a été utilisé comme combustible, son fruit était prisé par les paysans. Aujourd'hui un parquet de hêtre est apprécié pour sa résistance à l'usure, sa dureté, un grain fin et des couleurs égales et claires. *« Ses nuances rouge-jaune lui confèrent une impression chaude. »*

Frêne : arbre royal par la durée de ses feuilles, dans la mythologie nordique, il était l'arbre à partir duquel le tout premier homme a été créé. *« Il donne des parquets élégants et fonctionnels aussi durs que le chêne, en bois vivant et durable. »*

Bouleau : mot d'origine indo-européenne signifie « lumière brillante ». Le bois a un lustre et une esthétique particuliers, il est souvent associé à des meubles clairs. Utilisé par les Indiens pour construire leurs canoës, sujet culte des romantiques de la nature il a été source d'inspiration pour les troubadours. *« Sa capacité de mettre en lumière ce qui l'entoure »* s'accorde avec des styles modernes.

Érable : *« Le plus bel arbre de la forêt »* donne un sol élégant avec un grain fin. Sa première caractéristique est sa résistance à l'usure, l'érable canadien est l'un des bois les plus durs qui existent. Très clair quand il vient d'être posé, le bois d'érable mûrit pour atteindre une couleur miel.

Noyer : jadis symbole de fertilité, un parquet en noyer en impose. De couleur sombre et chaude à la structure vivante *« il donne du prestige à la pièce. Il stimule l'imagination dès qu'on entre en contact. »*

Pin : associé souvent au monde des fées, le pin était sacré. Bois polyvalent il donne un sentiment d'origine, d'appartenance et de rusticité. *« Sa couleur claire qui évolue dans le temps parle au cœur. »*

F4. Signifier la maîtrise technique

Donner confiance passe par une promesse de savoir-faire : pouvoir démontrer qu'il n'y aura pas de mauvaise surprise par la suite. Ce qui conduit à signifier le travail bien fait, une bonne finition, les soins apportés à la fabrication, tous les signes de ce qui est bien fait. Si deux pièces sont mal jointes, il y a le risque que le fabricant n'ait pas maîtrisé sa technique. Cette interprétation est du domaine de la perception, elle n'est pas forcément réelle. Mais cette perception négative sera certainement un frein à la bonne évaluation, voire à l'achat.

Dans l'amour du travail bien fait, la finition et chaque détail comptent. En grande consommation, le succès d'un produit est dans le détail. Beaucoup d'éléments qui témoignent d'une exécution mal faite peuvent entraîner l'échec ou freiner le succès d'un nouveau produit.

Figure 3-36. Fondamental 4 : signifier la maîtrise technique (les signes du travail bien fait, de la bonne finition)

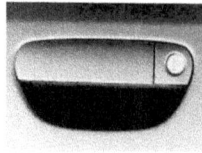

Exemples de maîtrise technique :

- « Finition » propre

- Intégration des accessoires

- Pièces bien terminées : achevées

- Matériaux de qualité suffisante

- Liaisons bien faites entre parties : jeux perçus réguliers, sans dépassement des pièces. Un jeu constant entre deux pièces peut être perçu comme irrégulier selon les angles de vue : seule compte la perception et non l'espace géométrique réel.

- Il n'y a pas de zone douteuse visible par un œil de client. Les lignes se terminent sans trou qui peut être source de bruit ou zone de salissure.

Bonne « finition » d'une poignée de porte automobile : intégration dans la forme de la portière

Jeu entre deux pièces qui indique la non maîtrise de la technique d'assemblage

Jeux aléatoires non constants signifient une mauvaise liaison entre les deux métiers qui ont fait les pièces

Liaison bien traitée s'il n'y a pas de trou entre les pièces visible dans une situation de vision normale client

F5. Offrir une cohérence, un tout véritable et durable

La cohérence est un besoin de l'homme. Des parties physiques en forme de patchwork ne produisent pas l'impression d'un tout cohérent entre parties. Si ces pièces sont disjointes, il y aura certainement des problèmes dans le temps (fuites, bruit, inconfort…).

La cohérence doit se faire par rapport au concept, aux prestations offertes, à l'ensemble qui n'aura pas de « détail qui tue ». Elle se fait aussi dans la durée (les utilisations). Cette notion est tout aussi valable pour le service où il est très important d'exprimer la prestation qui est là au client. Donner une information sans le sourire peut apparaître comme un mauvais contact bien qu'on ait eu le renseignement souhaité. La cohérence est aussi valable pour les concepts et l'information : un indicateur qui fournit de mauvaises informations, bien que très bien suivi, n'a pas beaucoup de valeur.

Les impressions du client lors de son cycle de perception doivent être homogènes : la première impression ne se rattrape pas si elle est mauvaise ; la première impression, même si elle est bonne, ne résiste pas à un cycle contradictoire dans lequel le client aura des problèmes.

Figure 3-37. Fondamental 5 : offrir une cohérence, un tout véritable et durable (une promesse de satisfaction)

La cohérence est un besoin fondamental de l'homme, formée au contact du réel. Il existe diverses cohérences comme par exemple :

- Cohérence entre les sens :
  - vue et toucher : une poignée vue comme métallique qui suscite un toucher froid et dur, et le contact plastique
  - de la même manière : goût et odeur, vue et sons…
- Cohérence dans la communication entre ce qui est dit et exprimé ou non-dit : un signe de vérité
- Domaine de cohérence du client, qui n'acceptera pas d'aller au-delà d'un rapport Qualité / Prix qu'il s'est fixé : au-delà on sort de **sa cohérence**, il y a rupture pour lui
- Accords procurant de la valeur
  - Accords entre vins et plats pour un repas : certaine associations subliment le plaisir
  - Accords de musique consonants, mieux que dissonants ou fausse note
- Cohérence dans l'espace : un défaut du produit peut jeter le doute sur sa prestation, une faute d'orthographe sur le contenu du texte, une fausse note sur l'interprétation
- Cohérence dans le temps : mauvais vieillissement d'un produit

La cohérence nécessite la présence de l'objet complet, sous peine de ne pouvoir juger que partiellement, ne pas avoir une vue d'ensemble

Figure 3-38. Fondamentaux : cohérences, promesses de satisfaction, effets patchwork et puzzle

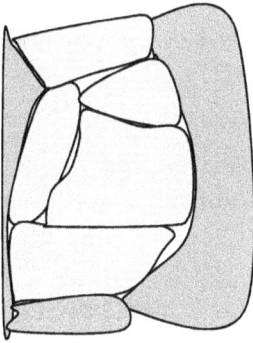

Le « patchwork » dans un sens dévalorisant, induit un sentiment de désaccord qui fait « de bric et de broc »

Le puzzle, dont chaque élément a une place retrouve une consistance et une signification une fois fabriqué. Il présente une cohérence. De cet effet résulte une certaine « esthétique »

La prise en compte des fondamentaux : l'exemple d'une poignée de porte automobile

Un exemple simple (figure 3-39) illustre l'emploi de ces fondamentaux. Tout le monde comprendra facilement que si sur une poignée de porte existe une bavure (petite trace laissée par le moulage), le défaut n'est pas grave en soi. Il n'y a pas danger et la prestation pouvoir tirer est offerte. Cependant la présence de cette bavure va :

- Signifier qu'on n'a pas pensé à celle ou celui qui va manipuler car c'est désagréable ;

- Montrer que le travail n'est pas fini ;

- Exprimer que le plastique utilisé n'est somme toute pas très bon (il sera ressenti comme du « plastoc »).

Figure 3-39. Fondamentaux : une poignée avec une bavure

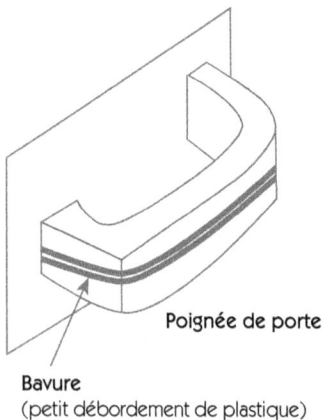

Une poignée d'un appareil ménager en plastique peut présenter une « bavure » ou un « plan de joint » que l'on ressent en manipulation. Ce détail de fabrication peut être très mal perçu car il va signifier simultanément, dès la première vision :
- « ils » n'ont pas pensé à moi client, ce n'est pas agréable ,
- « ça » confirme bien que c'est un « plastoc » pas très valorisant ,
- « ils » n'ont pas « fini leur travail ».

Le niveau de cohérence n'est pas suffisant si la poignée doit se mettre sur un appareil qui se veut technique et qui nécessite une finition « propre ».

Une simple bavure ne répond à aucun des fondamentaux et ne donnera pas une impression de qualité perçue.

Poignée de porte

Bavure
(petit débordement de plastique)

Une simple bavure entraînera une impression très mauvaise par tous ces aspects qui pourraient sembler mineurs.

De l'utilité des fondamentaux : aider à la prise en compte de la qualité perçue

Les fondamentaux servent de fondements pour la prise en compte de la qualité perçue dans toute l'entreprise : nous les appliquerons dans la troisième partie pour les processus métiers-projets et le travail au quotidien.

Les fondamentaux sont des critères d'évaluation pour le management, qui peut ainsi donner des objectifs sur ces critères et vérifier que ce qui est dit a été bien fait :

- Ils constituent un état d'esprit pour les acteurs, une charte qu'il faut respecter ;

- Il n'est pas possible ni souhaitable d'être derrière chaque dessinateur pour le guider dans son travail afin qu'il prenne bien en compte la qualité perçue par le client. Chacun a son autonomie et la responsabilité de son métier. Pour qu'il intègre en permanence les aspects qualité perçue, il faut qu'il ait bien compris, qu'il se soit approprié ces fondamentaux, qu'il soit formé afin qu'une poignée ne comporte plus de bavure au mauvais endroit. Lorsque le concepteur dessinera sa poignée, il pensera à la perception du client au travers de ces cinq fondamentaux ;

- L'industriel d'un produit aura à cœur de montrer le travail bien fait ;

- Pour un service au contact du client, le vendeur ou l'hôtesse d'accueil seront motivés pour montrer en direct qu'ils pensent au client, qu'ils font bien leur travail, qu'ils lui apportent un service avec un plus personnalisé.

Les points marquants

Les pièges à éviter

- Le mélange des « quoi » et des « comment » pour le client dans le langage courant.

- Un produit banalisé ou qui passe inaperçu, difficile à promouvoir par la communication.

- Une sous-estimation de la concurrence.

Les points les plus importants :

- Séparer le « quoi » et le « comment » : à chacun ses responsabilités.

- Observer les marchés et les évolutions probables de la concurrence.

- Anticiper les évolutions tendancielles.

- Se différencier, apporter des plus, des avantages concurrentiels.

- Croiser le jugement global marché et détaillé client.

- Avoir l'obsession du client tout au long du cycle de vie du produit.

- Rendre essentiels les détails concernant la pression du marché et la perspicacité du client.

Pour en savoir plus

GILLE, Bertrand, *Histoire des techniques*, Encyclopédie de la Pléiade, Gallimard, 1978.

La perspective historique de l'évolution des techniques met notamment en avant la notion de « système des techniques ».

KOTLER, Philip, et DUBOIS, Bernard, *Marketing management*, Publi-Union, 2000.

Livre de base pour connaître les notions fondamentales du marketing.

MERMET Gérard, *Tendances 1998. Les nouveaux consommateurs*, Larousse, 1997.

Divers instituts étudient les évolutions socioculturelles et économiques : CCA, Cofremca, Risk, Crédoc, Cetelem… effectuent des mesures des évolutions de la mentalité des clients.

MINISTÈRE DE L'ÉCONOMIE, DES FINANCES ET DE L'INDUSTRIE, *À nouveaux consommateurs, nouvelles stratégies industrielles*, Les Éditions de l'industrie, 2000.

Étude sur les tendances de la consommation des ménages à l'horizon 2005-2010 qui met en valeur l'évolution de la dimension immatérielle de la consommation et les mutations de la distribution en s'appuyant sur une enquête auprès de 2 000 ménages européens.

SIMON, Hermann, JACQUET, Florent, et BRAULT, Franck, *La stratégie prix*, Dunod, 2000.

Ce livre fait partie des références sur la détermination des prix de marché, en relation avec la valeur perçue (définie comme l'ensemble des qualités perçues).

Partie II

La démarche qualité perçue
Rendre objectif le subjectif client

« Je peins les choses qui sont derrière les choses. »

Quai des brumes, film de Marcel Carné et Jacques Prévert

La démarche qualité perçue permet de rendre objectif les perceptions subjectives se créant au contact du produit, lequel constitue le support des qualités qu'il exprime.

Dans son *Éloge de l'objet*, François Dagognet critique la *« critique de la société de consommation »*. Il considère comme une attitude nouvelle de s'occuper des objets extérieurs à nous. *« Ne regardons pas trop en nous, mais scrutons ce qui nous entoure et qui change, plein de prodiges, de sédimentation et d'arrangements ingénieux. »*[1] Ces créations artificielles, ou artefacts, concernent aussi bien une pierre dès qu'elle est travaillée, polie ou utilisée, un service immatériel, qu'un signe, une mélodie ou un poème.

Tous ces objets ne peuvent se définir sans références aux mœurs et à la société de consommation, auxquels ils participent par des échanges marchands ou non marchands. Dans « L'homme et l'objet », *in l'Histoire des mœurs*, l'objet est présenté

---

1. François Dagognet, *Éloge de l'objet. Pour une philosophie de la marchandise*, Vrin, 1989. François Dagognet enseigne l'histoire des sciences et des techniques.

comme le véritable miroir de l'homme. « *L'objet est coextensif à l'homme… Le critère de l'hominité est donc bien la création de l'objet ; l'homme est l*'homo faber. »[1] L'objet s'exprime dans un langage, active des messages codés. Les vitraux des cathédrales ou les céramiques magnifiques décorant des bâtiments n'ont pas une fonction utilitaire mais principalement des fonctions symboliques. Le travail des compagnons, qui les ont construits avec l'amour et la précision du travail bien fait perdurant encore aujourd'hui, nous permet d'admirer ces différentes qualités perçues dont nous avons parlé précédemment.

Un produit, un service ou une information, ce que nous appelons un objet, est donc le résultat d'un processus prenant en compte l'expression des besoins des sociétés, mais aussi les possibilités et les opportunités de la technique.

Les objets ont toujours comporté à la fois des dimensions fonctionnelles et symboliques, une part objective et une part subjective, mais l'évolution actuelle met de plus en plus en avant les images, l'immédiat, l'apparence et les émotions. Ils constituent un moyen de communication et c'est ce qui nous a motivés dans la partie précédente à développer les notions de signe.

Une offre aujourd'hui se doit donc d'associer différentes dimensions : ne pas être uniquement utile mais apporter aussi du rêve, ne pas être seulement de qualité, mais offrir de la qualité perçue.

Les attentes des clients sont floues, globales, subjectives. Cette imprécision permet des libertés pour innover, mais elle est aussi une difficulté pour travailler de façon opérationnelle. Si l'écoute des clients est indispensable, elle n'est cependant pas suffisante car elle comporte des limites. La nécessité de traduire impose de prendre le relais du client, dans une optique client pour bien définir complètement les qualités perçues, de caractériser les attentes et les services à rendre, puis de spécifier les caractéristiques techniques de façon objective et mesurable.

La démarche qualité perçue proprement dite, exposée dans cette partie, est guidée par la définition des composantes de l'objet à réaliser et repose sur la satisfaction des fondamentaux. Elle s'effectue selon les trois étapes suivantes :

• **Reformuler** les attentes des clients en services à rendre, à partir des phrases des clients, afin de constituer une liste hiérarchisée de critères, mesurant la réalisation des attentes (référentiel client). Ce référentiel détaille les cinq fondamentaux de la partie précédente, pour définir le mieux possible les prestations à offrir et la

---

1. « L'homme et l'objet », *Histoire des mœurs*, sous la direction de Jean Poirier, t. 1, vol. 2, Gallimard, « Folio Histoire », 1990.

valeur perçue client. La reformulation en groupe de travail est nécessaire, même si le groupe a *vécu les clients* dont les demandes constituent une finalité. Mais ces demandes ne sont pas suffisamment opérationnelles pour être directement utilisées, d'autant qu'il faut proposer des services pour des clients futurs qui ne se seront pas encore exprimés ;

- **Traduire** les services rendus (le « quoi ») en caractéristiques objectives (le « comment »), imaginer le résultat et construire la qualité perçue en anticipant les attentes. Cette deuxième phase doit être menée de façon à prendre en compte ces trois actions qui s'enrichissent mutuellement lorsqu'on les fait dialoguer. Elle se conclut par la mise en forme d'un *objet complet* ;

- **Évaluer** les qualités perçues des produits et des services et se corréler aux réactions du marché. Cette dernière phase aide au management du projet. Elle permet de poser les problèmes et de les résoudre en décidant chaque fois au bon niveau.

La démarche qualité perçue servira dans la phase de mise en œuvre (3e partie). Elle s'effectue selon la « démarche expérimentale » que nous développerons avec l'outil PDCA dans le chapitre 9.

Chapitre 4

Le référentiel client : reformuler les attentes en services rendus

« Aujourd'hui je préfère ceci, mais demain j'aurai peut-être changé, c'est à vous, constructeurs, de me proposer de nouvelles choses. »

Verbatim de client interviewé (domaine automobile)

Ce genre de propos nous oblige à faire l'effort d'identifier les services à rendre pour les clients afin d'en constituer une référence. Il s'agit de lister les qualités perçues pour définir le référentiel client.

Répondre aux attentes se heurte aux limites de l'écoute ; si observer le client et les marchés est indispensable, cela ne suffit pas car le client lui-même ne sait pas définir tous les services qu'il attend. Le concepteur devra prendre le relais en se servant de la reformulation pour traduire le langage client en services. Ce travail sur les besoins impose de traiter la totalité de l'information venant des clients.

Rappelons que les « quoi » sont les services rendus par un produit, un service (accueil, prestations d'aides…) ou une information (formation, conseil, label…) perçus et vécus par des clients. Le référentiel client est le support de ces services. Il permet de se projeter et d'anticiper les demandes futures qui seront à compléter et valider. Il constitue une partie importante du cahier des charges produit et repose sur le cycle de vie des produits. Chaque service rendu constitue un critère de valeur et représente la préférence du client. Ces critères serviront à évaluer le niveau de satisfaction par rapport à la concurrence.

La reformulation en groupe de travail constitue le premier point clé de la démarche qualité perçue. Elle oblige le groupe à se construire un langage commun approprié et orienté vers le client. Les difficultés de la reformulation sont réelles, c'est une alchimie, un processus itératif qui semble décourageant au départ. Elle se fait sous le pilotage des métiers experts des clients.

Le travail de reformulation fait avec le groupe d'acteurs qui ont vécu les clients défi-nit la liste des critères issus des phrases des clients qui ont exprimé leurs besoins, leurs attentes, leurs souhaits. Les signes de qualité sont pris en compte. Le référen-tiel peut se compléter par des études ultérieures si des points restent incertains.

Écouter, c'est traiter toute l'information qualitative et quantitative

L'écoute oriente le travail vers les clients afin de répondre à leurs attentes et en esti-mant le degré d'importance qu'ils leur accordent. Parfois les attentes exprimées paraissent peu compréhensibles du point de vue de technique, les clients tenant rarement compte des lois de la physique.

Comment mieux écouter les clients ?

Il existe de nombreuses façons de mieux écouter les clients qui reposent cependant sur les points suivants (figure 4-1) :

- Déterminer quels sont les clients que nous ciblons avec l'offre du produit ;
- S'assurer que l'offre du produit est valorisée par nos clients en le demandant aux métiers compétents sur les clients et les marchés ;
- Se recaler périodiquement car les clients évoluent en permanence, deviennent plus exigeants, attendent des nouvelles offres ; car les marchés s'ouvrent et la concurrence s'élargit par de nouveaux clients, marchés ou des références culturel-les différentes.

Figure 4-1. Plusieurs façons d'écouter, traiter toute l'information

Mesure de la « satisfaction client »
- Indispensable mais un constat

Enquêtes pilotées par les experts métiers
- Informations solides, qualitatives et quantitatives, mais regard du seul expert client

« Écoute directe » des clients, si nécessité de dialoguer, décoder les perceptions
- Attentes hiérarchisées
- Diagramme de Kano
- Interviews et « banquettes arrière » observées selon points de vue et métiers différents

Remarques :
- *l'information client est très diverse, elle provient de plusieurs sources (vente, après-vente, enquê-tes, réclamations, qualité…). Chaque source donne des informations partielles, d'où la nécessité d'utiliser l'ensemble des informations pour une vision complète*
- *« Banquette AR »: personne du groupe de travail qui participe à l'enquête, pour écouter (sans per-turber) et interpréter avec une vision complémentaire de celle de l'institut de test*

Aller au contact direct des clients possibles à l'aide de stimuli

Un client exprime mieux ses problèmes et difficultés sur des présentations de produits, des propositions, des objets complets représentatifs de problèmes à explorer avec eux. Participer à des écoutes directes (pilotées par des professionnels), faire parler les clients, les observer sur le terrain, amène toujours beaucoup d'informations intéressantes.

Traiter toute l'information et croiser le qualitatif et le quantitatif

On distingue généralement les études qualitatives et quantitatives. Le qualitatif est constitué d'entretiens plus ou moins directifs, d'analyses sémiologiques et sémantiques, il permet de prendre en compte la subjectivité. Mais les phrases ne donnent pas des assurances. Le quantitatif repose sur des chiffres, des données, des questionnaires très structurés, fermés et ouverts, des analyses statistiques. Il nécessite de gros échantillons représentatifs (échantillon minimum de 300) mais assure une objectivité et une mesure. Les chiffres cependant ne parlent pas d'eux-mêmes, ils nécessitent de comprendre et de donner du sens à des nombres. En réalité, il faut pratiquer les deux approches en complément pour interpréter les chiffres et mesurer le sens des mots.

L'écoute est limitée par des attentes actuelles et incomplètes

Figure 4-2. Les limites de l'écoute

Écoute des clients : attentes actuelles et subjectives
- Ne sait pas définir ses besoins : parle de solutions, de son problème, des détails et du banal
- Pas d'explication détaillée, plus ou moins floue, pas forcément cohérent
- Exprime sa première impression, par « aime, aime pas »
- Plus souvent critique que positif
- Achat réflexe, pas d'analyse mais impulsif, coup de cœur

S'exprime dans son langage, selon sa culture et son point de vue : décodage, non-dit
- Sens des mots et des actions : biais
- Blocage dû aux préjugés, *a priori*, intention
- Dit et non-dit : écarts entre ce qui est pensé et dit

Influencé par l'environnement et les références du moment : expression partielle
- Influence de la marque, de la communication, de la mode
- Risque de clientélisme, attente court terme : le plaisir de l'instant
- N'exprime pas ses attentes de façon exhaustive

Variabilité de l'opinion globale du client : sa propre logique
- Parfois conciliant, parfois « pinailleur »
- Écart entre le dit et le fait
- Veut tout « sans payer »
- Logique personnelle, rationalité limitée : mélange d'affectif et de rationnel

Clients futurs auront changé : références, exigences et attentes évoluent
- Difficulté de se projeter, d'imaginer des offres futures, mettant à mal les références
- Évolue en permanence : « *Demain on veut autre chose, à vous de proposer !* »

Une écoute indispensable bien qu'incomplète

Si l'écoute est indispensable, elle est par contre incomplète. Nous avons toujours constaté que l'information client comportait de nombreux manques, y compris dans les entreprises qui pratiquent beaucoup les enquêtes. Le client ne sait pas expliquer dans le détail ses attentes, très souvent ses réactions se limitent à « j'aime » ou « je n'aime pas ».

Certains facteurs compliquent la définition des attentes :

- Les clients ne savent pas, en général, exprimer leurs besoins, et les acheteurs n'ont pas toujours un comportement rationnel (mais émotionnel, instinctif, impulsion, irrationnel…) ;

- Ils veulent tous des choses différentes ;

- Ils n'achètent pas systématiquement ce dont ils ont besoin ou ce qu'ils veulent ;

- Ils en attendent toujours plus.

Un manque éventuel de discernement du client

D'après les expériences que nous avons vécues dans le secteur automobile :

- Un client ne remarque qu'un tiers de défauts moyennement visibles sur une voiture ;

- Un expert technicien identifie 3 fois plus de défauts que le client sur son véhicule

- Mais les défauts vus par l'expert et le client ne sont pas les mêmes, pour une partie du moins. Par exemple, certains bruits perçus dans une automobile sont considérés comme normaux par l'utilisateur alors qu'ils paraissent être un défaut au technicien. D'autres bruits ne seront pas pris en compte car la technique ne sait pas répondre, mais sont perçus comme agaçants ou inquiétants par l'utilisateur.

Un client qui ne se projette pas

Il ne sait pas définir ses attentes sans un objet perçu et il veut tout sans payer lorsqu'on lui demande dans les enquêtes ce qu'il est prêt à dépenser ! Influencé par le dernier choix, il parle de son problème du moment et juge par rapport aux références de son environnement. Ses attentes se situent souvent par rapport à ce qui est annoncé et communiqué par la marque.

Il fonctionne avec des *a priori*, des idées arrêtées ; des écarts existent entre ce qu'il dit et ce qu'il pense. Il s'exprime de façon plus ou moins générale, floue ou précise, passe du global au détail, évoque parfois des solutions. Le sens de ses mots doit être décodé par rapport à une intention.

Le futur client, cet inconnu

Le client futur est toujours un inconnu, il se situe par rapport à d'autres références. Les clients accumulent de l'expérience à l'utilisation et développent ensuite des attentes nouvelles ; leurs exigences évoluent. Toutefois, s'il est vrai que le client ne sait pas prédire le futur, il peut tout de même définir ses problèmes du moment qui serviront à estimer une demande future possible.

L'imprévisibilité de l'achat réflexe

L'achat réflexe peut paraître imprévisible. Avant l'achat le consommateur connaît peu le produit de façon détaillée. Il peut avoir spontanément une pulsion irraisonnée, sans analyse rationnelle de ses préférences.

Le problème de l'agrégation des préférences du client

Savoir comment se forme l'impression globale du client reste toujours difficile : parfois laxistes, gentils s'ils aiment, parfois très exigeants, il existe un *biais de notation personnelle*. Quelle impression, quelle analyse détaillée puis quelle synthèse font-ils et quelle est l'importance de la perception d'un détail ?

Une incertitude qui demeure

Les limites de l'écoute clients résident aussi dans la traduction de leurs attentes, les inférences et interprétations de leurs codes, les risques de biais. Comprendre le pourquoi, le non-dit et les freins reste un travail difficile. Il faut décoder le discours, les attitudes, ainsi que le contexte dans lequel ils s'inscrivent, avoir une sémantique commune avec le client qui permette de partager la même compréhension. Malgré les efforts, l'incertitude est toujours présente.

La dialectique offre/demande limite encore plus l'importance de l'écoute client, car cette écoute repose sur des préférences actuelles qui évolueront. Il faudra de toute façon anticiper, répondre aux nouvelles attentes. Or le client ne sait pas anticiper car il ne connaît pas les techniques futures, ce qu'elles pourront amener. De nouvelles préférences se créeront en présence de nouvelles situations.

Prendre le relais du client, définir complètement les prestations

Pourtant cette information détaillée est indispensable pour construire un produit et l'évaluer.

Par expérience nous pouvons avancer qu'il faut toujours bien définir complètement les prestations, mais cette traduction comporte des inférences. À l'inverse des propositions nouvelles vont faire réagir et évoluer le client, le processus pour définir les attentes comporte des allers retours : interprétation de ce qui est dit, propositions pour faire réagir, nouvelles expressions des clients et interprétations complémentaires (figure 4-3)

Figure 4-3. Le « quoi » et le « comment » : une double démarche

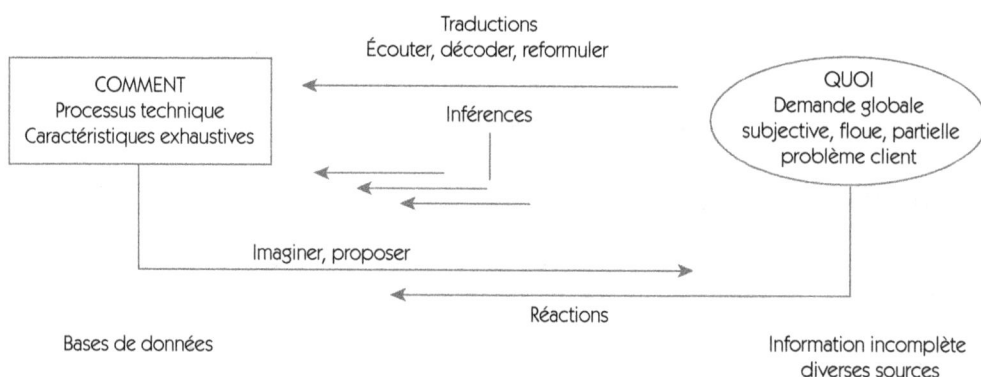

Définir mieux que le client ses attentes

Étudier intelligemment le marché, c'est penser comme un client, comprendre ce qui différencie dans son esprit tel produit d'un autre. Nous sommes convaincus de la nécessité de définir les prestations car elles sont au départ exprimées de façon floue et globale, la plupart du temps implicites ou même non demandées et latentes. Il s'agit de traduire plus complètement que ne peut le faire le client les perceptions qualitatives en caractéristiques objectives.

L'observation des comportements et le dialogue avec la personne vont permettre de préciser les besoins non exprimés, latents ou inconscients. D'où la nécessité que les experts et les divers métiers comprennent dans le détail le contenu de la perception, malgré les risques d'interprétation, car cela oblige à parler et partager une même compréhension autour de critères clients.

Un début d'objectivation consiste aussi à expliquer un jugement global client par des composantes détaillées par les experts, définir les écarts et compléter par de nouvelles dimensions qu'il faudra prendre en considération.

Un point toujours difficile mais fondamental est de repérer chaque niveau d'abstraction des qualités perçues. Cette distinction prépare une comparaison homogène entre critères : nous ne pourrons pas pondérer des critères qui se situent à des niveaux différents de généralité. Le plus général englobera les autres, apparaîtra comme plus important, de fait, et biaisera la hiérarchisation.

Pour diminuer les risques de se tromper

Les risques d'une mauvaise interprétation sont forts. Ils sont liés au décodage individuel de chacun des acteurs, à la variabilité des attentes. En plus de l'observation des comportements, il sera important de croiser les informations de l'enquête avec les statistiques, les achats réalisés effectivement, les tendances socioculturelles et socio-économiques.

Demander aux instituts et métiers relatifs aux clients qu'ils soient présents dans ce travail permet de conforter la reformulation. La corrélation aux notes plus globales données par les clients dans d'autres enquêtes est aussi nécessaire pour reconstituer le jugement de synthèse du client à partir de ces critères détaillés.

La reconstitution du perçu global client par des profils évalués par des experts passe par les explications du contenu de ces critères : expliquer pourquoi le client a-t-il réagi comme cela.

Reformuler les phrases clients en services à rendre

Nous emploierons la *reformulation* pour traduire les attentes des clients en services à leur rendre (le « quoi »). Le principe est de redire ce qui a été dit par la personne, repartir de son expression en changeant le sujet. Nous détaillons comment faire et utiliser la reformulation dans la fiche 13 (« Reformuler en séparant le "quoi" et le "comment" »).

Objectiver la demande du client

L'intérêt de la reformulation réside dans la nécessité de faire l'effort d'écouter et de comprendre ce qui est dit en mettant sa propre interprétation au service de ce qui est exprimé. Ainsi nous pouvons parler d'*observation clinique*, car elle constitue un constat rendu objectif par l'observation, éliminant une bonne partie de la subjectivité de l'expérimentateur. En ce sens, elle participe de la démarche expérimentale.

On s'aperçoit constamment qu'il est difficile de ne pas interpréter, d'inférer des propriétés non dites lors de dialogues spontanés. La reformulation nécessitera de préciser des points cités par l'interlocuteur. Elle peut aider à dialoguer de façon intelligente et constructive avec le client, construire avec lui une représentation commune et distinguer les faits de ses opinions (figure 4-4). Formuler comme un constat, même si l'expression est subjective, permet d'identifier une réalité. L'opinion d'une personne est subjective car elle exprime son point de vue personnel, mais la reformulation tendra à l'objectivité car représentative de l'attente exprimée.

Figure 4-4. Reformuler les attentes hiérarchisées : le « cycle de perception »

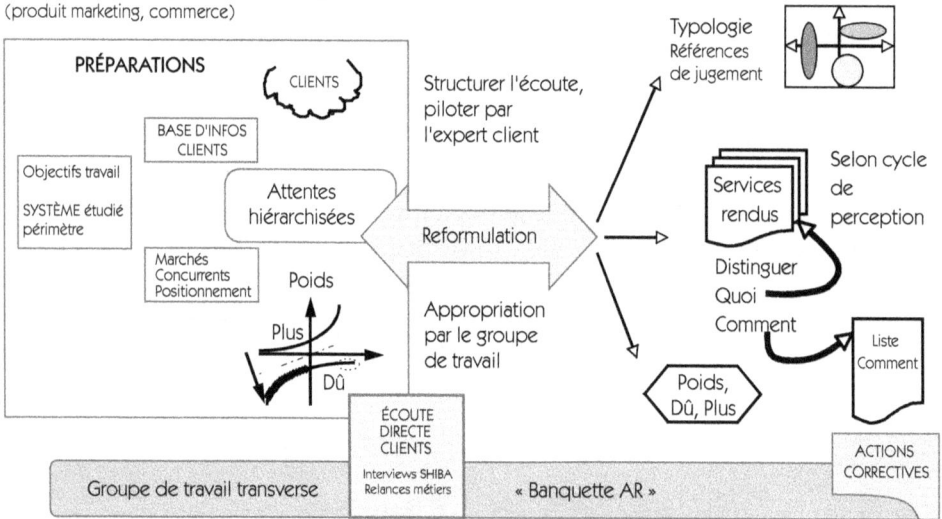

La reformulation sera utilisée systématiquement pour transformer les phrases des clients en critères d'évaluation des attentes (le « quoi »). Ce travail se fait en groupe, il est nécessaire même si le groupe a vécu les clients.

Caractériser les attentes du client

Les attentes globales et floues constituent une ouverture pour innover, mais aussi une difficulté pour déployer et construire l'objet final. La liaison entre les attentes et les solutions n'est pas rigide, elle permet de nombreuses interprétations. Ceci constitue une opportunité pour offrir des nouvelles réponses. Mais le passage ne peut se faire directement entre attentes floues et spécifications techniques. Les expressions des clients ainsi observées sont malgré tout incomplètes et teintées de la subjectivité propre à chacun. Ces demandes ne sont pas encore suffisamment opérationnelles pour être directement utilisées, d'autant qu'il faut proposer des services pour des clients futurs qui ne se seront pas encore exprimés. Il faut donc aller plus loin dans le travail de définition des services à rendre.

Nous devons passer par le stade intermédiaire de la caractérisation de ces attentes et la traduction en prestations détaillées afin de rendre opérationnel la démarche de déploiement. Faute de quoi, les objectifs vagues donnés au technicien ne pourront le guider dans la recherche de solutions efficaces.

Détailler les qualités perçues selon le cycle de perception

La démarche d'identification des qualités perçues présente une difficulté car, au-delà des prestations, elle prend en compte les signes qui pourront suggérer des images ou des services. Il est difficile de hiérarchiser ces connotations. Pour ce faire nous explorerons les points suivants.

L'identification du périmètre qualités perçues pris en compte

Comme les qualités perçues comportent deux aspects, celui des prestations et celui des signes, nous aurons à définir quel est le périmètre pris en charge dans le travail. Bien souvent, une partie des prestations est déjà prise en compte dans l'entreprise. Le référentiel à construire sera le complément de ce qui existe. La partie étudiée concernera alors plus souvent les aspects de la qualité perçue comme signe de bien fait, de l'expression du bien pensé au client, de la finition, donc des aspects plus symboliques.

La définition des références de jugement

Les évaluations clients se font par rapport à leurs attentes et besoins, ainsi que par rapport aux références venant du marché. Pour ce qui est des évaluations faites par les acteurs internes à l'entreprise, il sera nécessaire de définir au préalable les références de jugement des clients, le positionnement perçu du produit, et le cycle de perception.

Le positionnement du produit

Nous avons identifié la typologie des clients dans la partie précédente, lors des interviews. Le positionnement perçu est la façon dont un type de clients se représente par des images mentales l'esprit du produit, les valeurs qu'il évoque. Ces représentations collectives permettent de différencier les produits dans la perception, leurs proximités perçues, et de délimiter l'univers de comparaison. Ce positionnement se fera par rapport à des références que les clients utilisent pour juger du niveau attractif des qualités perçues, comparaisons et analogies par rapport à d'autres domaines. Nous avons signalé que la maison ou le fauteuil se présentent spontanément à l'esprit lorsqu'on parle de confort dans l'automobile.

Le cycle de perception ou le parcours du client

Lorsque la personne prend contact avec le produit ou le service, elle le fait selon un processus, un cycle de perception. Cette prise de contact nous servira à classer les impressions successives, depuis la première impression jusqu'à l'utilisation vécue. Notons que là aussi doit exister un bon niveau de cohérence entre ce qui est perçu dès le départ et ce qui résultera d'une prise en compte plus détaillée : savoir s'il y a permanence ou renforcement de la première impression ou, à l'inverse, remise en cause de celle-ci.

Le référentiel, liste unique des services objectifs et subjectifs

Le référentiel client permet d'évaluer produits et services

Le référentiel client est constitué de la liste unique des critères hiérarchisés qui ont été reformulés en services rendus. Le contenu de chaque service doit être défini selon l'esprit client dans un glossaire. Ce contenu se situe à l'extrême limite de la perception du client, qui bien souvent ne peut l'exprimer de façon explicite. Ainsi le concepteur doit prendre le relais du client et l'aider autant que faire se peut à mieux définir ses attentes.

Les attentes, besoins et insatisfactions sont très diversifiés et s'expriment sous n'importe quelle forme, parfois précise, parfois très vague. Le client se manifeste de façons multiples par des expressions comme le langage, des signes, symboles ou images.

Parfois il n'existe aucune information sur tel client ou telle attente, parfois de nombreuses sources d'informations clients existent, mais elles sont partielles et présentent des visions spécifiques (produit, marketing, commerce, qualité, après-vente,

Figure 4-5. Le référentiel client

Évaluations qualité perçues selon les points de vue du client
Prendre le relais du client pour préciser ses attentes

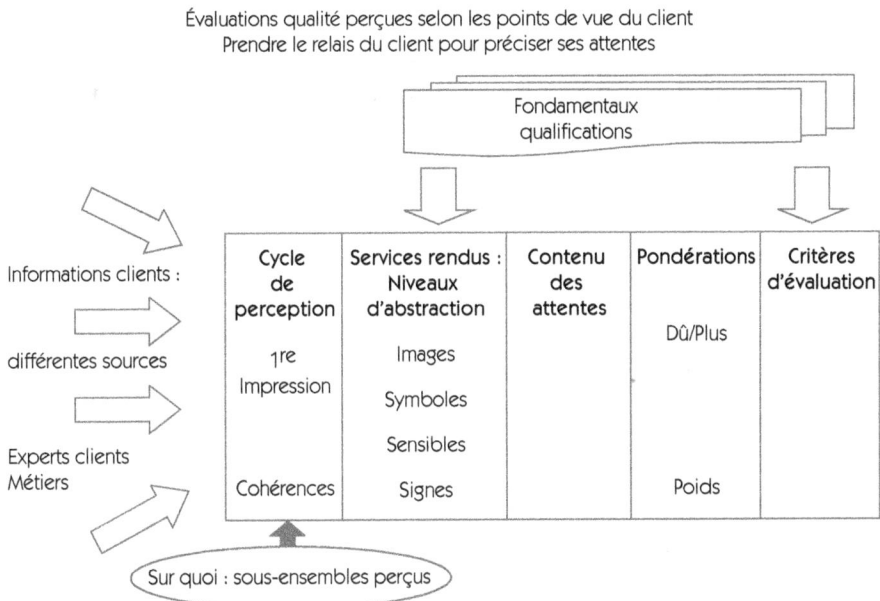

Le « référentiel client » est une liste unique des attentes reformulées en qualités perçues :
« services rendus » signes et aspects symboliques, classés selon le « cycle de perception du client »
(comment le client prend contact avec le produit)

informations extérieures des instituts de test, sondages, socioculturel…). Ces informations ne représentent pas l'ensemble de ce qu'attendent les clients. Il sera nécessaire de synthétiser la totalité des demandes dans un référentiel unique.

Ce référentiel permettra de :

- Définir, mesurer les attentes au travers d'une check-list de services à rendre (le « quoi ») ;
- Évaluer les produits et ceux des concurrents avec l'œil ou l'oreille du client, pour estimer leur niveau de satisfaction relatif à ces produits ;
- Se donner des objectifs détaillés pour les projets.

Comprendre le client est un souci permanent et se fera par la présence de l'expert client lors des séances de traduction. Le partage entre acteurs d'une même représentation de ce que veut le client est une condition fondamentale du déploiement, car il constitue une appropriation qui permettra de bien travailler. Ceci est la meilleure façon de garantir que les attentes seront bien prises en compte par les techniciens, lors du déploiement, qui se poursuivra ensuite par la définition du cahier des charges fonctionnel (CdCF, un ensemble de « comment » fonctionnels).

Le référentiel client servira à compléter au besoin ce cahier des charges fonctionnel, si certains de ses items ne répondent pas à des attentes, ainsi qu'à les hiérarchiser. Par expérience, nous constatons couramment que ce cahier des charges fonctionnel ne couvre qu'une partie des attentes (souvent pas plus de 25 %). Les contraintes techniques, le manque de disponibilité de moyens font que les fonctions du produit qui devraient couvrir de façon exhaustive les services à rendre sans référence à une solution technique sont sélectionnées par les techniciens dans une optique de faisabilité d'une solution technique possible et non dans une préoccupation marché.

Le référentiel à l'aune des valeurs

Les services rendus du référentiel seront classés par rapport aux valeurs vues au chapitre 3 en les détaillant :

* Valeur de personnalité ;
* Valeur des prestations ;
* Valeurs des signes ;
* Valeurs de cohérence.

Une double hiérarchisation

La hiérarchisation se fait, d'une part à partir du diagramme de Kano (le dû et le plus) et, d'autre part, en tenant compte de l'importance que donne le marché à chaque critère. Ce travail est certainement le plus difficile. Bien peu d'enquêtes permettent de hiérarchiser les attentes, bien que cela soit fondamental pour la suite des travaux.

En pratique, comment utiliser le référentiel client

Le référentiel client est l'outil pour évaluer les différentes offres selon des critères plus fins que ce que peut faire le client. Il donne une vision de l'ensemble des critères et permet ainsi des corrélations entre différentes sources d'informations venant des clients et des marchés.

Figure 4-6. Comment utiliser le référentiel client

Définir complètement les services actuels et futurs
Croiser, recouper toutes les informations clients
Anticiper les nouvelles attentes, valider

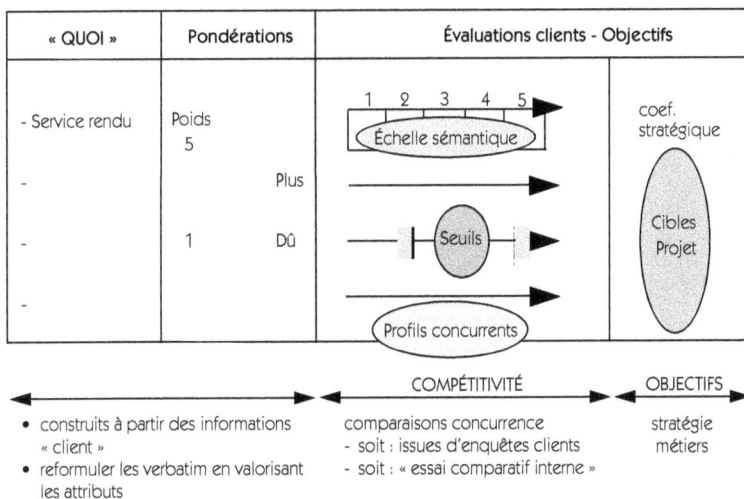

- • construits à partir des informations
  « client »
- • reformuler les verbatim en valorisant
  les attributs

comparaisons concurrence
- soit : issues d'enquêtes clients
- soit : « essai comparatif interne »

stratégie
métiers

Figure 4-7. Le référentiel client dans un exemple de prestations automobile

Prestations niveau global	composantes	Prestations détaillées
Prestations dynamiques	• sécurité dynamique • performances • conduite active	• tenue de route, freinage, stabilité, vision (éclairage, rétroviseurs…) • brio, souplesse, accélération, vitesse maximale • sportivité
Confort de vie à bord	• espace habitable • confort • utilisations pratiques • ergonomie • niveau d'équipement	• habitabilité, accessibilité, visibilité, luminosité • confort des sièges, suspension, insonorisation, ambiance thermique • transport d'objets, fonctionnalités, facilités • interfaces homme - machine • richesse, ambiance
Design	• extérieur • intérieur	• style, expressivité • cohérence intérieur - extérieur
Protections	• sécurité passive • antivols	• sécurités
Communication	• information	• « e-utilisations »

Qualités de base	• robustesse • fiabilité • durabilité	• résistance des éléments • défauts • vieillissement
Prestations de synthèse, transversales	• vie à bord • luxe • plaisir de conduite • Qualité perçue	• Ambiance intérieure • Niveau d'équipement • Comportement et motorisation • finition
Prestations commerciales	• relationnel vendeur • actions commerciales • services • après-vente	• Services vente et après-vente
Prestations de marque	• image, nationalité, richesse de l'offre	• communications
Économie	• Qualité / Prix (coûts, débours non considérés comme prestation)	• Prix pour une qualité • Consommations pour une performance

L'utilisation du référentiel client pour une prestation chauffage

Donnons un exemple de reformulation faite avec l'aide des acteurs qui ont vécu les interviews (que l'on a nommés « banquettes arrière » car ils écoutent à l'arrière des véhicules lors du contact avec le client) pour améliorer le chauffage d'un véhicule. Les attentes sont reformulées dans les tableaux 4-8 et 4-9 (que nous avons schématisé pour des raisons de confidentialité).

Figure 4-8. Chauffer l'habitacle d'un véhicule : le « quoi » et le « comment »

DEMANDES : Quoi

L'idéal c'est un bon confort d'ambiance (physiologique) :
- Plus chaud aux pieds, moins chaud à la tête
- Ne pas avoir froid par les parois.
- Avoir rapidement chaud.

Adapté aux conditions. Associé à la ventilation :
- ne pas transpirer, pas de courant d'air dans le visage (sauf pour certaines personnes comme des sportifs).

Réponses techniques : caractéristiques
- Propulser l'air chaud (puissance du ventilateur) : fort débit, faible vitesse d'air.
- Régler la température : commandes accessibles - préhensibles, ...
- Répartir la chaleur (haut, bas, ...).

Figure 4-9. Chauffer l'habitacle d'un véhicule : le référentiel client (extrait)

Niveau 3	Niveau 4	Commentaires	Poids		Indicateur (facteurs) /Concurrence
Quoi : prestations	Quoi détaillé	Contenu de la prestation	5 à 1	Du plus	
VOIR CLAIR	Buée (surface désembuage, rapidité)	- Sécurité : priorité - Dégivrage (rapidité)			Surface libérée, durée, emplacement
RAPIDITÉ de montée en température (perçu)	- Confort - 1er ressenti : localisation (mains, pieds, visage, corps)	- Importance du 1er ressenti			Durée à partir de laquelle le conducteur a un premier ressenti de chaud aux mains
RÉPARTITION : Confort d'ambiance	- Répartition homogène d'ambiance - Pas d'air froid sur le visage (hiver)	- Être bien partout : ambiance agréable - Pas de source de chaleur + axes ↑ D → G AV/AR			

Notons quelques remarques issues de l'observation des interviews, faites par le groupe de travail :

- Des écarts existent entre vision client et vision technicien (le client a des attentes mais aucun devoir) ;

- Les jugements clients sont pertinents, la perception et les jugements sont multisensoriels ;

- Les clients jugent par rapport à ce qu'ils s'imaginent. Les personnes ont des représentations mentales mais ne savent pas bien les exprimer ;

- Il existe des attentes communes (pas de buée, rapidité du chauffage, pas d'air froid sur le visage, un minimum de manipulations, moins de bruit…) bien que le confort soit une notion très personnelle ;

- Les attentes ne sont pas détaillées : les clients découvrent leur comportement avec l'essai de nouveaux véhicules, en expérimentant. La majorité ne connaît pas les possibilités d'utilisation des réglages du chauffage ;

- En général, les utilisateurs sont globalement cohérents par rapport à ce qu'ils pensent. Leur logique se fait selon une « rationalité limitée ». Mais l'information donnée est incomplète, parfois erronée, et il existe certaines incohérences entre ce qui est dit et ce qui est fait ;

- La prestation visibilité vient en premier, avant le confort : voir est de la sécurité ;

- Le problème évoqué en spontané est celui du bruit trop élevé de la ventilation ;

- Il y a une mauvaise compréhension du tableau et des commandes souvent trop nombreuses ;

- L'utilisateur adopte des stratégies de réglage selon la phase d'utilisation et les conditions externes, avec une certaine logique, pour se faciliter la vie : par exemple « ne pas avoir d'air frais sur le visage » ou « au début, je mets à fond ». Certains conducteurs ont des stratégies qui pourraient être utilisées comme stratégie d'utilisations types (appelées profils de mission chez le constructeur). Le cycle d'utilisation suit l'utilisation du véhicule en caractérisant les étapes :

  – le démarrage : chauffer et éviter buée, ne pas sentir d'air froid,

  – le premier perçu : continuer à chauffer, ne pas sentir d'air froid,

  – le confort : distribuer l'air chaud selon les besoins,

  – le roulage : stabilité du confort perçu, ambiance confortable.

Les références du confort thermique automobile sont celles de la maison bien que ce soient des domaines techniques différents : obtenir un confort d'ambiance quelles que soient les conditions extérieures.

L'utilisation du référentiel client dans le secteur des services

Dans le secteur des services, les services rendus peuvent aussi être définis dans un référentiel. Nous nous servirons d'un exemple classique du marketing des services[1].

Figure 4-10. Référentiel client : un exemple d'une offre de service

Crédibilité	Être digne de confiance Être honnête
Sécurité	Absence de danger Absence de risque Absence de doute
Accessibilité	Abord facile Contact aisé
Communication	Écoute des clients Informations régulières
Compréhension du client	Efforts pour connaître les clients et leurs besoins
Tangibilité	Apparence physique (locaux, équipements, personnel, documents)

---

1. Christopher Lovelock et Denis Lapert, *Marketing des services : stratégie, outils, management*, Publi-Union, 1999.

Fiabilité	Capacité à réaliser le service promis de manière sûre
	Capacité à réaliser le service promis de manière précise
Réactivité	Volonté d'aider le client en lui fournissant un service rapide
	Volonté d'aider le client en lui fournissant un service adapté
Compétence	Possession des connaissances nécessaires pour délivrer le service
Courtoisie	Politesse
	Respect
	Contact personnel amical

L'utilisation du référentiel client pour les services « haut de gamme »

Les services haut de gamme associés au lancement d'un véhicule de gamme haute sont de la même façon listés dans un référentiel exprimant les besoins à satisfaire. Nous les avons résumés dans les figures 4-10 et 4-11.

Figure 4-11. Attentes des clients pour un service haut de gamme (secteur automobile)

Les « plus » différenciant
- Service qui « vient vers » le client, le « must » : amener la voiture au domicile par exemple
- Aide à une prise en charge « full service » : l'interlocuteur unique prend tout en charge
- Accès facile aux services
- Informations et transparence
- Faciliter la vie

Les « plus » obligatoires pour un haut de gamme
- Garantie de mobilité : assurer une solution dans toutes les situations
- Aller au devant des contraintes et supprimer les pertes de temps
- Être pris en charge dès qu'on a un problème, en cas de panne ou de vol
- Personnalisation de la relation : connaître le nom de la personne, relation adulte, flexibilité des formules
- Attente d'un service perçu d'un bon rapport Qualité/Prix
- Image cohérente avec l'entreprise et le haut de gamme
- Liberté de choix

Les « dus »
- Cohérence du service avec le produit
- Confiance dans la relation avec la marque, compétences des réparateurs, travaux bien faits, égalité de traitement pour tous (hommes et femmes), voiture rendue propre…

Un exemple
pour comprendre la reformulation en services rendus

Nous avons choisi un exemple de reformulation pour un crayon[1] : un produit simple avec de nombreuses attentes.

Objet de notre enfance, le crayon est très répandu, son évolution est liée aux références créées par les stylos bille (écriture facile, qui ne gratte pas). Nous rendons compte de quelques attentes issues d'interviews pour constater que, même pour un produit simple, il existe de nombreuses attentes fonctionnelles : sécurité, confort, agrément et tenue, qualité des matériaux (un bois qui ne fait pas toc). Un crayon peut être aussi le symbole de l'écolier d'antan, il réactive notre histoire personnelle en même temps que le contact sensoriel. Pour un produit aussi répandu, l'innovation existe et peut satisfaire des attentes. Par exemple, Bic a lancé les premiers crayons en résine synthétique. Il n'y a plus de danger car il se casse sans éclat. Mâchouillé par un enfant, celui-ci ne risque pas d'en avaler un morceau ou d'absorber son vernis de protection. Une véritable relation sensuelle s'instaure entre le crayon et l'utilisateur, mais ici le bois a été supprimé.

Les figures 4-12 à 4-16 résument la démarche, qui débute par l'écoute puis la reformulation des attentes. Le référentiel constitué permet de lister les points forts et points faibles de différents crayons.

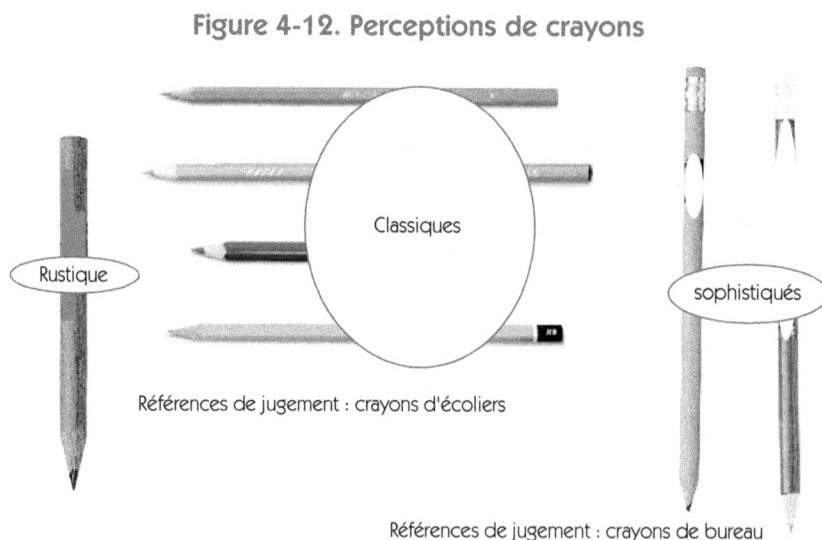

Figure 4-12. Perceptions de crayons

Classiques

Rustique

sophistiqués

Références de jugement : crayons d'écoliers

Références de jugement : crayons de bureau

---

1.   Cet exemple est inspiré de « Conté invente le crayon tout plastique : révolution. La filiale de Bic bouleverse le marché de l'écriture », *L'Usine Nouvelle*, n° 2401, mars 1993.

Figure 4-13. Qualités perçues de crayons

Nombreuses attentes pour un produit simple

Classiques

sophistiqués

Rustiques

- Je voudrais une belle écriture, bien noire pour passer à la photocopieuse
  (prestations subjective et objective)
- Les traits sont irréguliers, et parfois ça accroche au papier (prestation objective)
- Le crayon, c'est pas très confortable, pour le tenir, c'est dur et la mine est dure
  (confort et ergonomie suscités)
- La mine casse trop souvent et si je prends un crayon B, elle s'écrase (prestation d'utilisation)
- J'aime bien le tailler, le former, mais pas trop souvent (aspect affectif)
- Un crayon pas agressif pour les yeux (besoin de sécurité : prestation objective et subjective)
- Il est superbe, très élégant et avec des couleurs harmonieuses (esthétique)
- C'est mon outil de travail, un objet simple et élégant (prestation et forme)
- Il ne doit faire toc ou plastoc (signe de qualité de la matière)
- Écrire avec c'est presque un signe social (aspect symbolique)
- Ce n'est pas cher du tout à l'achat, mais comme il m'en faut 5 à 6 par mois car il s'use trop,
  ce n'est pas économique au total (économie à l'utilisation)

Figure 4-14. Faire s'exprimer au contact de l'objet, en déduire les dimensions suggérées

Faire s'exprimer au contact de l'objet, en déduire les dimensions suggérées
(photo de l'auteur)

Stylo 1 :
(-)
impression de glisser
dans les doigts
(+)
élégant,
peinture semble nacrée

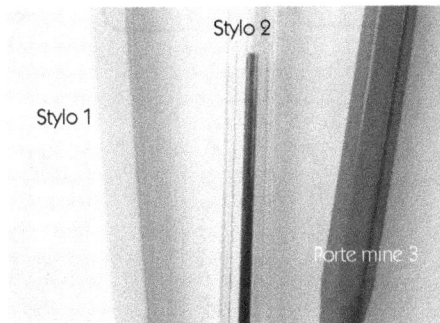

Stylo 2

Stylo 1

Porte mine 3

Stylo 2 :
(-)
classique, le plastic rappelle
le stylo bille d'avant
(+)
on voit la réserve d'encre

Porte-mine 3 :
(-)
impression de contact dur
(+)
semble résistant au choc

Verbatim spontané (crayon et stylo)
« Le crayon, c'est pas très confortable, pour le tenir, c'est dur (confort et ergonomie suscités)
Il est superbe, très élégant et avec des couleurs harmonieuses (esthétique)
C'est mon outil de travail, un objet simple et élégant (prestation et forme)
Il ne doit pas faire toc ou plastoc (signe de qualité de la matière) »

Figure 4-15. Écoute et reformulation

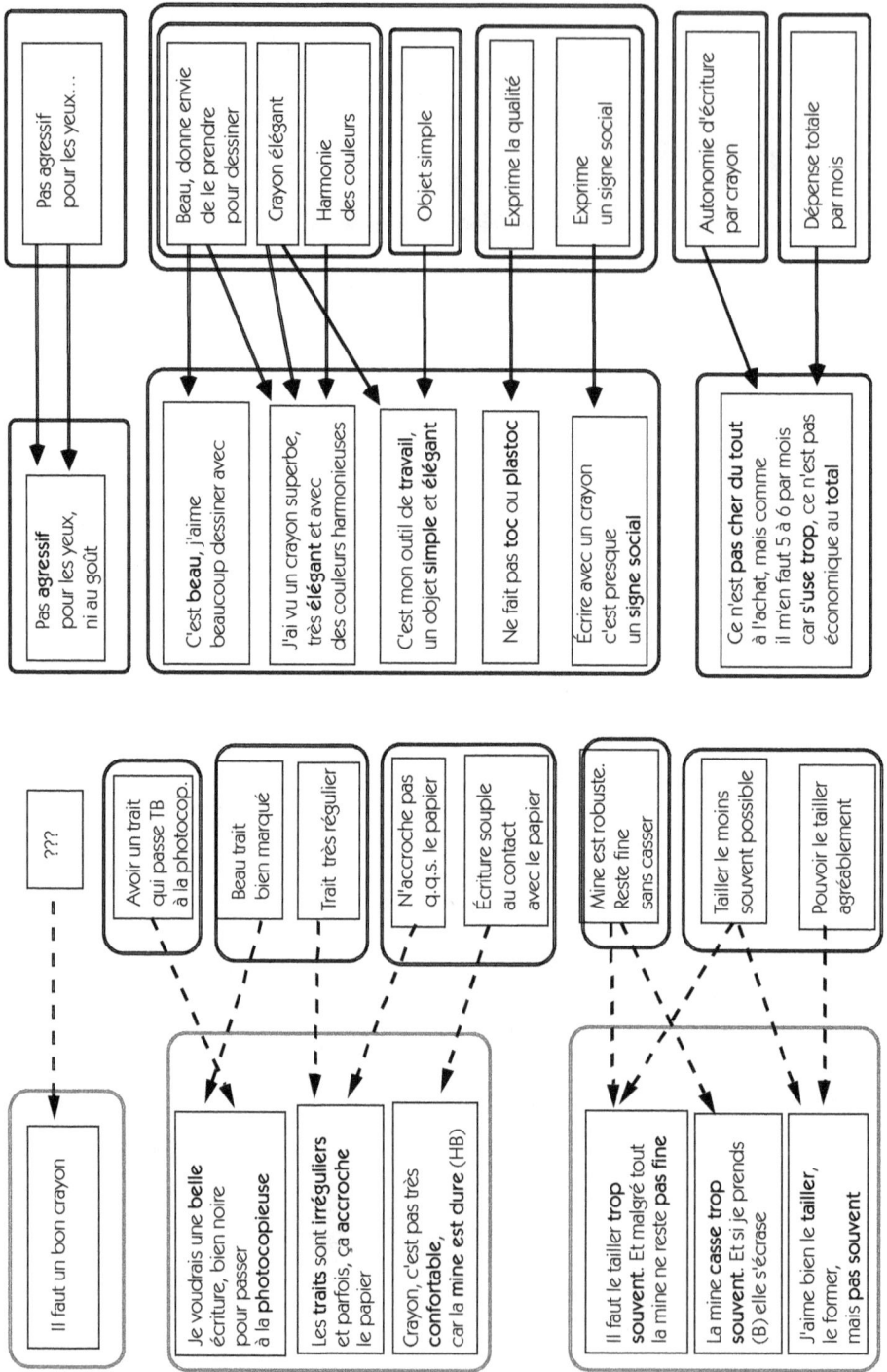

Fiches outils

Différencier le « quoi » et le « comment », bien définir les degrés d'abstraction et mesurer le niveau de réalisation des prestations constituent les points les plus importants.

Fiche 13. Reformuler en séparant le « quoi » et le « comment »

Reformulation : la traduction des attentes en services à rendre, contenu et glossaire

La reformulation constitue un miroir (selon l'expression de Carl Rogers) de l'expression du client. Partant de ses phrases, il faudra changer de sujet, passer du client qui attend quelque chose à l'objet qui fournit quelque chose. Il s'agira donc de redire la phrase en changeant de sujet, de conserver l'esprit du discours, d'observer les non-dits.

Par exemple, quand un client dit « j'ai besoin de confort dans mon véhicule lorsque je voyage longtemps », il demande un service pour lui (le sujet est le client). Reformuler, c'est alors changer de sujet (le véhicule est maintenant le sujet) et redire cette phrase : « Si j'ai bien entendu, le *véhicule doit vous fournir un confort lorsque vous voyagez longtemps.* »

Pour aller plus loin, il faut comprendre avec le client quel est le contenu de *confort* et de *voyager longtemps.* Confort est-ce, pas de courbature dans le dos, pas mal aux jambes, peu transpirer, peu de vibrations ou de mouvements désagréables, un contact moelleux, etc. ? *Voyager longtemps* est-ce faire 100, 500 ou 1 000 km, sur route ou sur autoroute, en une seule fois ou par étapes, etc. ? La simple phrase reformulée nécessite donc de préciser avec le client ces aspects lors du contact, de comprendre sa demande qui ne s'exprimera pas spontanément avec autant de précisions. Ces questions feront l'objet de *questions de relance* et pourront être listées lors de la préparation à l'enquête. Elles participeront à révéler les attentes non dites ; il s'agira alors de créer un glossaire pour que le sens de chaque service soit celui donné par le client et connu de tous les acteurs.

Distinguer les « quoi » et les « comment »

Les phrases des clients mélangent très souvent des attentes ou besoins avec des propositions, des solutions qui ne sont pas forcément pertinentes mais qui leur viennent spontanément à l'esprit. Un tri doit être fait pour séparer ce qui constitue un critère de jugement (le « quoi ») de ce qui peut ensuite passer pour une solution. Dans ce dernier cas, il est intéressant de remonter à l'attente réelle qui a motivé cette proposition.

La définition des « quoi », la liste des services à rendre, la reformulation en groupe de travail

Le processus est décrit dans les figures 4-16 à 4-19. La reformulation aidera à définir les services à rendre, en partant des attentes des clients, des besoins exprimés, que l'on aura écoutés et compris. Elle se fait en groupe de travail et constitue une véritable traduction des attentes. Lors du travail, le pilote du groupe se référera constamment au client en demandant à l'institut qui a fait le travail ou à la direction client : « Est-ce que cela a été dit par le client ? Est-ce une demande client ? Est-ce bien le mot du client ? »

Chaque service rendu constitue un critère de satisfaction, il doit être représentatif d'un niveau de satisfaction et servira à mesurer la position des produits et des concurrents.

Figure 4-16. La démarche de reformulation : un miroir à partir des verbatim clients

1. Partir des propres mots du client (verbatim) et de toute information sur les attentes, besoins, utilisations, insatisfactions, propositions…

2. Reformuler par des expressions qui sont des services rendus et qui n'ont qu'un sens à la fois.

   sujet (produit, service, information) + verbe et attribut + complément

3. Clarifier et préciser ainsi toutes les demandes.

4. S'assurer que chaque phrase reformulée correspond bien à un niveau de satisfaction.

5. Regrouper en niveaux de plus en plus larges d'abstraction (3 si possible).

Nota : Définir des niveaux cohérents d'abstraction n'est pas simple. Nous nous servirons de trois critères de distinction pour les classer par niveau : « perception dans l'absolu », « niveau de généralité », « est inclus dans… » lorsque les propriétés sont comparables.

Figure 4-17. Comment reformuler ?

A – Traitement client par client :

- Recopier tous les services rendus, poids et évaluations sur des post-it (une information par post-it).

- Effectuer des premiers regroupements par catégorie de questions (familles de prestations).
- Caractériser chaque client.
-

B – Définition des « QUOI » sur l'ensemble des clients

- Lister les services « ici et maintenant ».
- Comparer aux images (titres).
- Choisir les niveaux d'abstraction.
- Finaliser la liste des « QUOI » par niveau s'abstraction.
- Conserver l'information poids et évaluations.

Figure 4-18. Définition des services rendus : liste des « quoi »

A – Client par client

	Images	« Ici - Maintenant »	Pondérations Poids / Kano	Évaluations concurrence	Remarques
Client 1 Caractéristique Utilisation Implication …	❑ ❑ ❑ ❑	❑ ❑ ❑ ❑ ❑ ❑ ❑ ❑ ❑ ❑ ❑ ❑ (familles de services)	❑ ❑	❑	Actions correctives
Client 2 …	images et utilisations		poids Dû Plus		

B – Tous clients

Effectuer les regroupements IMAGES / ICI - MAINTENANT (méthode diagramme des affinités).
- Choisir les niveaux d'abstraction (niveau de base, opérationnel).
- Définir l'arbre des « QUOI ».

C – Niveaux d'abstraction
- Respecter les cohérences des services par niveau.

Figure 4-19. Reformulation : exemples de niveaux d'abstraction

1er niveau	2e niveau	3e niveau
Confort en roulant	Faire des km sans fatigue	• Avec une position ergonomique
	Être bien maintenu, sans gêne	• Un bon maintien pour soutenir le corps • Pas de gêne
Facile d'utilisation	Accès facile	• Ouverture de porte avec peu d'effort • Bonne préhension pour ouvrir
	Sortir aisément	• Fermeture facile
	Démarrage sans souci	• Au quart de tour

Fiche 14. Référentiel client : la construction de la liste unique

La figure 4-20 schématise la construction du référentiel client, et la figure 4-21 en donne un exemple. Les points suivants sont systématiquement abordés :

- Références de jugement, marchés : typologie des clients ;

- Cycle de perception, profil d'utilisation : parcours du client s'il existe, comment le client prend contact avec le produit ;

- Conscience des signes qualité, prestations (fondamentaux) pour chaque élément perçu ;

- Liste des services rendus (prestations et signes de qualité) ;

- Reformulation en groupe par le diagramme des affinités : « Quels services le produit doit-il rendre en réponse aux attentes du client ? » Ce travail d'exploitation se fait client par client pour conserver la cohérence de chaque personne. Le contenu des « quoi » est défini dans un glossaire ;

- Mesures des services rendus : critères d'évaluation, échelles sémantiques. Ces attributs, vont être valorisés, mesurés par un indicateur. Les réponses techniques ne viennent qu'ensuite. Les mesures des services rendus sont construites à partir de leur contenu. Si un indicateur physique ou une formule mathématique ne peuvent être adoptés, il faudra alors utiliser une échelle sémantique que nous définirons dans la fiche 15 ;

- Hiérarchisation qualitative (dus/plus) et quantitative (poids) selon les types de clients. Toutes les attentes n'ont pas la même importance pour le type de client visé. La pondération est liée à la structure de préférence des individus représentant leur système de valeurs. Elle est fondée sur les déclarations des clients ou sur des études de préférence et consiste à coter chaque item suivant une échelle d'importance croissante aux yeux du client (classiquement, l'échelle va de 1 à 5 ou de 1 à 10).

Il est primordial que les pondérations reflètent effectivement l'avis du client et non pas ce que l'entreprise *pense* être l'avis du client, et ceci même si elle est de bonne foi. La pondération peut se faire à plusieurs niveaux d'abstraction des « quoi ». Le choix est à faire pour que le travail soit suffisamment précis sans être trop lourd.

Des enquêtes complémentaires de validation permettront de limiter les oublis et de solidifier les pondérations.

Rappelons que l'exploitation du diagramme de Kano donnera les dus et les plus, le poids étant estimé par la sensibilité de la satisfaction aux variations de niveaux de prestations.

Figure 4-20. Construction du référentiel client

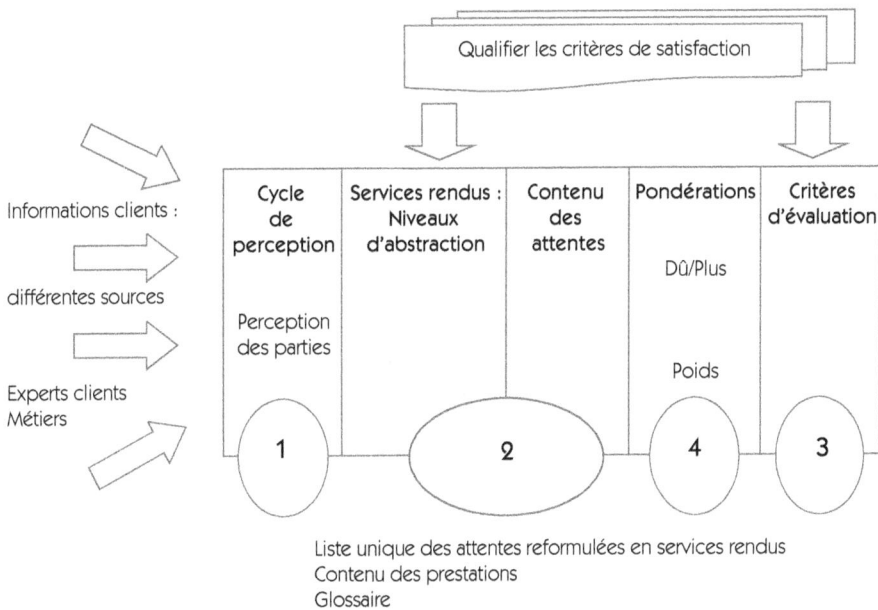

Qualifier les critères de satisfaction

Informations clients :

différentes sources

Experts clients
Métiers

Cycle de perception	Services rendus : Niveaux d'abstraction	Contenu des attentes	Pondérations	Critères d'évaluation
			Dû/Plus	
Perception des parties			Poids	
1	2		4	3

Liste unique des attentes reformulées en services rendus
Contenu des prestations
Glossaire

Figure 4-21. Exemple de référentiel pour évaluations qualités perçues

Définir la finalité du référentiel :
- pour analyse :
  se limiter à 2 ou 3 comparaisons
- pour constituer une base de données cohérentes :
  évaluer un nombre plus grand de produits

Dans tous les cas, des actions Immédiates peuvent être entreprises . Les problèmes sont suivis dans une liste uniques des problèmes (LUQP)

RÉFÉRENTIEL CLIENT			
• Reformulation : services rendus – prestations – qualités perçues • Pondération – KANO • Indicateurs de satisfaction • Objectifs			
SERVICES RENDUS		**INDICATEUR / CONCURRENTS**	**OBJECTIFS**
IMAGE (global) – – – SERVICES (listes) – – – PRIX PERÇUS (achat - utilisation) – – –			
PLAN D'ACTIONS CORRECTIVES (voir LUQP)			

Fiche 15. Construire les indicateurs permettant d'évaluer

Toute démarche qualité repose sur la mesure, qu'elle soit qualitative ou quantitative. La construction d'indicateurs et un véritable travail de modélisation du phénomène que l'on veut mesurer. Il est traité ici pour des aspects subjectifs, mais nous pouvons utiliser la même démarche pour des aspects plus quantitatifs (figures 4-22 et 4-23).

Figure 4-22. Les indicateurs issus de la reformulation : corréler aux attentes globales des clients

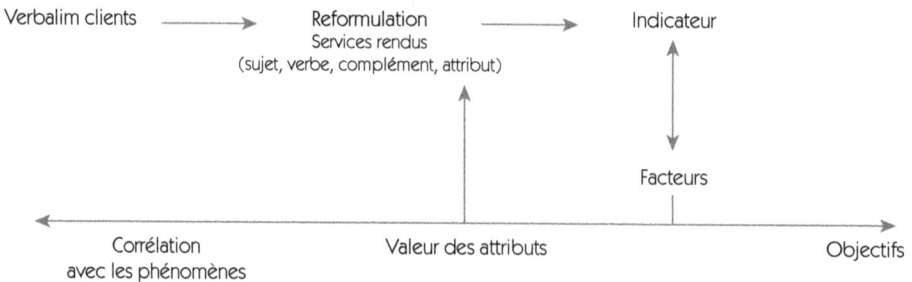

Verbalim clients → Reformulation → Indicateur
Services rendus
(sujet, verbe, complément, attribut)

Facteurs

Corrélation avec les phénomènes ← Valeur des attributs → Objectifs

Figure 4-23. Les indicateurs : la mesure d'un système

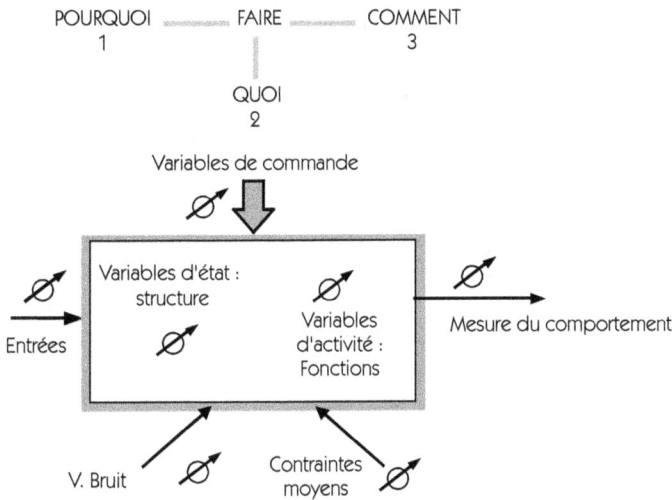

POURQUOI ········· FAIRE ········· COMMENT
1   3

QUOI
2

Variables de commande

Variables d'état :
structure

Variables
d'activité :
Fonctions

Entrées

Mesure du comportement

V. Bruit

Contraintes
moyens

Trois types d'indicateurs doivent être distingués :

* **Les indicateurs de résultat** qui permettent de voir si le résultat est conforme ;
* **Les indicateurs de processus** qui permettent de voir si le processus est bon ;
* **Les indicateurs de pilotage** qui permettent de voir si le pilotage est efficace.

Chacun mesure le niveau de performance de l'item, schématisé par la question : « À quoi va-t-on voir que ceci se réalise bien ? »

Un indicateur doit :

* Permettre de définir des objectifs et situer les produits et la concurrence ;
* Être facile à comprendre et appliquer ;
* Être utile (permettre de juger des progrès) ;
* Être approprié ;
* Permettre de déployer les objectifs du pilotage (exprimé comme un écart, pour utiliser la résolution de problèmes) ;
* Pouvoir se pérenniser ;
* Répondre aux questions :
  - **Faire quoi ?** Un indicateur doit représenter la nature d'une réalité, mesurer un phénomène : un indicateur constitue une représentation de la réalité ; c'est un modèle, il doit donc restituer les aspects du phénomène, sa nature et la forme de sa variation comme nous le schématisons dans les exemples ;

– **Pourquoi ?** Un indicateur doit donner un sens : un chiffre dans l'absolu ne signifie pas grand-chose ; est-ce bien ou mal, rapide ou pas ? Il faut ramener cette valeur à une référence (meilleur ou plus mauvais) – définir par exemple le BIC (*best in class* : meilleur de la catégorie) – ou à une échelle (par exemple à 5 échelons) avec le sens donné à chaque échelon (échelle sémantique) ainsi que des exemples concrétisant ce que signifie cette valeur en regard de la concurrence ;

– **À quoi sert-il et à qui ?** Il sert à définir un périmètre et il sert au client. Il faudra le changer s'il n'est pas représentatif (corréler aux effets clients) ;

– **Comment ?** Comment construire un indicateur : définition (avec un glossaire), propriétaire, fréquence de mise à jour, inputs (qui et comment), explication et mise en en main aux utilisateurs. Comment utiliser un indicateur : définir les valeurs cibles, définir une instance animation, piloter c'est-à-dire tenir compte d'informations différentes, les interpréter (croiser) et donner un sens aux divers cadrans pour agir, suivre des indicateurs au bon niveau (historiques, trajectoires, prévisions).

Les jugements des clients peuvent se mesurer de façon relative ou absolue :

• Avec un indicateur qualitatif, le contenu des notes est défini comme des états de la caractéristique décrite pour chaque niveau :

Figure 4-24. Définition des niveaux de satisfaction

	Note 1	Note 2	Note 3	Note 4	Note 5
Marché actuel	Inacceptable	Insuffisant	Moyenne	Attractif	Excellent
Le client	Refuse	Se plaint	Accepte	Apprécie	Perçoit l'excellence
Niveau de satisfaction	Très gênant	Décevant	Acceptable	Convaincant	Séduisant
Jugements	Perturbant	Désagréable	Plaisant	Attirant	Sublime

• Avec un indicateur quantitatif (voir par exemple l'indice de performance au chapitre suivant). Ce type d'indicateur nécessite absolument qu'il soit corrélé à l'attente des clients, notée sur une échelle de satisfaction.

La forme des courbes doit représenter la nature même du phénomène comme nous le signalons dans la figure 4-25.

Figure 4-25. Formes différentes d'indicateurs

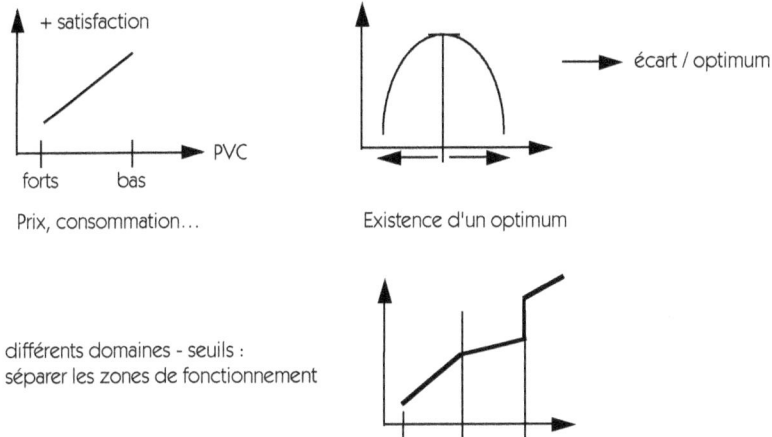

Prix, consommation…

Existence d'un optimum

différents domaines - seuils :
séparer les zones de fonctionnement

Nous donnons un exemple de définition des niveaux d'un indicateur de criticité (K 1, K 2…) dans la figure 4-26.

Figure 4-26. Définition des indicateurs de criticité

Criticité d'un problème sur un projet :

K1 : infaisabilité à atteindre l'objectif (CdC-F, QCDP, volumes alloués, préconisations métiers) de nature à remettre en cause à elle seule le projet

K2 : problème avéré ou incertitude majeure sur le respect de l'objectif, ne remettant pas en cause à lui seul le projet, mais pour lequel une solution doit être trouvée avant l'AF (accord de fabrication)

K3 : point dur technique concernant le respect de l'objectif maîtrisé, à mettre sous surveillance

K4 : problème ou risque technique concernant le respect de l'objectif, sans gravité mais nécessitant à terme une solution

Criticité d'un problème sur un produit :

K1 : problème de sécurité de nature à remettre en cause l'utilisation du produit

K2 : problème important perçu par le client avec demande de réparation urgente

K3 : problème perçu, peu important mais demandant une réparation

K4 : problème sans gravité, perçu mais ne nécessitant pas de réparation

✔ Les points marquants

Les pièges à éviter

- Ne pas être fidèle à ce qui a été dit par les clients.

- Écouter en ne validant que ses *a priori* personnels.

- Reformuler en réponses techniques ou en « comment ».

- Faire valider au client des solutions techniques.

Les points les plus importants

- Synthétiser les informations multiples, les croiser : traiter toute l'information client.

- Garantir la vision client : partir des verbatim, en présence des enquêteurs en séance de travail et en se posant à chaque fois la question : « Est-ce que c'était dit par le client ? » S'assurer que ce qui est reformulé correspond bien aux attentes exprimées. Faire piloter la reformulation par les métiers compétents clients (directions produit, marketing, commerce, qualité).

- Reformuler selon les différents points de vue en « quoi ». Bien séparer les « quoi » et les « comment » (solutions) à l'aide de critères pour différencier le « quoi » et le « comment ».

- Définir le cycle de perception client au contact, la perception des différentes parties et l'expression des prestations et des signes de qualité.

- Définir les références de jugement client (types d'attitudes).

- Définir les critères qui permettent de mesurer le niveau de satisfaction sur chacun (ce ne sont pas des critères qui identifient un état, par exemple la couleur : blanc, gris, noir). Le nombre de critères doit rester limité (environ 10). Il vaut mieux des critères qui couvrent la totalité des attentes que des critères qui détaillent trop un aspect au détriment des autres.

- Prendre un soin particulier pour définir les « niveaux d'abstraction » : ne pas mettre des points de détail au même niveau qu'une demande très générale. Choisir un niveau de travail ni trop détaillé, ni trop général (choix du niveau 2 d'abstraction).

- Favoriser des critères et objectifs (devant être par la suite définis) qui devront pouvoir être déployés auprès des métiers et projets, et, pour cela, être compris et permettre de déclencher des actions concrètes.

Pour en savoir plus

GALE, Bradley T., *Managing Customer Value : Creating Quality and Service that Customer can see*, The Free Press, New York, 1994.

Ce livre montre que la réussite d'une entreprise dépend de sa capacité à fournir aux clients une valeur supérieure à ce qu'offre la concurrence. Il fournit une méthodologie qui repose sur le calcul de deux indicateurs : qualité relative (qualité perçue relative à la concurrence) et prix relatif. Il démontre que la qualité perçue est rentable et propose un véritable management de la valeur pour les clients qui s'appuie sur des outils clés comme le suivi du niveau relatif de qualité perçue et de prix perçu, la carte de valeur perçue, le système de navigation stratégique ou la salle des cartes.

« Le client au cœur de l'entreprise », *Les Cahiers Qualité Management*, n° 4, Institut Qualité et Management, IQM/MFQ 1998.

Articles portant sur l'expérience qualité totale de Pierre Jocou comportant : le nouveau client, l'écoute et la fidélisation, le management par la valeur client. *« Les entreprises qui réussissent le mieux dans tous les métiers sont celles qui ont mis le client dans l'entreprise. »*

SHIBA Shoji, *Les outils du management de la qualité*, MFQ, 1995.

Exposé de référence sur les sept nouveaux outils du management (voir le chapitre 9).

CERUTTI, Olivier, et GATTINO Bruno, *Indicateurs et tableaux de bord*, Afnor, 1992.

Une démarche très complète est exposée pour définir concrètement des indicateurs.

Chapitre 5

Traduire, imaginer, construire : la caractérisation du résultat

Un produit, un service sont le résultat d'un processus prenant en compte l'expression des besoins, mais aussi les possibilités de l'entreprise et les opportunités de la technique. Tout évolue constamment, les attentes des clients, la concurrence, les marchés, les techniques. Les offres deviennent de plus en plus immatérielles. De ce fait, la création de nouveaux produits est un processus sans fin car les anciens sont surclassés par de nouveaux, répondant à des demandes devenues toujours plus fines, dans des environnements qui auront changé et qui créeront de nouveaux problèmes à résoudre.

L'évolution des produits se fait vers une plus grande intégration des parties, de l'assemblage de sous-ensembles dans un *système*. Dans ce cas, les parties ne sont plus indépendantes, leurs liaisons deviennent fondamentales dans la perception, car il existe de nouvelles propriétés qui en émergent. La qualité perçue dépend en grande partie de ces interfaces.

Construire un objet, produit et/ou service revient souvent à bâtir un château de cartes qui risque de s'écrouler à chaque instant. On sait cependant qu'il y a cinq fondamentaux à satisfaire. Le processus partira d'un concept et se cristallisera progressivement dans un objet complet.

Reformuler les attentes des clients est impératif mais n'est pas suffisant. Il faut *traduire* les services rendus, le « quoi », en caractéristiques objectives, le « comment », si possible avec le client lui-même. Il faut aussi imaginer le résultat et construire la qualité perçue en anticipant les attentes. Ces trois actions sont menées de façon à ce qu'elles s'enrichissent mutuellement. Pour cela les techniciens auront à *objectiver* c'est-à-dire définir, mesurer et donner une forme concrète pour pouvoir les réaliser.

Traduire obligera à se poser des questions qui pourront suggérer de nouvelles idées. Construire la qualité perçue nécessitera d'imaginer des solutions et de connaître ce qui est perçu par le client et s'estimera à partir des attentes traduites en services. Il s'agira de réussir des objets attractifs faisant naître le désir dès le premier regard.

Cette démarche est guidée par les fondamentaux de l'objet à définir. Le déploiement des qualités perçues nécessitera de maîtriser les interfaces. Le résultat final constitue un système offrant des propriétés nouvelles qui n'existent pas séparément dans chacune des composantes (figure 5-1).

Figure 5-1. L'objet, un « système » :
des propriétés émergentes pour quels clients ?

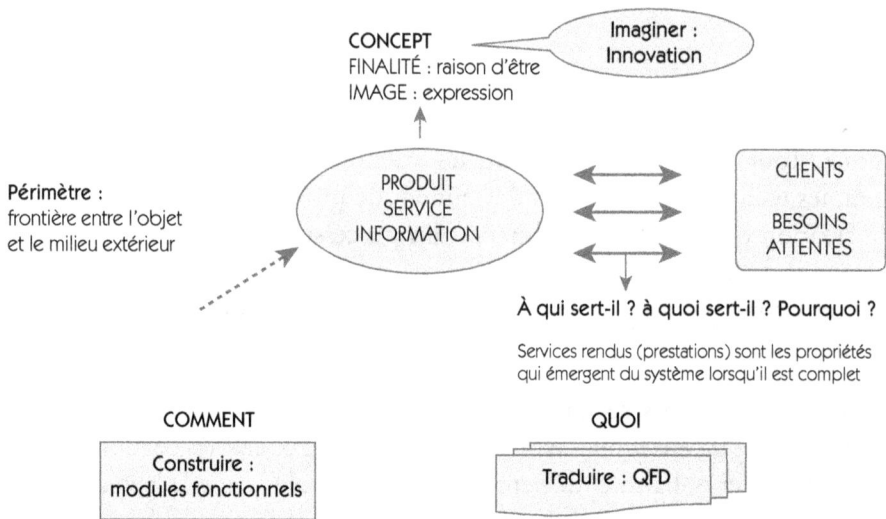

Ces propriétés émergentes constitueront :

- Soit une partie seulement des qualités perçues lorsque le périmètre de travail considéré est limité, par exemple uniquement l'extérieur d'un véhicule ;
- Soit l'ensemble si le périmètre est complet.

Traduire les services rendus en caractéristiques et déployer

Il s'agit d'opérer un dialogue entre le « quoi » et le « comment », de mettre en place une démarche QFD (*Quality Function Deployement*).

Le déploiement du produit par niveaux

Le processus de conception d'un produit se fait par des déclinaisons qui démarrent de ce que veulent le client et le marché, puis ce que veut l'entreprise, jusqu'à ce que le résultat soit livré et la satisfaction du client mesurée. Ce processus en V décline les différents cahiers des charges dans leur partie descendante, la remontée du V se centre sur les validations des composants, leur intégration et les validations sur produit complet (figure 5-2). Nous illustrons le déploiement produit pour une prestation de chauffage automobile dans la figure 5-3.

**Figure 5-2. Processus de déploiement en V :
de « ce que veut l'entreprise » à la satisfaction du client**

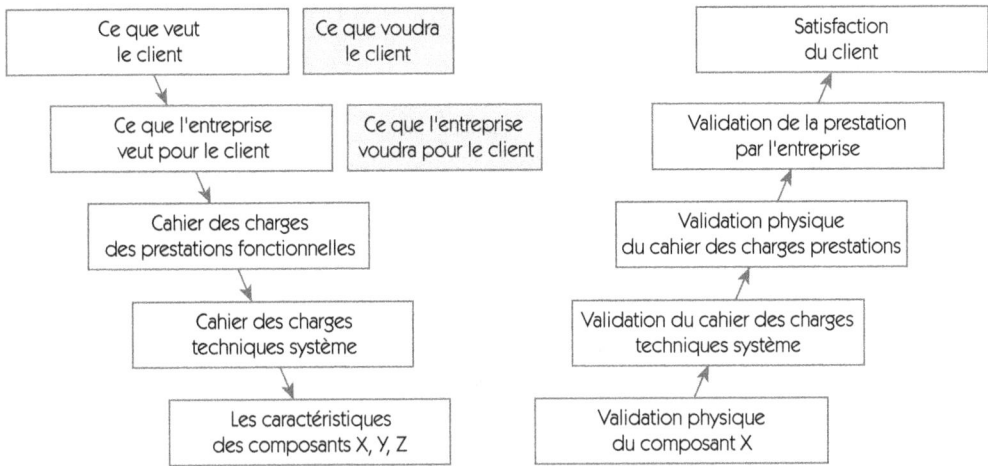

**Figure 5-3. Un exemple de déploiement produit d'une prestation chauffage :
les critères techniques**

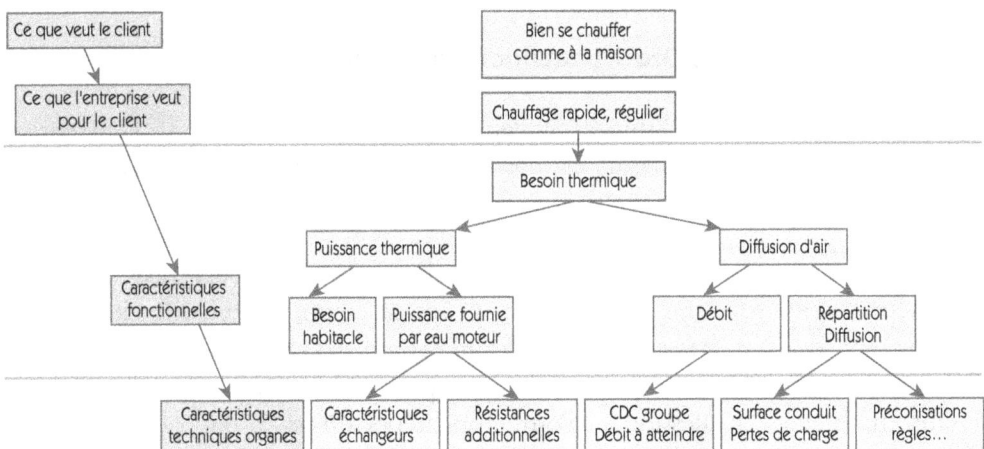

Il est très important pour toute entreprise de définir les niveaux standards de déploiement calqués sur la définition progressive du produit. La figure 5-4 donne un exemple souvent employé dans l'industrie. La qualité perçue vient s'intégrer dans ce schéma à chacun des niveaux.

Figure 5-4. Exemple de niveaux de déploiement produit

Niv.	Domaine	Cahier des charges	Périmètre	Processus	Exemple
N1	Ce que veut le marché	Typage du produit, positionnement	Marché	Écoute marché Choix entreprise	Marché des routières
N2	Ce que veut le client	Expressions des clients	Produits et services	Écoute client	*« Avoir une bonne performance qui donne du plaisir. »*
N3	Ce que veut l'entreprise	Référentiel d'évaluation (expression des besoins)	Qualités perçues	Évaluations métiers dans l'optique client Limite des possibilités de l'expression client	Accélération sur 1000 m départ arrêté : note 8 / 10 (évaluation essayeurs) ou Indice de performance (voir 6.3)
N4	Déploiement « produit »	Cahier des charges fonctionnels	Système complet	Caractérisation des prestations fonctionnelles Objectivation	Critère d'appréciation : rapport Puissance / Poids
N5	Déploiement technique	Cahier des charges techniques	Sous-ensembles	Définition détaillée caractéristiques techniques en langage du métier, dans un contexte	Courbe de couple du moteur, raideur des suspensions, caractéristiques du métal…

À quoi sert la démarche QFD ? Les conditions du déploiement

Le sigle QFD représente l'image de l'engrènement des activités de l'entreprise, tirées par les attentes des clients et que l'on peut traduire par : déploiement des attentes clients dans tous les secteurs de l'entreprise.

L'expérience prouve que lorsque les enquêtes clients ne sont qu'exposées aux différents acteurs, elles sont très partiellement prises en compte. Leur diffusion et leur déploiement doivent passer par une implication des acteurs. Ceux-ci seront d'autant plus efficaces qu'ils pourront s'approprier les demandes des clients en se posant eux-mêmes la question : « Pour mon métier qu'est-ce que ça veut dire ? » Ceci nous paraît une condition fondamentale de la mise en œuvre opérationnelle. L'implication des métiers demandera aussi qu'ils expliquent pourquoi la prestation chez un concurrent est réussie afin qu'ils proposent eux-mêmes *comment le faire*.

Figure 5-5. À quoi sert le QFD ?

Faire pénétrer le client dans l 'entreprise
« La voix du client » oriente « La voix du technicien »
Tirer les activités par les prestations fournies aux clients

Partager entre métiers et projets la même vision client

Hiérarchiser les caractéristiques techniques en fonction des attentes
Mettre l'argent aux endroits perçus par le client

Définir en amont les cibles de prestations
Limiter les modifications tardives

Évaluer les produits et la concurrence
Manager le projet vers les objectifs

Cette démarche permet, en rapprochant les acteurs des attentes clients, de rendre par la suite les bons arbitrages entre valeur et coûts, aux différentes étapes de la vie des projets, et de mieux anticiper les effets des choix techniques sur la perception des clients.

Le déploiement des attentes clients a un effet direct sur l'attrait des produits, la rapidité de leur mise sur le marché et leur positionnement en coûts et qualité. La démarche s'appuie sur une attention particulière portée à l'écoute. La compréhension de ce qui est valorisé par le client permet de définir, avec les différents acteurs concernés de l'entreprise, les services à rendre qui seront ensuite traduits en caractéristiques plus techniques dans les différents cahiers des charges fonctionnels, systèmes et techniques (figure 5-6 page suivante).

L'optimisation des caractéristiques techniques (le « comment ») se fait à partir de leurs impacts sur les critères clients (le « quoi »). Un exemple est donné sur le problème de l'importance de matériaux pour un siège automobile, la qualité du tissu impactant fortement des services importants. Elle est de ce fait une caractéristique importante pour laquelle le constructeur devra réaliser relativement plus d'effort que dans une autre moins valorisée comme la qualité de la mousse, non visible et qui doit être uniquement fonctionnelle.

Les limites techniques sont identifiées dans le « toit » de la matrice QFD : si deux ou plusieurs caractéristiques techniques importantes sont ainsi reliées, le problème à traiter concernant l'une devra les prendre en compte simultanément toutes les deux (figure 5-7). Nous complétons la matrice relative au siège par le toit dans lequel nous

Figure 5-6. La démarche QFD : répondre aux attentes hiérarchisées

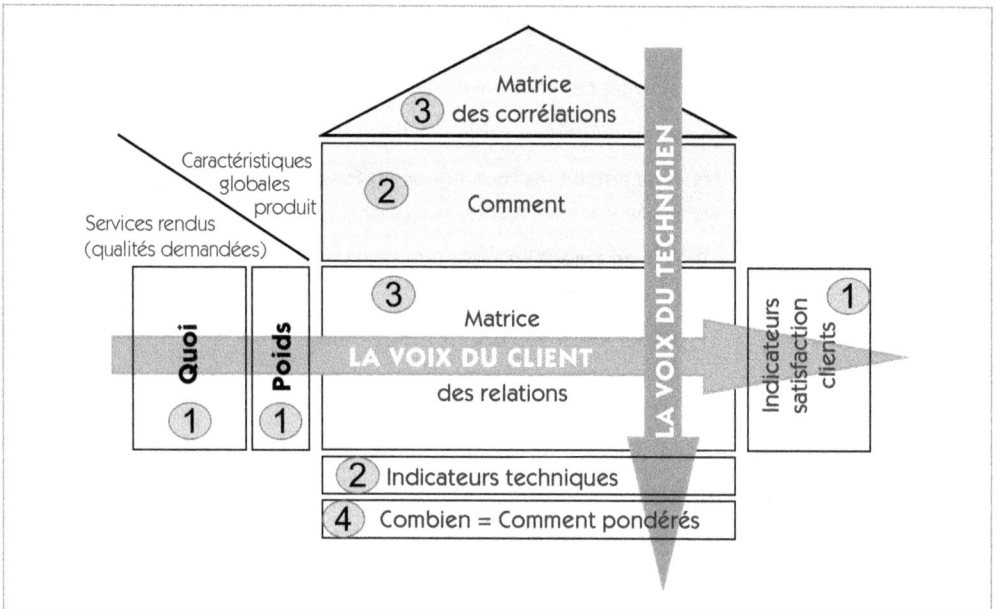

Figure 5-7. Un système de caractéristiques en interactions

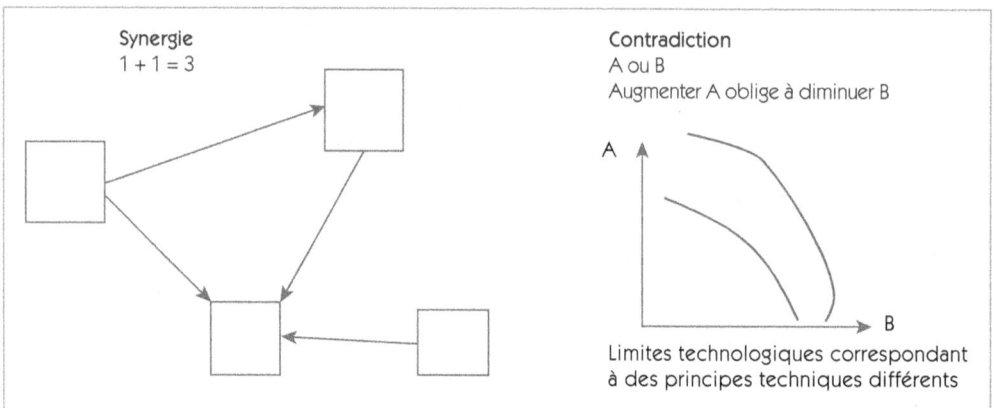

notons les synergies entre les caractéristiques ou les contradictions. L'importance de la qualité du tissu doit donc être traitée ici avec la finition (coutures), et la forme du siège doit tenir compte de la mousse (figure 5-8).

Figure 5-8. Importance des matériaux dans l'exemple d'un siège automobile

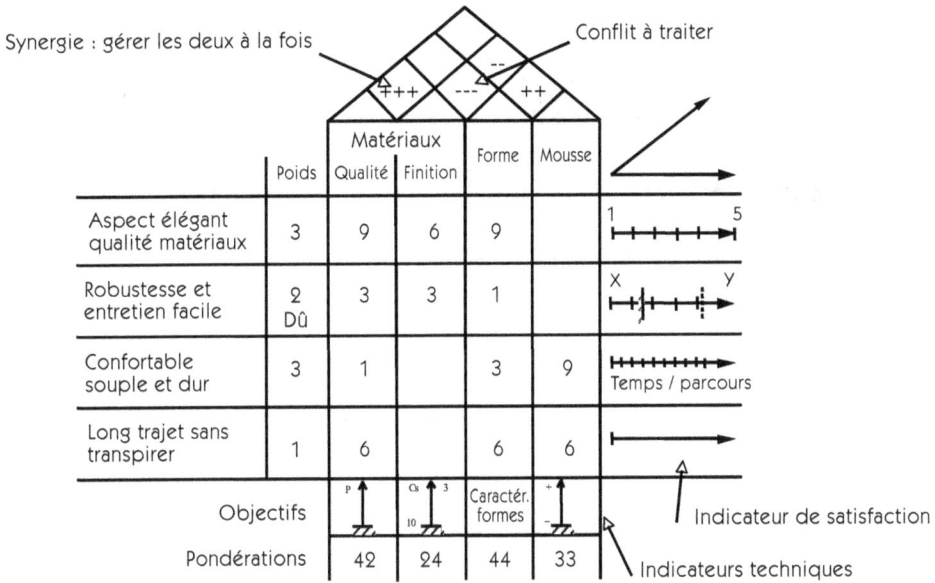

Le QFD est une démarche lourde mais elle peut être arrêtée à la fin de chacune des étapes si le travail réalisé paraît suffisant. Pour la réussir, nous retiendrons les points clés suivants :

- Partir de l'information venant du client (le « quoi ») ;
- Distinguer le « quoi » (services perçus client) et le « comment » (réponses techniques) ;
- Définir les « comment » qui répondent aux attentes (le « quoi »).

Toute information qui semble manquer du client sera notée dans une liste unique relative à ce thème et donnera lieu à des travaux de validation complémentaires.

Les apports du QFD au projet

La démarche faite en groupe de travail oblige les acteurs à se comprendre et à parler un langage commun guidé par le besoin du client. Il y a moins de raisonnements par silo.

Elle permet ensuite de détecter les actions les plus valorisées par les clients d'un marché. En jouant avec les différentes hypothèses, c'est-à-dire en se posant la question : « Et si les pondérations sont différentes… alors, que se passe-t-il ? » Celle-ci devient le support d'une simulation qui aidera le projet en prenant des décisions en tenant compte de l'ensemble des critères client.

Elle permet enfin de capitaliser le travail en apprenant progressivement les besoins de plus en plus fins des clients qui évoluent, mais aussi en formant les participants.

Imaginer : innover, caractériser, objectiver

Imaginer par une démarche de cristallisation progressive, à partir d'un concept

Une proposition nécessaire de stimuli au client

Nous aborderons le processus de codéfinition des cahiers des charges avec le client à certains jalons au chapitre 8. Lors de ces contacts, l'objet doit être perçu complètement pour faire réagir le client, lui faire percevoir ce qu'il est, ce qu'il fournit comme prestations. La qualité perçue doit donc être la plus représentative possible lors du passage de ce type de jalon.

L'innovation dans la grande consommation

Nous nous appuyons ici sur l'expérience de Nathalie Joulin[1]. L'innovation est le fruit d'une démarche valorisante et structurée, inscrite dans la durée, encadrée par des objectifs clairs et motivants, résultat d'équipes de travail, au quotidien. Une nouvelle race d'innovations voit le jour dans ce secteur. La révolution technologique est opaque pour le consommateur, elle diversifie les produits, les fonctionnalités des produits sont exacerbées par l'ergonomie, les multifonctions (produits deux en un, trois en un). *« Les innovations portent sur tous les sens, exacerbe le désir et l'imaginaire. Elle dépasse les bénéfices fonctionnels pour renforcer les valeurs émotionnelles. »*[2]

Le futur des innovations se fera de plus en plus par l'ouverture sur l'extérieur : anticiper en suscitant les heureuses coïncidences qui se produisent lorsqu'on croise plusieurs informations. Ce futur portera sur :

* Des valeurs immatérielles, imaginaires et émotionnelles ;
* Les progrès technologiques ;
* La rapidité de mise en œuvre et de transfert d'idées.

---

1. Nathalie Joulin, *Les coulisses des nouveaux produits, op. cit.*
2. *Idem.*

Imaginer en objectivant, mesurer pour choisir les cibles

Le critère

On constate très souvent que des caractéristiques peuvent être, chacune, bonnes mais que l'item portant sur l'ensemble ne l'est pas. Par exemple, l'ambiance pourra être définie par les matériaux, couleurs, formes et odeurs. Si chacune des caractéristiques est bien évaluée, l'ambiance peut être malgré tout perçue comme triste, sans attrait. Il est alors nécessaire de caractériser ce critère (*triste*) plus précisément pour mieux décrire le perçu global.

La caractérisation

La caractérisation consiste à définir objectivement et de façon reproductible certaines prestations subjectives par des caractéristiques (physiques, si possible) corrélées à l'appréciation globale du client (ou d'un expert représentant le client).

L'objectivation

L'objectivation d'une prestation subjective est une démarche pour définir les critères de caractérisation (critères physiques et objectifs) permettant d'atteindre les exigences du cahier des charges avant de choisir les solutions techniques.

Une prestation comporte toujours une partie subjective qu'il est difficile de faire prendre en compte par un technicien. Elle peut être évaluée par un indicateur objectif auquel il faudra rajouter la partie qualitative et subjective. Ceci peut se faire en associant à l'indicateur un commentaire ou des exemples parlants. Ce travail fait partie du déploiement des prestations en cahiers des charges.

Construire le produit comme un tout cohérent et complet

Ce travail débute par le choix d'un concept qui exprime une identité. L'architecture repose sur la décomposition en modules fonctionnels. Le produit complet doit être *designé* (dessiné à dessein) jusque dans les détails s'ils sont perçus par les clients.

Les produits et services sont intégrés

Le produit ou le service, lorsqu'il sera consommé par le client, sera un objet complet issu de la conjonction de multiples aspects.

Maîtriser les propriétés émergentes issues de la nature systémique du produit

Un produit n'est pas la somme des maxima sur toutes les prestations mais une alchimie. C'est un objet complexe par l'association d'aspects différents, devant avoir une cohérence, offrir des prestations mais aussi de la qualité perçue le signifiant. Il constitue un *système* qu'il faut optimiser. Toute offre se doit donc d'associer de façon cohérente différentes dimensions, de ne pas être uniquement fonctionnelle, mais d'offrir aussi des qualités perçues.

Un artefact construit par l'homme, tel l'outil, a depuis toujours demandé une prévisibilité de ce à quoi il servira, d'imaginer comment construire les fonctionnalités nécessaires. C'est ce qu'on appelle la *prévisibilité des fonctions*. Elle est d'autant plus difficile que l'on passe du matériel au virtuel :

- **L'objet matériel, tangible.** Ses fonctions sont définies et prévisibles, sauf en cas de détournement des utilisations (la canne de Charlot qu'il utilise comme fusil) ;
- **L'objet services, intangible.** Ses fonctions sont définies par des processus. La prévisibilité est beaucoup plus aléatoire car chaque moment constitue un acte unique qui ne se reproduira jamais à l'identique ;
- **L'objet virtuel.** Il est réalisé par des programmes traitant de l'information, qu'il est difficile de valider, il persiste des bugs. On ne peut plus prévoir toutes les utilisations, même s'il est important de définir les *profils d'utilisation type,* car de nouvelles informations seront créées à partir du croisement d'informations existantes.

Aujourd'hui un produit, un service seront « designés »

Un produit constitue une totalité ayant des propriétés d'intégrité, c'est-à-dire :

- **Une cohérence** : les parties vont « bien ensemble » ;
- **Une intégration** : les parties ne semblent pas rajoutées mais sont fondues dans le tout ;
- **Une complétude** : la prestation est complète, par exemple un lève-vitre électrique doit avoir la fonction impulsion, sans laquelle la manipulation n'est que partiellement intéressante ;
- **Une homogénéité** : l'ensemble forme un seul élément consistant, équilibré.

Le design de l'objet est devenu majeur pour le mettre en valeur, lui faire exprimer son caractère et être perçu comme un tout jusque dans le détail.

Les caractéristiques génétiques des produits doivent être décidées à temps

Une attention particulière est portée aux caractéristiques principales qui sont clés (appelées génétiques). Elles doivent être définies dès le concept. Par définition, si ces caractéristiques changent, elles remettent en cause le concept lui-même et le projet. Les données correspondantes (données d'entrée) sont *figées*, elles permettront de faibles marges de variations par la suite.

Construire le concept : la notion de concept élégant

Un concept est, selon les spécialistes du marketing et Nathalie Joulin, la « *description d'une idée qui communique : quel bénéfice un produit ou un service va apporter aux consommateurs ciblés, comment et pourquoi* »[1]. Cependant, un concept n'est constitué que d'images et de mots, et il est difficile de transmettre ses aspects sensoriels. Il faut donc qu'il permette à chaque individu de le percevoir de façon personnelle, selon sa sensibilité, par les prestations imaginées et les signes qu'il offre. Un bon concept suggérera des sensations en anticipation de sa réalisation.

Arthur D. Little définit la notion de concept élégant en 1987. Les cas de percées étudiés en détail (par exemple, *Compact-disc, Post-it Note, Tagamet, Walkman*) montrent qu'il n'y a « *pas de règle générale, pour le développement de l'innovation [...] Cependant trois forces créatrices initiales constituent des conditions nécessaires : un entrepreneur, l'identification d'un marché, une culture d'entreprise favorable à la prise de risques et qui encourage le créatif. Mais elles ne sont jamais suffisantes car un nombre incroyable d'éléments intangibles intervient...* »[2] L'inventeur a souvent en tête ce que ces auteurs ont appelé un concept élégant c'est-à-dire une image mentale dans laquelle le succès apparaît virtuellement.

Construire en donnant une identité au produit

Formes et fond, fonctions et qualité perçue sont à associer pour donner une identité forte au produit : le paraître et l'être, expressions de l'objet, les notions de rond et de carré[3].

La reconnaissance des formes pour un objet matériel se fait par détection des lignes principales. Les surfaces sont lues par des reflets, des lignes de lumière et les interfaces : jeux et découpages, architecture. La perception passe aussi par les galbes, évalués en référence au corps humain.

---

1. *Idem.*
2. *In* Ranganath Nayak et John Ketteringham, *Douze idées de génie auxquelles personne ne croyait*, First, 1987.
3. Résultat d'enquêtes des années quatre-vingts et quatre-vingt-dix menées en Europe pour un produit matériel chez Renault.

L'opposition rond/carré existe toujours (figure 5-9) Les significations associées dépendent des références et des codes culturels, donc de l'époque. Des constantes perdurent cependant :

- Le rond suggère plutôt une appropriation individuelle, plus féminine : un tout englobant, une relation directe avec l'objet, l'homogénéité, la douceur, l'unifié, le nu sans détail saillant ;
- Le carré signifie plus agressif, masculin, dynamique avec les lignes droites, les angles et les arêtes. Cette notion est plutôt du registre de l'appropriation symbolique et sociale : attachement aux valeurs classiques, ordre, symétrie, organisation, structuration finie et délimitée, sensibilité aux détails.

Figure 5-9. Rond ou carré, pointu ou ovale : des significations différentes

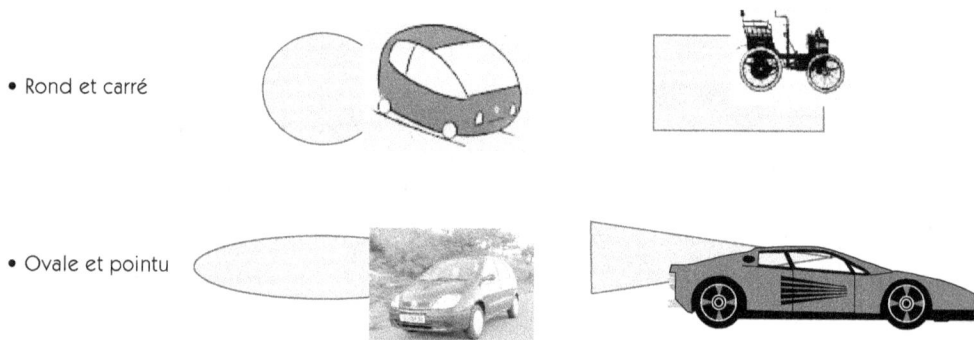

- Rond et carré

- Ovale et pointu

Cependant, les codes évoluent : la robustesse des années soixante-dix s'exprimait par du lourd, massif, carré, l'archétype d'un char d'assaut, alors que dans les années quatre-vingt-dix le galbé, en référence aux formes du corps, devenait une des expressions du robuste plus sensuel que massif.

Construire la décomposition de l'objet en modules fonctionnels

Tout produit, tout service, peut être découpé en sous-systèmes de multiples façons. Cette décomposition est un acte volontaire, la plupart du temps elle n'est pas naturelle. Elle est cependant indispensable pour que le projet puisse être orienté par le résultat que l'on doit mettre sur le marché, mais aussi pour que toutes les parties de ce résultat soient bien pilotées et coordonnées comme des projets en propre. Ce découpage permet de travailler en parallèle et constitue un atout majeur pour une entreprise.

Les fonctions, l'architecture et les interfaces sont à bien définir (figure 5-10 et figure 5-11).

Figure 5-10. Décomposition en modules

▨ La décomposition en modules de l'objet à construire est à définir dès le début du projet : décomposition OBS (Object Breakdown Structure).

▨ Principe : le résultat du projet est défini en sous-systèmes fonctionnels homogènes.

- Objectifs :
  - Répartir le travail et mettre en place l'organisation
  - Lister les interfaces (liaison entre modules)

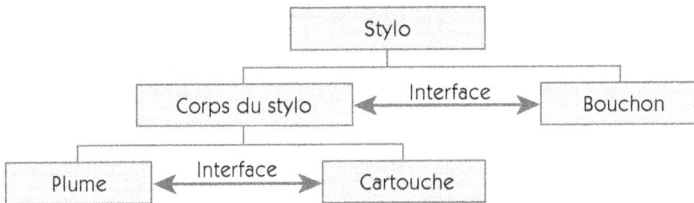

Figure 5-11. Modules : l'exemple du vélo

La définition des parties du système étudié comme des modules fonctionnels se fait en regroupant des éléments homogènes selon un point de vue bien spécifié. Selon l'objectif du travail, ce seront des fonctions et des prestations (moteur/boîte de vitesses, carrosserie...) ou des parties techniques ayant une même technologie (électronique, mécanique...) ou encore des ensembles qui pourront être essayés et validés de façon séparée (mise au point d'un tambour de machine à laver dont la carrosserie est connue).

Chaque module présente donc des fonctions bien définies. L'architecture du produit sera constituée de l'organisation de tous ces modules, reliés entre eux par des interfaces. Pour qu'un produit soit perçu de qualité il faut que les interfaces soient maîtrisées, c'est-à-dire que le client ne perçoive pas que le produit a été décomposé ou que différentes équipes ont travaillé séparément, qu'il ne lise pas dans ces découpages les conflits entre les divers métiers qui y ont participé. Lister les interfaces et leur affecter un pilote dès le départ doit améliorer ce problème.

Construire chaque détail perçu par l'utilisateur

Comme nous l'avons dit pour les produits de consommation, aujourd'hui les détails ne sont plus des détails ils sont essentiels pour toute réalisation matérielle ou intangible.

Qualité perçue et finition

La finition exprime le travail fait avec soin, elle est très liée à la qualité perçue. C'est l'art du bouquet chez les Japonais. Elle recouvre la capacité des constructeurs à terminer et achever leurs produits. Le fini est déterminé par des facteurs tels que la qualité des matériaux (pas de « plastoc »), la qualité de réalisation, la qualité du bruit et des vibrations (pas de « grigri » de non-qualité), le bon fonctionnement des accessoires, l'association de pièces (pas de rajouts choquants), l'achèvement de l'ensemble.

Ergonomie et interfaces homme/machine (IHM)

Les contacts entre l'utilisateur et la machine seront appréciés s'ils sont simples, faciles, agréables. Ceci conduit à analyser les activités de l'utilisation de l'objet par l'utilisateur.

Il existe de nombreuses définitions de l'ergonomie. La société d'ergonomie la définit comme « *la mise en œuvre de connaissances relatives à l'homme et nécessaires pour concevoir des outils, des machines, des dispositifs qui puissent être utilisés par le plus grand nombre, avec un maximum de confort, de sécurité et d'efficacité* ». Pratiquer l'ergonomie, c'est donc aider les concepteurs à concevoir des produits et services adaptés aux futurs clients, à la fois sur le plan corporel et psychologique.

On parle d'ergonomie physique lorsque les préoccupations sont en rapport avec les caractéristiques et le fonctionnement du corps et d'ergonomie cognitive lorsque l'on étudie les processus psychologiques intellectuels mis en jeu dans l'activité, lorsqu'il est question de comprendre la logique de l'opérateur, ses difficultés d'apprentissage, de prise en main. Toute activité humaine met en jeu à des niveaux variables, d'une part, les caractéristiques physiques et physiologiques de l'homme et, d'autre part, ses caractéristiques psychologiques.

Le niveau d'exigence des clients augmente avec le temps, en même temps que les prestations des produits. Il ne suffit plus que l'appareil fonctionne et qu'il ne soit pas fatigant à utiliser, il faut de plus que son maniement soit confortable et même qu'il procure du plaisir. Le bon sens, l'empirisme, le subjectif, l'essai-erreur ne suffisent pas pour traiter les problèmes de confort. Il faut une approche rigoureuse, méthodique, statistique, fondée sur l'observation et la mesure : il faut analyser l'activité.

L'analyse de l'activité met en évidence les liaisons homme et activité, ou machines. Une fois ces liaisons identifiées, l'ergonome va les répartir dans l'espace et dans le temps de façon à optimiser le fonctionnement du système homme/machine (postures, efforts…). Cette analyse porte sur les positions des membres (mains, corps), la visibilité, ou sur des pressions de contact (comme évoqué pour un siège figure 5-12) Les efforts de commande expriment de façon cognitive cette fois un retour d'information plus ou moins bon (figure 5-13).

Figure 5-12. Carte de pression d'un siège

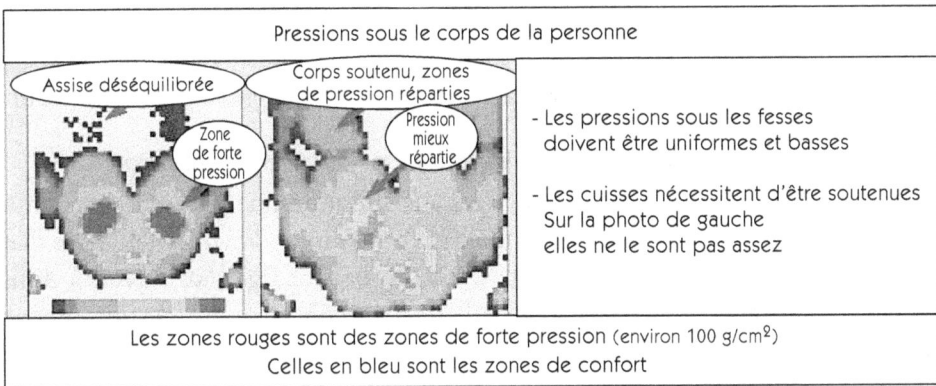

Pressions sous le corps de la personne

Assise déséquilibrée — Zone de forte pression

Corps soutenu, zones de pression réparties — Pression mieux répartie

- Les pressions sous les fesses doivent être uniformes et basses

- Les cuisses nécessitent d'être soutenues Sur la photo de gauche elles ne le sont pas assez

Les zones rouges sont des zones de forte pression (environ 100 g/cm^2)
Celles en bleu sont les zones de confort

Figure 5-13. Ergonomie des efforts de commandes

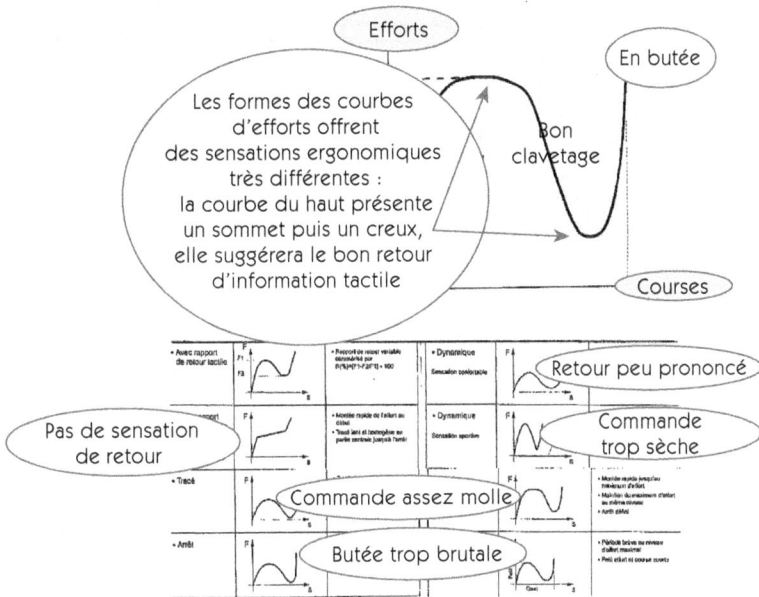

Efforts

En butée

Les formes des courbes d'efforts offrent des sensations ergonomiques très différentes : la courbe du haut présente un sommet puis un creux, elle suggérera le bon retour d'information tactile

Bon clavetage

Courses

Retour peu prononcé

Pas de sensation de retour

Commande trop sèche

Commande assez molle

Butée trop brutale

Le grip des portemines est une évolution de leur ergonomie et de leur design

Il y a quelques années, diverses sociétés ont équipé les portemines qu'elles fabriquaient de *grips* caoutchoutés pour leur donner une dimension tactile et polysensorielle, afin de déclencher l'envie de palper des objets moins lisses. D'autres encore ont fait des bouteilles avec une texture satinée, le but étant d'inciter le consommateur à saisir la bouteille. La texture procure du sens aux produits. Pour donner un aspect high-tech, des produits peuvent être en acier inoxydable au toucher froid ou bien en plastique mat supposé transcrire une sensation de température ambiante. Le tactile enrichit le rapport à l'objet, lui donne plus de proximité et de personnalité. *« L'interface du produit, que ce soit une poignée ou un bouton, informe le consommateur sur sa qualité et sa robustesse. Bien que subconsciente, cette perception le décide souvent à choisir, à prix égal, tel article plutôt que tel autre. »*[1] Cependant, le consommateur friand de nouvelles sensations n'est pas toujours prêt à payer le surcoût.

L'ouverture douce du tambour de machine à laver doit penser à l'utilisation

L'ouverture des machines à laver le linge est une prestation banale, mais fondamentale. Il est possible de progresser pour mieux tenir compte de l'utilisation des clientes qui vont mettre du linge dans la machine, les bras chargés, sans avoir à utiliser leurs deux mains et où le système agresse les doigts, comme l'ont fait tous les constructeurs de ces machines (figure 5-14).

Figure 5-14. « Ouverture souple »

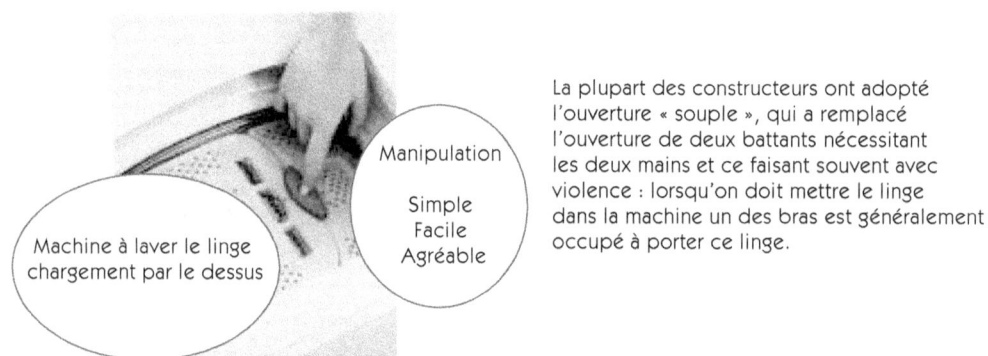

Manipulation

Simple
Facile
Agréable

Machine à laver le linge
chargement par le dessus

La plupart des constructeurs ont adopté l'ouverture « souple », qui a remplacé l'ouverture de deux battants nécessitant les deux mains et ce faisant souvent avec violence : lorsqu'on doit mettre le linge dans la machine un des bras est généralement occupé à porter ce linge.

---

1. Interview d'un responsable marketing d'électroménager ELECTROLUX.

Des exemples pour illustrer la caractérisation de composantes objectives et subjectives

Un son, par exemple, n'est pas uniquement caractérisé par son niveau, mais aussi par sa qualité, sa signification, le retour d'information qu'il fournit qui sont des composantes qualitatives.

La magie de l'éclairage, de la lumière : conjuguer esthétique et bien-être

Magie des formes et des couleurs, on ne parle plus d'éclairage mais d'ambiance, de créations ludiques et poly-sensorielles. La lumière devient un état, un sentiment une émotion (voir les phrases des utilisateurs figure 5-15).

Figure 5-15. Un « bon » éclairage pour une automobile
(verbatim des utilisateurs)

- Bien éclairer la route, c'est d'abord de la sécurité, c'est un dû.
- Lorsqu'on roule sur l'autoroute la nuit, bien éclairer loin lorsqu'on est en phare, c'est confortable. Mais on a assez peu l'occasion de se mettre pleins phares.
- En définitive, bien éclairer c'est surtout lorsqu'on est en feux de croisement. Mais attention à ne pas éblouir celui qui vient en face !
- La conduite de nuit sous la pluie c'est l'horreur !
- La lumière de l'éclairage devrait se rapprocher de la couleur de la lumière du jour.
- Sur route, la nuit on ne voit pas très bien dans les virages, il y a des zones sombres, c'est dangereux.
- Les constructeurs ont beaucoup progressé. Ils améliorent la puissance de l'éclairage, mais pour moi, plus la lumière est forte pour les feux en croisement, plus il y a un espèce de trou noir dans l'axe, à la limite de la zone éclairée. L'écart entre ce qui est éclairé et ce qui ne l'est pas est trop important.
- Vous me demandez si je paierai plus pour encore améliorer cet éclairage, *a priori* non car c'est normal de bien y voir !
- De temps en temps on est ébloui par des reflets sur les panneaux de la route, ou par les autres.

Un exemple de caractérisation est fait sur l'éclairage automobile (figure 5-16) en réponse aux attentes ci-dessus.

**Figure 5-16. Magie de l'éclairage (automobile) :
caractérisation des prestations, objectivation**

Prestations attendues clients innovations, nouvelles prestations et suppression d'effets clients		Poids clients (1 : très peu à 5 : très important)	Niveaux dus aux clients ou plus	Concurrence évaluations comparatives vues par les clients	Objectifs / cibles issus du marché et de notre politique technique
Pas d'éblouissement	Ne pas éblouir en face, feux trop violents mal réglés	5 (sécurité)	Dû	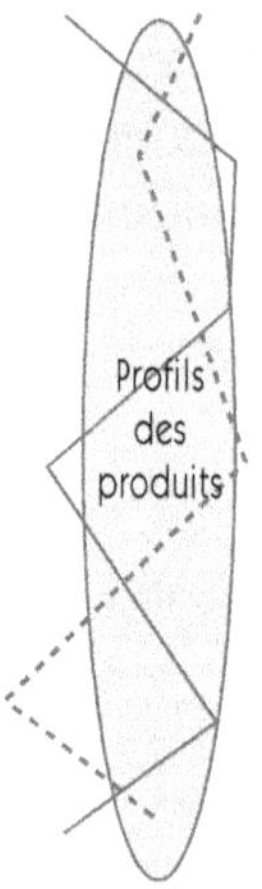	
(phare - code)	Ne pas être gêné reflets trop violents faisceau trop concentré	3 (confort)	Dû		
Pas de trou noir	Pas de zone sombre limitant la portée	4 (sécurité et fatigue)	Dû	Profils des produits	Objectif : note 8 sur 10 en satisfaction
Homogénéité de la portée (code - Phare)	Balayer la trajectoire en virage (G)	3 (confort)	Plus		Innovation (voir DS 19)
Qualité de l'éclairement	Qualité - forme Coupure : limite sombre (soft)	2 (confort)			
zone éclairée au sol qualité du faisceau	Couleur lumière du jour, indicateur de puissance	3 (image)	Plus		Définition pour un projet
Quoi	Caractérisation				

Le design sonore et les qualités sensorielles

Les sons que font les produits peuvent susciter des émotions et fournir de l'information.

Quel bruit devra faire la porte d'un véhicule pour donner une impression de confort et de luxe ? Un bruit velouté qui doit être défini de façon objective. Le son est caractérisé par un niveau, une fréquence et un rythme. En fait, il est constitué de beaucoup de facteurs, la plupart subjectifs.

Le design sonore ne donne plus la priorité à l'insonorisation (niveau sonore bas) mais à la recherche d'une qualité de son, à la sculpture de la masse sonore, à celle d'une signature en rapport avec la personnalité du véhicule comme l'individu qui a une voix en rapport avec sa corpulence. Une sonorité portera un message qui sera perçu par les occupants du véhicule

Figure 5-17. Caractérisations d'un son[1]

Le niveau en dB (A) ne suffit pas à caractériser un bruit. La pression acoustique est le paramètre pris en compte par les réglementations, la sonie celui pris en compte par l'oreille			
Grandeurs psycho-acoustiques (d'après : *Industries et Techniques* - n° 777 - décembre 1996)			
Grandeur	Unité	Description	Observation
Sonie	Sone	Perception d'intensité de force	En musique, du pianissimo au forte
Acuité	Aucun	Balance entre hautes et basses fréquences	Barycentre du spectre en fréquence
Rugosité	Asper	Modulation autour d'une fréquence donnée	rrrrrrrr ou rourourou
Fluctuation	Vacil	Battement autour d'une fréquence	aaaaa…aaaaaaaaa… aaaaaaaaa
Tonie		Perception de fréquence	En musique, tonalité
Grandeurs physiques : (d'après : *Industries et Techniques* - n° 777 - décembre 1996)			
Grandeur	Unité	Description	Observation
Pression acoustique	Décibel dB	Caractérise un environnement	Réfère au Pascal
Pression acoustique	Décibel dB	Caractérise une source	Réfère au Watt
Pression acoustique pondérée	Décibel dB(A)	Pondérée par la sensibilité de l'oreille en fréquence à 40 dB	

Figure 5-18. Impressions de qualité sonore pour une machine à laver

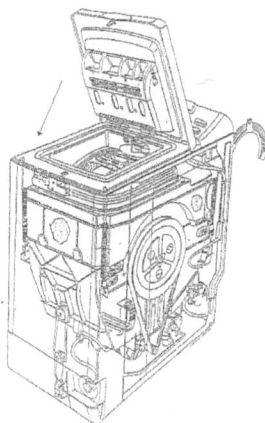

Sur linéaires (magasins) :
Premières impressions

Bruit de fermeture de porte
de qualité (soft, mat, amorti)

Bruit amorti quand
on tapote sur la tôle

Confort d'écoute en utilisation :
réduction du niveau global
et aspects qualitatifs

- Programmateur, bruit « soft »
- Limiter les débattements
  du tambour chargé
- Réduction des bruits
  et vibrations par voie solide
- Bruits de circulation de l'eau
- Suspensions moteur
- Raideur des pièces
- Isolations

---

1. Le niveau en dB(A) ne suffit pas à caractériser un bruit. La pression acoustique est le paramètre pris en compte par les réglementations, la sonie est le paramètre pris en compte par l'oreille.

Différentes significations associées à un son	Design sonore : sons valorisants	Design sonore : bruits négatifs
Signe (son de cloche)	• symbole	• alarme, alerte stressantes
Promesse (anticipe le bonheur)	• sécurisant, rassurant	• inquiétant
Signal (clochette ou 3 coups du théâtre)	• fonctionnel	• brouillé, perte de sens
Confirmation (coup-de-poing + bruit de choc)	• confirmation qui amplifie l'impression	• discordant • anormal
Retour d'information (bruit de porte fermée)	• indique le bon fonctionnement	• information erronée
Information (nombre de coups de l'horloge)	• information utile	• inutile
Son musical	• musicalité	• gênant, grinçant • non harmonieux
Bruit d'agrément (confort, agréable)	• agréable	• désagréable • fatigant
Bruit inconnu (qui apparaît, source inconnue)	• passe inaperçu	• parasite • anachronique • agaçant
Plaisir (craquement des « chips »)	• connoté plaisir	• connoté ennui
Gage de luxe (claquement du poudrier)	• qualité sonore, son haut de gamme • claquement soft • image de qualité : mat, sourd, non métallique, feutré, doux	• non-qualité sonore
Signature (caractérisant un phénomène)	• caractéristique spécifique de quelque chose : crédibilité • cohérence du son par rapport aux autres sensations : label	• perte d'identité

Les bruits peuvent participer à l'impression d'autres sensations : le bruit moteur d'une voiture participe à l'impression de performance (*vroummmmm, vroummmmm*). Certains bruits sont occultés. L'utilisation du son répond tout d'abord à un besoin, par exemple :

• Le bruit du moteur, le *clang* des chaudières renseignent sur la santé de l'appareil ;

• Le *flap-flap* de la sonnerie indiquant la fermeture des portes, le *clic* signalant l'éjection des toasts du grille-pain, le sifflet de la bouilloire attirent l'attention ;

- Le claquement mat des portes d'une automobile, le crissement délicat du bouchon de flacon de parfum renforcent l'idée de qualité ;

- L'absence de bruit peut se révéler dangereuse, comme pour les voitures électriques que l'on n'entend plus venir[1].

La perception d'un son varie d'une personne à une autre. Certains bruits acceptés en zone rurale ne le sont pas en zone urbaine et de la même façon pour un son nocturne et diurne.

Différents effets interviennent qui font que le son est difficile à caractériser :

- Les effets de masque : une amélioration du niveau pourra mettre en évidence de nouvelles gênes qui étaient masquées par la première ;

- Une gêne non consciente mais fatigante, par exemple le bruit lancinant de ventilation ;

- Une signature acoustique, faite de l'image sonore *clic, clac, cloc, boum, klonggg, ploouf...* Par exemple, HARLEY DAVIDSON, contraint de respecter le niveau réglementaire, n'en a pas moins préservé le son légendaire qui caractérise ses motos comme une signature acoustique que tout le monde reconnaît.

La qualité sonore est atteinte quand *l'image sonore* correspond aux attentes de l'utilisateur. Elle est subjective et dépend de sa culture et de ses goûts, et les grandeurs physiques de niveaux sonores sont insuffisantes pour caractériser la qualité sonore. D'autres paramètres sont apparus, qualifiés d'indices psycho-acoustiques pour faire référence au côté subjectif de l'écoute humaine. Les ingénieurs utilisent des critères de la physique pour analyser le bruit émis par leurs produits tandis que le consommateur se fie à son oreille.

Pour la construction d'indicateurs (donnés sur une machine à laver le linge, figure 5-19) trois critères sont à satisfaire simultanément en les hiérarchisant selon les cas :

- La coloration du bruit (fréquences, raies dans le spectre) : mat, pas de fréquence qui émerge ;

- La structure temporelle : stable (pas de modulation), bref (pas de rebond) ;

- Le niveau de bruit limité : dB(A).

---

1. Ces éléments sont issus de : « À la poursuite de la qualité sonore », *Industries et Techniques*, n° 777, décembre 1996.

Figure 5-19. Définition d'indicateurs

Le niveau de bruit (dB(A)) n'est pas le seul critère d'évaluation pour le client, les attentes portent aussi sur :

- la coloration du bruit (fréquences, raies dans le spectre) : mat
- la structure temporelle : stable (pas de modulation), bref (pas de rebond)
- la sensibilité acoustique (ou « acuité » ou finesse de discrimination)
- les informations qui sont associées (retour d'information, signe, signal, connotations ..)

L'indicateur doit être corrélé au mieux à la gêne du consommateur. Il est souvent constitué d'un mélange de ces items

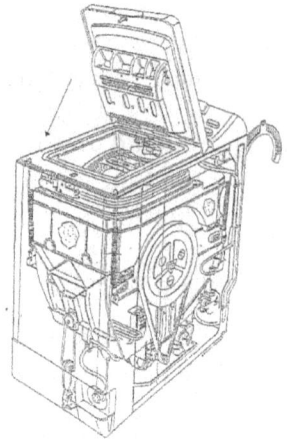

Pour utiliser ces indicateurs il faudra :

- Que tout le monde s'entende sur le vocabulaire et sur les valeurs à mesurer ;

- Un protocole prenant en compte la diversité des personnes qui évaluent ;

- S'assurer de la fidélité des éléments de la chaîne de mesure.

Le confort thermique d'un habitat, d'une automobile

« L'appréciation du confort thermique dépend des personnes. Cependant, en jouant sur des paramètres essentiels comme la température, les mouvements de l'air et l'humidité, un équilibre satisfaisant peut être trouvé. L'ajustement de ces paramètres s'obtient en isolant thermiquement le logement, en améliorant les performances des fenêtres, en choisissant des systèmes de chauffage et d'aération adaptés au bâtiment et au mode d'occupation... »[1]

Qu'est-ce que le confort thermique ?

Ne pas avoir froid, ne pas avoir trop chaud, ne pas ressentir de courant d'air gênant... On le voit, il est plus aisé de le définir en précisant ce qui crée de l'inconfort que ce qui crée du confort. Dans une même ambiance, quelqu'un pourra se sentir à l'aise (sensation de confort) alors que quelqu'un d'autre pourra être gêné (sensation d'inconfort). Il y a en effet une part personnelle dans l'appréciation du

---

1. Extrait d'un texte de l'Agence nationale pour l'amélioration de l'habitat, mars 2004.

confort thermique. L'habillement joue un rôle très important dans la manière dont sont ressentis les effets des échanges thermiques qui se font suivant trois mécanismes (*comment* définissant des principes de la physique) :

- Par conduction (contact avec une surface) ;
- Par convection (échanges thermiques liés aux mouvements d'air) ;
- Par rayonnement (échanges de rayonnements infrarouges avec les parois).

La recherche d'une ambiance de confort d'un point de vue thermique consiste à trouver un équilibre entre tous ces processus d'échange thermique.

Les paramètres du confort thermique

Les paramètres du confort thermique sont :

- **La température.** Mais quelle température doit-on définir par rapport à qui et dans quelles conditions ? Différents ressentis se font selon les conditions : température sèche de l'air intérieur (20 °C en été et 26 °C en hiver sont en général considérées comme confortables), température rayonnante (celle des parois avec lesquelles le corps échange de la chaleur par rayonnement, une vitre par exemple), température d'ambiance qui prend en compte les échanges par convection et par rayonnement ;
- **La vitesse de l'air.** L'appréciation des vitesses d'air est fonction des personnes, de leur habillement, de leur activité. Si l'air est plus froid que la peau, la sensation de baisse de la température due aux mouvements d'air est d'autant plus élevée que la température d'ambiance est faible. Pour une vitesse de 1 m/s, la chute de la température ressentie sera d'environ 4 °C pour une température d'ambiance de 10 °C et ne sera que de 1 °C pour une température d'ambiance de 30 °C ;
- **L'humidité.** L'air contient de la vapeur d'eau (le taux d'humidité varie de 0, air sec, à 100 %, air saturé). La quantité de vapeur d'eau que peut contenir l'air augmente avec la température.

Créer les conditions du confort thermique revient à répondre à ces demandes : chauffer, climatiser, maîtriser les mouvements d'air, évacuer l'humidité, isoler les parois, réguler et maîtriser l'aération.

 ▷   # Fiches outils

Ces fiches définissent comment caractériser les composantes du produit de façon cohérente.

Fiche 16. Définitions de l'objet (sémantique, fonctionnelle, structurelle) : les modules et interfaces

Un produit est un système optimum

Un produit n'est pas l'association de toutes les meilleures techniques mais un système *optimum* qui offre des propriétés émergentes (prestations ou services rendus), celles-ci devant répondre aux attentes des clients. C'est un objet complexe issu de l'association de dimensions différentes (figure 5-20) devant avoir une cohérence.

Figure 5-20. Dimensions du résultat attendu (le système étudié)

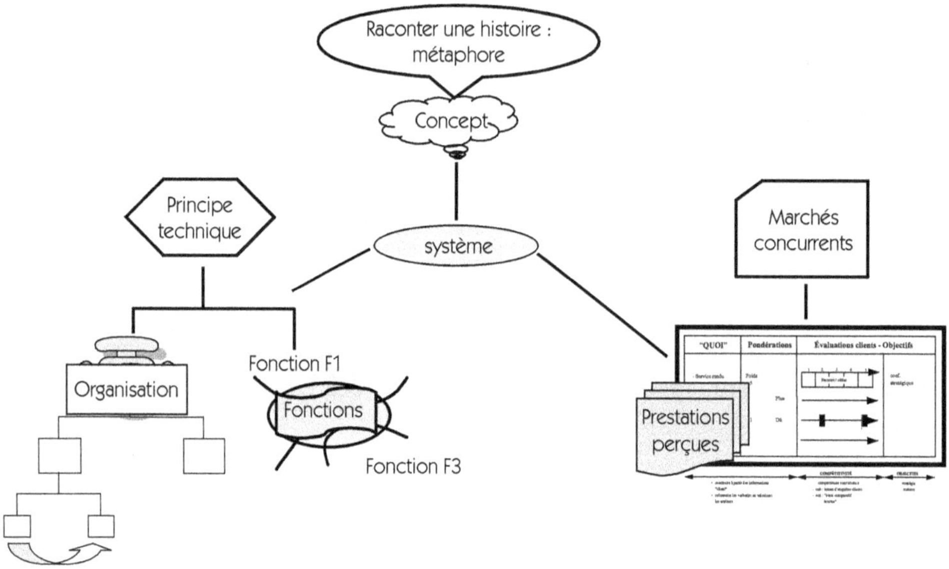

La définition du périmètre du système considéré

Ce qu'on considère comme faisant partie du sujet étudié n'est pas le plus facile à définir. Où mettre la frontière entre ce qui appartient au produit et ce qui n'y est pas ? Cette question se pose surtout lorsque l'on étudie un sous-ensemble ou une pièce. Nous proposons de décrire dans le tableau ci-dessous l'environnement (n

+ 1), le produit (niveau n) et les composants de celui-ci (niveau n - 1). Ceci aidera à fixer la limite entre eux. Nous le ferons selon un historique pour noter les évolutions de périmètre.

Système	Passé	Présent	Futur
Niveau n + 1			
Niveau n			
Niveau n - 1			

La démarche par niveau d'abstraction : du concept aux détails

Au départ d'un travail, le produit n'est pas défini. Un concept émerge, associé à des points de détail et des contraintes qui doivent être pris en compte. La démarche consiste à définir pour chaque niveau d'abstraction les caractéristiques de l'objet complet en respectant l'identité du produit, son esprit et sa personnalité. Pour chaque niveau il faut se poser les questions : pourquoi ? À quoi cela sert et à qui ? Comment caractériser ?

Le découpage en modules, interfaces

Les interfaces (liaisons entre modules) sont à lister pour les prendre systématiquement en compte lors des réunions de travail ou les affecter à une équipe, ou encore selon risques et la technologie. Cette décomposition servira de base à l'organisation autour du projet : les modules seront affectés à des équipes projet-métier (groupes fonctions élémentaires GFE).

Des prestations transversales à assurer doivent être prises en charge et les fonctions ou prestations seront à mesurer (caractéristiques, indicateurs de mesure). Tout produit peut être ainsi décomposé en sous-systèmes, ce qui peut être fait aussi pour les services, par exemple pour une liste des courses.

Pour la définition des interfaces et la caractérisation, le découpage sera le plus homogène possible. Les interfaces doivent être :

* **Stables.** Si l'interface change, le module doit être redéfini ;

* **Robustes**, par rapport aux changements possibles ;

* **Normalisées**, c'est-à-dire connues de tous ;

* **Simples**, pour limiter les séparations et les problèmes de communication.

Les éléments à prendre en compte pour un produit bien perçu en qualité

Pour le client qui estime un produit, c'est bien à partir de l'ensemble des prestations sensibles et des signes de qualité perçue qu'il va se constituer une opinion dès le premier contact. Nous donnons ici quelques éléments pour offrir le juste nécessaire :

- **Donner une bonne première impression :**
  - croire évite de vérifier, c'est la force de l'image,
  - quand on aime on ne compte pas, d'où l'importance de l'impression valorisante,
  - avoir l'impression qu'on a « donné quelque chose qui a de la valeur »,
  - un détail peut valoriser l'ensemble ;

- **Donner confiance :**
  - ne pas avoir de doute,
  - focaliser l'attention sur un plus ;

- **Ne pas faire remarquer :**
  - détourner l'attention d'un défaut,
  - cacher, masquer un aspect pour qu'il ne choque pas,
  - un détail peut tuer, ne pas rendre un défaut trop visible ;

- **Inférences et expressions positives (perception cognitive) :**
  - le produit exprime ses fonctions,
  - un fait perçu devient une preuve,
  - des prestations sensibles (perception sensible), utilisables,
  - des prestations sensorielles (perception sensible) « visibles et évidentes » ;

- **Cohérences :**
  - cohérence et homogénéité se trouvent dans l'espace et le temps,
  - pas de perception de choses paraissant inutiles.

Les interfaces permettent, moyennant des hypothèses sur leur nature, de valider séparément les modules dans leurs grands principes. Il est donc nécessaire de définir très tôt les interfaces pour fixer des règles précises à ceux qui travaillent sur les modules ainsi liés, comme dans l'exemple de la machine à laver (figure 5-22).

Figure 5-21. Définition des interfaces

- Les interfaces doivent être :

  - Robustes : ne doivent pas être complètement changées à la moindre modification

  - Normalisées : connues de tous

  - Simples : pour limiter les séparations et les problèmes de communication

- Les interfaces sont à lister pour les prendre systématiquement en compte

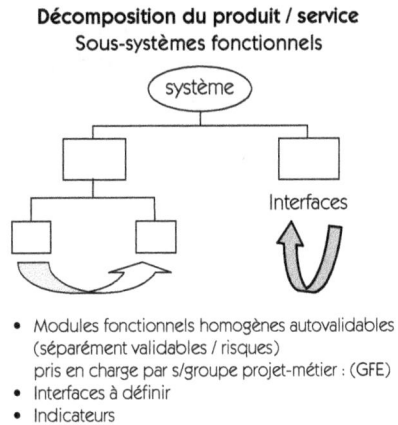

Décomposition du produit / service
Sous-systèmes fonctionnels

système

Interfaces

- Modules fonctionnels homogènes autovalidables (séparément validables / risques) pris en charge par s/groupe projet-métier : (GFE)
- Interfaces à définir
- Indicateurs

Figure 5-22. Décomposition en modules fonctionnels (exemple de quelques modules de machine à laver le linge)

Le module « tambour » peut être isolé de la machine. En cours de mise au point pour augmenter la vitesse d'essorage il est possible de tester cette prestation en reconstituant les liaisons (supports du tambour).

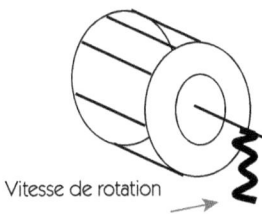

Porte et bacs d'alimentation

Tableau de commande électronique

Tambour

Alimentations

Vitesse de rotation

Carrosserie

Pompes

Le tambour constitue un module « auto-validable » Il en est de même pour le tableau de commande ou la motorisation. Par contre le système d'isolant acoustique fait partie du module carrosserie

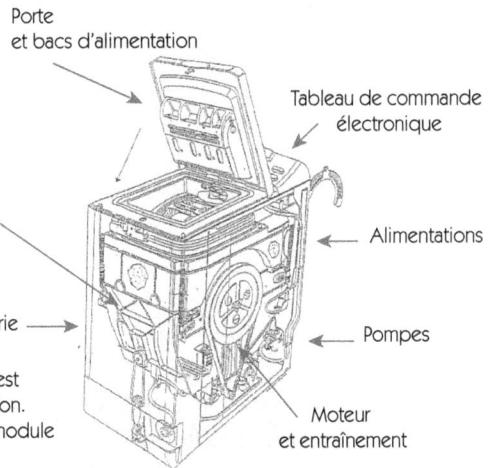

Moteur et entraînement

Fiche 17. Objectivation des prestations et profils de mission

L'objectivation d'une prestation subjective

L'objectivation d'une prestation subjective est une démarche pour définir les critères de caractérisation (critères physiques et objectifs) permettant d'atteindre les exigences du cahier des charges avant de choisir les solutions techniques.

Il faut avoir choisi une prestation particulière qui, bien qu'elle soit évaluée par un indicateur, reste toujours trop subjective pour qu'elle puisse être prise en compte par les techniciens. Objectiver une prestation c'est donc chercher à décrire le niveau de cette prestation en fonction de caractéristiques objectives et mesurables (variables ou paramètres) définissant la prestation, puis déterminer les valeurs optimales de ces caractéristiques. Cette démarche est illustrée en figure 5-23. Elle constitue une étape du déploiement en V des prestations.

Figure 5-23. Démarche de caractérisation et objectivation d'une prestation : définition des caractéristiques, importance du protocole, identification des cibles

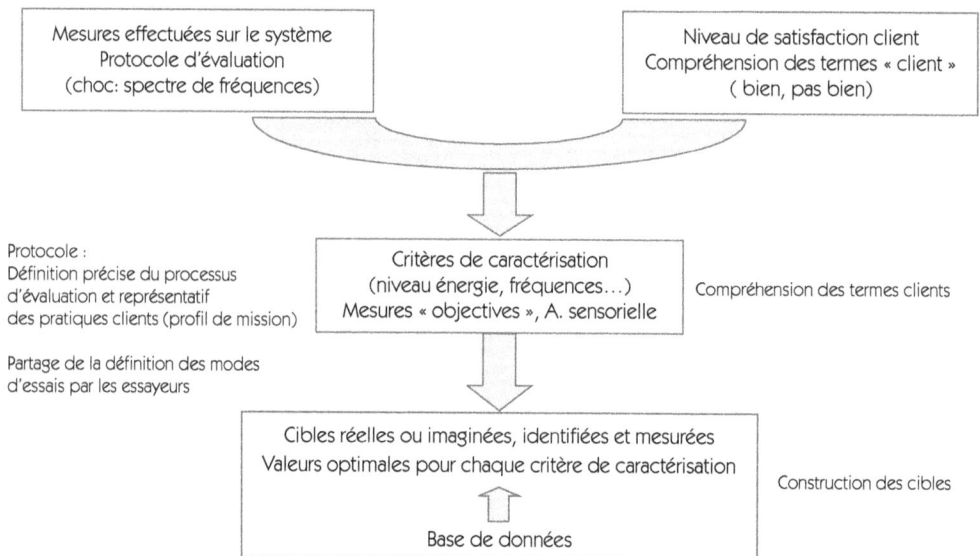

La définition d'une forme

Il est possible de décrire et noter les formes (par exemple, des boutons pour appuyer avec le doigt) ; on peut toujours décrire les sensations procurées par ces formes (par exemple, celles du toucher d'une touche de commande), et corréler avec celles plus globale données par le client.

La définition des cas d'utilisation client

Il est toujours indispensable de définir des cas d'utilisation client, limites ou typiques : profils de mission, corrélation avec le jugement global client. Nous définissons les caractéristiques mesurables et nous devons disposer d'une appréciation globale du client. Il faut corréler au mieux les caractéristiques avec les appréciations globales pour ensuite déterminer leurs valeurs optimales. Cette démarche se rapproche de l'analyse sensorielle que nous verrons ensuite.

Nous détaillons dans les figures 5-24 et 5-25 le processus de corrélation entre composantes détaillées et appréciations globales des clients. Un exemple de l'indice de performance d'une automobile illustre cette démarche.

Figure 5-24. Corrélation jugement global client et composantes prestation (exemple d'un indice de performance automobile)

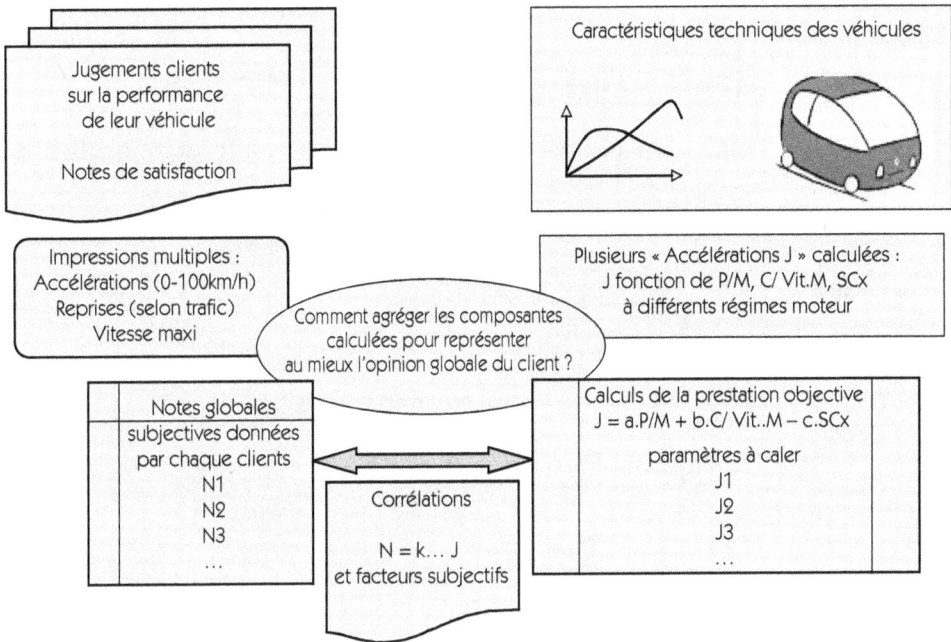

Figure 5-25. Caractéristiques de forme

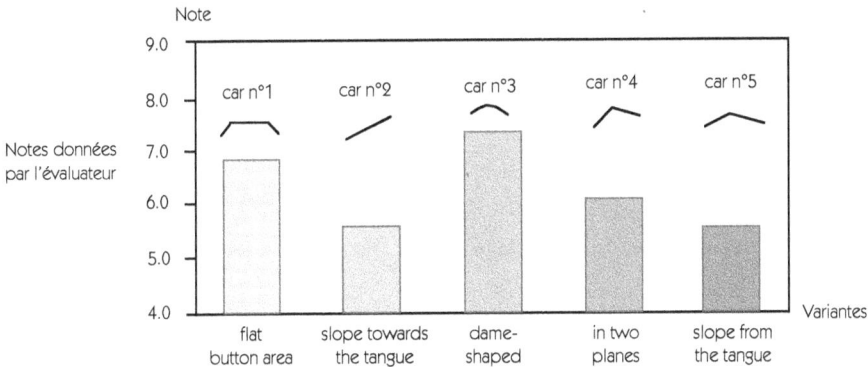

Diverses formes de boutons (pour une ceinture de sécurité) : les contacts sont plus ou moins agréables ou ergonomiques. Ils peuvent toujours être décrits par des experts et notés par des clients. (Travail fait avec Volvo)

Fiche 18. Le déploiement en V des cahiers des charges[1]

La démarche QFD s'effectue selon plusieurs étapes (figures 5-26 à 5-33).

La préparation

Il s'agit de :

- La constitution du groupe de travail ;

- La définition du périmètre ;

- La planification de l'étude QFD (jalonnement) ;

- Le lancement d'interviews clients, collecte des attentes et informations clients.

Figure 5-26. Initialisation de la démarche QFD : mieux écouter les clients

- **Avoir le réflexe :**
  - *Est-ce valorisé par nos clients ?*
  - *Demander aux métiers compétents (Produit, Marketing, Commerce, Qualité, …).*

- **Participer à des « Écoutes Directes » (pilotées par des professionnels)**
  - Définir le thème de travail, le périmètre.
  - Identifier les besoins de l'étude et lister les questions que l'on aimerait poser au client (relances).
  - Définir les produits à utiliser lors des interviews clients (le plus concret possible), non pour faire juger, mais pour « faire parler » les clients.
  - Observer le client, sur le terrain.

- **Reformuler, ensuite, en groupe de travail**
  - Les services (« Quoi »).
  - Les poids et « dû/plus ».

Le « quoi », ce que veulent le client et le marché ou la voix des clients

Il s'agit de :

- La reformulation des phrases clients en services rendus, la détermination de familles cohérentes de critères par niveau d'abstraction et des typologies clients et utilisations ;

- La synthèse, pondération et hiérarchisation des « quoi » (poids, dû, plus) ;

- La comparaison par rapport à la concurrence, à partir de la perception des clients ou de leurs représentants ;

- La construction d'indicateurs (le sens positif donne plus de satisfaction) ;

---

1. Voir aussi le chapitre 7.

**Figure 5-27. Initialisation de la démarche QFD :
traduire les attentes hiérarchisées**

Études clients : responsabilité des experts clients
(produit marketing, commerce)

Référentiel client : première phase QFD
Liste unique des attentes reformulées en services rendus

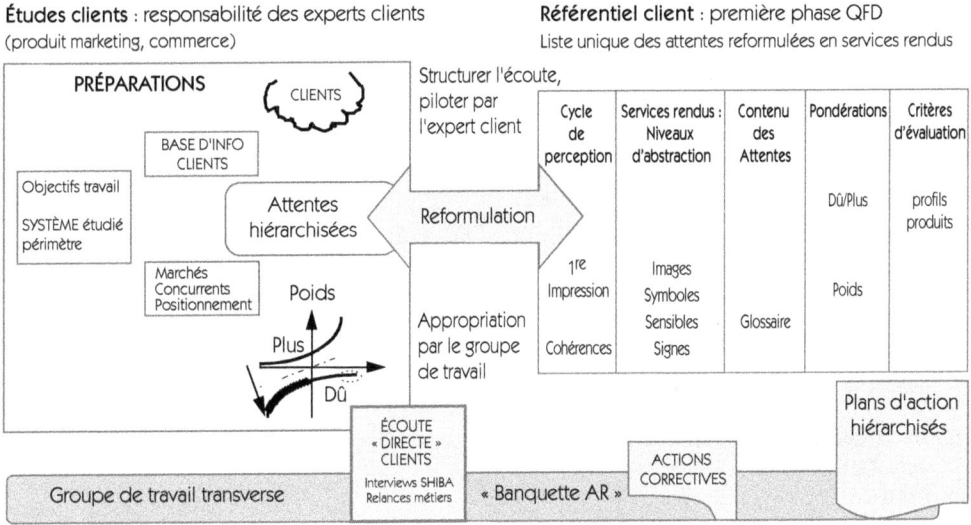

- La construction d'un plan d'actions pour chaque « quoi » pour lequel il y a un écart entre la position actuelle du produit et l'objectif ;
- Ce que veut l'entreprise pour le marché : la voix de l'entreprise, le référentiel client.

Cette étape permet de constituer le référentiel client et de prendre en compte la stratégie de l'entreprise qui va exprimer sa *volonté* de se positionner sur une cible de marché ou de créer une nouvelle offre. Les objectifs sont pris en compte dans la dernière colonne du référentiel client, en estimant ce que seront le marché à terme, la concurrence et les attentes futures.

**Figure 5-28. Attentes clients :
les performances des produits permettent de définir des priorités**

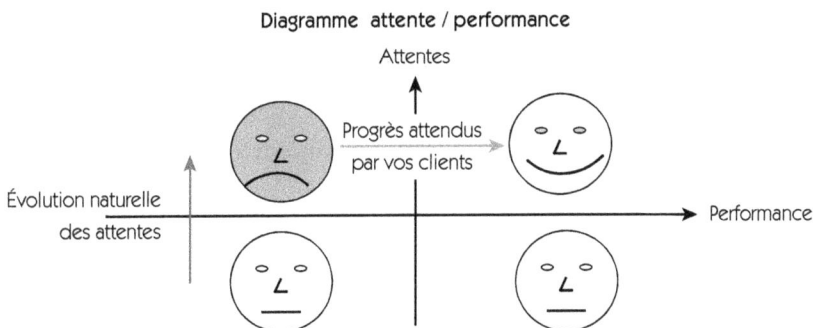

Le « comment » ou la voix des techniciens

Il s'agit de :

* L'analyse fonctionnelle du besoin pour déterminer l'ensemble des fonctions ;

* La caractérisation des fonctions par des critères de valeur (indicateurs techniques) avec échelle, seuil mini et valeur idéale[1].

La construction de la matrice du « quoi » et du « comment »

Figure 5-29. Les fondamentaux du QFD : le « quoi » et le « comment »

a - « Quoi - Comment » : Pondérer les caractéristiques techniques

À partir de leurs impacts sur les critères clients et leurs poids :
- Matrice QUOI-COMMENT (relations)

Les caractéristiques techniques importantes seront à privilégier :
- Objectifs techniques
- Flexibilité
- Coûts

Les limites techniques seront définies dans le TOIT :
- Matrice COMMENT-COMMENT (corrélations)

b - Gérer les limites techniques

Si deux ou plusieurs caractéristiques techniques importantes sont ainsi reliées, le problème à traiter devra les prendre en compte simultanément (plan de progrès).

Il s'agit de :

* L'identification des relations entre les « quoi » et les « comment » : une relation signifie qu'un « comment » impacte plus ou moins fortement le « quoi » correspondant ;

* La détermination des corrélations positives et négatives entre les différents « comment » : prise en compte des interactions des « comment » entre eux, compte tenu des principes techniques envisagés (toit de la matrice) – par exemple, la corrélation négative entre puissance et consommation ;

* La hiérarchisation de l'importance des « comment » par leurs impacts sur les « quoi » pondérés.

---

1. AFAV, Exprimer le besoin. Application de la démarche fonctionnelle, AFNOR Gestion, 1989 ; Claude Petitdemange, *La maîtrise de la valeur*, AFNOR Gestion, 1985.

Figure 5-30. Les fondamentaux du QFD : la hiérarchisation

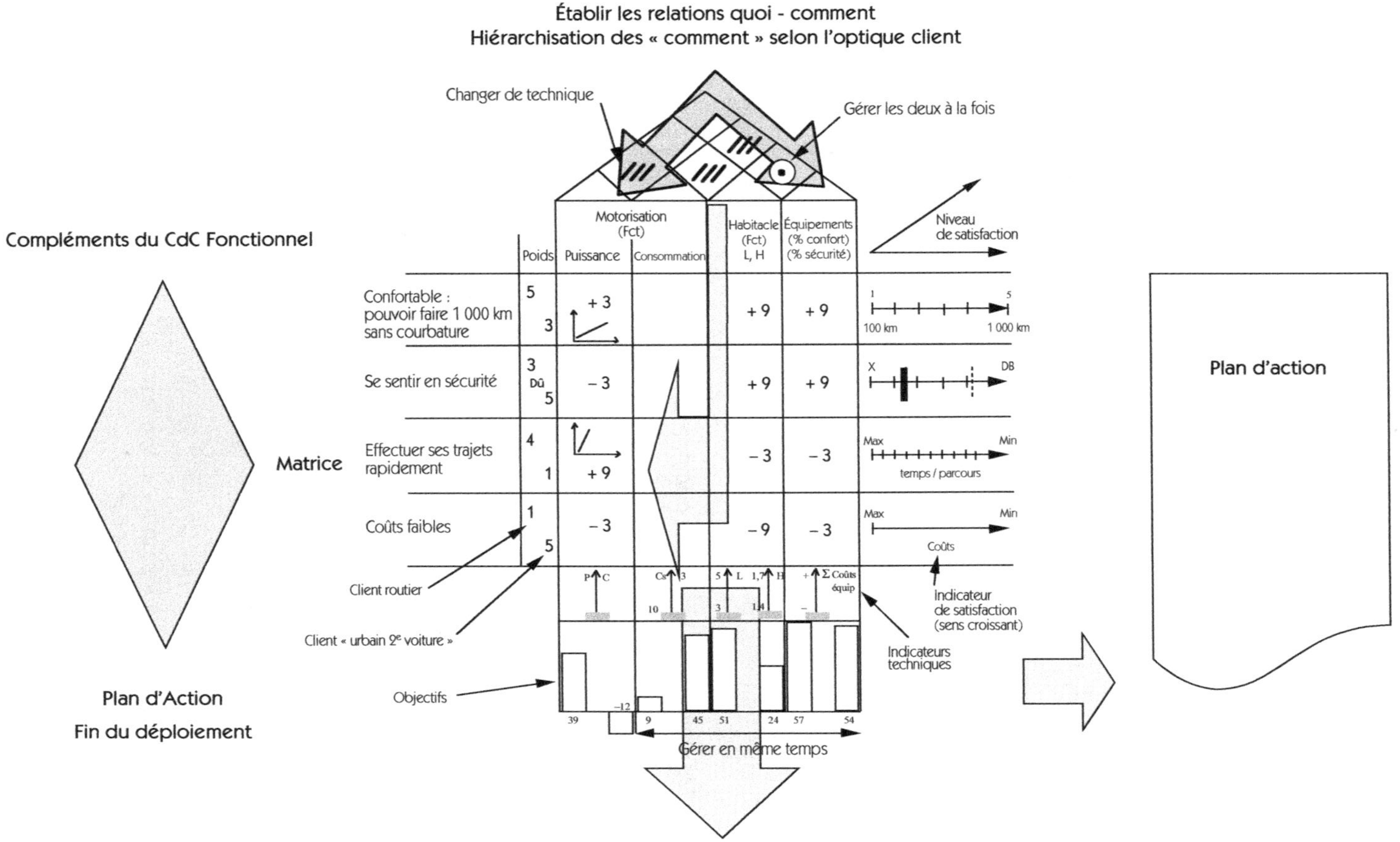
Établir les relations quoi - comment
Hiérarchisation des « comment » selon l'optique client
Changer de technique
Gérer les deux à la fois
Compléments du CdC Fonctionnel
Matrice
Plan d'Action
Fin du déploiement
Poids
Motorisation (Fct)
Puissance
Consommation
Habitacle (Fct) L, H
Équipements (% confort) (% sécurité)
Niveau de satisfaction
Confortable : pouvoir faire 1 000 km sans courbature
5
3
+ 3
+ 9
+ 9
1
5
100 km
1 000 km
Se sentir en sécurité
3
Dû
5
– 3
+ 9
+ 9
X
DB
Effectuer ses trajets rapidement
4
1
+ 9
– 3
– 3
Max
Min
temps / parcours
Coûts faibles
1
5
– 3
– 9
– 3
Max
Min
Coûts
Client routier
Client « urbain 2e voiture »
Objectifs
Indicateur de satisfaction (sens croissant)
Indicateurs techniques
P C
Cs 3
10
5 L
3
1,7 H
1,4
+ Σ Coûts équip
–
39
–12
9
45
51
24
57
54
Gérer en même temps
Plan d'action

Hiérarchisation des caractéristiques (somme des impacts pondérés sur les critères clients) en associant celles qui sont reliées par les relations du « toît » (sous-ensembles de caractéristiques à traiter simultanément)

La matrice permet :

- Une vision binoculaire qui signale à la fois comment le produit est attrayant pour les clients (compétitif) et comment il se situe en comparaisons techniques ;

- La synthèse d'une information initialement éparpillée (stratégie, commerce, technique…), et de capitaliser l'expérience de gens de métier sur le problème traité, en notant les explications données (relations, corrélations).

Le travail effectué nécessite d'être exploité. Le but est de situer des objectifs, ou cibles, sur les « comment » pour servir, dans le processus d'étude, de « quoi » sur la matrice suivante. Il aura fallu au préalable définir des objectifs sur ces « quoi ».

Le travail de synthèse se fait par le groupe d'experts qui a déjà travaillé sur les autres étapes. Les tableaux ne sont pas le QFD. Ils sont là pour aider le processus de développement d'un produit : c'est le processus lui-même qui est important.

Le travail commun entre métiers différents permet de mettre à plat un savoir-faire très riche car il émerge des discussions d'experts ayant des approches différentes. Mais il permet aussi, et ce n'est pas la moindre des choses, aux membres du groupe de s'approprier les idées, les raisonnements, les résultats et problèmes, ainsi que de beaucoup plus s'impliquer, et plus tôt, que dans une démarche classique.

Favoriser les innovations grâce aux compromis

Les compromis suscitent des innovations pour résoudre les conflits :

- Les étalonnages concurrence permettent de se recouper constamment pour vérifier par une corrélation visuelle la validité entre raisonnement et réalité. Les points de conflit ou d'incohérence sont à traiter en priorité ;

- Les compromis sont proposés par le groupe à partir de l'expérience, des étalonnages concurrence et des indices d'importance des « comment ». Un « comment » important, qui influe fortement des « quoi » importants, doit être privilégié dans les conflits, que l'on testera à partir du toit de la matrice ;

- Certains conflits entre techniques, que l'on ne sait pas résoudre aujourd'hui, peuvent être stratégiques pour l'entreprise si, étant résolus, ils permettent d'obtenir des « plus » importants par rapport au marché. Un programme d'étude ou de recherche peut être ainsi lancé.

Le déploiement des « quoi » et des « comment » dans tous les secteurs de l'entreprise

Le déploiement de type QFD consiste à chaque étape du V à transformer les « comment » de l'étape précédente en « quoi » pour la matrice suivante et à trouver les nouveaux « comment » qui vont caractériser encore plus concrètement les solutions en termes de *produit* et *processus*. Ce type de déploiement risque de conduire à des matrices énormes et inexploitables. Nous préconisons d'assurer le déploiement par l'implication des métiers dès le départ, qui ont alors compris ce que doivent être les services à rendre. Dans ces conditions, il n'est plus besoin de faire des matrices aussi énormes, mais simplement d'accompagner le groupe de travail dans les réponses qu'il va apporter pour assurer que les services du référentiel client sont bien tous pris en compte (figures 5-31 à 5-33).

Figure 5-31. Les fondamentaux du QFD : le déploiement

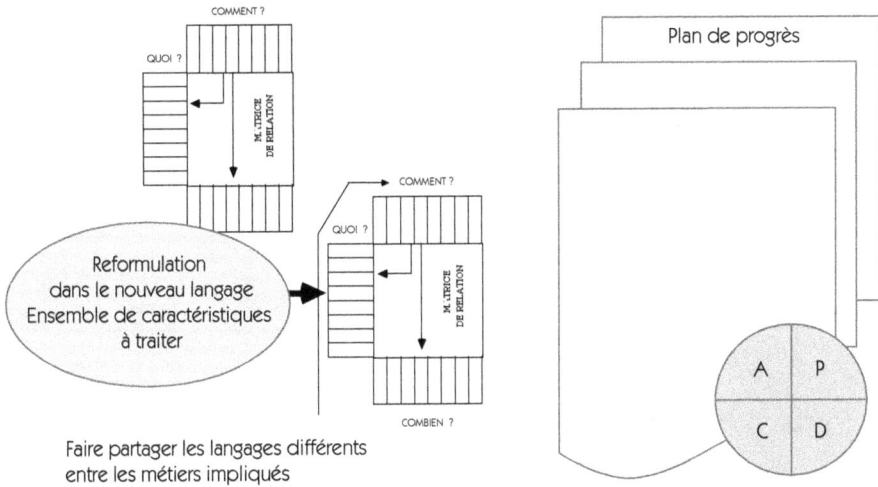

Le plan d'action : un processus dynamique de progrès

À chaque étape de la démarche, un plan d'action est établi si l'attente client n'est pas satisfaite ; des solutions validées doivent être proposées, sans attendre de passer à l'étape suivante ou la fin de l'étude QFD. Une dynamique doit être créée, laissant toujours la possibilité de compléter par des études clientèles les points qui paraissent flous ou trop techniques, et que le client risque de ne pas percevoir.

Figure 5-32. Cahier des charges « produit » et « fonctionnel »

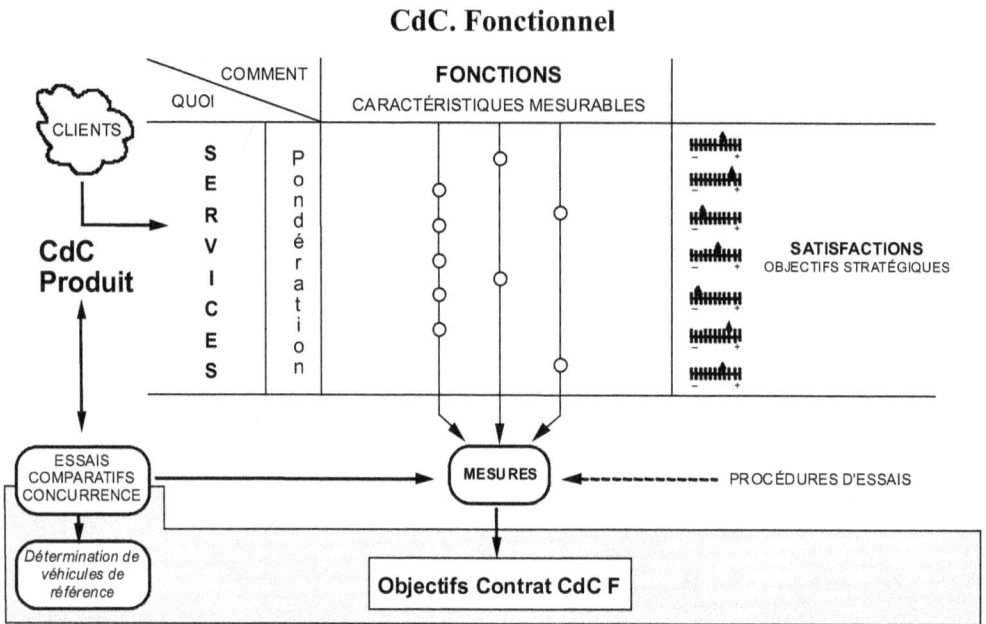

Figure 5-33. Cahier des charges « fonctionnel » et « validations »

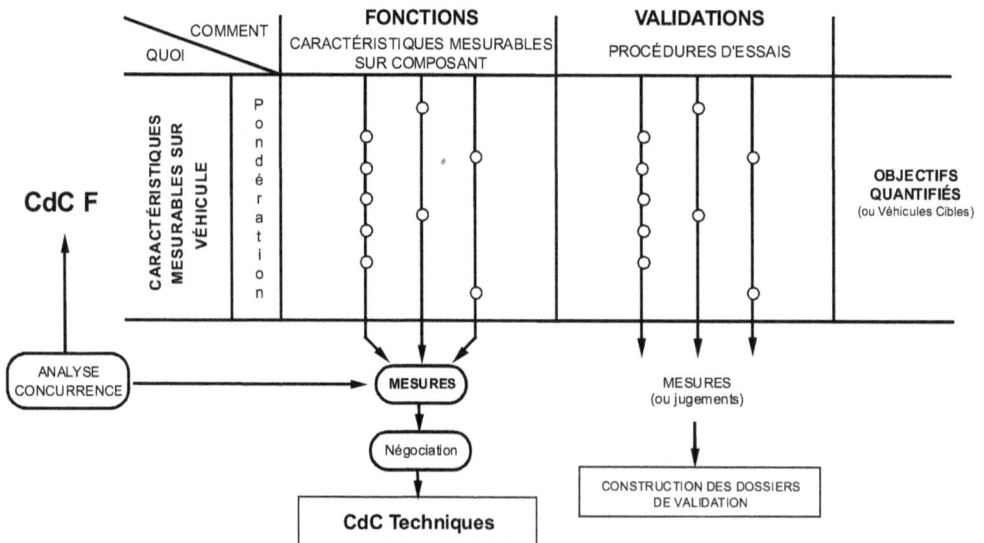

Les points marquants

Les pièges à éviter

- Le déploiement en cascade de type QFD de façon mécanique (cela ne marche pas à cause de la multiplication du nombre de caractéristiques quand on passe d'une matrice à l'autre).
- Une prise en compte partielle des attentes ou la non-prise en compte de facteurs qualitatifs qui sont importants dans la perception.
- Une procédure de caractérisation incomplète ou trop floue, ne permettant pas une bonne reproductibilité des évaluations.

Les points les plus importants

- Privilégier les informations provenant des clients qui sont des sources d'innovation aussi importantes que celles issues de la technique.
- Cerner les « comment » qui sont des fonctions définies en réponse aux « quoi ».
- Maîtriser les interfaces du produit pour ne pas reproduire dans la perception de celui-ci les dysfonctionnements internes.
- Finir le produit ou le service, pratiquer la culture du détail.
- Exprimer le goût du travail bien fait.
- Associer un plan d'action à tout problème.

Pour en savoir plus

AFAV, *Exprimer le besoin. Application de la démarche fonctionnelle*, AFNOR Gestion, 1989.

Explicite, sur des exemples, l'approche fonctionnelle externe et interne.

CLARK, Kim B., et FUJIMOTO, Takahiro, *Product Development Performance : Strategy, Organization, and Management in the World Auto Industry*, Harvard Business School Press, Boston, 1991.

Un produit constitue un tout : impression d'intégrité donnée aux acheteurs, cohérence interne de ses composants. Ceci se fait à deux niveaux : intégration des éléments entre eux qui s'adaptent bien pour le premier niveau et un deuxième niveau où chaque élément s'intègre à l'ensemble pour renforcer la performance du système, conformément au concept (double intégration définie par ces deux auteurs, qu'ils appellent « intégrité du produit »). L'intégrité reflète la façon dont le produit est conçu et élaboré. Un bon produit est un produit qui atteint un haut niveau d'intégration globale, tout en offrant des attributs distinctifs.

IQM/MFQ, « Innover pour gagner. Le défi de l'entreprise », *Les cahiers Qualité Management*, Institut Qualité et Management, 1999.

Les cahiers comportent les parties suivantes : l'impératif d'innovation, l'innovation au service du client, l'organisation, les outils et les hommes.

LOVELOCK, Christopher, et LAPERT, Denis, *Marketing des services : stratégie, outils, management*, Publi-Union, 1999.

Une définition très complète de la notion de service, ainsi que des méthodes et outils.

NAYAK P. Ranganath, KETTERINGHAM, John, *Douze idées de génie auxquelles personne ne croyait*, First, 1986.

Les études de cas menées par le cabinet Arthur D. Little sur la réussite des produits et services corrige bon nombre d'*a priori* sur les mécanismes qui conduisent à des réussites ou échecs : pour les produits étudiés (CD, VHS, post-it, Club Med, walkman, scanne, Toyota, Nike…) il n'y a « aucun exemple où la demande du marché aurait précédé la découverte de l'inventeur… l'élément central de tout succès est l'homme… Ce livre réduira votre marge d'erreur, mais ne l'éliminera pas ». Le « concept élégant » y est défini.

QUARANTE Danielle, *Éléments de design industriel*, Polytechnica, 1994.

Livre très complet sur le design industriel, la conception du produit et la démarche projet, il fait l'objet d'un cours à l'IUT de Compiègne.

Chapitre 6

Évaluer les qualités perçues selon le point de vue du marché

Évaluer les qualités perçues des produits et des services, se corréler aux réactions du marché permet une démarche de management : poser les problèmes et les résoudre, suivre et améliorer, estimer un pronostic ainsi que la trajectoire vers l'objectif.

L'évaluation joue un rôle central dans la démarche qualité perçue, c'est un examen systématique selon des critères préétablis (le « quoi ») du degré de satisfaction et de performance. Ces critères d'évaluation mesurent la valeur des prestations de façon qualitative et quantitative ainsi que l'état du projet par rapport à la concurrence, permettent de se donner des cibles concrètes et de définir des plans d'action. Lorsque le produit comporte de nombreux critères, les évaluations se font sur une partie bien définie de celui-ci. Un référentiel relatif à ce sous-ensemble est alors construit selon un cycle d'évaluation. Nous préconisons de toujours démarrer une évaluation par un exposé sur le marché ciblé.

Les clients et les différents techniciens ne voient pas les mêmes choses et ne se focalisent pas sur les mêmes points. L'évaluation crée un dialogue entre les acteurs et conduit à prendre en charge les problèmes. Elle permet un meilleur travail en équipe, elle constitue une bonne occasion pour améliorer les connaissances de ceux qui la pratiquent. C'est aussi un support d'aide à la décision pour le projet.

Évaluer la concurrence et le projet, définir les tendances… les évaluations se font par rapport aux attentes et besoins des clients et les références du marché.

Des évaluations faites en interne de l'entreprise

Le but est de mesurer des aspects subjectifs et partager une même compréhension pour permettre de déployer (figure 6-1).

Figure 6-1. Grille « Expression de qualité perçue » (exemple)

Prestations	Grille de cotation	Note d'évaluation	Commentaires
Qualités de base : impressions et promesses	• défauts • fiabilité • durabilité • vieillissement		
Qualités perçues exprimées lors du premier contact	Extérieur • Première impression • Impression de robustesse • Finition de la carrosserie • Intégration des accessoires Zone intermédiaires • bien faites Intérieur • Première impression • Finition des habillages • Qualité des sièges • Qualité des rangements		

Les métiers et les experts jugent les produits et la concurrence, de façon systématique, en utilisant une grille construite à partir du référentiel client. L'homme étant au cœur du travail, il y aura certainement des écarts de points de vue. Tout le monde doit s'entendre sur le vocabulaire et sur les valeurs à mesurer afin de partager les mêmes représentations et d'expliquer les écarts de points de vue.

Une compréhension partagée est une condition du déploiement, car elle permet d'identifier les variables clés, qui auront des impacts plus importants que d'autres. Par exemple, la qualité des matériaux, nous l'avons signalé, influence la perception de finition ; la qualité des sièges, l'impression d'équipement…

Se demander pourquoi le client préfère globalement ceci ou cela constitue un début d'objectivation car il est nécessaire d'expliquer un jugement global client par des composantes détaillées notées par les experts. Cette corrélation aux notes globales issues du marché, demande d'agréger de multiples aspects. Les évaluations doivent être globalement cohérentes avec le jugement du client. Une fois les divers critères mesurés, agréger en une seule note, en un critère global de synthèse, nécessite de connaître le point de vue des clients sur un marché, savoir comment il va lui-même intégrer toutes ses évaluations subjectives et intuitives. Ce problème a été abordé au chapitre 1 sur l'offre et la demande.

L'initialisation des évaluations, les références de jugement

La préparation est fondamentale pour préciser le cadre de l'évaluation, elle définira les références et le marché ciblé par rapport auxquels il sera nécessaire de travailler.

Le choix du périmètre de l'évaluation ou cadrage

Le périmètre de l'évaluation est à préciser, ce qui n'est pas souvent une évidence : quel marché et quels concurrents, quels types de clients, avec quels points de vue et références ? Il faut ainsi définir au préalable comment les clients perçoivent le produit, selon quels codes, c'est-à-dire préciser le positionnement perçu du produit et les références de jugement. Par exemple, à quels produits se compare le véhicule Twingo, quelles sont les représentations que les personnes s'en font ?

Le cycle de perception du client et la versatilité des comportements

Il existe des cohérences. Bien souvent il est possible de préciser le processus d'évaluation aussi bien pour les produits matériels que pour les services. Nous les expliquons dans les figures 6-2, pour les produits, et 6-3, pour les services.

Figure 6-2. Exemple de cycle de perception

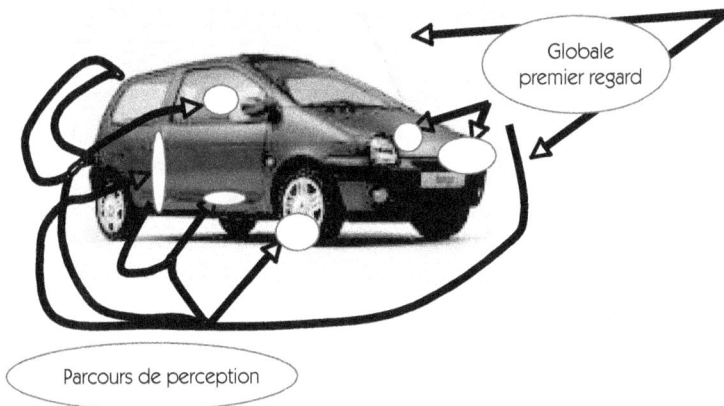

Globale
premier regard

Parcours de perception

**Figure 6-3. Cycle de valeur et de perception d'un service
(perceptions du service complet pour le transport aérien d'un voyageur,
du départ à l'arrivée)**

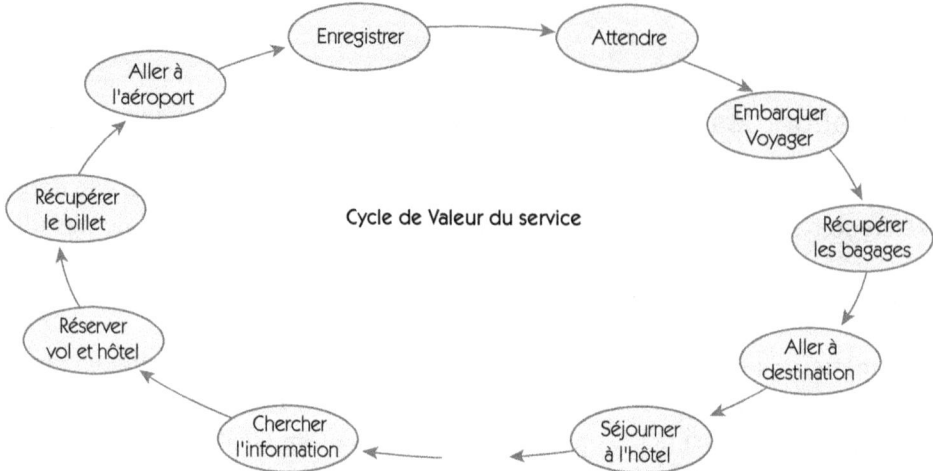

(issu de *Le temps des services*, J. Téboul, Éditions d'organisation, 1999,)

Les comportements des personnes lorsqu'elles sont au contact de l'objet sont divers. Les démarches peuvent être non rationnelles, d'autres plutôt rationnelles ou intuitives, sensorielles ou intellectuelles. Certaines démarches se font de façon globale et spontanée comme une première impression, d'autres de façon détaillée et analytique, avec des allers-retours.

Le processus d'évaluation est construit pour objectiver l'évaluation par un protocole d'essai

Si chaque démarche est personnelle, il est malgré tout souvent possible de définir une démarche standard. Pour un véhicule automobile, le client perçoit tout d'abord à distance et globalement, puis s'approche et évalue l'extérieur, puis les zones d'accès, l'intérieur et ensuite le coffre. Pour chaque phase, les divers mécanismes et processus cités dans le chapitre 2, consacré aux perceptions, sont utilisés de façon erratique. On passe de l'aspect global à des détails remarqués, puis à des analyses, puis à des impressions émotionnelles, puis à des appréciations sensorielles, etc. S'il n'est pas possible de déterminer un processus stable du client, un processus d'évaluation sera construit logiquement selon le processus le plus représentatif du comportement client afin que les essais soient ensuite reproductibles par tous les acteurs concernés.

Une grille dans l'esprit du référentiel client est construite par le groupe de travail. Elle doit être validée en se recoupant par rapport à l'opinion du client. Un essai de calage peut être fait.

Une estimation des points forts et des points faibles selon les fondamentaux

Faire exprimer les points forts et points faibles perçus sur des objets permet de définir en spontané des dimensions qualités perçues. Il reste à les compléter en croisant avec d'autres approches et à définir les critères qui les mesureront.

Chaque produit est évalué par rapport aux fondamentaux, ce qui permet aussi d'illustrer les fondamentaux sur des exemples concurrence.

Identifier les points forts et faibles des concurrents et évaluer les défauts du projet donne la possibilité de lister les problèmes projet et de les coter en criticité. Une grille de criticité est proposée selon la gravité K 1, K 2, K 3 (voir exemple).

L'utilisation de la grille pour évaluer le marché et les concurrents

Le positionnement des produits

Positionner les produits, par rapport à un marché et des références, selon une seule note globale ayant agrégé les notes partielles, nécessite de bien comprendre comment se forme l'impression sur les critères. Nous constatons souvent un effet de perception globale, à savoir que les divers facteurs qui participent à une prestation sont tous jugés bons séparément, mais globalement la prestation n'est pas bien perçue. Dans ce cas il manque un critère.

Les critères d'évaluation

Ils sont par nature subjectifs, évalués par des personnes différentes. Bien qu'on définisse le mieux possible le processus d'évaluation et le contenu de la prestation, il est illusoire de vouloir complètement définir le contenu du critère de façon trop détaillée, et il restera des désaccords entre les évaluateurs. Ces écarts d'évaluation doivent être expliqués lors des séances de travail en groupe. Les arguments cités par les uns et les autres constituent un enrichissement de la grille d'évaluation et de la connaissance du groupe (figure 6-4).

Figure 6-4. Évaluations des qualités perçues

1- Évaluations selon la grille, définition : du protocole d'évaluation, des groupes d'évaluateurs, de l'échelle de notes

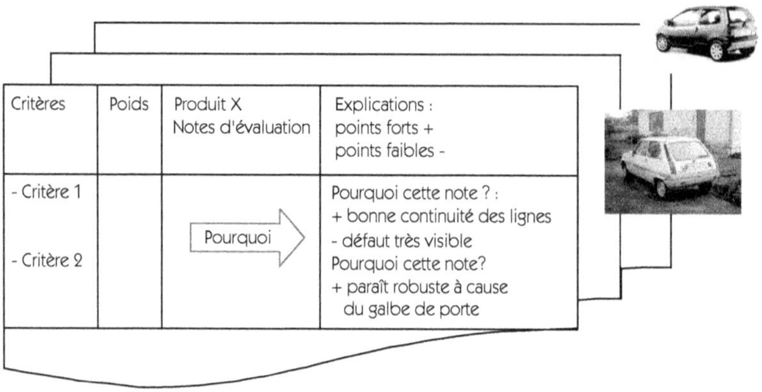

Critères	Poids	Produit X Notes d'évaluation	Explications : points forts + points faibles -
- Critère 1 - Critère 2		Pourquoi	Pourquoi cette note ? : + bonne continuité des lignes - défaut très visible Pourquoi cette note? + paraît robuste à cause du galbe de porte

2- Restitution des groupes d'évaluation :
- Expliquer les évaluations et les écarts de note entre les groupes d'évaluateurs : favoriser le dialogue pour éviter les biais de personnes (aspects subjectifs)
- Assurer les cohérences de notation par produit et par prestation
- Converger sur des notes communes par item qualité perçue (critère)
- Permet l'examen systématique de la concurrence : les idées à reprendre
- Identification des cibles par items de qualité perçue

Une échelle définissant les niveaux doit être constituée au départ (voir l'échelle sémantique, figure 6-5).

Figure 6-5. Exemples d'échelles sémantiques

	Inacceptable			Critique		Acceptable			
Échelle	1	2	3	4	5	6	7	8	9	10
Signification	Très insuffisant				Médiocre	Passable	Satisfaisant		Excellent	
Exemples	 Incohérence	 Jeux irréguliers					Premier niveau Acceptable marché 			

Notes hédoniques				
N'aime pas du tout	N'aime pas tellement	Aime moyen	Aime bien	Aime vraiment beaucoup

La signification de chaque note doit permettre une action concrète

L'évaluation des produits selon les profils des produits/services et des concurrents

Diverses évaluations peuvent être faites : soit globales si le produit le permet (c'est relativement simple) ou bien à un niveau élevé d'abstraction, soit partielles, ponctuelles ou locales car relatives à une partie de produit, une fonction particulière ou une prestation.

Figure 6-6. Évaluation qualité perçue : les profils.
Classement pour un segment de marché de l'ensemble des produits examinés

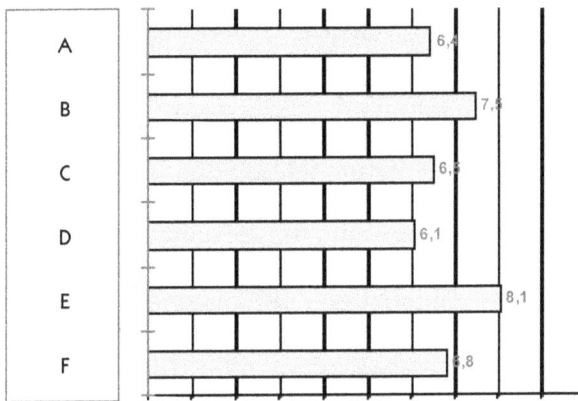

Les notations se font sur une échelle « sémantique », dont les échelons sont qualifiés par des jugements et/ ou des exemples correspondant ; au niveau par exemple :
1 (Très mauvais), 7 (Niveau moyen, acceptable pour le marché), 10 (Excellent)

L'exploitation

Des typologies fondées sur les prestations sont souvent suggérées ensuite, par les comparaisons et l'analyse de la concurrence.

Mesurer les aspects sensoriels : l'analyse sensorielle

La perception des produits par les consommateurs est mal connue. Le plus souvent, la nuance d'une couleur, l'élégance d'une forme, l'agrément d'un toucher comme le raffinement d'une odeur relèvent de l'intuition et de l'expérience d'un expert. Un besoin de standardisation pour identifier et quantifier les sensations de manière objective et répétable fait appel aux techniques de l'analyse sensorielle. Elle représente l'ensemble des méthodes qui permettent d'évaluer les qualités organoleptiques d'un produit (caractéristiques faisant intervenir les organes des sens, goût, odorat, vision, toucher, audition).

Le principe de l'analyse sensorielle est de caractériser et quantifier des critères émotionnels ou sensoriels, grâce à des *descripteurs* qui sont des termes quantifiés représentatifs d'une sensation élémentaire. Pour l'étude et le développement des produits, ceci constitue un outil de caractérisation et de comparaison, mais aussi de communication entre les différents métiers. En expliquant les termes sensoriels, les acceptations et les préférences, cette analyse établit un langage commun entre concepteurs et fournisseurs.

Les bases de données consolidées : les cotations des produits du marché au cours du temps

Les notations vont alimenter une base d'informations permettant non seulement de se situer par rapport à la concurrence, mais aussi d'estimer les évolutions et les niveaux des marchés à terme (figure 6-7).

Figure 6-7. Traitement des informations

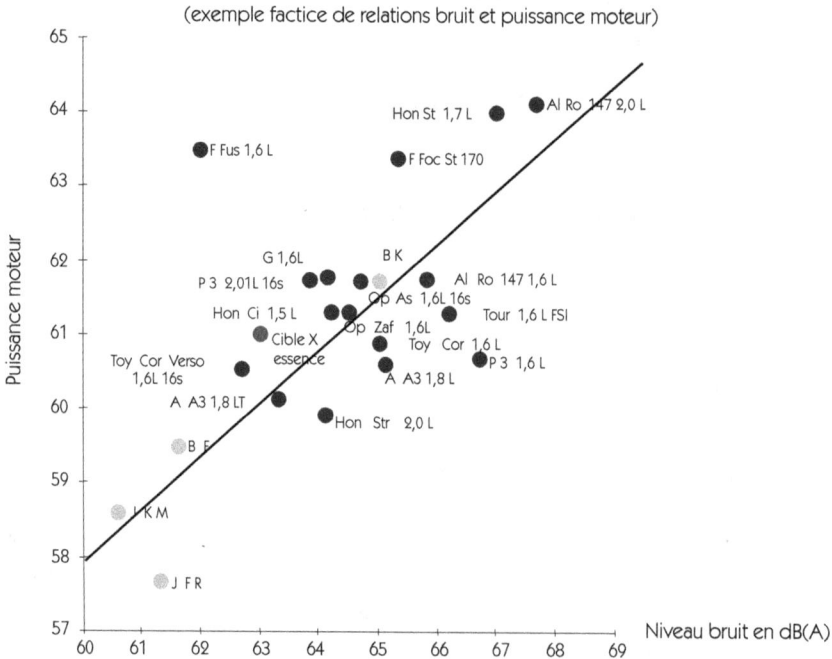

(exemple factice de relations bruit et puissance moteur)

Les évolutions tendancielles :
les cibles potentielles et les mesures associées

L'évolution des prestations au cours du temps donne une tendance qui permettra de se projeter dans le futur et mesurer les cibles du projet (figures 6-8 et 6-9).

Figure 6-8. Évolution de la perception du style d'un produit automobile

(exemple automobile, issu de l'expérience de l'auteur)

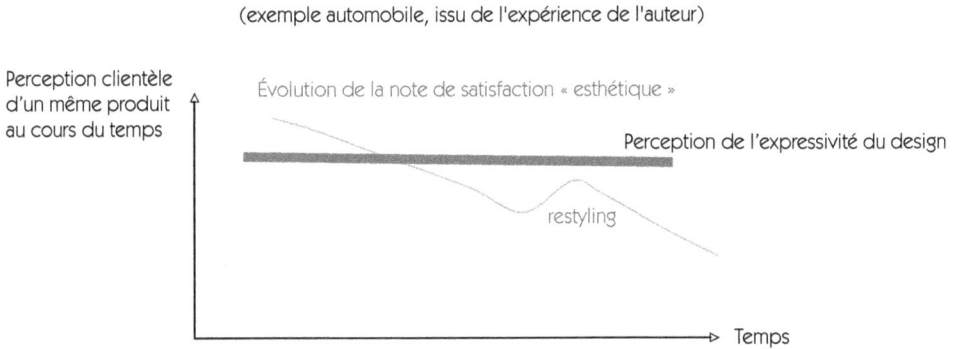

La satisfaction de l'esthétique du produit baisse car son style se banalise. Certaine réussites exceptionnelles limitent cette décroissance.
La perception de l'expression du concept et de son positionnement évolue peu.

Figure 6-9. Le niveau de qualité perçue a progressé

(exemple automobile 2003, différentes sources de journaux automobiles)

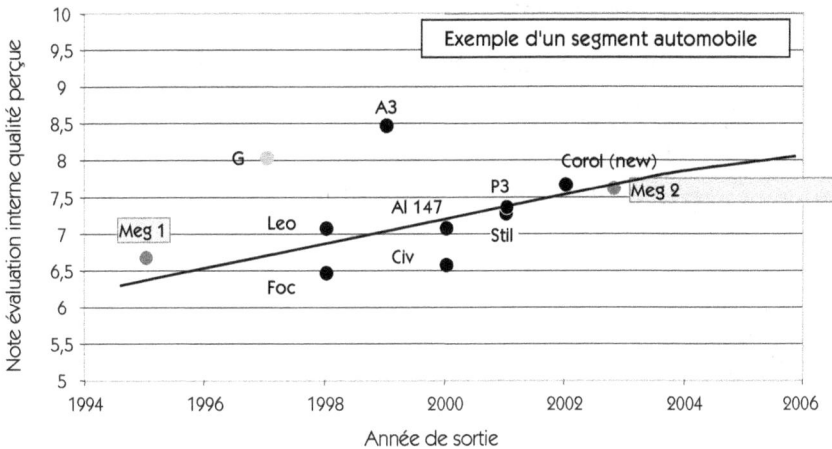

La moyenne marché pour les années 2002 est de 7,5, elle sera 8,0 à l'horizon 2006

Évaluation, diagnostic et pronostic du projet pour passer les revues

Les évaluations du projet en qualité perçue préparent les revues[1] (figure 6-10). La criticité des points identifiés par rapport aux fondamentaux donnera lieu à une liste unique des problèmes à traiter.

Figure 6-10. Évaluation projet qualités perçues : la résolution de problème

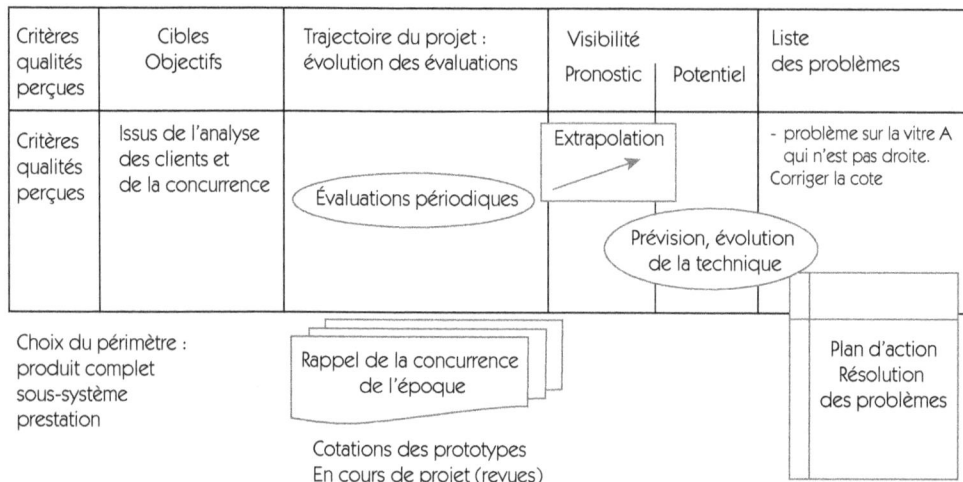

Critères qualités perçues	Cibles Objectifs	Trajectoire du projet : évolution des évaluations	Visibilité Pronostic | Potentiel	Liste des problèmes
Critères qualités perçues	Issus de l'analyse des clients et de la concurrence	Évaluations périodiques	Extrapolation / Prévision, évolution de la technique	- problème sur la vitre A qui n'est pas droite. Corriger la cote

Choix du périmètre : produit complet sous-système prestation

Rappel de la concurrence de l'époque

Cotations des prototypes En cours de projet (revues)

Plan d'action Résolution des problèmes

Les évaluations comportent aussi les notes d'évaluation du projet et de la concurrence, avec une estimation des chances d'atteindre ou non l'objectif (pronostic). Le plan de travail est donc issu de la LUQP[2] du projet (figure 6-11).

Les évaluations servent à avoir une visibilité sur le niveau de qualité à la sortie du produit : l'entreprise s'interdira de passer des jalons pour lesquels persistent des problèmes de type K 1, puis K 2, etc.

L'évaluation permet aussi de simuler si l'objectif peut être atteint, de constituer un pronostic et de réorienter le projet s'il est nécessaire de changer de technologie (figure 6-12).

Le prononcé de l'évaluation se fait avant le passage du jalon en ayant prévenu les intéressés afin qu'ils puissent corriger au mieux les problèmes du jalon.

---

1. Réunion de différents métiers pour préparer un jalon à venir.
2. Liste unique des points qualité perçue.

Figure 6-11. Qualité perçue : notes d'évaluation d'un produit automobile

	Version 1			
	Cible	Proto 2	Proto 3	Visibilité série
Extérieur	7,8	6,6	6,8	7,3
Intérieur	8,2	7,0	7,2	7,8
Note globale	8,0	6,8	7,1	7,6

Rappel évaluations précédentes :   Rappel Gamme
Vague 0   : 6,1   Cible   : 8,0
Vague 1   : 6, 6
Vague 2   : 6,8
Vague 3   : 7,1

Rappel positionnement segment :
Produit remplacé : 7,0
Concurrent 1   : 8,2
Concurrent 2   : 8,0
Concurrent 3   : 7,2

Figure 6-12. Qualité perçue :
liste des problèmes critiques (K 1, K 2, K 3, K 4) pour un produit automobile

Liste des K1
- défauts géométrie du volet de vide-poche : trop libre en latéral
- mauvaise tenue de l'habillage : trou à la jonction, mauvais placage joint trappes

Liste des K2
- commande extérieure de porte : trop de jeu à l'ouverture
- baguettes latérales : placage insuffisant
- liaison feu AR/côté de caisse : jeu irrégulier et vision entre pièces excessive
- liaison porte coffre /côté de caisse : jeux/affleurements irréguliers et excessifs

Liste des K3
- bouclier AV : joint trop court
- hayon : point d'équilibre trop bas à la fermeture
- lunette AR : émaillage trop court (vision interne tôle sous habillage)
- éclaireur de plaque AR : bord agressif

Des exemples pour pratiquer l'évaluation

Des exemples de points forts/faibles en référence aux fondamentaux

En présence d'un objet existent toujours des aspects positifs et négatifs.

Figure 6-13. Points forts, points faibles du produit en qualité perçue

Séduit dès la première impression	Points faibles	Points forts
• Impression de personnalité qui se démarque : force du produit • Suscite une première impression valorisante • En spontané : « J'aime » • La forme exprime le fond et les fonctions • Pas de défaut qui « tue »	Crayon en bois	Position ergonomique pour la course Ergonomie des passages de vitesse Expression de rigidité du cadre Efficacité du freinage Efficacité du freinage Qualité de la mécanique

Point faible du crayon : peu de séduction.
Point fort du vélo : expression de dynamisme.

Exprime le bien pensé pour le client et le satisfait	Points faibles	Points forts
Rend lisible le pensé pour le client Prestations sensibles : • Vécu facile et simple • Adapté à son usage Prestations sensorielles : Agréable aux sensations (vue, toucher, ouïe, odorat, ergonomie, manipulations…)		« On a pensé à moi ! »

Points faibles : la jonction entre deux pièces de carrosserie suggère des problèmes d'étanchéité (même si la technique assure cette étanchéité) ; le matériau paraît un plastique dur et brillant.
Points forts : l'accès à la machine à laver exprime la facilité.

Infère du sens et des valeurs	Points faibles	Points forts
• Impression d'un « plus » • Suggère des valeurs de modernité, de progrès et de durée • « On en a pour son argent » • Infère une déduction de quelque chose qui a progressé • « Correspond à ma personnalité »		 Siège très expressif de ses qualités

Points faibles : table rustique mais présentant des défauts.

Points forts : impression de siège offrant des « plus » modernes.

Signifie la maîtrise technique	Points faibles	Points forts
• Bien conçu dès le départ Bien réalisé dans les détails • Signes de travail bien fait • Bonne « Finition » Matériaux valorisants Intégration Homogénéité Achèvement		

Points faibles : les jonctions entre les parties de véhicule sont signe de mauvaise finition.

Points forts : impression de maîtrise de la finition par les coutures et le matériau.

Offre une cohérence, un tout véritable et durable	Points faibles	Points forts
• Un tout : cohérence des parties entre elles, entre le suggéré et le perçu • Consistance • Pas de détail « qui tue » • Durable : impression de durée, peinture non passée • Donne confiance pour durer, robuste		

Points faibles : manque de cohérence entre les parties qui semblent conçues séparément. Vieillissement des accessoires.

Points forts : impression de cohérence de la table par ses formes, impression de durée.

Des exemples d'évaluation de prestations sensibles et sensorielles

Une grille de lecture de la qualité perçue des matériaux

La perception de la qualité des matériaux passe par plusieurs sens. Des perceptions peuvent être négatives comme un aspect luisant, trop de raideur, un bruit creux. D'autre le font apparaître comme noble : bruit mat, contact *soft*, grains se rapprochant de références valorisées comme le grain du cuir ou de la peau.

Les plastiques ont beaucoup évolué aujourd'hui. Mais si le plastique apparaît comme cassant, rigide, faisant penser à la bakélite des vieux téléphones, il sera considéré comme du *plastoc*. Il faudra une utilisation qui révélera ses qualités pour évoluer dans l'opinion.

Des appréciations plus ou moins bonnes de la finition

La qualité perçue et la finition signifient le travail bien fait, elles recouvrent la capacité des constructeurs à terminer leurs produits. Bien souvent, la qualité perçue repose sur la bonne perception du détail : un petit détail mal fait, assez visible ou prégnant, peut à lui seul casser la bonne impression globale. À l'inverse, un détail peut détourner l'attention ou la focaliser sur lui.

Figure 6-14. Aspects positifs et négatifs : qualités perçues des matériaux (perception au travers de différents sens et de leur association)

Qualités perçues	Aspect négatif Fait « plastoc »		Caractéristiques	Aspect positif Fait noble	
Vue	Luisant Trop clair Plat, mince	Fait fragile	*GRAIN* *DESSIN*	Mat Couleur dense Profondeur Épaisseur, arrondi	Impression de robustesse sécurité
Toucher	Rigide Raide	Fait clinquant Non fini Bon marché	*QALITÉ de la MATIÈRE*	Épais Résistant Molletonné, lourd, douillet Chic, soft	Impression sensorielle de confort sensuel
Ouïe	Bruit creux Qui résonne Qui vibre métallique	Fait fragile Cassant, léger insécurisant	*QUALITÉ du SON (courbes de fréquence, amortissement)*	Sourd Mat Ouaté Amorti	Lourd et souple Robuste Solide, résistant noble
Odorat	Odeur de plastique de mauvaise qualité	Évoque des matériaux dépassés	*COMPOSÉS (chimiques)*	Odeur souvent très personnelles	Selon les goûts

Figure 6-15. Grains du cuir et du plastique

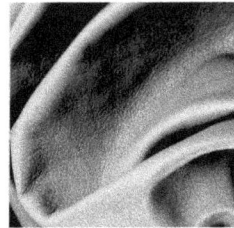

Le cuir peut être une référence comme qualité de matériau. Son aspect inspire les grains des matériaux plastique.

Mais les tissus, qui ont d'autres propriétés, sont des concurrents dans l'offre d'intérieur des automobiles

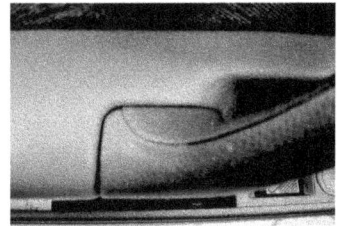

La finition concerne la qualité des matériaux ainsi que leur association. Le grain du cuir est une référence, les plis peuvent être signe de confort (le cuir en possède) ou de mauvaises coutures, trop tendues, prêtes à lâcher (figures 6-16 et 6-17).

Figure 6-16. Aspects positifs et négatifs :
finition des « bons plis » et des « mauvais plis »

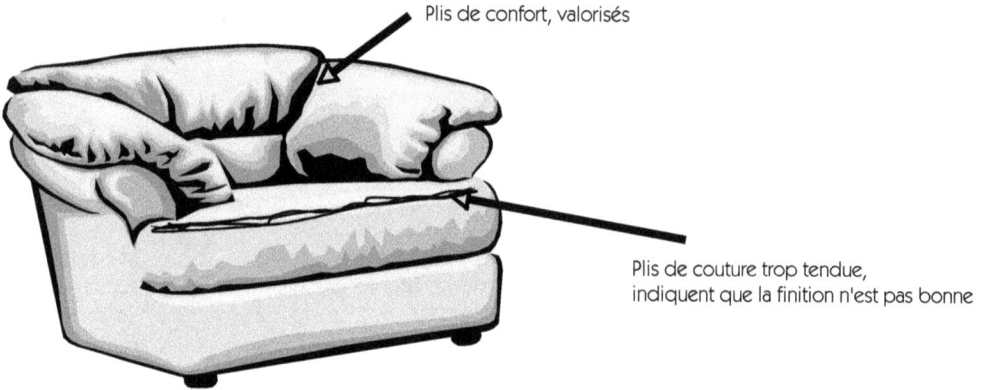

Plis de confort, valorisés

Plis de couture trop tendue,
indiquent que la finition n'est pas bonne

Figure 6-17. Coutures sur cuir

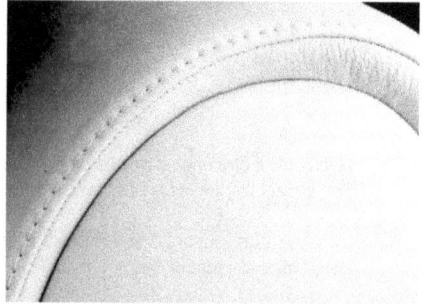

Les coutures peuvent mettre en valeur le matériau ou le tissu,
par un effet d'animation de la matière, une broderie.

Ici, les coutures auraient pu être plus riches compte tenu
de la qualité suggérée du cuir

La peinture participe fortement à la mise en valeur d'un objet. Les aspects positifs et négatifs concernent deux prestations, la belle peinture et la bonne peinture. Nous listons dans la figure 6-18 les composantes des deux aspects.

Figure 6-18. Les qualités d'une peinture : belle et bonne

« La teinte parle, elle appelle le regard » (verbatim client)
Qualités d'une PEINTURE : « verbatim clients »
  - belle peinture : éclat de la teinte (brillance perçue), effet miroir, qualité de la teinte, harmonie avec les lignes
  - bonne peinture : ajustements et écarts de teinte, impression d'épaisseur, homogénéité, résistance aux agressions, maintien des qualités durant le vieillissement

Évaluations des clients subjectives et empiriques : visuel, tout d'abord puis toucher pour vérifier et donner confiance dans la bonne tenue au vieillissement

Couleur et forme sont indissociables et prégnance de la teinte
Couleur : teinte, saturation (couleur saturée : pure et intense), luminosité, contraste
Une même sensation de couleur peut être due à des lumières de compositions spectrale différentes(sensation de jaune : une longueur d'onde, lumière blanche privée de bleu, mélange rouge et vert)

Des défauts vus (coulure, bavure, rayure) d'autres qui le sont plus ou moins (« peau d'orange)

Aucune mesure interne (à l'entreprise considérée) ne représente le perçu de belle peinture (l'appareil qui mesure la brillance, collé sur la carrosserie ne donne pas la vision des yeux)
Bien que les appréciations soient très subjectives, l'accord des jugements des clients est bon

Des exemples d'évaluations sensorielles : les sensations mises en chiffres

Le champ des odeurs

L'odeur est une information, une alarme, un indice. Sa description est faite en termes qualitatifs (présence de 45 références) et quantitatifs en donnant une intensité globale puis sur chaque référent du champ des odeurs. L'échelle d'intensité est définie par six niveaux[1] :

0. Aucune odeur perceptible ;

1. Odeur faible demandant un tel effort d'attention qu'il est difficile de la nommer ;

2. Odeur perçue par simple flairage du sujet sans autre information ;

3. Odeur perçue même lorsque l'attention du sujet est portée ailleurs ;

4. Odeur puissante occupant l'attention du sujet et gênant d'autres activités ;

5. Odeur « incontournable » polarisant l'attention du sujet.

---

1. *Ingénieurs de l'automobile*, janvier-février 2001.

Le contact du toucher : l'exemple de la peinture soft

L'article « Le marketing du toucher »[1] nous suggère les points suivants. L'analyse sensorielle tactile, inspirée de l'analyse gustative en alimentaire, permet de mesurer le toucher, car même très entraîné, l'humain ne donne pas des mesures linéaires et continues, comme le permet un instrument de mesure. En dessous d'un certain seuil de variation, le doigt ne sent plus la différence. Il faut déterminer quelle est la plus petite variation perceptible par l'homme. Comme le goût, la sensation tactile est la résultante d'une myriade de paramètres difficiles à décomposer et à exprimer.

Les types de toucher sont traditionnellement définis par :

- Toucher tangentiel ou latéral : texture, rugosité, relief, caractère glissant, satiné, collant ;
- Toucher orthogonal ou pression : dureté, force, pression, souplesse, élasticité ;
- Toucher de contact statique : température, transferts thermiques, sensation de chaud/froid ;
- Soulever : estimer le poids ;
- Envelopper : apprécier une forme globale, un volume ;
- Suivre un contour : définir une forme globale et les détails exacts.

Figure 6-19. Couleur et peinture : exemple d'analyse sensorielle

- Les peintures à « toucher amélioré » (ex. : Verilac, L'Entreprise, n° 140, 1997)
- Offre : peintures grainées, mates au toucher velours ou soie, « soft », à effets.

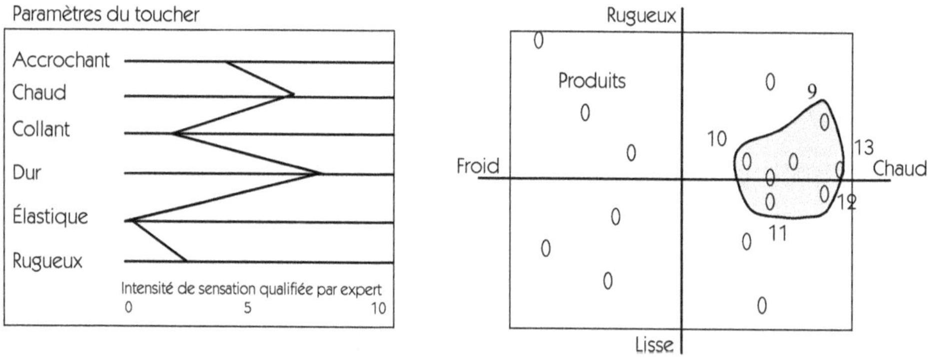

Profil sensoriel

Enquête consommateur : confrontés à des échantillons au toucher contrastés, les consommateurs ont préféré les produits 9 à 13

---

1. *L'Entreprise,* n° 140, mai 1997.

Figure 6-20. Différents types de toucher selon Zéderman et Klastzky

– Toucher tangentiel ou latéral : texture, rugueux, relief, glissant, satiné, collant

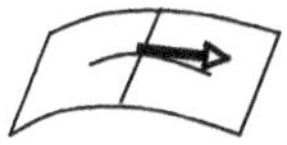

– Toucher orthogonal ou pression : dureté, force, pression, souple, élastique

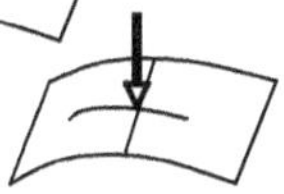

– Toucher de contact statique : température, transferts thermiques, chaud / froid

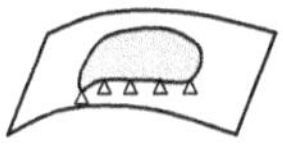

– Soulever : poids

– Envelopper : forme globale et volume

– Suivre un contour : forme globale et détails exacts

L'univers des goûts : « j'aime », « je n'aime pas… »

Le goût est une sensation qui relève de mécanismes où interviennent à la fois la gustation et l'olfaction. Toute stimulation du goût déclenche deux phénomènes simultanés : on identifie la saveur et on l'interprète. Chacun de nous développe dans sa vie son propre répertoire de goûts et de dégoûts. Même si les saveurs primaires (salé, sucré, amer, acide) ne peuvent représenter l'extraordinaire subtilité de notre sensibilité gustative, elles délimitent des territoires sensoriels à la surface de la langue. La perception est subtile. Selon son intensité, une même saveur peut être plus ou moins plaisante. Pour chacune, il existe un seuil d'intensité correspondant à un niveau de plaisir gustatif maximal. Au-delà, la sensation devient moins agréable.

Mais le goût ne relève pas que de facteurs physiques : les circonstances dans lesquelles nous avons découvert un aliment jouent un grand rôle. Il suffit qu'un goût particulier soit associé, une seule fois, à une sensation pénible pour qu'une aversion durable se développe : nous sommes victimes d'une aversion conditionnée. On peut aussi induire des préférences alimentaires en associant la prise d'un aliment à une sensation de mieux-être. Ainsi, présenter un plat de façon appétissante accroît le plaisir.

L'appréciation du plaisir procuré par les aliments n'est pas innée : cela s'apprend, le cerveau doit être formaté, les circuits neuronaux de l'enfant doivent être organisés, pour lui permettre d'enrichir aussi son patrimoine culturel.

L'exemple d'un plan de toilette

La qualité d'un plan de toilette se perçoit par l'aspect du matériau, brillant ou mat. En fait, un juste milieu est demandé entre le trop luisant *qui fait toc* et le terne *qui fait sali*.

Figure 6-21. Plan de toilette : aspects positifs et négatifs des matériaux

- Rassurer les utilisateurs
  - Éviter l'accumulation de saletés
  - Facilite à nettoyer et d'entretien : pas de traînées
  - Exprimer la simplicité de l'usage
  - Garantir la sécurité (brûlures, blessure…)

- Optimiser les fonctionnalités
  - Donner des surfaces de pose pour les accessoires (savon, verre, brosse…) : avoir beaucoup de surfaces de rangement (surfaces planes, répartis, rationnels…)
  - Écoulement de l'eau maîtrisée (température et débit) et sans éclaboussure
  - Avoir de l'espace pour l'eau : surface

- Donner une image moderne et valorisante
  - Lignes agréables et tendance
  - Matériaux faisant référence à des matériaux vrais, synthèse entre céramique et plastique qui ne s'écaillera pas

Figure 6-22. Qualité perçue des matériaux d'un plan de toilette

Caractéristiques demandées :
- Éclat de l'émail
- Résistance à l'utilisation, pas de rayure
- Bonne impression de solidité à la vue
- Ne fait pas « léger » au son (si on toque) ni au toucher
- Impression de propreté, de facile à nettoyer
- Couleur dans le blanc ou pastel

Les points forts concernent la juste impression des matériaux qui se situe entre :
- brillant (propreté et esthétique de l'émail) mais pas trop (risque de faire « toc », mauvais plastique)
- mat (référence à la solidité du marbre) mais pas trop terne (risque d'apparaître comme sali ou vieilli)

Le brillant du lavabo exprime la propreté

Plan de toilette

▷ Fiches outils

Fiche 19. La démarche d'évaluation : rendre objectives les appréciations subjectives

Figure 6-23. Démarche d'évaluation projets

1 – Préparation
  - Sujet (exemple : perception des jeux de carrosserie) et positionnement produit
  - Critères d'évaluation
  - Notes et échelles
  - Processus d'évaluation (procédure)

2 – Évaluations
  - Experts (selon processus de perception client)
  - Notes (échelle sémantique)
  - Commentaires (explications sur le terrain des points forts et faibles)

3 – Partage du langage
  - Langage commun et partagé : échanges
  - Connaissance concurrence : meilleures pratiques
  - Avoir des repères concrets (visualiser ce que veut dire 8/10 ou 6/10 par exemple)
  - S'étalonner entre essayeurs : avoir le même processus ou enrichir des divergences
  - Éviter les dérives des experts

4 – Travailler ensemble
  - Apprendre (auto-formation, apprendre des autres)
  - Construire ensemble (agréer et conjuguer les points de vue)
  - Communiquer

5 – Plan d'action

6 – Capitaliser
  - Capitaliser les expériences

La démarche d'évaluation est définie dans la figure 6-23 :

- Processus d'évaluation : protocole pour rendre comparable les différentes évaluations ;

- Évaluations par équipes de deux ;

- Restitution sur les maquettes ;

- Explication de la note : pourquoi cette note, pourquoi des écarts d'appréciation ?

L'évaluation s'appuie sur une grille décrite dans la figure 6-24.

Figure 6-24. Grilles d'évaluation

- Elles servent à coter le niveau de la prestation, par rapport à des critères clients
- Elles sont remplies en groupe de travail
- Elles permettent de comparer les niveaux de prestation à ceux de la concurrence et définir des cibles par rapport à la concurrence
- Elles suivent l'évolution de la prestation du produit au cours du projet
- Elles sont utilisées pour élaborer des trajectoires et anticiper des pronostics
- Elles alimentent les LUQP projet en définissant les problèmes à traiter

	Grille d'évaluation type		
N	Liste des critères	Évaluation Concurrent 1	Pourquoi cette note en + et en - ?
			+ Les pièces sont bien ajustées - On voit l'intérieur
	Note globale : moyenne pondérée		

Fiche 20. Comparaisons avec la concurrence et bases de donnée

La comparaison avec la concurrence et le suivi des évolutions dans le projet supposent une grille comme décrite ci-dessous.

N	Produit X	Cible	Pronostic Visibilité sortie	Évaluation Proto 3	Évaluation Proto 2	Évaluation Proto 1	Plan d'action : LUQP Déploiement métiers
			Notes				
							Analyser la perception d'habitabilité pour le concurrent…
							Faire une analyse sensorielle sur
							Réduire le rayon de la porte
							Ajuster les deux pièces
	Note globale : Moyenne pondérée						

Le respect des fondamentaux ainsi que la mesure des évaluations permet de constituer la liste des problèmes et de les coter en niveau de criticité K 1, K 2… Les deux exemples sur les critériums illustrent quelques actions de progrès (figures 6-25 et 6-26).

Figure 6-25. Évaluations qualités perçues de critériums (1)

Références de jugement : stylo de type marqueur, d'utilisation courante, tout type d'utilisateur

Évaluation	A	B	Commentaires (pourquoi ces notes)	Plan d'action
Contact agréable	7	6	(+) souple pour A (-) sec pour B	
Bonne tenue en main	6	6	(-) rond	
Ne fait pas « cheap »	3	7	(-) matériau très mauvais pour A	
Esthétique	4	7,5	(+) teinte pour B	
Vieillissement	3	8	(---) mauvais pour A	Changer la matière de A
Note globale	5	7		

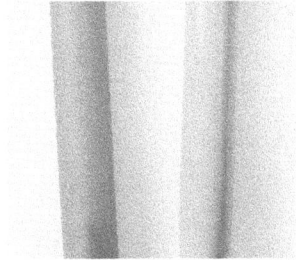

Marqueur A   Marqueur B

(Photos prises par l'auteur)

Les objets sont évalués sur une échelle « sémantique » (chaque niveau est illustré) :
1 : très mauvais – 7 : moyen pour le marché – 10 : excellent

Figure 6-26. Évaluations qualités perçues de critériums (2)

Références de jugement : utilisateur tendance professionnel

Évaluation	A	B	C	Commentaires (pourquoi ces notes)	Plan d'action
Contact agréable	7	8	6	(+) touchers souples A et B (-) métallique C	Rendre cohérent matières C
Bonne tenue en main	7	8	7	(+) et (-) grips pour A et B, mais ronds (+) antidérapant C	
Esthétique, élégant Technicité	5	8	9	(-) Bas de gamme A (+) matériau B (+) Technique C	
Note globale	6	8	7,5	C très typé	

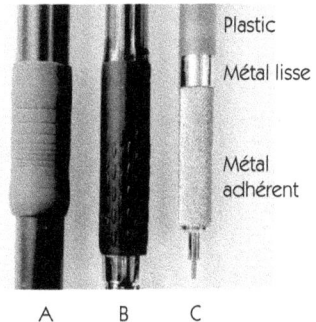

Plastic

Métal lisse

Métal adhérent

A   B   C

(Photos prises par l'auteur)

Les objets sont évalués sur une échelle « sémantique » (chaque niveau est illustré) :
1 : très mauvais – 7 : moyen pour le marché – 10 : excellent

Fiche 21. L'analyse sensorielle : intensité et préférences, protocole

Les points importants à respecter sont, d'une part, faire la distinction entre intensité d'une sensation et préférences que le client va accorder intuitivement à une sensation par rapport à une autre, et, d'autre part, le protocole d'essai qui permet de rendre reproductible les évaluations.

Figure 6-27. Analyse sensorielle : démarches

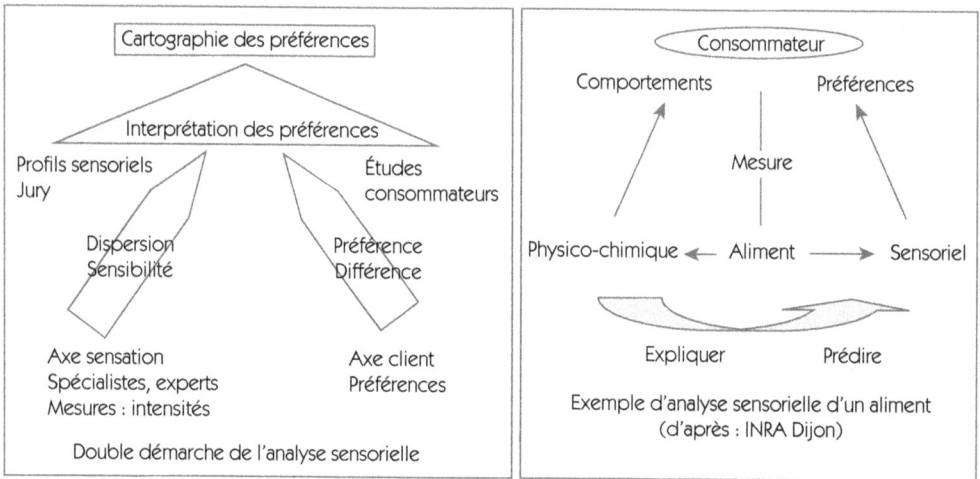

Cartographie des préférences

Interprétation des préférences

Profils sensoriels
Jury

Études
consommateurs

Dispersion
Sensibilité

Préférence
Différence

Axe sensation
Spécialistes, experts
Mesures : intensités

Axe client
Préférences

Double démarche de l'analyse sensorielle

Consommateur

Comportements   Préférences

Mesure

Physico-chimique ← Aliment → Sensoriel

Expliquer   Prédire

Exemple d'analyse sensorielle d'un aliment
(d'après : INRA Dijon)

Figure 6-28. Analyse sensorielle : évaluations et préférences

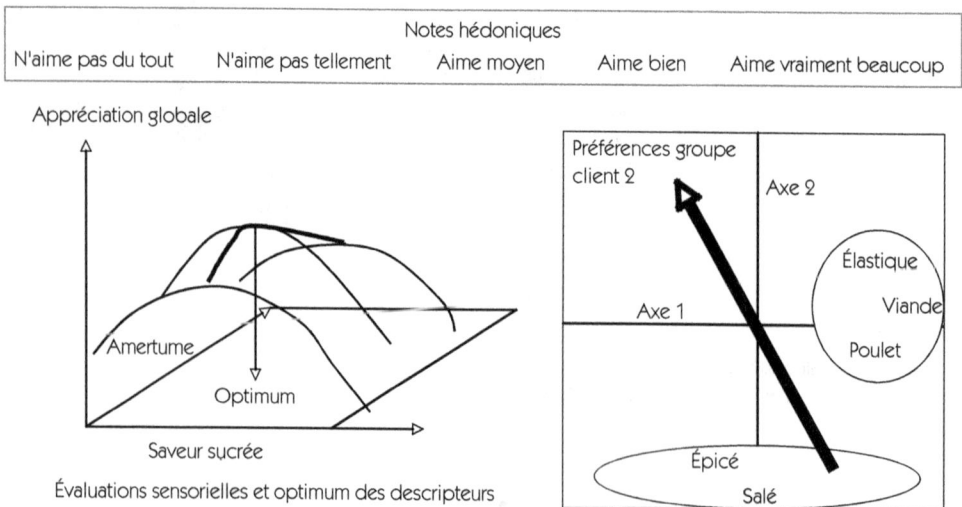

Notes hédoniques				
N'aime pas du tout	N'aime pas tellement	Aime moyen	Aime bien	Aime vraiment beaucoup

Appréciation globale

Amertume

Optimum

Saveur sucrée

Évaluations sensorielles et optimum des descripteurs

Préférences groupe client 2

Axe 2

Axe 1

Élastique
Viande
Poulet

Épicé
Salé

La méthode part du principe que les clients ne savent pas expliquer les mécanismes de leurs sensations, mais qu'ils peuvent, par contre, de façon fiable, exprimer par une note globale s'ils aiment ou n'aiment pas. Elle se déroule de la façon suivante :

- Recherche de descripteurs en utilisant ceux existants connus par les experts. La recherche de descripteurs manquants se fera après un travail d'enquête, par analyse des attentes clients ;

- Quantification des produits sur les descripteurs par un groupe de clients donnant une préférence subjective (aime plus ou moins ou comparaison de produits). Les jugements portent sur des produits ayant par exemple des réglages différents, correspondant à des valeurs différentes des descripteurs, ils fournissent les données hédoniques.

L'analyse sensorielle se présente selon deux points de vue : un axe *sensations* et un axe *préférences* qui sont complémentaires. Leur utilisation conjointe aboutit à une cartographie des préférences.

L'axe sensation repose sur le travail des experts ou d'un jury. Il exclut toute expression de préférence et a trait uniquement à la description analytique des produits pour les sensations offertes. Il définit les niveaux ou intensités sensorielles. Les experts expriment verbalement leurs évaluations selon un mode opératoire défini, et après entraînement et une formation sur les descripteurs retenus. Il s'agit de métrologie sensorielle.

L'axe « préférences » fait intervenir l'expression des consommateurs, sans faire appel à une description analytique. Seul intervient ici l'aspect hédonique (plus ou moins plaisant) des produits, sans oublier toutes les références aussi bien culturelles qu'individuelles (modes, mémoire, expériences individuelles…) auxquelles il renvoie.

Le but est de décrire les caractéristiques sensorielles et d'anticiper le niveau d'acceptation par le consommateur, de comprendre en quoi elles reflètent ses préférences, selon les points suivants :

- **Les préférences**, c'est-à-dire une cartographie interne des préférences, une carte des produits reflétant au mieux les préférences des consommateurs pour les produits. La cartographie est définie à partir d'une analyse de données (ACP : analyse en composantes principales, où les individus sont les produits, et les variables sont les consommateurs). Cette analyse fournit sur les deux axes principaux les proximités des produits selon les préférences ;

- **L'optimisation**, c'est-à-dire une cartographie externe des préférences. Elle sert à définir les préférences maximales dans l'espace sensoriel. Les caractéristiques sensorielles des produits (coordonnées sensorielles) sont corrélées aux notes de préférences clients ;

- **Les mesures et plans d'action**. C'est l'instrumentation des produits et mesures de leurs caractéristiques sensorielles pour faire la liaison avec les caractéristiques physico-chimiques.

Par exemple, l'analyse sensorielle tactile consiste à sélectionner une palette de produits représentatifs de l'offre du marché. Des experts définissent un ensemble de descripteurs permettant de qualifier les sensations perçues. Chaque descripteur doit exprimer un seul paramètre de la sensation : par exemple, pour une peinture extérieure, le caractère accrochant, collant, la chaleur, la dureté, l'élasticité, la rugosité, la plasticité, ou, pour du papier toilette, la souplesse, le moelleux ou l'abrasivité.

Le processus d'essais en interne entreprise intervient alors ; il doit représenter des cas d'utilisations clients. Les experts s'entraînent toute l'année à améliorer leur seuil de perception et à fournir des mesures reproductibles et homogènes. Les experts donnent pour chaque produit une note sur des échelles de 1 à 10, sur son caractère collant, sa chaleur, sa dureté, sa rugosité… Grâce à des moyennes, on obtient le profil sensoriel de chaque produit.

Ces mesures permettront d'interpréter les tests des consommateurs, qui classent les produits du plus au moins agréable au toucher : à partir des graphiques des zones de toucher préférées, on déduira par paramètre les plages autorisées (chaleur comprise entre 7 et 9, rugosité entre 4 et 7, etc.). Elles permettront aussi de mettre au point des instruments de mesure physique pour chaque descripteur.

Fiche 22. Le choix des cibles futures : définir les évolutions du marché

La stratégie de l'entreprise définira la volonté de se positionner dans un marché, en exprimant une vision du futur. Les évaluations serviront à mesurer les cibles afin de définir des objectifs quantifiés.

Les problèmes détectés en évaluation permettent de détecter rapidement des insatisfactions qui risquent d'être exprimées par les clients et de choisir les actions les plus prioritaires (figure 6-29).

Les évaluations alimentent une base de données, qui permettra de simuler les évolutions possibles de la concurrence et choisir la plus probable (figure 6-30) et définir des cibles.

Figure 6-29. La gestion des trajectoires et des écarts : prévu/réalisé

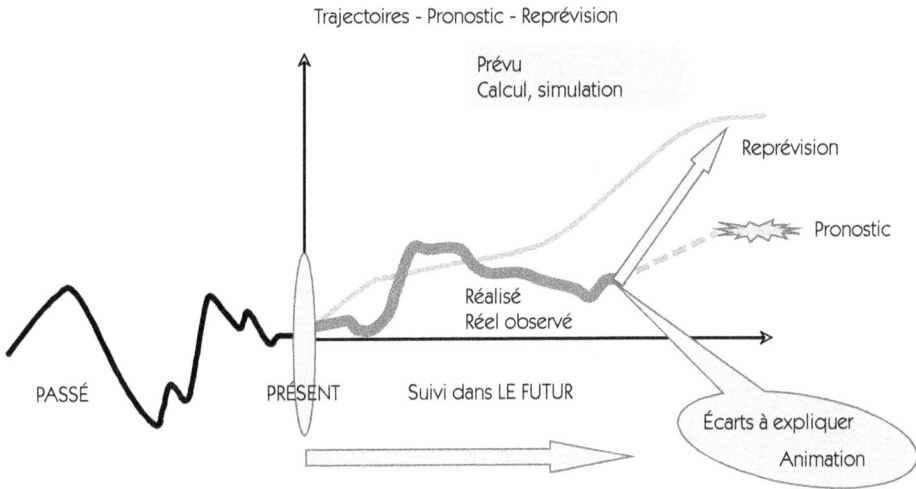

Trajectoires - Pronostic - Reprévision

Prévu
Calcul, simulation

Reprévision

Pronostic

Réalisé
Réel observé

PASSÉ   PRÉSENT   Suivi dans LE FUTUR

Écarts à expliquer
Animation

Figure 6-30. L'identification des cibles : estimation de la concurrence future

Construction de scénarios :

1 - Descriptions :
 - paysage de la concurrence future
 - Estimation des évolutions probables
 - Cibles de marchés et attentes des clients hiérarchisées
 - Environnements socioculturel, économique
 - Évolutions techniques

2 - Définir les interactions entre ces facteurs (graphe des liaisons) : par exemple un nouveau concurrent crée de nouvelles références qui vont influer les attentes futures

3 - Modéliser les impacts des évolutions de l'offre sur les critères client

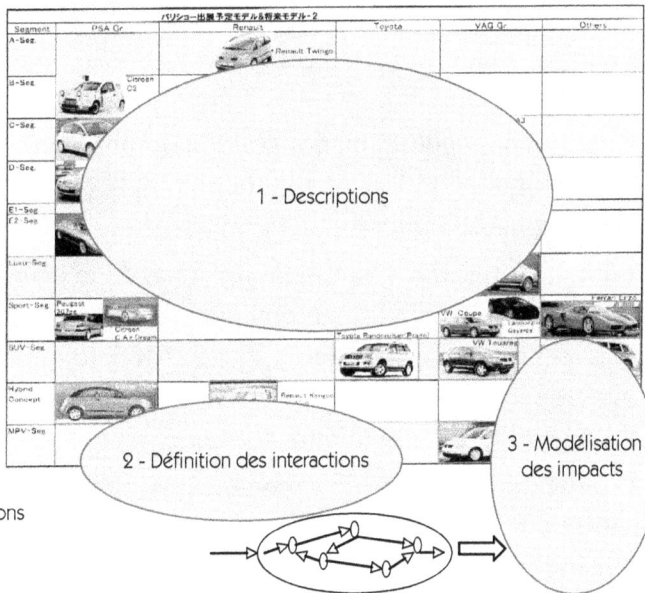

1 - Descriptions

2 - Définition des interactions

3 - Modélisation des impacts

Les points marquants

Les pièges à éviter

- « J'aime/je n'aime pas » est à proscrire pour les évaluateurs. Cette réaction est celle du client, non la sienne.
- L'influence de l'image de marque : les évaluateurs sont des gens de métier, ils connaissent les produits et leur image et doivent faire abstraction de cette connaissance *a priori* en se demandant chaque fois s'ils n'ont pas été influencés (auto-évaluation).
- Une évaluation qui serait trop le reflet de l'opinion des membres du groupe, et non une mesure par rapport à l'attente client.
- Une maquette évaluée non représentative.
- Le blocage du dialogue d'explication du groupe par un participant.

Les points les plus importants

- Évaluer des maquettes virtuelles ou réelles, représentatives, sur un périmètre délimité et connu, dans un contexte décrit, par rapport à des références explicitées. Identifier ce qui est évalué (version, niveau d'équipement…).
- S'en tenir à un processus d'évaluation stable, connu des participants et reproductible.
- Expliquer le « pourquoi des écarts » de notation directement au contact des objets lors de la restitution en groupe.
- Bien distinguer « intensité » et « préférence ».
- Faire des corrélations si possible aux notes du marché, plus globales, pour se caler sur le client.
- User des notes d'évaluation et K 1 K 2 K 3 (criticité des problèmes à résoudre selon les jalons).
- Associer LUQP (Liste unique des points qualité perçue) et plan d'action.
- Prendre des photos pour les produits matériels (pour un rappel de la version, une situation d'évaluation, pour faire des simulations).
- Organiser un groupe de travail équilibré entre différents métiers, pour construire l'évaluation de façon objective avec un pilote garant de la vision client. Présence possible de responsables du projet qui situent les références du marché du projet. Formation préliminaire à faire pour qu'ils connaissent les règles de l'évaluation.
- Concrétiser le virtuel : rendre palpable les idées évaluées, raconter une histoire.
- Anticiper les évolutions, simuler les tendances concurrence : liste des risques.

Pour en savoir plus

SHIBA Shoji, *La conception à l'écoute du marché*, en collaboration avec MFQ, Insep, 1995.

Livre de synthèse sur la démarche QFD, le professeur y détaille les principes essentiels de la conception à l'écoute, ainsi que les principes de base à satisfaire.

GALE, Bradley T., *Managing Customer Value : Creating Quality and Service that Customer can see*, The Free Press, New York, 1994.

Il y est défini les profils de valeur, à l'aide de critères qualité (hors prix), ainsi que le prix perçu lors de la transaction. Il en est déduit le calcul de la qualité perçue par le marché, la compétitivité des produits par rapport à la concurrence ainsi que les objectifs pour un nouveau produit. Cette analyse s'inscrit dans la démarche valeur client qui s'appuie sur sept principaux outils.

Ministère de l'Enseignement supérieur et de la Recherche, « Perception de la qualité : méthodes et outils d'évaluation de la qualité perçue » Paris, 13 juin 1994.

Comment tenir compte de la perception des consommateurs ? Ce colloque concerne quatre thèmes de qualité : sensorielle, symbolique, des services, d'utilisation. Il comporte des exposés très complets. Monté par le laboratoire Conception de produits nouveaux, ENSAM, Paris, l'École nationale supérieure d'arts et métiers, CER de Paris, la Fondation pour l'innovation dans la recherche industrielle en Europe, Paris.

Partie III

La mise en œuvre de la valeur perçue
Projets et processus métiers

« Je mets ensemble des notes qui s'aiment. »

Wolfgang Amadeus MOZART

La mise en œuvre de la qualité perçue exige un changement de démarche de travail. Aujourd'hui, la montée de l'immatériel impose d'offrir plus que du simple fonctionnel, à savoir des signes de qualité qui permettront de créer des liens de confiance avec des clients plus exigeants. Dépasser la seule écoute des clients actuels est indispensable pour anticiper les évolutions, c'est-à-dire estimer ce que sera la perception dans le futur avec les risques et les incertitudes qui se rencontreront. Imaginer une offre, c'est donc identifier les besoins actuels et futurs pour évaluer la *juste valeur* nécessaire à mettre sur le marché, constituer un ensemble cohérent de prestations qu'il faudra *fabriquer*. Qualité et valeur perçues client deviennent les éléments fondamentaux de la réussite des produits et des services.

À chacun ses responsabilités, le constructeur propose, le client dispose et change. Différents travaux constatent que le client reste toujours *hors des entreprises*, trop souvent orientées par la rentabilité à court terme plutôt que par le souci de leur pérennité et de leur croissance à terme en satisfaisant les marchés. Il faut pour cela qu'elles s'obligent à définir les services que leur offre doit rendre, le plus complètement possible et en permanence, car les clients évoluent.

Faire de la qualité perçue est difficile et nécessite une cohérence dans les actions. La qualité perçue demande d'aller plus loin que le travail bien fait par chacun des métiers. Il ne suffit plus que la conception conçoive des pièces fonctionnelles, d'offrir de réels services ou de fournir une information non erronée, il faut y rajouter les signes de ces qualités. Un détail peut venir ternir l'impression générale, ce qui nécessite non seulement la maîtrise technique, mais aussi une bonne coordination entre les différents acteurs.

Nous rencontrons souvent dans les entreprises les mêmes difficultés :

- Il y a plus de *chances d'échecs* que de *risques de succès* des produits, et les retours d'expérience pouvant éviter de refaire les erreurs du passé ne sont pas du tout systématiques ;

- Il est toujours aussi difficile de prendre en compte le subjectif perçu par le client ;

- Il persiste une non-transversalité et une non-compréhension des contraintes de l'autre métier. Chaque spécialité se cloisonne spontanément dans son activité ;

- L'organisation projet/métiers est incomplète, les « qui fait quoi » et « qui décide quoi » sont mal définis ;

- La culture de l'action incite à répondre « d'abord solution » avant même que le problème soit posé ;

- L'animation devient fondamentale, s'il n'y a pas de suivi le problème n'avance pas ;

- Les modifications et les remises en cause tardives ne sont pas bien maîtrisées ;

- Une direction générale qui s'implique n'est pas partout la règle.

Assurer la qualité perçue face à ces difficultés, c'est bien concevoir, étudier, fabriquer, vendre, après-vendre les produits et services. Obtenir les résultats attendus exige :

- **La transversalité**. Tous les métiers et projets sont concernés. Il s'agit moins de répondre à un cahier des charges ou à des spécifications figées que d'élaborer le produit en même temps que le projet se déroule. Cette prise en compte toujours difficile de multiples aspects impose la transversalité des actions dans l'entreprise. Les divers métiers et projets doivent avoir un langage ayant un même sens pour pouvoir se comprendre ;

- **L'évolution du management projet/métiers**, la passion du métier et du produit. Dénominateur commun entre les différents métiers et projets, la recherche des qualités perçues permet de faire converger des objectifs parfois divergents en recherchant un résultat perçu et apprécié par le client. Elle devient un élément d'arbitrage des choix de faisabilité technique. En général, l'amélioration de la qualité perçue n'entraîne pas de surcoût mais pousse à une meilleure allocation des ressources : il s'agit d'investir sur les critères valorisés par le client.

Le projet est le garant du résultat en qualité perçue, de l'intégrité du produit, du pilotage des interfaces, afin que les décisions qualité, coût, délais au quotidien soient cohérentes jusque dans le détail ;

- **Un paradoxe à résoudre.** On ne peut tout prévoir, les clients utiliseront souvent de façon inattendue les produits, les attentes auront évolué à leur sortie. Il faut cependant définir tôt dans le projet les cahiers des charges clients et techniques. Le paradoxe est d'être orienté résultat et de ne pas connaître complètement le marché futur. Nous proposons de construire en continu le produit par dialogue entre client et entreprise.

Ces changements reposent sur les trois fonctions principales des chapitres suivants :

- **Identifier et utiliser les processus projet et métiers** qui s'appuieront sur la partition de musique commune de l'entreprise que constitue la logique de développement ;
- **Intégrer la qualité perçue dans les gènes du projet** le plus en amont possible par des dialogues avec les clients et avec l'entreprise ;
- **Animer au quotidien à la fois la qualité perçue et les coûts,** sans cela la prestation ne sera pas assurée.

Le processus qualité perçue s'effectue suivant les principes de la démarche expérimentale que nous développerons. Les boucles d'optimisations qu'il faudra faire avec les différents acteurs nous conduisent à rechercher des outils permettant à la fois le traitement des informations de façon interactive et le travail en groupe.

Chapitre 7

Identifier la logique de développement

« Il n'y a qu'à former les clients, il faut leur dire que ce n'est pas possible techniquement. »
« Le client ne connaît pas les lois de la physique, il faut lui expliquer qu'il se trompe ! »

PHRASES DE TECHNICIENS

Respecter les fondamentaux en qualité perçue veut dire :

- Prendre en compte dans la stratégie cette prestation de synthèse qui implique toute l'entreprise de façon transversale ;

- Intégrer dans les produits les qualités perçues dès le premier contact, par des signes, en associant fonctionnel et symbolique, et donner l'impression au client d'avoir un plus.

L'expérience prouve que les clients ne sont que très partiellement pris en compte dans les entreprises. Pourtant, cette source d'information amènerait à faire dialoguer les processus innovation et écoute client. Nous constatons aussi qu'une partie souvent importante des attentes en qualité perçue n'est pas couverte dans le cahier des charges fonctionnel.

Travailler à la qualité perçue impose de gérer des parties en interface. Le produit devient un système qu'il est plus compliqué de maîtriser, les approches transversales sont alors déterminantes. Les processus, dont ceux projets, permettent de répondre à la demande de bien concevoir, bien étudier, bien fabriquer, bien vendre et après-vendre.

La logique de développement, véritable partition de musique de l'entreprise qui donne le ton à tous, doit prendre en compte la qualité perçue à tous les stades du processus. Tous les métiers sont concernés pour déployer la prestation transversale qualité perçue. Intégrer la qualité perçue dans la partition commune de l'entreprise implique à la fois le management, le projet et les métiers. Cette logique de développement est un processus jalonné et orienté par les résultats attendus que sont les produits et services à mettre sur le marché.

Intégrer la qualité perçue dans la stratégie et les équilibres qualité/coûts/délais

L'implication de la direction générale

L'implication de la direction générale consiste à faire en sorte que tous dans l'entreprise connaissent la vision et l'applique. *L'Usine Nouvelle*[1] rappelle les préconisations de Carlos Ghosn concernant le diagnostic d'une entreprise et les leviers majeurs du management : « *Identifier les points de blocage [...] Se demander : pourquoi les équipes ne sont-elles plus motivées ? Pourquoi mes produits ne séduisent-ils plus ? Pourquoi mes coûts sont-ils plus élevés que ceux de la concurrence ? [...] La création de valeur est capitale [...] Mais l'absence de rentabilité est comme une fièvre [...] Chaque échelon de l'entreprise, [...] doit comprendre l'objectif fixé... Car la motivation des équipes est aussi un levier important [...] D'où une règle essentielle : le respect [...] Trois batailles sont à mener de front : l'innovation technologique et des produits, les coûts toujours et la qualité... »*

L'écoute client : le client reste toujours hors de l'entreprise

Souvent les entreprises ne savent pas traiter les sources d'information diverses provenant des clients. L'enquête menée par Bain et Company, « La difficile satisfaction du client »[2], trouve que : « *80 % des entreprises sont persuadées de répondre aux attentes de leurs clients (dont 95 % se déclarent "orientées clients") mais seuls 8 % de ces clients s'estiment satisfaits* ».

L'enquête définit les conditions respectées par les entreprises qui ont satisfait leurs clients : « *1. Établir la bonne proposition en intégrant les attentes de leurs clients, en les transformant en vraies propositions, au prix le moins cher. 2. Elles sont dotées d'équipes transversales afin de s'assurer qu'elles tiennent bien leurs promesses à tous niveaux. 3. Elles ont mis au point un système de dialogue permanent avec les consommateurs.* »

---

1. Du 8 janvier 2004, extraits.
2. Article du 20 octobre 2005, *La Tribune*, enquête portant sur 372 entreprises.

Se dire orienté client ne suffit donc pas pour les satisfaire, il faut s'obliger à définir les services à rendre le plus complètement possible, et ceci en permanence car ils évoluent constamment.

Créer de la valeur pour le client : la valeur perçue est une valeur vendue

Julien Lévy, professeur au CNAM, auteur avec Jacques Landrevie et Denis Lindon du nouveau « Mercator » précise que la valeur pour le client est fondamentale[1] : « *La problématique de l'entreprise n'est plus de produire et d'écouler, ni d'écouter le marché pour satisfaire les attentes exprimées, mais de vendre afin de continuer à produire. Les firmes s'aperçoivent que, de tous leurs actifs, le plus précieux est leur clientèle […] Séduire le consommateur ne suffit plus, l'enjeu du marketing est de créer de la valeur pour les clients.* »

Nous avons défini dans la première partie la valeur perçue client comme l'ensemble des prestations perçues et vécues, pour lesquelles le client est prêt à faire des sacrifices. Cette aptitude à être désiré va attirer, convaincre et satisfaire un client dans toutes les phases du processus d'achat et d'utilisation. Ceci a pour conséquence directe que cette valeur sera effectivement vendue.

Actuellement, le marché impose sa demande, il n'existe plus de secteur protégé, d'autant que la plupart de ceux-ci sont arrivés à saturation. Des clients plus exigeants et plus matures demandent un produit, mais aussi les services et les informations associées. Ils sont sensibles au prix (les marchandages sont de plus en plus fréquents) et ils ont le choix : ils zappent. L'hyper-concurrence généralisée entraîne des risques d'échecs forts, les entreprises se trouvent souvent fragilisées, elles se doivent de maîtriser leurs coûts internes.

Dans ces conditions offrir une valeur effectivement perçue et vendue se traduira soit par une meilleure marge, soit par des ventes supplémentaires, soit encore par une fidélisation (figure 7-1).

---

1. *Les Échos,* 29 octobre 2003.

Figure 7-1. Valeur marché : valeur perçue, valeur vendue

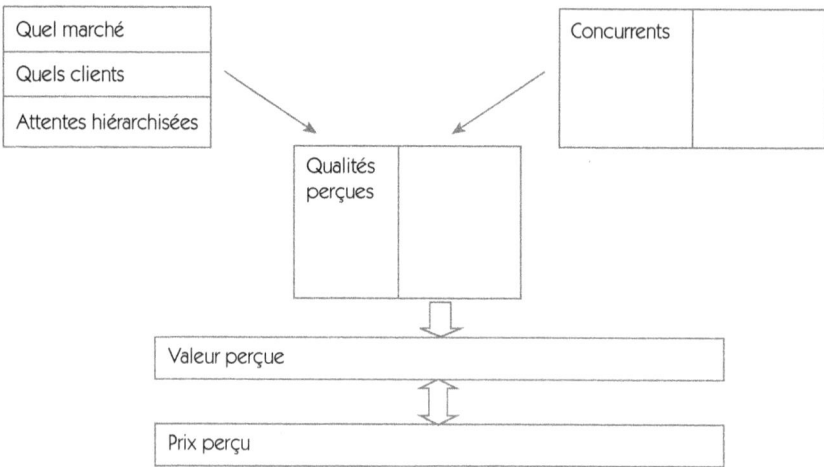

Optimiser simultanément qualité, coûts, délais, satisfaire aussi les clients

La stratégie de l'entreprise doit donc respecter deux axes d'action. D'une part, *mieux vendre* comme nous venons de le dire et, d'autre part, *mieux faire* pour être toujours la plus compétitive possible. La conséquence de ces deux actions sera un profit optimisé (figure 7-2).

Figure 7-2. Stratégie valeur client : mieux vendre à meilleur profit

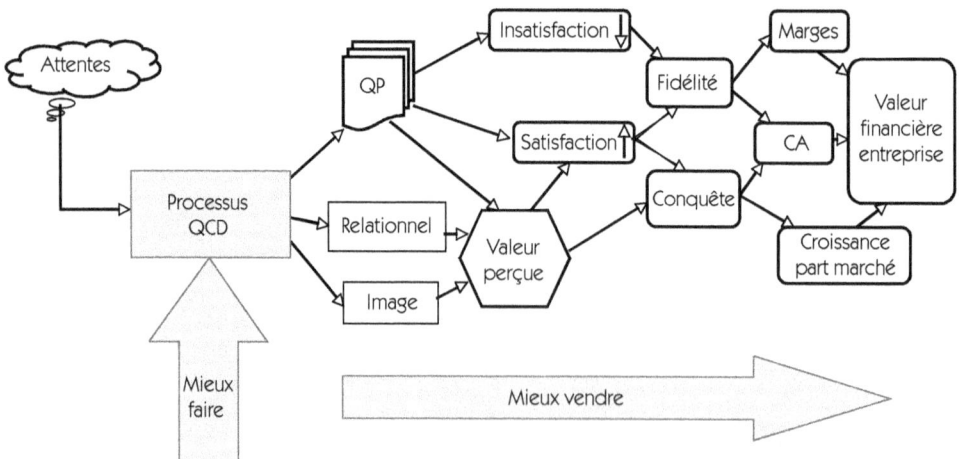

La grande partie du travail dans l'entreprise se résume à résoudre des problèmes pour construire un produit/service qui satisfasse du premier coup le marché. Si l'on veut assurer que ces travaux apportent effectivement de la valeur aux clients, dans les meilleures conditions de rentabilité pour l'entreprise, il faut que les trois dimensions de qualité, coût, délais soient traitées de façon simultanée et équilibrée (figure 7-3). Mais l'amélioration de ces trois dimensions internes à l'entreprise ne peut se faire au détriment de la satisfaction du client. Celle-ci sera assurée par les fondamentaux qui servent de fondements pour la prise en compte de la qualité perçue dans toute l'entreprise :

- Ce sont des critères d'évaluation pour le management, qui peut ainsi donner des objectifs précis et mesurables sur ces critères et vérifier que ce qui est dit a bien été fait ;
- Ils constituent un état d'esprit pour les acteurs, une charte qu'il faut respecter ;
- L'industriel d'un produit aura à cœur de montrer son travail bien fait avec un métier qu'il maîtrise ;
- Pour un service, le vendeur ou l'hôtesse d'accueil seront motivés pour démontrer en direct au client qu'ils font bien leur travail, qu'ils lui apportent un service avec un plus personnalisé.

Figure 7-3. Optimisation simultanée Q, C, D :
animer les trois aspects de façon équilibrée

L'optimisation simultanée valeur/coûts

Dans ces conditions il ne suffit pas de fournir des produits et services satisfaisants à n'importe quel coût. L'entreprise faisant des offres plus attractives que ses concurrents doit aussi en interne bien travailler en maîtrisant à la fois la qualité, les coûts et les délais.

Q. Les qualités (au sens large) des processus

On ne peut pas vendre n'importe quoi, même avec une communication importante : il faut *valoriser* les prestations offertes, enlever les superflus, offrir les plus qui donnent un avantage. Marchés et concurrence imposent un rythme d'évolution parfois très supérieur aux possibilités d'amélioration de l'entreprise. Le meilleur de la catégorie (*best in class*) impose son standard. En conséquence, ceux qui sont moins compétitifs subiront des dérives de coûts ou de délais. La maîtrise des processus est donc fondamentale pour offrir le bon niveau de qualité au meilleur coût ;

C. Les coûts

Le prix de vente client est imposé par le marché. Il s'agit aujourd'hui de passer d'une logique où le prix de vente client est le résultat des coûts auxquels on rajoute une marge, à celle de la maîtrise des coûts pour s'ajuster au prix du marché et au meilleur des concurrents, en faisant de plus une marge voulue. Nous avons vu au chapitre 1 que la guerre des prix, en dégradant les prestations, amène à des déroutes financières. La marge est absolument nécessaire pour la rentabilité, et la réduction des coûts doit être une préoccupation de tous, sans faire toutefois des impasses sur les qualités des produits ;

D. Les délais, de nombreuses remises en cause

Dans l'industrie automobile des années quatre-vingt, par exemple, chaque pièce se trouvait être redessinée trois fois. La raison principale était que les besoins n'avaient pas été définis clairement en début de travail. Des constructeurs réussissent maintenant à faire en 36 mois le même programme que d'autres en 48, voire 56 mois : le renouvellement plus rapide conduit à des produits mieux adaptés au marché. Réduire le temps de développement oblige à faire des économies de coûts et des délais plus longs font perdre des volumes de vente et du profit. La maîtrise des activités permet de réduire les délais en limitant les retours en arrière des travaux.

La difficulté de trouver une juste pression sur Q, C, D

Des pressions déséquilibrées dans l'entreprise sur Q, C, D risquent d'être contre-productives. Trop de pression sur les coûts poussera à faire des économies sur les validations (donc des risques sur la qualité) ou déclenchera des travaux supplémentaires pour trouver des solutions moins chères (donc des risques sur les délais) nécessitant des investissements (donc des surcoûts). Trop de pression sur les délais conduit à supprimer des vagues de validation et de mise au point (donc des risques sur la qualité) et trop d'urgence limitera les gains de coûts négociés par les achats.

Trop de pression sur la qualité conduit à des surspécifications, des contrôles et donc des coûts et des délais élevés (comme chez certains constructeurs automobiles allemands des années quatre-vingt).

Mais une pression équilibrée sur Q, C, D par rapport au marché et au savoir-faire de l'entreprise permet l'optimisation valeurs perçues/coûts. Les objectifs sont tout d'abord issus de l'estimation de ce que l'entreprise veut obtenir sur un marché défini. Par rapport à ces objectifs, une pression équilibrée sur les trois variables Q, C et D tenant compte de ce qu'elle saura faire *au mieux* va permettre l'optimum entre valeur offerte et coûts internes. En effet, une pression mesurée sur le délai conduit à ne pas se reposer des questions inutiles, réduit les gaspillages, mais sans obérer les validations juste nécessaires ni la recherche d'économies. Celle sur les coûts est toujours nécessaire pour être compétitif, mais ceci sera fait sans impasse sur les prestations du produit ni sur les investissements. Doser le niveau juste nécessaire de qualité par rapport au marché permet d'être attractif, mais sans surspécifications qui ne seraient pas vendues, ni surcoûts d'investissements ou délais supplémentaires dus à des contrôles trop nombreux.

L'entreprise n'a plus le choix de travailler uniquement sur un seul des aspects Q, C ou D car tous les marchés aujourd'hui imposent d'être à niveau sur chacune de ces trois dimensions. Mais elle doit aussi doser l'effort sur ces trois dimensions en les considérant comme interdépendantes, constituant un *système,* car chacune entraîne des conséquences sur les autres qu'il faut globalement optimiser, à la fois par rapport aux compétences internes et au marché ciblé.

Le management par la qualité implique tous les acteurs

La qualité totale ou TQM (*Total Quality Management*) a été mise en place dans les années quatre-vingt-dix. Le management par la qualité est une démarche de progrès permanent par laquelle l'entreprise met tout en œuvre pour satisfaire ses clients en qualité, coût et délai, par la maîtrise des processus, des coûts (au sens large) et l'implication des hommes.

La norme ISO 9000 dans son évolution 2000 est cohérente avec cette démarche. Elle repose sur les huit principes suivants :

- Écoute client ;
- Leadership (implication du management) ;
- Implication du personnel ;
- Approche processus ;
- Management par approche système ;

- Amélioration continue ;
- Approche factuelle pour la prise de décision ;
- Relations mutuellement bénéfiques avec les fournisseurs.

Le client est mis maintenant au cœur de l'organisme. Les processus sont pilotés pour satisfaire les exigences des marchés par l'application efficace d'un système d'amélioration continue. Malgré certaines lourdeurs que l'on a pu constater à l'application de ces démarches, des réussites mitigées, elles ont fondamentalement changé le paysage industriel en impliquant les acteurs. Le client est devenu présent dans les esprits, même s'il n'est toujours pas complètement au cœur de l'entreprise. Elles ont aussi introduit l'esprit de la *démarche scientifique*, de la rigueur fondée sur l'observation des phénomènes industriels et leur mesure.

Concevoir par l'écoute et l'innovation constitue encore actuellement une rupture

Face à des clients qui ont le choix, l'entreprise ayant l'obsession du client doit écouter et observer les marchés, suivre les produits et les concurrents. Mais elle doit aussi proposer de réelles nouveautés bien perçues en qualités, qui seront signifiées jusque dans le détail. Cette double approche, si elle est réellement appliquée, constitue une rupture dans les raisonnements actuels. En effet, l'idée qui a cours encore aujourd'hui est que connaître les attentes des clients actuels va neutraliser la créativité, en ne se focalisant que sur des attentes courantes et banales car le client ne sait pas se projeter. Il faudrait donc libérer la créativité, la nouveauté créant certainement son marché si elle est innovante.

En fait, cette idée date d'une époque où les besoins n'étaient pas tous satisfaits. Aujourd'hui, avec une offre surabondante, des clients plus matures et qui évoluent, une vraie innovation est celle qui amène quelque chose de nouveau, bien sûr, mais qui est aussi valorisée par le marché au travers de réelles prestations, ce que les tableaux du chapitre 1 sur la réussite et les échecs des produits, montrent bien : même si un produit est innovant, sa réussite n'est pas assurée. Nous rappelons que les facteurs explicatifs du succès sont, dans l'ordre : un avantage significatif de performance ou de prix, une différence par rapport aux produits existants, une nouvelle idée encore non essayée.

En fait, les informations venant des marchés, même imparfaites et non prospectives, sont sources de questions et vont suggérer des problèmes à résoudre initialisant une démarche de créativité. Le concepteur est toujours libre d'accepter ou de refuser cette contrainte, mais il aura alors conscience du risque qu'il prend et des solutions à apporter dans ce cas.

L'entreprise assure ses enjeux par une stratégie qui prend en compte les clients

L'expérience prouve que les exposés des services études des marchés et des clients ne sont que très partiellement pris en compte, nous l'avons signalé dans la partie II. Une réelle utilisation de ces informations doit passer par une implication des acteurs qui participeront aux enquêtes et *vivront avec le client*. Ils pourront en conséquence concevoir par rapport à différents points de vue : les lois de la physique, l'optimisation Q, C, D, l'innovation par rapport aux concurrents, la prise en compte des aspects financiers, tout ceci dans le cadre de la satisfaction des marchés qui seule leur donnera la pérennité de leur activité. La prise en compte de la qualité perçue sera un levier de la motivation des ressources humaines parce que les acteurs seront mis en situation d'exprimer l'amour de leur métier. Offrir une meilleure qualité perçue de façon répétitive nécessite aussi d'adopter une démarche assurance qualité perçue pour aider en permanence au travail bien fait, ce que nous développons au chapitre suivant.

Innovation et créativité se rencontrent dans l'expérimentation impliquant client et métier

On doit associer imagination et écoute pour aboutir à de réelles innovations qui répondent aux attentes de futurs clients. Proposer, dépasser les attentes, anticiper est de la responsabilité du constructeur. La figure 7-4 est extraite de travaux faits dans le domaine de la grande consommation. Dans ce domaine, les réactions des clients, les évolutions des marchés, les critiques formulées, si elles sont prises comme base de réflexion, alimenteront l'innovation lors des phases de divergence, les bonnes idées étant ensuite sélectionnées lors de la phase de convergence (figure 7-5).

Figure 7-4. Innovations produit dans la grande consommation[1]

Les coulisses des nouveaux produits
Nathalie Joulin, Éditions d'Organisation, Paris, 2002. Extrait des idées clés

- Évolution de la perception des innovations, depuis les années 80
  - Avant l'innovation consistait en la recherche de nouveau et d'original quitte à ne pas trouver de marché. Aujourd'hui, une innovation doit apporter une réelle prestation
- L'innovation produit nécessite une cohérence entre concept, réalité du produit, et l'ensemble des signes.
- Le concept doit être associé à un contenu symbolique, émotionnel et fonctionnel
- *« Dans notre usine nous fabriquons des cosmétiques, dans les parfumeries, nous vendons du rêve. »* (citation du fondateur de Revlon)
- Innovations technologiques et marketing doivent avoir un sens pour le consommateur

Figure 7-5. Rencontres de l'innovation et des attentes

DIALOGUES des BESOINS et de l'IMAGINATION		
ATTENTES		INNOVATIONS
BESOINS / ATTENTES hiérarchisés	SERVICES RENDUS « Quoi » prestations	CARACTÉRISTIQUES techniques : « comment »
ÉCOUTER COMPRENDRE DÉCODER	REFORMULER CROISER l'information ÉVALUER la valeur	TRADUIRE PROPOSER DÉPLOYER
Typologie clients Marchés, évolutions Représentations mentales Connaître l'actuel Anticiper les futurs	**Structurer** Ouvrir, imaginer Comparer/concurrence Choisir Caractériser	**Langages** Partage des visions Entreprise, technique Processus valeurs/coûts Convergences
Tests/études CONTACTS directs OBSERVER selon différents « points de vue »	**Référentiel client** Cahier des charges « PRODUIT » et FONCTIONNEL	**Cahier des charges** techniques ; contrat SPÉCIFICATIONS

---

1.   Nathalie Joulin, *Les coulisses des nouveaux produits, op. cit*

L'application des cinq « pourquoi » lors de l'administration des interviews avec les clients induira une attitude de coopération, de travail en commun avec lui, un dialogue intelligent et constructif.

Expérimenter pour trouver de nouvelles idées qui marchent, c'est aussi bien suivre les succès et les échecs des produits et des concurrents que faire des enquêtes sur les marchés ou des interviews avec des clients potentiels.

La logique de développement permet de partager une même partition

Figure 7-6. Principes de la logique de développement. La « partition » de l'entreprise

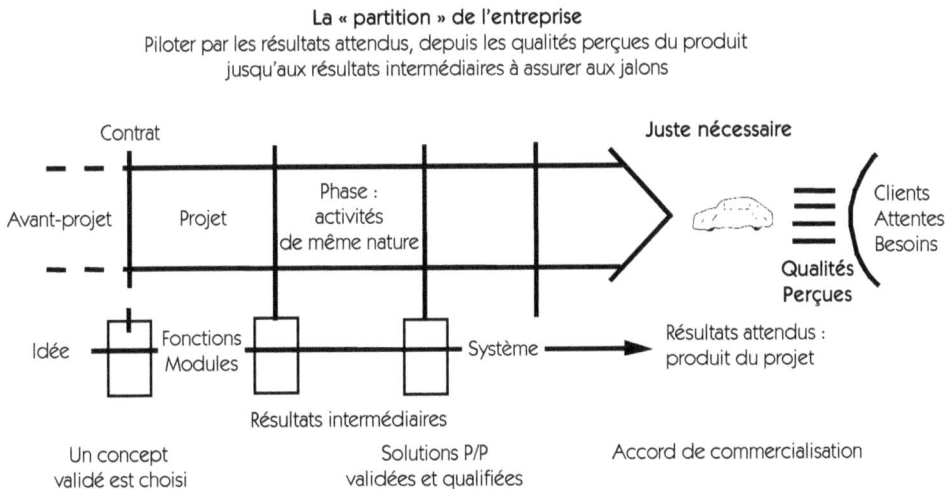

La « partition » de l'entreprise
Piloter par les résultats attendus, depuis les qualités perçues du produit jusqu'aux résultats intermédiaires à assurer aux jalons

Contrat — Juste nécessaire

Avant-projet | Projet | Phase : activités de même nature

Clients / Attentes / Besoins
Qualités Perçues

Idée — Fonctions Modules — Système → Résultats attendus : produit du projet

Résultats intermédiaires

Un concept validé est choisi — Solutions P/P validées et qualifiées — Accord de commercialisation

La logique de développement, un macro-processus de développement

La logique de développement constitue un macro-processus du développement du produit, qui coordonne les activités du management, des projets et des différents métiers comme une véritable partition de musique que tout le monde suit dans l'entreprise. Elle fonctionne comme un langage commun, chacun se situant par rapport aux phases et aux jalons. Ce processus figure l'enchaînement logique des activités principales dans le but de tirer les projets et les activités internes par le produit et/ou le service à construire.

Pour assurer la qualité, le projet pilote par les résultats attendus, notamment les qualités perçues du produit, et les décline en résultats intermédiaires qui devront être tous assurés à chaque jalon.

Figure 7-7. Distinguer innovation et développement

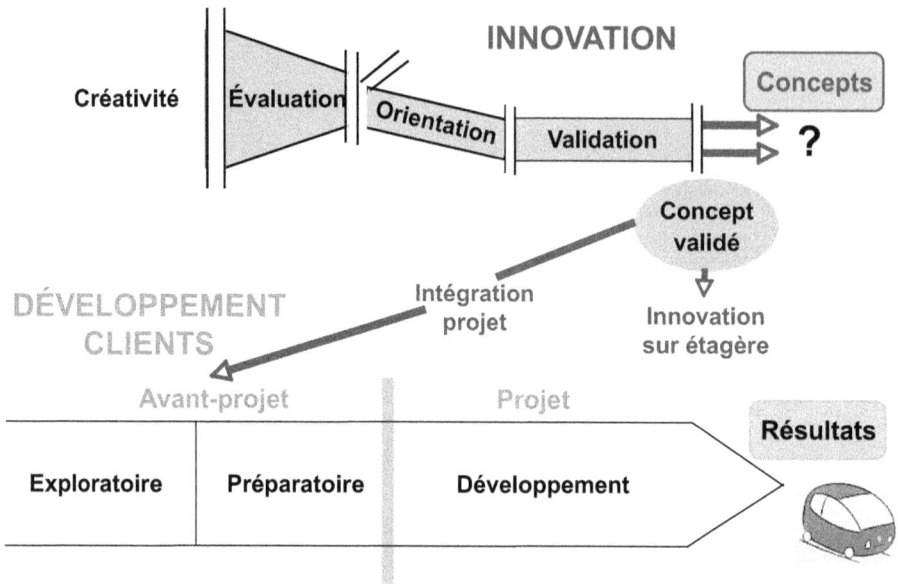

Figure 7-8. La logique de développement : manager les projets et métiers par le jalonnement

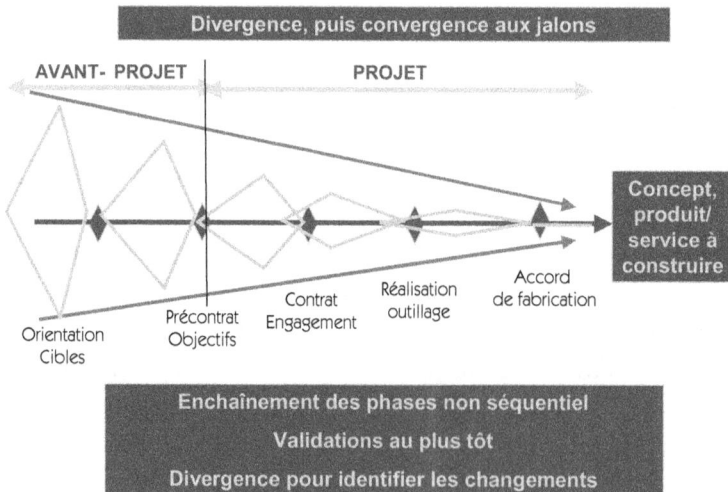

La mise en place de jalons robustes pour tenir les délais

Figure 7-9. Mise en place de jalons robustes

- Objectifs du jalonnement robuste :
  - Se donner des objectifs intermédiaires plus faciles à appréhender, à manager
  - Supprimer les retours en arrière, geler certaines décisions
  - Créer les conditions du bon déroulement de l'étape suivante
  - Générer les contours de l'objet unique à développer avant l'engagement des ressources lourdes
  - Capitaliser d'une étape sur l'autre
  - **Un jalonnement robuste doit se préparer en amont**

- Mettre en place un jalon robuste, qu'est-ce que c'est ?
  - Lister les résultats attendus d'une phase
  - Vérifier les cohérences entre ces résultats (gestion des interfaces)
  - Présenter les résultats effectivement obtenus
  - Organiser les aides à la décision
  - Organiser le suivi des plans d'action

Critères de passage des jalons

- Critères relatifs à la réalisation des résultats attendus obtenus
- Conditions nécessaires pour le bon déroulement de l'étape suivante rassemblées : ingénierie simultanée
- Robustesse des plans d'action si non atteinte des résultats
- Gels de certains résultats pour la gestion des interfaces

La durée totale d'un projet n'est plus le résultat d'une planification ou de la somme de délais qui semblent être nécessaires pour chaque activité, mais elle devient un objectif global à respecter. Ambitieux, il est issu des nécessités du marché mais tient compte aussi des capacités limites de l'entreprise.

Les phases sont des activités de nature homogène : par exemple, la phase avant-projet où l'on recherche un concept faisable et optimum, ou bien la phase projet dans laquelle le projet se construit dans le cadre d'objectifs fixés.

Les jalons représentent des moments forts de ce processus, des portes que l'on doit ouvrir pour pouvoir continuer le projet. Ils donneront l'assurance que les résultats intermédiaires portant sur les caractéristiques fondamentales du projet sont effectivement acquis. Par exemple, au jalon contrat, un seul concept validé est choisi et pris en charge par l'entreprise entière. Un concept validé veut dire que les avantages clients sont définis, la faisabilité dans ses grands principes est prouvée, les solutions techniques ont été chiffrées en moyens nécessaires et la rentabilité du projet démontrée. Pour la réalisation des outillages (produits matériels), une solution produit-processus est qualifiée compte tenu des moyens décidés.

Pour chaque jalon seront donc listés les résultats attendus ou (livrables) assurant que le projet a bien atteint un niveau voulu d'avancement. La robustesse du jalon repose sur les résultats réalisés, associés à des preuves pour qu'il n'y ait pas de remise en cause par la suite.

Le jalonnement est le levier du management des délais. Les outils de planification de type Pert et Gantt ne peuvent pas assurer à eux seuls la maîtrise des délais. Ils serviront localement à analyser les activités critiques ou à constater des dérives qu'il aurait fallu anticiper.

Cette pression sur les délais prend aussi en compte la qualité et les coûts car pour chacun des jalons, le bilan portera sur l'ensemble des critères Q, C et D du projet.

Anticiper les validations produit-processus le plus en amont possible

C'est à la conception que l'on dépense le moins mais que l'on engage le plus les dépenses futures. Anticiper les activités de validation permettra de réduire les risques, diminuer le coût de fonctionnement, donner plus de temps en aval, qui en manque toujours lors des validations proches de la série faites sur des produits représentatifs, ainsi qu'au lancement sur le marché. Si les validations sont bien conduites, y compris sur des maquettes numériques en amont, elles vont par la suite limiter au maximum l'utilisation de prototypes chers.

Les validations doivent commencer dès le début du projet. Les questions à se poser sont : « Peut-on remplacer une validation sur prototype par un essai partiel, un essai par un calcul ? »

Le déploiement doit impliquer toute l'entreprise

Pour cela, les pilotes des différents aspects de qualité perçue devront expliquer à toute l'entreprise le sens de la qualité perçue à l'aide des fondamentaux. Ils auront à impliquer les métiers afin que ceux-ci s'approprient les objectifs, les comparaisons avec la concurrence et se posent la question : « Pour nous, qu'est-ce que cela veut dire dans notre métier ? »

Enfin, la cohérence entre les parties du système conçu doit être impérativement maîtrisée en listant les interfaces et en les pilotant par les résultats attendus relatifs à ces interactions, ceci à chaque jalon. Des revues spécifiques peuvent être activées pour assurer cela, elles seront positionnées dans la logique de développement afin d'être effectivement prises en compte.

**Figure 7-10. Travailler en amont : intégrer la qualité perçue.
Engagement des solutions et des coûts**

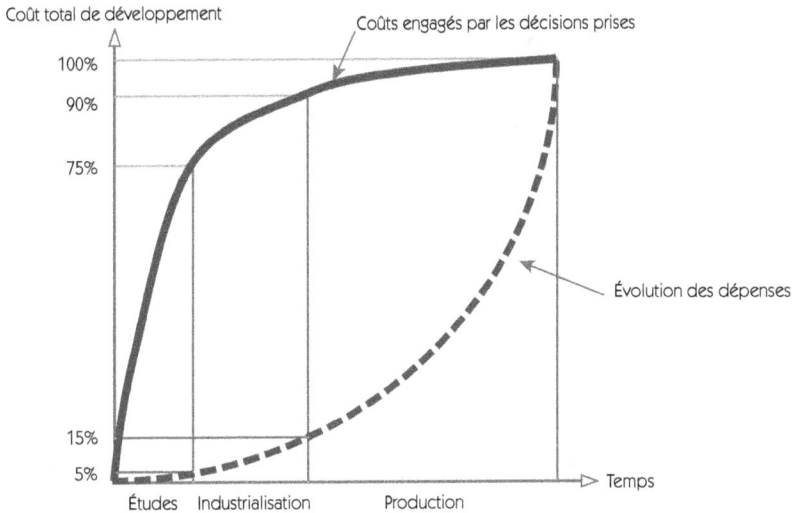

Ne pas percevoir dans le résultat les conflits entre métiers internes

Les qualités perçues sont des prestations transversales à tous les métiers. Pour ne pas voir dans le produit les désaccords entre eux, qui feraient porter à faux les perceptions de qualités, nous présentons les préconisations importantes suivantes :

- **Focaliser l'entreprise sur la création de valeur perçue** en détaillant les qualités perçues que l'on veut fortes ;

- **Nommer des champions qualité perçue** pour piloter les différentes composantes de la qualité perçue ;

- **Définir des processus utilisables au quotidien** et non une litanie de tâches qui n'en finissent pas. Nous avons pris l'habitude de décrire les processus à l'aide de phases et de jalons comme nous le faisons dans une logique de développement ;

- **Se servir de revues appropriées** pour converger aux jalons importants ;

- **Motiver l'esprit d'équipe** et traiter les problèmes aux interfaces.

Les processus, transversaux par nature, orientés par les résultats attendus aux jalons assureront eux aussi la maîtrise des interfaces entre les métiers.

Identifier un processus comme un enchaînement d'activités destinées à élaborer un produit ou un service

Un bon processus doit être orienté résultat. Les processus, quand ils sont maîtrisés, permettent de réaliser des produits économiques et conformes aux spécifications. Présentés de façon synthétique, connus de tous les acteurs, les rôles et responsabilités étant clairement définis, cette démarche processus, sanctionnée par des jalons, paraît bien plus opérationnelle que la description linéaire et trop détaillée dont nous venons de parler qui est utilisée dans le reengineering de processus. Certaines parties du processus pourront être décrites plus finement si besoin, mais la vision globale et synthétique est préservée (voir la fiche 36 sur la structuration des processus).

Tout les opérationnels ont noté que la majorité des difficultés provient des interfaces entre métiers ou projets. Ces interfaces sont à gérer. Elles dépendent de la nature même du produit comme nous le schématisons dans la figure 7-11.

Si l'objet est incomplet, la qualité émergente sera limitée et non représentative de la qualité perçue finale. Elle le sera au contact d'un objet complètement défini en relation avec un ensemble de questions à travailler. À chaque stade du processus, il est donc nécessaire de définir le périmètre de ce qui est présenté, de façon à ne faire porter les évaluations qualités perçues que sur ce qui est représentatif et à lister ce qui n'a pas encore été évalué.

Figure 7-11. Périmètres des processus selon la nature du produit (matériel, immatériel, virtuel)

Les processus n'ont pas le même périmètre d'action selon la nature des résultats attendus. Par exemple, pour un service, la fabrication et la vente sont simultanées.

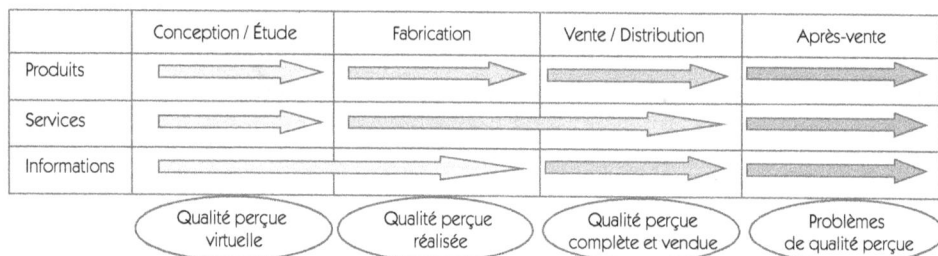

	Conception / Étude	Fabrication	Vente / Distribution	Après-vente
Produits				
Services				
Informations				

| Qualité perçue virtuelle | Qualité perçue réalisée | Qualité perçue complète et vendue | Problèmes de qualité perçue |

Niveaux de réalisation de la qualité perçue (qui n'existe qu'en présence de l'objet)

Synchroniser les processus au service de la valeur perçue finale pour le client

L'approche processus procède d'une vision globale des activités, elle est transversale aux silos de l'entreprise, chaque partie de l'entreprise étant un élément contribuant à l'obtention des résultats. Les objectifs de l'approche par les processus sont :

- Décloisonner les différents secteurs de l'entreprise ;
- Accorder la priorité aux résultats attendus ;
- Améliorer les aspects Q, C, D par des équipes pluridisciplinaires qui travailleront non par métier, mais pour améliorer les coûts, les problèmes de qualité ou les délais de façon transversale dans l'entreprise ;
- Responsabiliser le personnel qui a une vision opérationnelle des actions de terrain.

Maîtriser les processus pour bien concevoir, bien étudier, bien fabriquer

Il ne suffit plus que la conception conçoive des pièces fonctionnelles, mais il faut aller plus loin en y rajoutant la notion de qualité perçue : la pièce est bien finie, le service apporte une prestation appréciée, l'information donne confiance à des clients futurs.

La définition des processus s'appuie sur le schéma de la figure 7-12. La prise en compte de toutes ces composantes est nécessaire pour assurer les différents aspects de qualité perçue.

Figure 7-12. Processus : activités pour des services aux clients

- Un processus est un ensemble coordonné d'activités qui :
  - délivre un produit ou service à un client (interne / externe),
  - effectue une action (valeur ajoutée) à partir d'entrées et de ressources,
  - est piloté (propriétaire, indicateurs, verrouillage des paramètres critiques).
- Un processus est rarement mis en œuvre par une même entité : traiter les liens (interfaces) entre elles.
- Cette démarche constitue un levier très efficace (dans l'esprit ISO 9000-2000), pour :
  - mobiliser l'ensemble des contributeurs dans une orientation transversales,
  - décloisonner les fonctionnements : activités transversales,
  - clarifier qui fait quoi,
  - mieux utiliser les ressources.
- La successions d'activités permet de définir la durée du processus et le chemin critique (PERT).

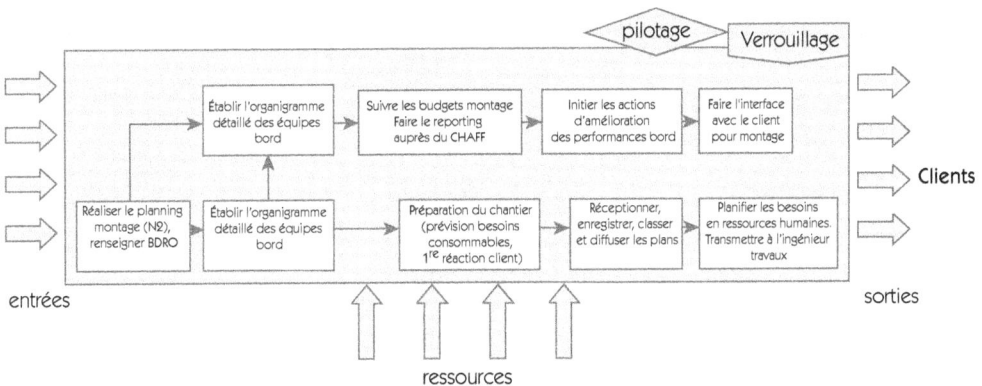

À chaque processus sont associées des mesures clés pour piloter son fonctionnement. Leur mise en œuvre opérationnelle conduira à identifier les problèmes qu'ils peuvent comporter ainsi que les plans d'actions correspondants (voir figure 9-35).

Projets et métiers s'organisent pour optimiser le rapport valeur/coûts

La qualité perçue est affaire de tous pour construire une cohérence du produit et ne pas montrer dans le produit les désaccords éventuels entre les directions. Chacun aura en tête qu'il fournit au client de la valeur perçue, mais qu'il doit en même temps améliorer sans cesse son efficacité pour diminuer les coûts et ainsi pérenniser son activité par le profit que l'entreprise en retirera. Cela impliquera de travailler ensemble et gérer les conflits aux interfaces. Dans ce cas la définition de « qui fait quoi » et de « qui décide quoi », toujours importante, le devient bien plus car la transversalité nécessite une bonne répartition des travaux.

L'exemple de l'importance du design industriel pour exprimer la qualité perçue

> « *Aujourd'hui, satisfaire nos clients ne suffit plus,* > *il faut qu'ils nous préfèrent aux concurrents.* »
>
> Patrick LE QUÉMENT,
> Directeur du design industriel de RENAULT

Le design joue un rôle de plus en plus fondamental dans tous les domaines, pour les produits mais aussi pour les services, par l'expression et l'ambiance qu'il suggérera.

Dans le secteur automobile la ligne esthétique constitue le premier motif à l'achat

Nous avons montré dans le chapitre 1 que la ligne de l'automobile constitue de loin le premier motif d'achat. Même si pour cet item les motifs de rejet et de satisfaction à l'usage sont moins élevés, ils restent cependant importants.

La part de marché sera assurée en offrant des produits que les clients préfèrent. Dans un marché mature, l'apparence immédiate, le coup de cœur tiennent une place de plus en plus importante, en plus du prix, des fonctionnalités et de la qualité de base qui devient un dû.

La sensibilité à la qualité perçue devient importante

Démontrer que l'entreprise possède la maîtrise technique et industrielle suscitera pour le client un sentiment de qualité et de confiance. Une ergonomie sensuelle et émotionnelle des commandes incite à l'utilisation. À l'inverse, une qualité des matériaux médiocre risque de donner une impression désastreuse. Une erreur de finition peut suffire à dégrader la réputation de la marque.

Le fond qui remonte à la forme[1]

La promesse faite au client par l'expression du design est une parole donnée et à tenir. L'impression de qualité ne suffit pas, il faut aussi des qualités réelles, ne pas mentir et gâcher la confiance, être fiable dans le temps. En ce sens, les réelles prestations sont exprimées par la forme du produit, par l'intention perçue lors du contact avec un service, dès le premier regard. Le rôle du design réside bien dans l'expression de la personnalité et de ce qu'est le produit, de son *fond*.

L'esprit design se retrouve dans tous les métiers par le design de la pièce pour le client

Le design pris au sens large, mot de vieux français, rajoute du rêve, de l'expressivité au fonctionnel. Il contient une double notion : à la fois se projeter à dessein et trouver une forme concrète, être un dessin, un modèle.

« Le design donne forme et sens, il doit savoir faire dire au produit : "achète-moi !" Le métier du designer est de créer des formes valorisantes, de mettre en valeur les qualités qui seront perçues par le consommateur, donner une personnalité aux produits. »[2]

Le designer doit donc être très sensible à la qualité perçue, qu'il exprimera au travers des lignes et des signes qu'il créera. Ainsi le design industriel va bien au-delà de l'esthétique, il permet l'expression du produit par sa forme, l'aspect général, l'ergonomie, il doit aussi intégrer des aspects techniques et prendre en compte les contraintes industrielles.

---

1. Leitmotiv de Patrick Le Quément.
2. Jocelyn de Noblet, *Design, le geste et le compas*, Somogy, 1988.

Un designer digère l'ensemble des données, s'imprègne des aspects socioculturels pour concevoir un produit attractif. Certaines couleurs, par exemple, sont devenues des codes immédiatement perçus par le consommateur et influencent sa décision d'achat.

Un téléphone mobile, un ordinateur ou un aspirateur ne sont plus seulement considérés comme des outils fonctionnels, mais comme des objets susceptibles de s'intégrer harmonieusement dans différents environnements. On voit donc apparaître des formes qui ont un rapport plus éloigné aux fonctions premières de l'appareil dont le mécanisme devient invisible, sauf s'il veut exprimer sa technicité. Peu à peu, il y a appropriation de la technique et création d'objets plus proches de nous et de moins en moins contraignants.

Le design du projet intègre la qualité perçue et les contraintes techniques

Une fois défini ce qui est fonctionnel, le concepteur industriel a tendance à considérer son travail terminé lorsque « ça marche ». Mais l'aspect, la qualité perçue exprimée par les signes et la finition sont souvent pris en compte trop tard. D'où la nécessité d'une évolution de la culture industrielle pour assurer que la qualité perçue sera bien définie en même temps que le fonctionnement, dans une optique client. Celui-ci pourra dire : « Non seulement ça fonctionne, mais ils ont enfin pensé à moi ! »

Les consommateurs réagissent face à la banalisation technologique de certains objets, et obligent à la prise en compte de nouveaux besoins d'identification personnelle.

Fiches outils

L'approche système est fondamentale pour tenir compte des interactions qui vont être à l'origine des qualités perçues, aussi bien dans la composition du produit ou du service que parce que les processus nécessitent un travail entre divers métiers et projets dans lesquels les interfaces sont les sources majeures de dysfonctionnements.

Fiche 23. L'approche système pour penser ensemble plutôt que fragmenté

> *« Donc toutes choses étant causées et causantes, aidées et aidantes, médiates et immédiates, et toutes s'entretenant par un lien naturel et insensible qui lie les plus éloignées et les plus différentes, je tiens impossible de connaître les parties sans connaître le tout, non plus que de connaître le tout sans connaître particulièrement les parties. »*

Blaise PASCAL, *Les Pensées*, La place de l'homme dans la nature

La notion de système : interactions et propriétés émergentes

Nous avons signalé à plusieurs reprises que la notion de système est une notion clé car elle se retrouve aussi bien lorsqu'on veut définir un objet fait de parties en interactions que pour la qualité perçue très liée à la perception des interfaces.

Mettre ensemble impose l'approche système

> *« Un système est un ensemble d'éléments en interaction dynamique, organisés en fonction d'un but. »*

> Joël DE ROSNAY, *Le macroscope*[1]

Dans un monde qui se complexifie, l'approche système ou approche globale devient indispensable car il est nécessaire de mettre ensemble des parties, de comprendre la conjugaison simultanée de phénomènes. Aujourd'hui, tout est tellement lié à tout que nous ne pouvons plus considérer séparément les choses. Prenons l'exemple d'un groupe de travail. Il constitue un système parce que les participants ont des relations entre eux et doivent faire quelque chose ensemble sans qu'il y ait de blocage.

Définition du périmètre : une membrane sépare l'intérieur de l'extérieur

Figure 7-13. Identification d'un système.
Périmètre séparant l'intérieur de l'extérieur[2]

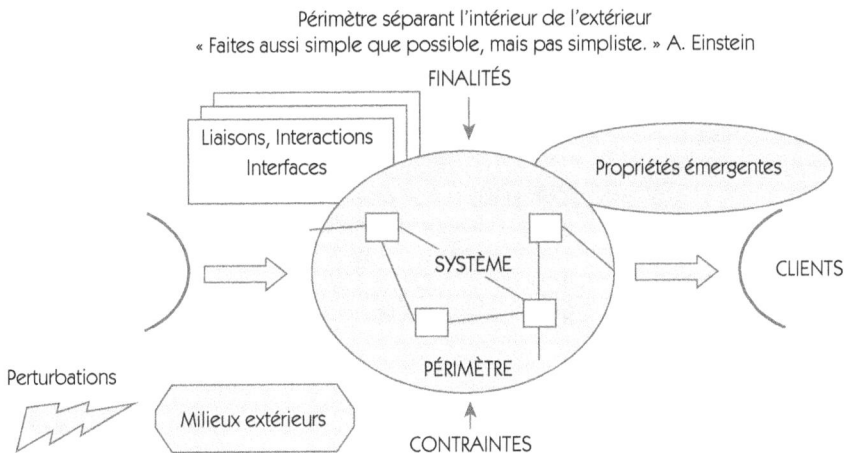

Périmètre séparant l'intérieur de l'extérieur
« Faites aussi simple que possible, mais pas simpliste. » A. Einstein
FINALITÉS
Liaisons, Interactions Interfaces
Propriétés émergentes
SYSTÈME
CLIENTS
PÉRIMÈTRE
Perturbations
Milieux extérieurs
CONTRAINTES

---

1. Joël de Rosnay, *Le macroscope*, Le Seuil, coll. « Points », 1975.
2. *« Faites aussi simple que possible, mais pas simpliste. »* Albert Einstein.

L'approche système ne consiste pas uniquement à expliquer comment le système fonctionne, mais à décrire comment il se comporte dans un environnement très changeant. Les définitions des systèmes sont très diverses, cependant les trois thèmes suivants sont communs :

- Définition « interne ». Ensemble d'éléments organisés, de relations structurées, fonctionnant en interne, éléments en interactions ;

- Définition « externe ». Un tout dans un environnement, présentant une cohérence unificatrice, une identité et un comportement ;

- Notion dynamique. Ensemble d'éléments en évolution transformant des entrées en sorties.

Définir le périmètre du système n'est pas forcément évident. Cette membrane fictive qui sépare ce qui appartient au système de ce qui lui est extérieur oblige à préciser ce sur quoi on va travailler.

Figure 7-14. Définition d'un système

> *« Le problème n'est plus d'expliquer comment le système fonctionne,*
> *mais de décrire comment il doit se comporter. »* - J.-L. Le Moigne - Groupe MACSI

- Un système est un objet définissable selon six composantes :
  - 1. Son concept :   de quoi s'agit-il ?
  - 2. Sa mission opérationnelle :   quelle est sa finalité ?
  - 3. Son architecture :   comment est-il structuré ?
  - 4. Ses fonctions :   que fait-il ?
  - 5. Son environnement :   dans quel milieu fonctionne-t-il ?
  - 6. Ses visions dans le temps :   quelles sont ses mutations ?

- Un système informatisé, une entreprise comporte les six composantes :
  - Son identité   (concept d'entreprise, hommes, moyens)
  - Sa finalité   (objectifs, mission, besoins à satisfaire)
  - Sa structure   (organigramme, responsabilités, rôles)
  - Ses activités   (plans, ressources, produits)
  - Son environnement   (milieu, marché, concurrence)
  - Son histoire   (réorganisations, améliorations successives, évolutions dans le temps)

Le système, le tout et les parties, et leurs interactions

Notons l'importance des liaisons ou interactions dans le comportement du système. Par exemple, le sodium est un corps dangereux, il s'enflamme au contact de l'air. Le chlore est un gaz toxique irrespirable. L'association de ces deux corps donne un composant stable (le sel de table) que l'on utilise couramment pour saler ses plats. Leur liaison a complètement changé leurs propriétés extérieures. La bonne prise en compte des interfaces conditionne fortement le résultat final (figures 7-15 et 7-16).

Figure 7-15. Propriétés émergentes : un exemple

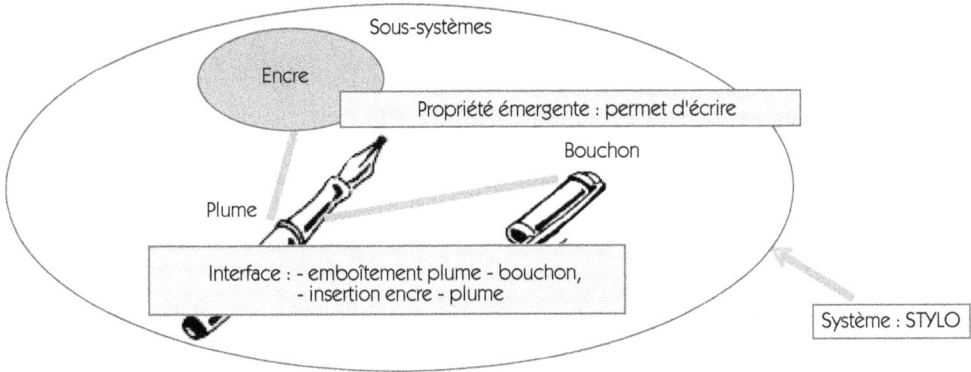

Sous-systèmes

Encre

Propriété émergente : permet d'écrire

Bouchon

Plume

Interface : - emboîtement plume - bouchon,
- insertion encre - plume

Système : STYLO

Figure 7-16. Parties d'un système

Le tout est autre que la somme des parties

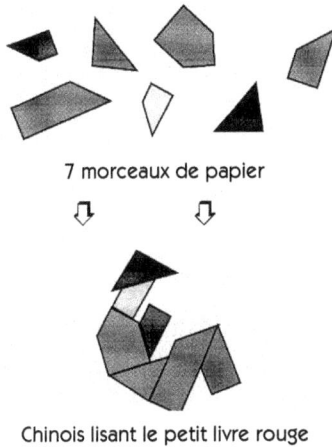

7 morceaux de papier

Chinois lisant le petit livre rouge

Les parties du système et leurs liaisons vont constituer son organisation. Si l'on doit découper le système, il sera intéressant de le faire aux endroits où les interactions sont faibles et bien identifiées afin d'assurer une stabilité de l'ensemble. Les niveaux d'organisation du système sont analogues aux niveaux d'abstraction.

Structures et fonctions ont des relations. Par exemple le carbone a deux structures principales : celle du diamant (cubique centré présentant des liaisons très stables) et celle du graphite (hexagonal dont les liaisons entre les plans réticulaires sont faibles). Ces corps ont des propriétés radicalement opposées : dur, transparent, isolant pour le diamant ; friable, conducteur, opaque pour le graphite. Il n'y a cependant pas de détermination univoque des fonctions par la structure. Une même structure peut présenter des propriétés très différentes comme, par exemple les automobiles modernes, toutes traction avant et moteur transversal, sont en même temps très différentes par leur forme et les qualités particulières de leurs composants.

Le point central dans le système est de gérer les interfaces entre sous-systèmes (figure 7-17). Les propriétés émergentes sont en grande partie l'expression de cet effet système.

Figure 7-17. Importance des interfaces

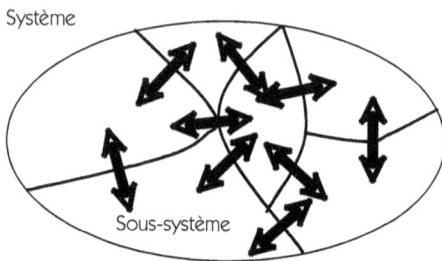

Système

Sous-système

1 - Définition du système par son périmètre global, sa mission (ou finalités), ses propriétés émergentes, son organisation (structure et fonctions)

2 - Sous-systèmes, définis de la même façon, en y rajoutant les interfaces avec les autres parties

3 - Identification des interfaces et prise en charge

4 - Les propriétés émergentes dépendent plus ou moins fortement des interfaces

Les propriétés émergentes, expressions de l'effet système

Une propriété est dite émergente si elle existe dans un système complet et n'existe pas dans ses éléments pris séparément. Une propriété émergente ne peut pas être prévue de façon analytique, à partir des propriétés des éléments seuls. Par exemple, deux atomes d'hydrogène et un d'oxygène (tous deux des gaz) mis en synthèse produisent de l'eau (liquide dans les conditions normales).

Les qualités perçues des objets sont exactement des propriétés émergentes issues de la réunion de leurs parties. La démarche qualité perçue doit donc impérativement s'appuyer sur la notion de système.

Les aspects positifs et négatifs des propriétés fondamentales des systèmes

Les propriétés fondamentales des systèmes comportent des aspects positifs et négatifs :

• Aspects positifs, synergie : le tout est plus que la somme de ses parties. L'association de plusieurs points dépasse leur simple addition, comme par exemple l'émergence d'une propriété de résistance lorsqu'on colle une feuille pour en faire un tube ;

• Aspects négatifs, sous-optimisation : le tout est moins que la somme de ses parties. Si des éléments ne vont pas ensemble, il peut y avoir blocage d'une organisation, lourdeurs, contradictions. Souvent l'impuissance des personnes est attribuée au manque de responsabilités claires car c'est le système global qui bloque, et personne en particulier. Dans les cas extrêmes, ces conflits détruisent le système lui-même.

Figure 7-18. Système, structure et propriétés

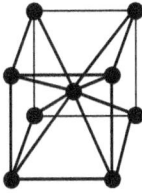

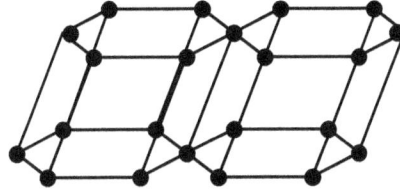

Structures et propriétés : le carbone, sous deux formes allotropiques, possède des propriétés opposées.
Diamant (dur, transparent, isolant…)   Graphite (friable, noir, conducteur)

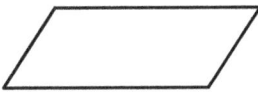

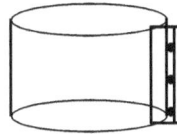

Propriétés émergentes : une feuille de papier seule (à gauche) ne tient pas verticale,
enroulée et collée elle peut supporter une charge (à droite)

Les propriétés externes des systèmes sont le *feed-back* et l'hyper-stabilité :

- Un *feed-back* (ou rétroaction) se produit lorsque l'effet influence la cause. Beaucoup de mécanismes se comportent de cette façon. De la même manière, le comportement des personnes d'un groupe est influencé par les attitudes des autres ;

- Homéostasie, régulation, hyperstabilité… cette propriété se crée lorsque les rétroactions réduisent les effets, l'inverse produisant des situations explosives.

Les comportements contre-intuitifs

Un système est dit *complexe* s'il présente des interactions entre ses parties conduisant à le rendre imprévisible :

- Les raisonnements linéaires de cause à effet pris au premier degré se révèlent faux lorsque les phénomènes sont complexes. Dans ce cas, une action au départ peut, par les conséquences qu'elle induit, conduire à des catastrophes ou du moins à des effets qui sont en contradiction avec le raisonnement simplificateur de cause à effet. Vouloir par exemple améliorer une situation facteur par facteur peut amener à un blocage total plus négatif encore que la situation de départ ;

● Lorsque des éléments simples et déterministes, comme deux pendules pour lesquels on peut écrire les équations, sont un peu couplés (par des aimants, par exemple, où il existe une interaction suffisante mais pas trop forte), le comportement global des deux pendules en action devient chaotique, imprévisible : il est alors impossible de prévoir ce que sera le comportement de chacun des pendules à un temps ultérieur. Dans ce cas, non seulement l'objectif ne sera pas atteint, mais de plus on ne peut plus piloter ce système. Des situations analogues s'observent dans des groupes de travail qui peuvent devenir ingérables et, de ce fait, ne permettent pas d'obtenir les résultats escomptés.

Le système et les modèles

La notion de système est indissociable de celle de modèle qui met en relations dynamiques les divers facteurs caractérisant une situation. La modélisation s'appuie sur la notion de graphe que l'on définit comme un ensemble de points (schématisant des variables d'état, par exemple) reliés par des arcs (représentant des relations entre ces points).

Un modèle peut être :

● **La représentation d'un phénomène.** Les relations simulent les interactions entre facteurs qui se produisent dans la situation réelle ;

● **Un outil de simulation pour construire des scénarios.** Il permet de jouer avec la mécanique modélisée pour estimer les influences de variations de paramètres selon les différentes hypothèses ;

● **Une aide à la décision.** Elle permet d'évaluer les conséquences de choix sur différents critères, ainsi que leurs sensibilités.

Nous avons associé dans les fiches outils du chapitre 9 (figure 9-12, « Modélisation d'un système ») la modélisation avec l'identification d'une situation car cette approche permet de définir précisément le phénomène observé, ce qu'il est et devient, ses limites.

L'approche simultanée ou dynamique

Deux approches sont possibles :

● **L'approche simultanée.** Il est parfois important de considérer une solution par rapport à l'ensemble des critères (par exemple Q, C et D). Cette approche simultanée permet l'approche multidimensionnelle par matrice de critères. Au chapitre 9, la fiche 35 détaille ce type de processus de décision ;

● **Le processus dynamique** ou la démarche graphe des conséquences On veut ici définir de façon dynamique les conséquences de telle action, qui auront elles-mêmes des influences sur d'autres paramètres. Dans ce cas, on modélise la suite de conséquences de façon dynamique comme dans un projet où il est nécessaire de connaître les problèmes qui se poseront à la suite de diverses dérives. Ces deux approches font parties de la notion de système et seront reprises dans les fiches outils.

Les notions de système et de modèle ne constituent que des outils intellectuels pour approcher des phénomènes bien concrets qu'ils ne pourront jamais remplacer car la carte n'est pas le territoire (une notion de la PNL, programmation neuro-linguistique). Nous avons abordé rapidement ces notions qui nous sont nécessaires pour assurer une bonne démarche qualité perçue.

Fiche 24. La construction de la logique de développement

Cette logique est le point de départ de toute coordination entre métiers, projets et management. Elle peut être définie à l'aide de l'outil PDPC[1] (voir glossaire, fiche 25 et chapitre 9) mais l'essentiel reste qu'elle doit impérativement être appropriée par tous, comme une véritable partition synchronisant les différents joueurs de l'orchestre. Nous donnons dans les figures 7-19 à 7-21 des exemples de logiques.

Figure 7-19. Comment définir la logique de développement management, projet, métiers

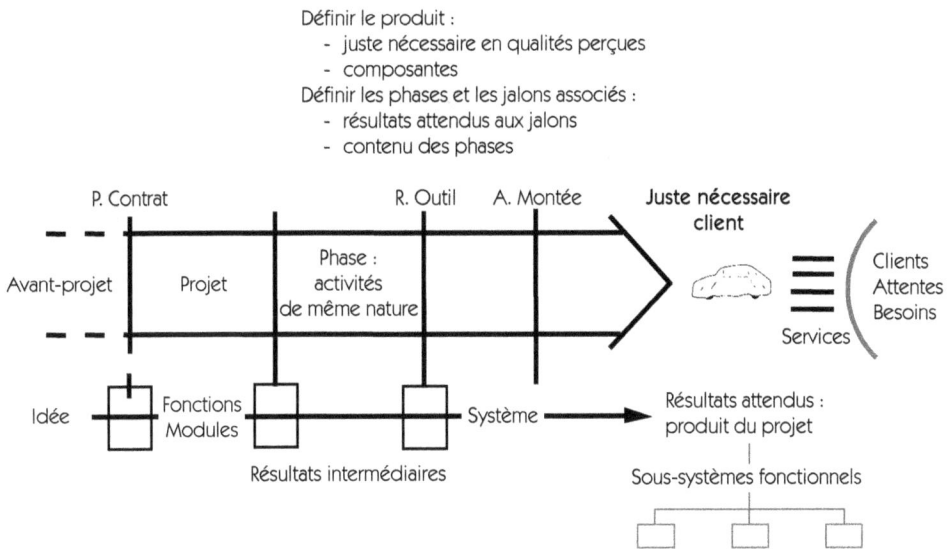

---

1. *Process Decision Program Chart*, le PDPC permet d'anticiper les situations indésirables et leurs conséquences. Voir aussi les nouveaux outils du management au chapitre 9.

Figure 7-20. Résultats et activités

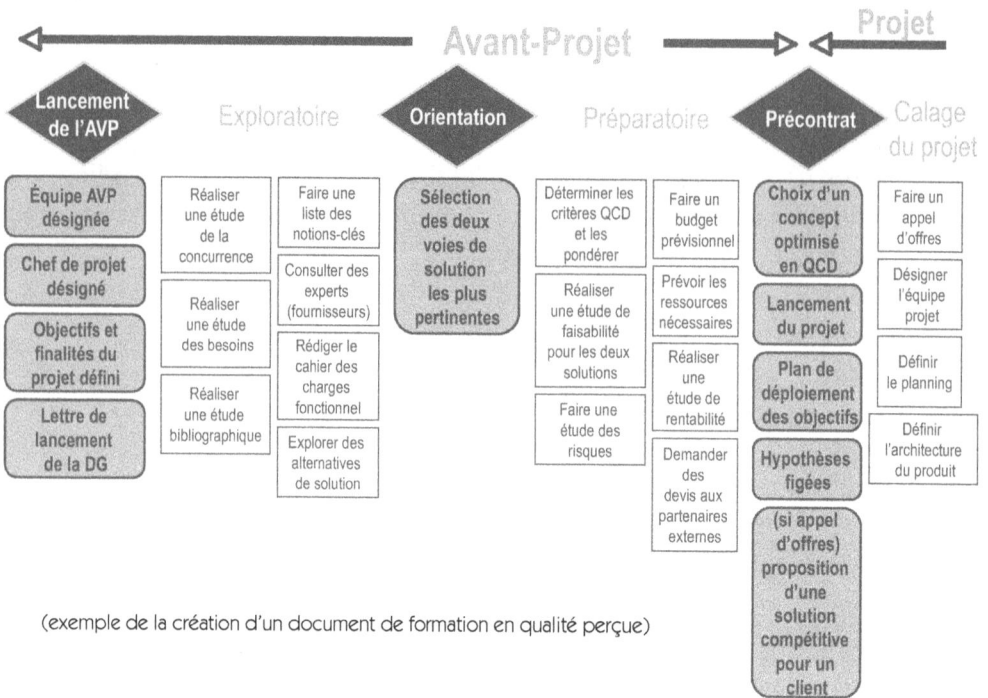

Avant-Projet — Projet

Lancement de l'AVP — Exploratoire — Orientation — Préparatoire — Précontrat — Calage du projet

- Équipe AVP désignée
- Chef de projet désigné
- Objectifs et finalités du projet défini
- Lettre de lancement de la DG

- Réaliser une étude de la concurrence
- Réaliser une étude des besoins
- Réaliser une étude bibliographique

- Faire une liste des notions-clés
- Consulter des experts (fournisseurs)
- Rédiger le cahier des charges fonctionnel
- Explorer des alternatives de solution

- Sélection des deux voies de solution les plus pertinentes

- Déterminer les critères QCD et les pondérer
- Réaliser une étude de faisabilité pour les deux solutions
- Faire une étude des risques

- Faire un budget prévisionnel
- Prévoir les ressources nécessaires
- Réaliser une étude de rentabilité
- Demander des devis aux partenaires externes

- Choix d'un concept optimisé en QCD
- Lancement du projet
- Plan de déploiement des objectifs
- Hypothèses figées
- (si appel d'offres) proposition d'une solution compétitive pour un client

- Faire un appel d'offres
- Désigner l'équipe projet
- Définir le planning
- Définir l'architecture du produit

(exemple de la création d'un document de formation en qualité perçue)

Figure 7-21. Macro-processus projet, métiers

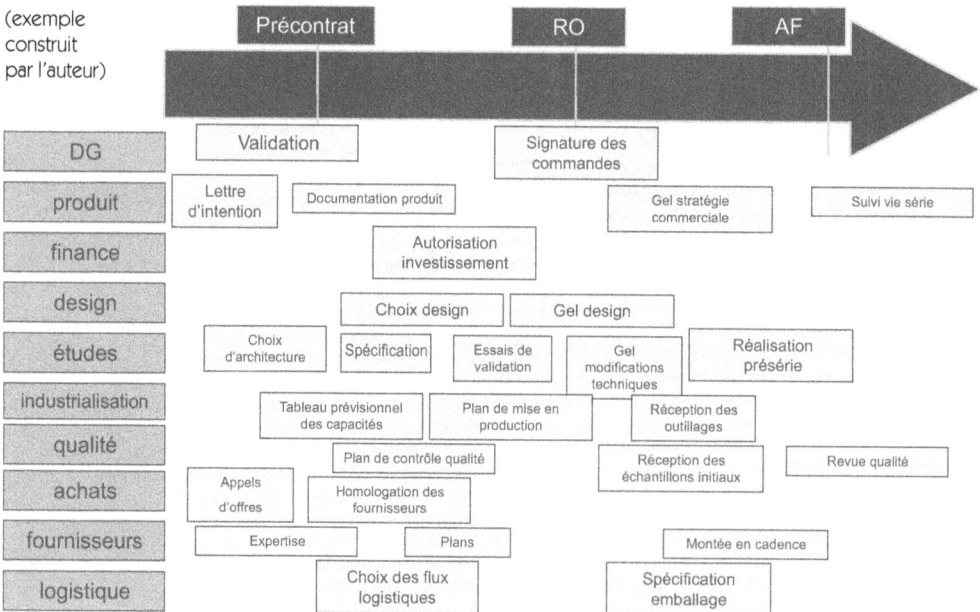

(exemple construit par l'auteur)

Précontrat — RO — AF

- DG : Validation ; Signature des commandes
- produit : Lettre d'intention ; Documentation produit ; Gel stratégie commerciale ; Suivi vie série
- finance : Autorisation investissement
- design : Choix design ; Gel design
- études : Choix d'architecture ; Spécification ; Essais de validation ; Gel modifications techniques ; Réalisation présérie
- industrialisation : Tableau prévisionnel des capacités ; Plan de mise en production ; Réception des outillages
- qualité : Plan de contrôle qualité ; Réception des échantillons initiaux ; Revue qualité
- achats : Appels d'offres ; Homologation des fournisseurs
- fournisseurs : Expertise ; Plans ; Montée en cadence
- logistique : Choix des flux logistiques ; Spécification emballage

© Groupe Eyrolles

Fiche 25. Cartographie des processus : la démarche PDPC

Cet outil est fondamental pour décrire les processus et identifier les risques qui feraient que le processus ne produise pas les résultats attendus satisfaisants pour le marché. À partir des situations initiales et finales, les grandes activités sont définies et reliées logiquement entre elles : le produit de sortie de l'une constitue l'entrée de l'autre. Les risques associés se formulent en se posant la question : « Et si nous n'obtenons pas tel résultat attendu… Alors que fait-on ? » Selon l'importance de l'impact sur le fonctionnement du processus, des actions préventives ou curatives doivent être décidées et rajoutées au processus.

Figure 7-22. Synchroniser les processus et la logique.
Activités tirées par les résultats, démarche PDPC

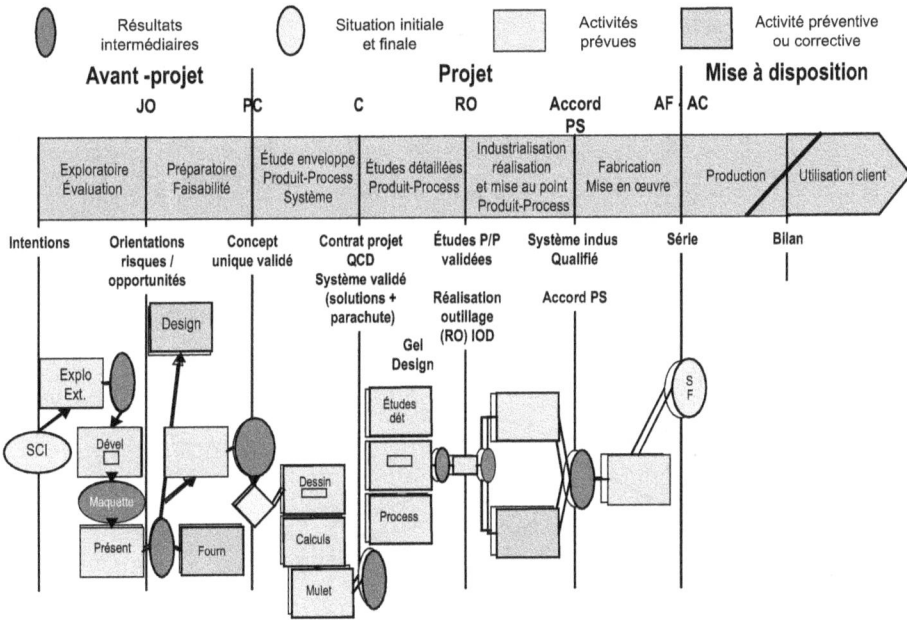

Tout processus est piloté par les trois types d'indicateurs définis dans la figure 9-35 de la fiche 36 (représentant des points de contrôle du processus). Nous en avons explicité deux avec l'exemple dans la figure 7-23.

L'organisation projet/métier seule risque de ne pas tirer chaque prestation qualité perçue, car la qualité perçue constitue une dimension supplémentaire à l'activité métier et à celle du projet. Des pilotes transverses qualités perçues seront affectés aux prestations fondamentales de la qualité perçue pour en être les champions comme nous l'avons dit précédemment (voir figure 7-24).

Figure 7-23. Points de contrôle du processus.
Maîtrise des résultats, maîtrise des activités

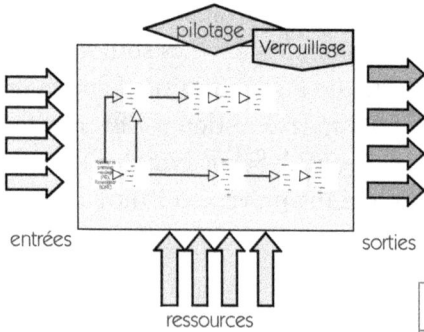

Conseils pratiques pour analyser un processus :
– Suivre les flux du ou des produits
– Chercher les grandes fonctions ou grands processus internes
– Définir :
   - L'activité de transformation
   - Les entrées, les exigences
   - Les sorties, les exigences
   - Les ressources
   - Le pilotage et le verrouillage

Un processus doit être maîtrisé par le suivi de ses caractéristiques et paramètres (variables de réglage) qui s'effectue selon le flux en contrôlant les paramètres de l'activité, et les résultats. On peut aussi rajouter le suivi de décisions de pilotage, leur mise en place (verrouillage)

Nom du produit : (résultat du processus)		
Nom du processus : processus « montage »	Points de contrôle	
Diagramme des flux	Vérifier l'activité	Vérifier le résultat
(exemple du montage d'une porte de véhicule)	Couple de serrage appliqué aux vis	Effort de fermeture
Monter une porte sur une voiture	Choix de la porte correspondant au véhicule	Désalignement de la porte

Figure 7-24. Organisation : qui fait quoi ?
Métiers, projets, prestations qualités perçues

(Issu du séminaire « Hoshin projet » fait par l'auteur à l'Institut Renault)

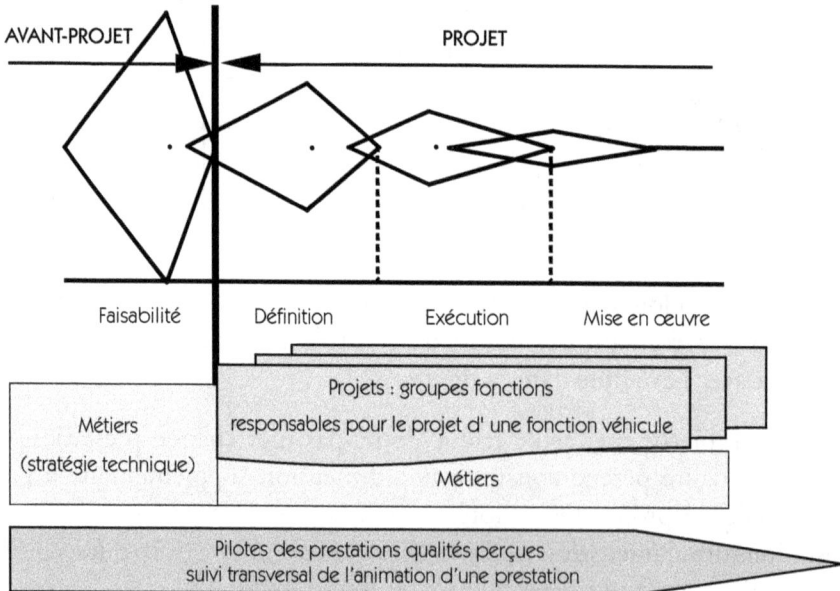

Fiche 26. L'importance des pilotes transverses qualité perçue

La mission générale du pilote qualité perçue

Le pilote qualité perçue est nommé pour animer un périmètre défini de la prestation qualité perçue, pour un projet donné. Il est responsable de la définition des services à rendre (le « quoi ») relatifs à cette prestation et de la définition des cibles avec la direction experte client. Il pilote l'atteinte de ces cibles. Il traduit les services à rendre (le « quoi ») en cahiers des charges fonctionnels (les « comment » fonctionnels) puis aidera à l'élaboration des cahiers des charges techniques (les « comment » techniques) relatifs à la prestation. Il fait le reporting pour les métiers et le projet. Son travail s'effectue sous la responsabilité fonctionnelle du chef de projet et s'appuie sur les connaissances (techniques et processus) de son métier prestation.

Son champ d'application

Le pilote s'intègre au projet dès la phase avant-projet. Sa mission est permanente : elle s'exerce aussi bien en développement qu'en série.

La mission détaillée du pilotage

Le pilotage de la prestation dans le projet vise à garantir l'atteinte d'un niveau de prestation satisfaisant le client. Il comprend :

- **La définition des cibles.** Pour les construire, le pilote rassemblera et fera la synthèse des éléments suivants : données sur le produit, résultats qualité du produit destiné à être remplacé, données fournies par son métier, connaissance de la concurrence, évolutions des législations, scénarios d'évolution technique, profils d'utilisation client ;
- **L'élaboration et le déploiement des cahiers des charges.** Le pilote renseigne dans un premier temps le cahier des charges des prestations fonctionnelles (CdCPF, description fonctionnelle de la prestation). Il est ensuite responsable du déploiement appliqué au projet, selon le processus qu'il aura proposé ;
- **L'animation de la définition technique** permettant l'atteinte de la prestation et de la validation ;
- **Les évaluations** des produits et de leurs concurrents ;
- **La synthèse et le reporting.** Le pilotage couvre la tenue à jour des indicateurs, la documentation et la résolution des problèmes qui lui sont affectés dans la LUQP (liste unique des points qualité perçue, voir définition fiche 30), ainsi que la préparation des synthèses pour le passage des différents jalons du projet. Le pilote a le devoir d'alerter la direction de projet et les directions de métier concernées en cas de risque par rapport à la trajectoire prévue. Il fait capitaliser l'expérience acquise au travers de sa fonction projet, dans les services experts et métiers.

Ses responsabilités

Le pilote a légitimité pour animer, prendre les décisions et faire participer les acteurs nécessaires.

Ses principales relations externes et internes

Ses interlocuteurs principaux sont les métiers, projets et fournisseurs.

Les points marquants

Les pièges à éviter

- L'innovation en voulant imposer une nouveauté qui peut être rejetée par le marché.
- Des vagues d'économies qui font perdre leur cohérence au produit.
- Le déséquilibre entre la pression faite sur la qualité, le coût et le délai.
- Le poids trop lourd de la technique.
- Des conflits bloquant la qualité perçue.
- Les cloisonnements entre métiers.

Les points les plus importants

- Privilégier la stratégie et l'organisation qui prennent en compte la qualité perçue : création de pilotes qualité perçue.
- Orienter les processus par l'amour du produit afin de décloisonner.
- Bien concevoir, bien étudier, bien fabriquer : intégrer la qualité perçue dans le processus d'entreprise, traiter fonctionnel et qualité perçue en même temps.
- Bien travailler ensemble : ne pas faire apparaître dans le résultat les cloisonnements entre métiers et les désaccords entre métiers et projet.
- Mettre en place un comité d'arbitrage projet, métiers.
- Favoriser une approche non administrative des processus (par macro-processus jalonnés) simple et claire.

© Groupe Eyrolles

Pour en savoir plus

SENGE, Peter, *The Fifth Discipline Fieldbook*, Doubleday, 1994.

Livre fondateur de l'application de la notion de système à la pratique du management et à la construction de l'entreprise apprenante. Les relations entre parties sont utilisées pour étudier les phénomènes et animer des équipes de travail.

SIMON, Herbert A, *La science des systèmes*, EPI, 1974.

Prix Nobel, acteur des sciences cognitives et de la prise de décision (on lui doit la notion de rationalité limitée), il s'appuie sur la science des systèmes qui constitue pour lui l'approche fondamentale pour aborder les nouveaux mécanismes sociotechniques et biologiques. Les nouvelles technologies nécessitent en effet de considérer l'ensemble des dimensions et leurs interactions, alors que les phénomènes mécaniques pouvaient être traités en découpant et séparant les parties.

JOCOU, Pierre, et LUCAS, Frédéric, *Au cœur du changement*, Dunod, 1992.

Expose l'expérience concrète menée chez RENAULT, pilotée par la qualité et la mise en place de la qualité totale (TQM). Ce changement de culture soutenu par le président, associé à la mise en place du management projet, a permis au constructeur une révolution qui l'a remis au niveau des meilleurs. L'expérience prouve que les progrès ne sont jamais acquis, et la volonté toujours nécessaire pour progresser de façon permanente.

« Mesures de l'impact de l'innovation sur la rentabilité de l'entreprise » (enquête du cabinet CAA auprès de 32 groupes internationaux, 2005 « Innover n'est pas toujours rentable », *Le Monde*, 26 avril 2005).

Les marges obtenues sur un produit nouveau varient de -10 % à +10 % (par rapport à celles du produit remplacé), elles sont liées à l'organisation de la R & D selon quatre modèles : technologique (les chercheurs soumettent leurs idées) marges de -15 % à +5 % ; marketing (les projets sont lancés à partir de la demande marché) marges de -5 % à + 15 %, les marges négatives provenant d'erreurs marketing ; foisonnant (l'innovation est faite selon les opportunités, le projet est lancé pour résoudre des problèmes posés dans l'entreprise) marges entre -10 % et +10 % ; l'intégré (dès le départ, toutes les fonctions sont impliquées) marges de +5 % à +20 %. Mais peu d'entreprises l'ont adopté à cause des difficultés pour gérer le foisonnement des projets.

RENAULT, l'album de la qualité totale.

Il illustre de façon très pédagogique la démarche par la qualité mise en place par le constructeur automobile dans les années quatre-vingt-dix.

Chapitre 8

Intégrer la qualité perçue
dans les gènes du projet

> *« Elle avait le don c'est vrai, j'en conviens,*
> *Elle avait le génie,*
> *Mais sans technique un don n'est rien*
> *Qu'une sale manie. »*
>
> *Le mauvais sujet repenti,* Georges BRASSENS

Respecter les fondamentaux qualités perçues veut dire pour le projet :

* Assurer l'intégrité du produit et du service en lui garantissant sa cohérence ;

* Maîtriser les interfaces ;

* Offrir le *juste nécessaire* en qualités perçues pour chaque niveau d'offre ;

* Anticiper les tendances pour que la qualité perçue offerte corresponde bien au client futur.

Rappelons qu'un projet est *« un processus unique, qui consiste en un ensemble d'activités coordonnées et maîtrisées comportant des dates de début et de fin, entreprises dans le but d'atteindre un objectif conforme à des exigences spécifiques telles que les contraintes de délais, de coûts et de ressources »*[1].

Traditionnellement, le chef de projet est, à des degrés divers, un chef d'entreprise qui doit assurer la rentabilité de son projet. L'approche par la qualité perçue impose au management de projet d'évoluer, car au-delà de la gestion de l'équilibre qualité/coûts/délais compte tenu des ressources allouées, le projet devient le garant :

* De la stratégie qui intègre la qualité perçue dans ses gènes ;

* Du résultat perçu (produit, service, informations associées) satisfaisant le client.

---

1. Norme ISO 10006, AFNOR 1998.

Par nature, dans un projet tout ne peut être programmé. Il faut laisser l'initiative, faire en sorte que les conditions soient réunies pour qu'une dynamique se crée. Le rôle des acteurs y est fondamental, il faut donc permettre la subjectivité, la délégation. Mais, en même temps, une démarche d'artiste n'assure pas toujours des résultats satisfaisant les clients. Les outils viendront donc aider les acteurs à structurer leur propre démarche pour optimiser la valeur offerte par rapport aux coûts engagés. Les métiers auront chaque fois à démontrer au projet que ce qui lui est demandé en qualité perçue est effectivement vendable.

Nous préconisons ici, de *faire l'effort d'aller voir les clients,* de dialoguer avec eux pour construire leurs besoins en même temps que le projet. Nous prendrons pour cela l'exemple du produit matériel afin d'être plus concret. La démarche peut être appliquée pour des services mais demanderait des développements qui dépassent le cadre de ce livre.

Le projet est garant de l'intégrité du résultat et de l'équilibre Q, C, D. Le but permanent de toute entreprise est d'optimiser le rapport valeur/coûts. Une valeur vendable mettra en avant les qualités perçues en rapport avec des coûts internes à l'entreprise (au sens large de dépenses, investissements, prix de revient, délais, qualité de base) qui seront toujours à maîtriser. Cet équilibre se fera en définissant les cibles du projet et en utilisant les revues pour rendre les jalons robustes, afin que les remises en cause soient, autant que faire se peut, limitées.

Construire le projet, intégrer les qualités perçues, garantir l'esprit du produit final

La démarche qualité perçue demande que le produit aille au-delà du seul cahier des charges fonctionnel défini dès le départ du travail. Il devra posséder de plus les signes de qualité perçue, de sorte qu'il exprime par son design ce qu'il est dès la première impression et jusque dans le détail. Les objectifs doivent bien sûr être définis comme exprimant le choix fait par l'entreprise de se positionner en qualité perçue. Mais ces qualités ne se percevront que lorsque le produit sera concrétisé. D'où la nécessité de compléter le cahier des charges de départ qui ne peut définir totalement ce que sera le produit. Il existera des réponses multiples. Seuls le cahier des charges et la définition de fonctions ne peuvent assurer le bon niveau de qualité perçue car il faut des réalisations virtuelles ou matérielles pour l'évaluer.

Ceci rend difficile la démarche qualité perçue. Bien entendu, cela ne veut pas dire qu'il ne faut plus faire de cahier des charges fonctionnel. Simplement, il faut être conscient qu'il est limité au domaine fonctionnel et ne prend pas en compte les aspects qualitatifs.

Un produit constitue une totalité ayant des propriétés d'intégrité

Nous avons défini ce terme aux chapitres 3 et 6. Rappelons qu'il recouvre à la fois une cohérence (les parties vont bien ensemble), une intégration (pas de rajouts), une complétude (la prestation est complète pour l'utilisation prévue) et une homogénéité (l'ensemble forme un seul élément consistant, équilibré). Ces diverses formes de *cohérence* se mettent au service de l'esprit du produit, de son sens profond, de l'intention que va communiquer son concept. Le design de l'objet devient majeur pour lui faire exprimer son caractère et les signes de qualité perçue.

Le parallèle peut être fait pour l'interprétation d'une œuvre : « *Dès la première note je suis Mozart* », rappelait le grand chef d'orchestre Carlo Maria Giulini[1] lorsqu'il dirigeait, le *Requiem* par exemple, pour insuffler l'esprit du compositeur dans son interprétation.

Parfois, un seul détail peut détruire l'esprit d'un produit. Une table à langer pour enfant ne doit évidemment pas être agressive. Ceci demande une reprise de ses différents angles pour les arrondir, qu'une optimisation en coût ne devra pas supprimer au risque de faire apparaître ce produit comme dangereux.

Les conditions de perception des qualités perçues

Les qualités perçues sont des propriétés émergentes qui n'apparaissent que lorsque certains composants du produit sont associés. Ces propriétés peuvent se percevoir de façon globale ou très détaillée, il existe ici aussi des niveaux d'abstraction de la qualité perçue. Par exemple, on voit globalement la ligne d'un véhicule à quelques mètres de distance, elle peut déjà suggérer des aspects de qualité perçue comme la robustesse ou la stabilité. Puis en se rapprochant, on va percevoir plus de détails et on pourra juger de la qualité des jeux ou de la matière de la carrosserie. De la même façon, pour une composition musicale on peut percevoir le thème général, séduisant ou non, puis les détails lors de l'interprétation par l'orchestre.

---

1. Interview au journal *Le Monde*, août 2005.

Nous pouvons donc réagir sur des objets qui ne sont pas complètement représentatifs dans leur état de détail. Mais une vue partielle ne permettra pas de voir l'ensemble des qualités perçues, celles relatives au détail des interfaces par exemple.

La perception dépend de l'objet mais aussi de la personne qui le perçoit : la qualité perçue se constate selon un périmètre de perception bien défini. Par exemple, on peut focaliser la perception uniquement sur l'extérieur du véhicule ou sur son intérieur. Dans ce cas, la vue est assez complète mais porte sur un périmètre partiel de l'objet. De même, la mélodie ou l'accompagnement d'un morceau de musique peuvent se juger séparément.

Les évaluations qualité perçue ne pourront donc porter que sur ce qui est présenté. Si ce sont des éléments partiels, une partie des qualités ne sera pas évaluée (voir figure 7-11 du chapitre 7). Des *objets complets* et représentatifs seront donc nécessaires aux jalons pour lesquels l'ensemble des qualités doit être validé.

Les évolutions nécessaires de la démarche projet afin de résoudre un paradoxe

Les démarches de conduite des projets ont été multiples :

- La conduite programmée reposant sur le planning et le Pert, comme le programme Apollo ;

- La réponse à un appel d'offres, où le cahier des charges seul compte, comme en architecture et dans les travaux publics ;

- La conduite par les ressources humaines, où le projet est considéré comme une coopération entre les acteurs ;

- Le management de projet, devenu un métier par la mise en place de méthodes de pilotage, d'assurances, de convergence des actions pendant les phases à l'aide de revues adaptées.

Ces différentes approches se mélangent et elles tendent maintenant à prendre en compte le produit final au-delà de sa conformité au cahier des charges de départ. L'architecte Christian de Portzamparc[1] définit son intérêt pour l'architecture par *« ce dialogue incessant de l'homme avec son milieu »*. Il insiste sur les incertitudes de l'architecture : *« Il n'y a pas une seule vérité en architecture [...] face à un problème complexe, précisément posé, conditionné par les mêmes facteurs, il peut y avoir plusieurs*

---

1. Prix Pritzker 1995, dans sa leçon inaugurale au Collège de France, 2 février 2006.

bonnes réponses. Rien ne se ressemble [...] L'incertitude est la vérité. » L'architecte doit prendre en compte la responsabilité civique du produit final : « *L'artiste n'a pas de comptes à rendre, l'architecte si.* »

Cette nécessité de se focaliser sur le résultat final qui doit être perçue de qualité entraîne un paradoxe, qui consiste à piloter par des résultats qu'on ne connaît que partiellement et que l'on est en train de construire. On ne peut tout prévoir, les clients utiliseront souvent de façon inattendue les produits, les attentes auront évolué à leur sortie. Il faut cependant définir tôt dans le projet les cahiers des charges clients et techniques.

Nous possédons malgré tout un référentiel de départ constitué par l'expression de besoins actuels, ainsi que les dimensions du produit final à définir. Nous savons aussi que les fondamentaux en qualité perçue doivent en faire partie. Le reste du projet est à construire.

Non seulement le projet est garant des équilibres entre qualité, coûts et délais, mais il doit aussi assurer une bonne cohérence de la qualité perçue du résultat final. Cette dimension supplémentaire devient importante, elle nécessite de changer de méthode de travail : il s'agit moins de répondre à un cahier des charges ou à des spécifications que d'élaborer le produit en même temps que le projet se déroule. Un dialogue doit s'instaurer entre l'entreprise (qui présente le produit ou le service) et le client, ce qui amène à proposer une évolution de la démarche projet que nous pouvons appeler *projet orienté par le client.*

Les principes du management du Hoshin[1] projet sont les suivants (figure 8-1) :

- **Donner sens au projet.** Orienté par le produit/service satisfaisant les clients, le projet est le garant du résultat final et de l'optimisation de l'ensemble qualités, coûts, délais ;

- **Avoir une logique de développement convergente, des jalons robustes.** Un projet se passe rarement comme prévu, une planification trop fine des tâches est irréaliste. Il est nécessaire de créer des jalons robustes, vers lesquels les actions convergeront ;

- **Impliquer projets et métiers.** Une équipe pilote le projet en s'appuyant sur les compétences métiers car le projet ne pourra rien sans eux. Il prend en compte simultanément différents aspects, tels que Q, C, D, produits et processus, afin que la qualité perçue soit intégrée et les problèmes résolus en tenant compte de l'ensemble des aspects.

---

1. Ici *Hoshin* veut dire boussole. Institut RENAULT, « Mettre en œuvre le Hoshin projet ».

- **Gérer les marges de liberté des acteurs**. Entre les jalons, les acteurs doivent construire ensemble des solutions et avoir pour cela des libertés. Afin de converger, le projet partagera la même vision avec tous les métiers ;

- **Capitaliser en continu**. Bien que le projet soit une activité unique, non répétitive et souvent égoïste, il est nécessaire que l'entreprise puisse capitaliser d'un projet sur l'autre pour ne pas répéter les erreurs du passé.

Figure 8-1. Les quatre thèmes du projet Hoshin

(Issu du séminaire « Hoshin projet » fait par l'auteur à l'Institut Renault)

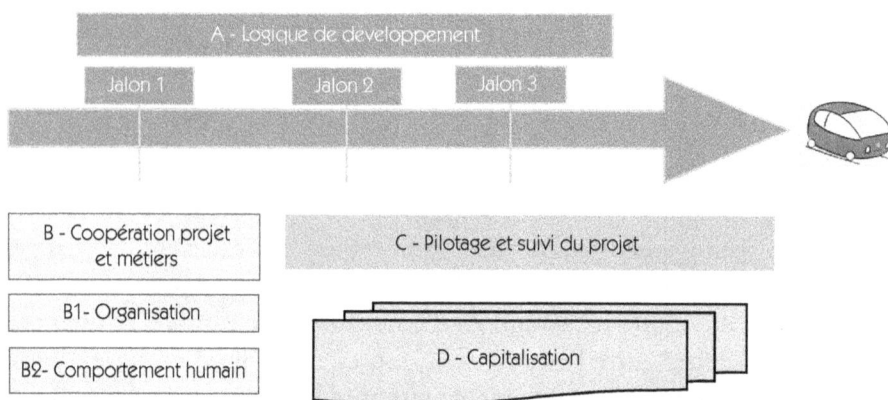

Intégrer la qualité perçue dans les gènes du projet, garantir les cohérences

Bien que des efforts soient de plus en plus faits pour anticiper les cibles et les objectifs, que des contrats soient signés entre les acteurs, un projet ne se passe jamais comme prévu, il nécessite une démarche d'assurance. Celle-ci garantira *l'intégrité* du produit car le projet conservera tout au long de son développement *l'esprit* du produit et sa cohérence. La démarche assurera en même temps le bon équilibre interne à l'entreprise entre qualité, coûts et délais.

Le projet a souvent des réticences à intégrer très en amont des éléments qualité perçue qui pourraient, dans un premier temps, détériorer son budget. Par expérience, nous pouvons dire que les fondamentaux qui ne sont pas mis dans les gènes du produit dès le départ ne seront pas optimisés par la suite car les contraintes seront telles que le produit ne pourra plus supporter une évolution pour satisfaire à un aspect de qualité perçue. Les fondamentaux constituent des critères d'évaluation utilisables dès le départ par le projet, qui pourra alors se donner des objectifs mesurables sur ces indicateurs et vérifier que ce qui est dit a bien été fait. De nombreux exemples nous ont montré que des rattrapages successifs pour remettre de la qualité perçue, rejetée au départ pour des questions de coût, débouchent *in fine* sur un produit qui n'est pas optimisé en perception et qui coûte plus cher que ce qui était prévu au départ. Décider dès le début du projet sur l'ensemble de ces aspects paraît fondamental.

Les principes du Hoshin projet complètent ceux, maintenant classiques, adoptés pour le projet Twingo qui a été le point de départ du renouveau des méthodes projet, que nous rappelons :

- Penser à la fois produit, processus et utilisateurs ;
- Découper en sous-ensemble produit et processus (modules) et non par métier ;
- Faire précéder tout projet d'un avant-projet ;
- Associer étroitement les utilisateurs et maintenir le projet *visible* en continu ;
- Contractualiser les objectifs du projet et les apports de ressources ;
- Traiter les conflits en amont (préparation) ;
- Mettre en place une gestion économique du projet ;
- Se doter d'espaces (plateaux) spécifiques au projet ;
- Considérer le projet achevé avec la signature du contrat de service du dernier site.

Démarche de construction progressive, niveaux de qualité perçue, convergences

Le but de tous les acteurs projet et métiers est de rendre maximum le rapport valeur perçue offerte par rapport aux coûts internes (pris dans un sens large). Pour cela, il est important que les missions soient claires et bien réparties entre projets et métiers (figure 8-2) afin que les différentes phases soient correctement effectuées.

Figure 8-2. Organisation projet, métiers. Optimisation valeur perçue/coûts

(Issu du séminaire « Hoshin projet » fait par l'auteur à l'Institut Renault)

- Projet : garant de l'intégrité du produit et de l'équilibre QCD, tire le projet de façon transversale aux métiers

- Métiers : garants des aspects techniques, politiques techniques, innovations, spécifications, validations

Projet et métiers travaillent ensemble en continu tout au long du projet

Les acteurs disposent d'une marge de manœuvre, « ce sont des acteurs et non des facteurs »

Créer de la qualité perçue nécessite une démarche transversale dans l'entreprise, qui doit être focalisée sur la bonne perception du produit à obtenir. Ceci conduit à plus intégrer la qualité perçue dans les processus et impliquer les différents métiers.

Les fonctions des phases, leur contenu, sont à identifier, ainsi que les données d'entrée ou les caractéristiques génétiques, comme dans le tableau ci-dessous qui donne des exemples non exhaustifs. Les phases sont à adapter à chaque cas traité car elles dépendent du type de projet, s'il est matériel ou immatériel, s'il concerne les services.

Macro-phases	Phases	Contenu	Entrées de la phase	Sorties de la phase
Avant-projet	Innover	Créativité	Intentions	Concept
	Choisir	Orientation faisable	Critères de choix	Objet complet virtuel
Projet conception	Concevoir	Définition du système, puis des détails	Objectifs, données d'entrée, caractéristiques génétiques QP	Objet dessiné et détaillé
	Évaluer	Niveau de prestations par rapport à l'objectif	Objectifs, maquettes numériques, maquette physique	Évaluations clients et experts
	Acheter	Validations unitaires et négociation des coûts	C d C technique fonctionnel	Sous-ensembles validés
	Intégrer	Association et mise en dialogue des sous-ensembles	Cas d'utilisation	Interfaces
	Valider	Validations au niveau du système	C d C client	Objet complet
Industrialisation	Industrialiser	Fabrication selon un processus se rapprochant de la série	Dossiers de qualification	Acceptations et accords qualité Échantillons initiaux, issus d'outillages représentatifs série
	Maintenir	Entretien des moyens	Dérives des paramètres processus	Dérives des caractéristiques du produit
Vente	Privilégier le contact client	Argumentation	Objectifs commerciaux Argumentaires de vente	Ventes, communication expliquant les qualités perçues
Vie série	Utiliser	Utilisations	Cas d'utilisation	Cas de non-utilisation
Après-vente	Diagnostiquer, réparer	Ateliers services	Panne	Réparation, retours d'expérience
Fin de vie	Recycler	Écologie	Produit usagé	Taux de recyclage

Construire en continu le produit par le dialogue entre client et entreprise

De la même façon, les jalons seront identifiés en distinguant ceux pour lesquels le client doit être impliqué et ceux qui sont internes, pour lesquels le projet préparera leur passage avec les métiers (voir la figure 8-3 et la figure 8-23). À chaque jalon, le produit cristallise un moment de l'évolution continue du projet.

Figure 8-3. Exemple de logique de développement : jalons d'entreprise et jalons clients. Coconstruction de l'objet complet

(Issu du séminaire « Hoshin projet » fait par l'auteur à l'Institut Renault : exemple d'une entreprise qui répond à un appel d'offres)

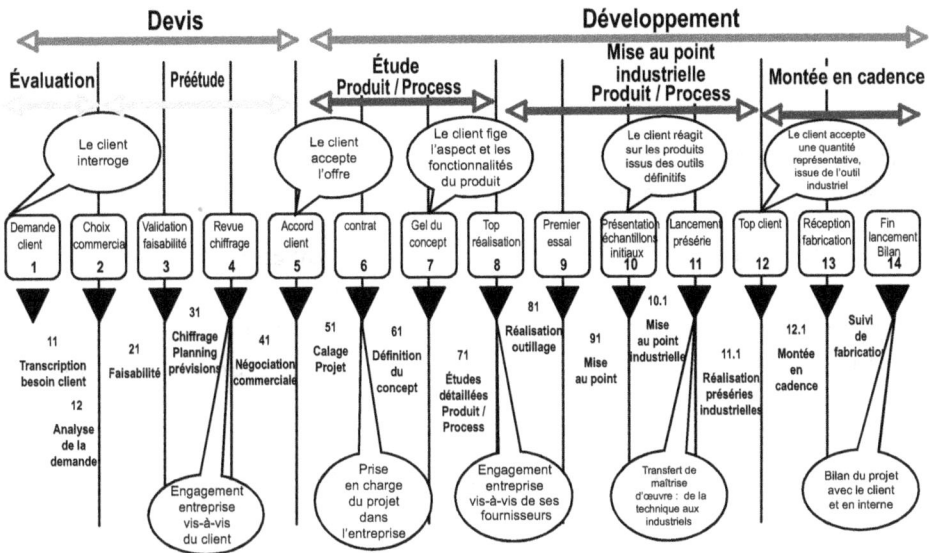

Impliquer les clients, le contact direct sur des objets complets selon un périmètre défini

Ce management de projet est tiré par les résultats à atteindre (ou livrables) et en tout premier lieu par le résultat final perçu par le marché. Pendant le temps du projet, les marchés évoluent, ainsi que les attentes et les techniques. Les acteurs devront donc périodiquement aller voir le marché et les clients pour recaler le projet, lors de *jalons clients.*

Un client a des difficultés pour donner une opinion sur quelque chose d'abstrait. Il lui faut soit *voir* ce qu'on lui offre de façon physique, soit vivre l'expérience qu'il fera avec le bien ou qu'on lui suggère une histoire, une métaphore. De cette façon, les chances de dialogue pour mieux faire réagir le client sont augmentées : faisant vivre le produit, on peut recueillir les attentes et les critiques pour progresser dans le projet.

Nous devrons donc présenter des ensembles complets définis par rapport au domaine de perception que l'on veut explorer lors du contact avec un client, pour qu'il puisse concrétiser ses réactions, mais ses réactions seront limitées au périmètre présenté. La définition du stimulus reste fondamentale, elle participe à l'effort de convergence pour définir un produit final satisfaisant.

Dialoguer avec les métiers, maîtriser les interfaces, ne pas détruire les cohérences

Ne pas faire apparaître sur le produit les découpages et les désaccords entre métiers

Il nous faut traiter toute l'information client selon les diverses sources, le plus complètement possible, en fonction du point de vue client et du cycle de perception. L'important est de mettre en cohérence ces informations pour que l'on ne retrouve pas dans l'objet les incohérences, les cassures, qui pourraient exister entre directions de l'entreprise.

Les interfaces entre métiers représentent la majorité des problèmes

Impliquer les métiers avant le jalon en leur expliquant ce qu'est le projet leur permet de réagir et d'apporter des propositions à intégrer avant ce jalon. Cela leur permet aussi de s'approprier le projet, de s'impliquer et d'assurer la cohérence entre leurs différents travaux.

Mettre en œuvre les fondamentaux : cocréer la qualité perçue avec tous les acteurs

Nous avons souligné l'aspect transversal de la qualité perçue. Les fondamentaux qualité perçue constituent un guide pour que chacun puisse les prendre en compte sans qu'il soit nécessaire d'aller vérifier ce que produit chacun des acteurs.

Définir le juste nécessaire valeur/coûts

Le choix des objectifs de niveau de qualité perçue, issus de la stratégie, par gamme de prix

Figure 8-4. Processus de ciblage pour le déploiement

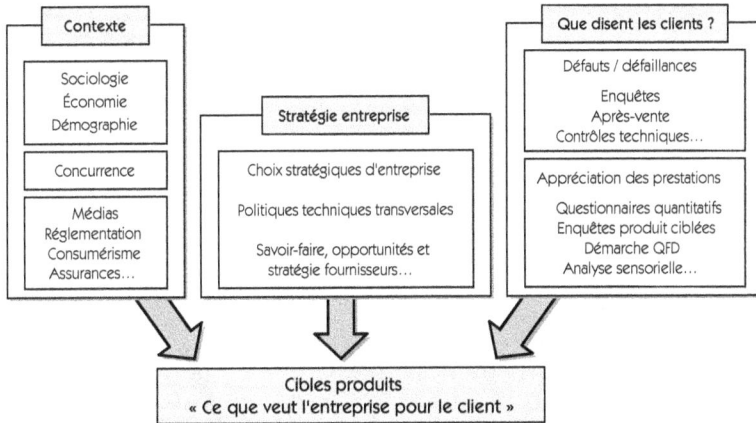

(Exemple classique, que l'on trouve dans les livres de stratégie)
Stratégie de l'entreprise :
Faire partie du TOP 3 des concurrents à terme
Ce qui représente un objectif de note :
8 sur 10 dans le référentiel client
Ces objectifs sont précisés dans le « Cahier des charges qualité perçue »
Les prestations correspondantes sont traduites et concrétisées dans les CdC déployés

À chaque niveau de richesse d'offre (en prix, par exemple) doit correspondre un niveau de qualité perçue (voir également les figures 1-4 et 1-5 de la première partie) satisfaisant les fondamentaux. L'objectif est défini au niveau de l'entreprise, pour être positionné sur un marché (par exemple, être dans les trois meilleurs à la sortie du produit). Cet objectif doit pouvoir être compris de toute l'entreprise, communiqué avec des mots simples et parlants. Pour qu'il soit déployé il faut de plus qu'il soit traduit dans les différents langages des métiers.

Une définition du produit qui respecte les niveaux de Kano

Pour atteindre les objectifs au moindre coût, la définition du produit respectera les niveaux de Kano : consolider tout d'abord les fondements, puis satisfaire le niveau des performances et enfin donner les *plus* qui ainsi seront valorisés. Dans le cas inverse où les plus sont fournis sans avoir assuré les bases, l'argent mis dans ces plus ne sera pas bien apprécié car le produit n'offrira pas une cohérence et ne donnera pas confiance : il risque d'être perçu comme un produit *poudre aux yeux*, incohérent. L'optimisation se fait sur l'ensemble des facteurs et non sur la maximisation d'un seul, en respectant les trois niveaux, depuis les points de base jusqu'au plus. Le point important dans un déploiement est d'assurer la cohérence de l'ensemble : si un aspect est trop important par rapport à d'autres, le *tout* peut apparaître déséquilibré, incohérent, et la perception globale moins bonne (figure 8-5).

Figure 8-5. Comment atteindre les objectifs.
Cohérence de l'ensemble des niveaux

Construire en respectant les niveaux de Kano depuis les fondations jusqu'aux plus :
(voir la figure 2-27 - Diagramme de Kano)

Si le niveau « Plus » est satisfait sans qu'on ait assuré l'ensemble des dus, l'appréciation globale n'est pas optimisée. Le graphique de gauche montre un produit sur lequel la qualité de base n'est pas totalement assurée, mais une forte dépense a été faite au niveau séduction. La note globale donnée par les clients est moins bonne que celui de droite plus cohérent, mais dont la dépense totale est moindre.

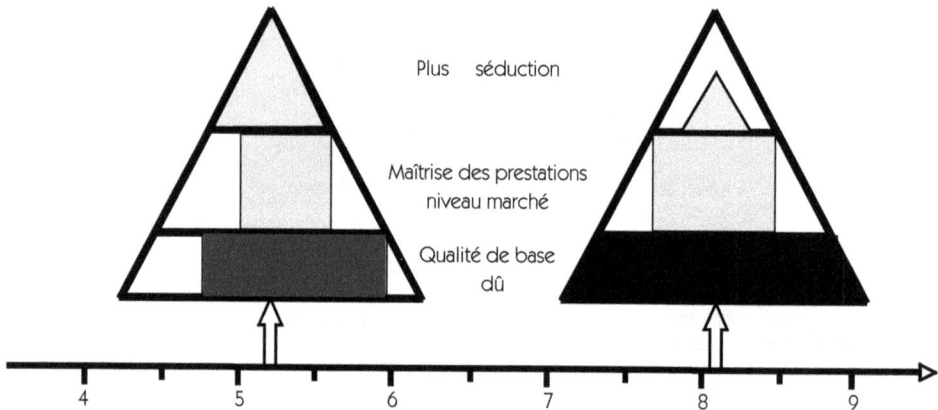

Plus   séduction

Maîtrise des prestations
niveau marché

Qualité de base
dû

4   5   6   7   8   9

Mettre l'argent aux endroits perçus et valorisés par les clients

Pour cela, nous croiserons les niveaux de valeur perçue client avec les différents coûts que l'on peut aussi estimer par des corrélations entre les prix et les caractéristiques des produits. Pour un niveau d'offre, nous choisirons le meilleur rapport entre valeur client et coûts, ce qui se suit sur un graphique valeur/coûts.

Les éléments sont expliqués dans les figures 8-6 à 8-9.

Figure 8-6. Optimisation valeur/coûts

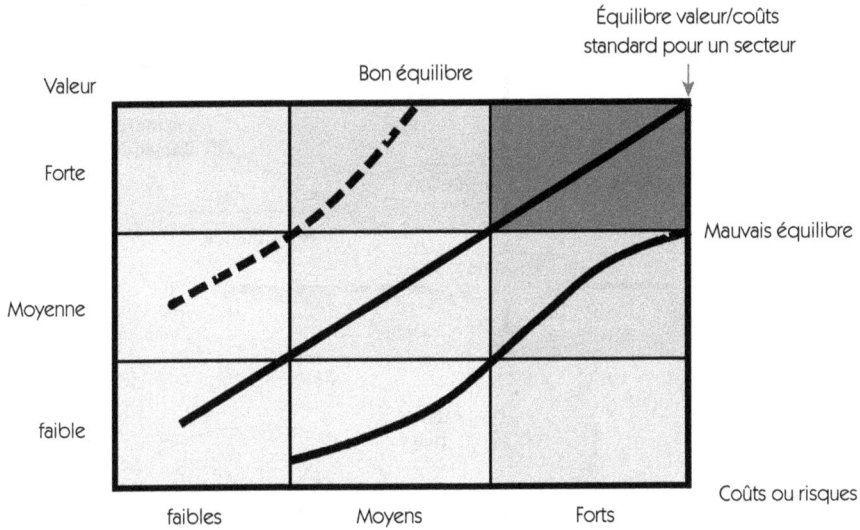

Figure 8-6. Optimisation valeur/coûts

Figure 8-7. Mettre l'argent aux endroits valorisés. Exemple pour un siège automobile

Résumons les attentes des utilisateurs aux items ci-dessous, pondérés de 1 (peu important) à 3 (très important) pour un certain type de clients

Quoi :
- Aspect élégant, harmonie des couleurs, bonne finition, matériaux agréables, de qualité (3)
- Siège donnant l'impression de robustesse, matériau résistant à l'usure, entretien facile (2)
- Confort long trajet « souple-dur » (3)
- Confort long trajet : ne pas transpirer (1)

Comment :
Considérons uniquement les « comment » suivants qui définissent le siège :
- Qualité des matériaux (tissu, habillages plastiques, matériaux des commandes)
- Qualité du travail de finition (coutures, plis…)
- Forme de l'assise et du dossier
- Qualité des mousses

Matrice Quoi-Comment : (voir la figure : 5-8- QFD : Importance des matériaux : exemple siège automobile)
- Les impacts des caractéristiques sur les critères clients font apparaître que la qualité des formes (poids 44) est fondamentale avec celle des matériaux (poids 42).
- Le toit montre que les formes sont à traiter avec la qualité des mousses pour une bonne synergie.
- La finition qui dans un premier stade est moins importante, doit être traitée en cohérence avec la qualité des matériaux et le « Design » des formes, sous peine de dévaloriser l'argent mis dans les matériaux et la forme

Optimisation Valeur / Prix perçus : définir les prix des sous-ensembles de façon proportionnelle à l'équivalent valeur (voir Fiche 11 : Positionnement et valeur : calcul de la valeur perçue client)

Figure 8-8. Exploitation du diagramme de Kano

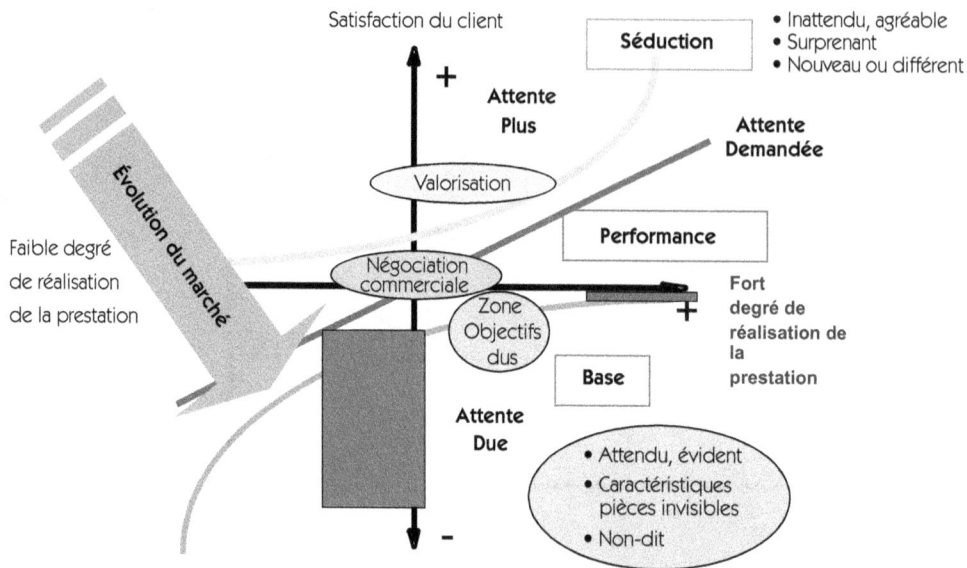

Figure 8-9. Définir le juste nécessaire pour le projet.
Diagramme importance/performance

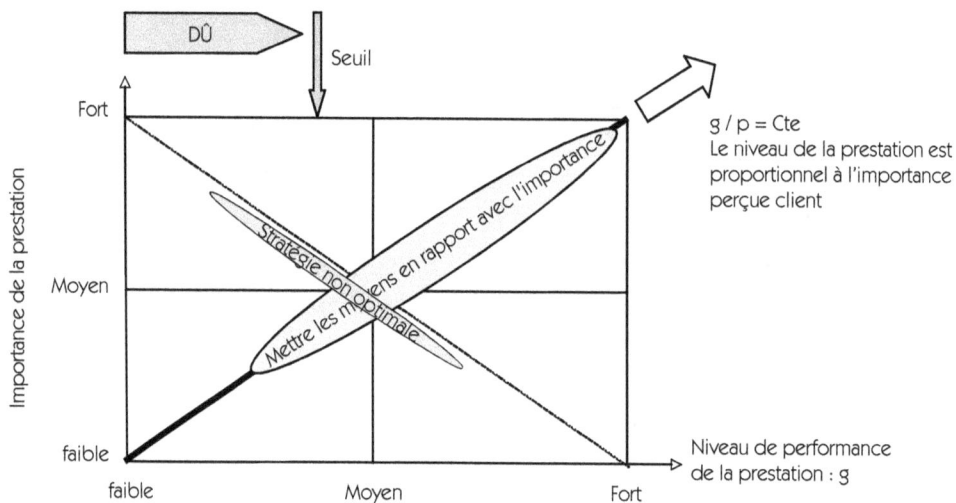

Importance prestation = poids p = sensibilité de la valeur perçue à la variation de la prestation (p = dV/dg)

Les bilans valeur/coûts[1]

Si nous faisons un bilan des gains et des surcoûts, nous constatons qu'au global la qualité perçue n'augmente pas les prix, car la qualité de base demandant de bien travailler va réduire les coûts, la qualité des prestations doit être compétitive par rapport au marché, elle amène de la satisfaction et apporte des volumes de vente ou de la marge.

Par contre les signes de qualité peuvent entraîner des surcoûts (par exemple une meilleure qualité de matériaux) mais ils concernent en revanche un marché potentiel plus large car le produit s'exprime par lui-même et peut séduire ceux qui ne seraient jamais venus par la publicité qui a perdu en crédibilité. Les études (de type PIMS) montrent que faire de la qualité perçue n'augmente pas le coût global, si l'on tient compte de tous ces facteurs, comme nous l'avons déjà signalé au chapitre 1. Le tableau suivant fait le bilan des surcoûts et des gains possibles.

Les surcoûts :	Les gains :
• Études, conception	• Fidélité (satisfaction) : un client fidèle apporte à plusieurs reprises du profit
• Produit : design, matériaux plus riches	• Conquête, car marché élargi (signes de qualité perçus immédiatement)
• Niveaux d'équipements	
• Investissements	• Gains de vente dès le départ
• Tous ces surcoûts ne sont pas inéluctables	• Compétitivité du produit en prestations et réussite donnent plus de ventes plus longtemps
	• Coûts commerciaux
	• Le travail bien fait évite des surcoûts de fabrication et des retours des clients
	Gains possibles vus au chapitre 1

Qualité perçue et standardisation

Les réactions spontanées des concepteurs sont souvent un rejet de la standardisation des parties du produit à concevoir. Ils pensent que s'obliger à reprendre une ancienne partie constitue une pesanteur qui va limiter la liberté de création. La tendance est très forte pour le concepteur de repartir de zéro, d'une feuille blanche. Pourtant, reprendre une pièce déjà mise au point gagne énormément en Q, C, D : coût optimisé, moins de mise au point, moins de problèmes de qualité… Mais une telle pièce représente une contrainte qui peut limiter l'évolution de la prestation du

---

1. Ce bilan interne à l'entreprise fait suite au chapitre 1.

produit complet. On admet cependant trop souvent que la standardisation est contradictoire avec la qualité perçue. Lorsqu'elle est gérée, dans certaines limites raisonnables, l'expérience nous a prouvé l'inverse.

Déployer, traduire dans le langage des métiers et des fournisseurs

Tout le monde doit comprendre le sens du projet. Le déploiement selon les fondamentaux consiste à activer progressivement les différentes fonctions de l'entreprise pour définir les caractéristiques techniques de façon de plus en plus détaillée :

- Expliquer les buts et objectifs, comprendre les cibles. L'information ne se déploie pas de façon classique en se découpant. Pour une bonne coordination entre membres d'un groupe de travail, il est nécessaire que chacun ait en tête les objectifs et le pourquoi du travail ;

- Traduire dans le langage des acteurs concernés et partager pour que chacun s'approprie les objectifs le concernant ;

- Appliquer et faire faire. Les acteurs s'engagent.

La démarche en V

Le déploiement qualités perçues suit une démarche en V, les validations sont orientées résultats attendus. La représentation sous forme de V a pour seul mérite de montrer la cascade de cahiers des charges. Le produit est en général un système complexe nécessitant des étages intermédiaires pour passer de ce que veut l'entreprise aux caractéristiques des composants, puis à la satisfaction du client. Nous définissons systématiquement les niveaux de déploiement (ici de N 1 à N 5, définis dans la figure 5-4) correspondant aux différents cahiers des charges, puis aux niveaux de validation dans la branche montante du V. Pour chaque niveau, l'entreprise définit le « qui fait quoi » (figure 8-10 et figure 8-11).

Ces étages intermédiaires relèvent de métiers et de compétences différentes. Le responsable de chaque étage a pour missions :

- De s'approprier la demande fonctionnelle (cahier des charges fonctionnel) de l'étage supérieur et d'éclater cette demande en sous-constituants en réalisant à son tour les cahiers des charges techniques que devront réaliser ces constituants ;

- De valider à son niveau que le cahier des charges dont il a la responsabilité est atteint.

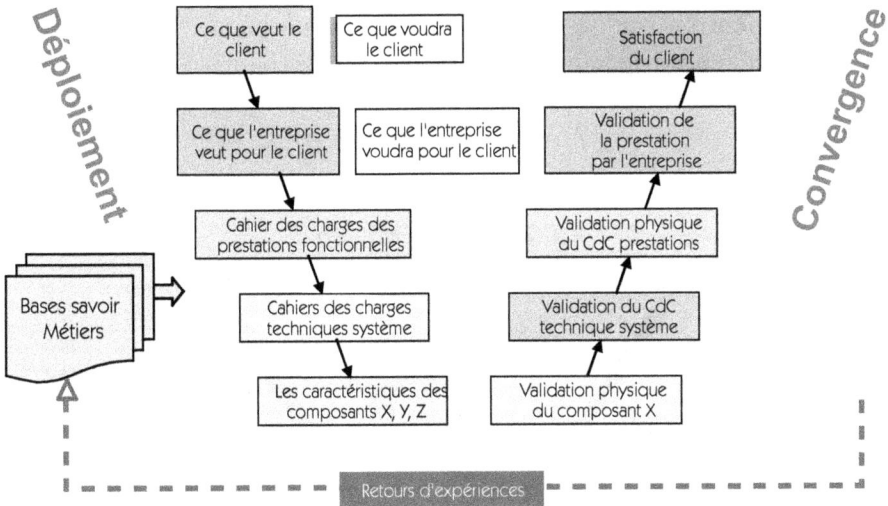

Figure 8-10. Processus de déploiement en V.
De ce que veut l'entreprise à la satisfaction du client

Figure 8-11. Déploiement des prestations. Qui fait quoi ?

Niv.	Domaine	Cahiers des charges	Périmètre	Secteurs de responsabilité	Compétences
N1	Ce que veut le marché	Typage du produit	Marché	Dir. produit, marketing, commercial	Domaine client
N2	Ce que veut le client	Expression des clients	Produit	Dir. études clients	Domaine client
N3	Ce que veut l'entreprise	Référentiel d'évaluation	Qualités perçues	Dir. produit et pilotes qualités perçues dir. qualité	Prestations perçues (quoi)
N4	Déploiement produit	Cahiers des charges fonctionnels	Système complet	Pilotes projet- métier	Sciences physiques (comment)
N5	Déploiement technique	Cahiers des charges techniques	Sous-ensembles	Métiers et fournisseurs	Technologie (comment)

Pour chaque transfert d'un niveau au niveau plus détaillé, il est nécessaire de gérer les contradictions entre prestations soit en répartissant différemment entre celles d'un même niveau, soit en remontant au niveau supérieur pour remettre en cause l'objectif.

Le déploiement est coordonné par la logique de développement en identifiant les phases et les résultats attendus aux jalons, afin d'assurer la convergence qualité perçue et la cohérence d'un *objet complet* par les différentes revues. Nous rappelons que ce déploiement est calqué sur celui du produit lui-même. Il indique maintenant comment le rendre opérationnel dans l'entreprise (figures 8-12 et 8-13).

Figure 8-12. Le V du cycle de conception.
« Quoi », « comment » : déployer les prestations qualités perçues

(Issu de l'expérience de l'auteur sur la conduite des « plans de convergence »)

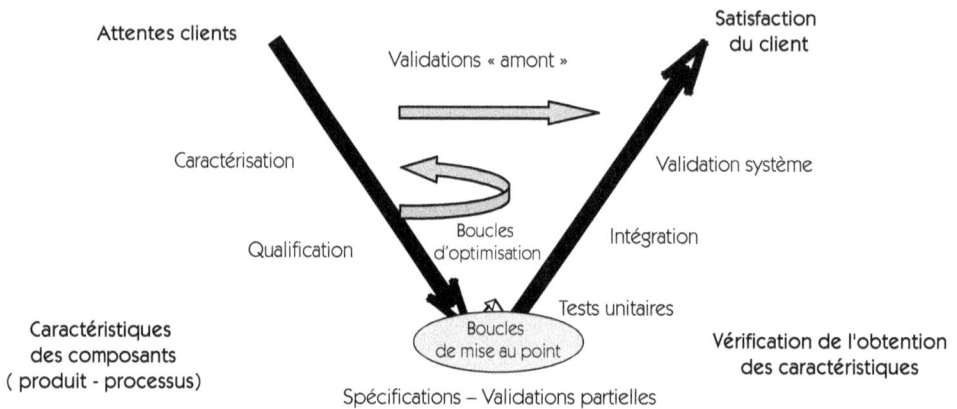

Le développement d'un produit consiste à déployer les qualités perçues et à valider :
- en passant de l'attente des clients à la spécification des composants du véhicule : c'est la branche descendante
- en validant et en intégrant ces composants en une automobile qui devra assurer la satisfaction du client : c'est la branche montante.

Piloter la qualité perçue en cotraitance avec les fournisseurs

Il s'agit d'un *design to cost*[1] qui tient compte de la qualité perçue. Les fournisseurs sont intégrés au projet lorsqu'ils sont des partenaires. Généralement, et de plus en plus, ils ont une forte participation aux coûts et doivent être impliqués au même titre que les acteurs de l'entreprise. Cette démarche a été employée pour Twingo.

---

1. C'est-à-dire la conception à coût objectif.

Figure 8-13. Les niveaux du déploiement en fonction des phases projet

(extrait du livre *Management de projet*, J. C. Corbel , Éditions d'Organisation, 2003, p. 76 à 78 et 15)

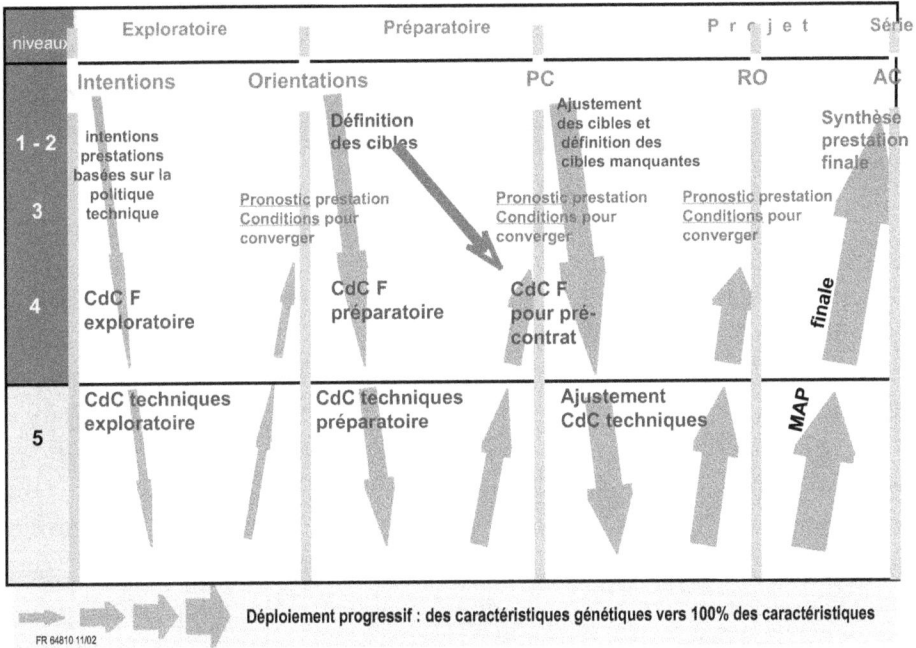

Maîtriser les risques afin de garantir la qualité perçue

Par nature, un projet comporte toujours des risques. Tout vouloir assurer peut amener le blocage du projet, sa dérive en coûts et en délais. À l'inverse, ne pas prendre en compte les risques est suicidaire.

Dans un premier point, au-delà de la gestion classique des risques dans le projet, nous nous focalisons sur ceux relatifs à la qualité perçue. La liste sera ainsi plus limitée et relative aux risques sur les résultats attendus. Le plus difficile est de *croire* que le risque va arriver avec un impact suffisant. Bien souvent, les risques sont connus mais négligés car l'entreprise ne pense pas qu'ils soient crédibles. Une *analyse préliminaire des risques* (APR) permet simplement de les lister, de les séparer en risques majeurs et mineurs. L'outil utilisé pour ce faire est le PDPC que nous avons déjà cité. Il conduit aussi comme toute démarche sur les risques à une cartographie des risques et à leur hiérarchisation. (voir la fiche 33 au chapitre 9 : « Anticiper les évolutions et les risques, scénarios »).

L'autre point est de valider systématiquement avec une grille type, car il est :

- Très important de valider le plus en amont possible de la conception ;
- Intéressant de remplacer des prototypes physiques par des maquettes ou des calculs permettant de réduire les coûts de conception et d'assurer les délais ;
- Fondamental d'identifier les risques projet détectés lors des validations et qui seront gérés dans des listes uniques, avec un « plan de levée des risques ».

La démarche assurance qualité perçue vise à donner confiance à l'entreprise. Elle doit démontrer que les processus sont maîtrisés afin de satisfaire la demande. Elle est constituée d'un ensemble d'activités préétablies, systématiques et au juste nécessaire qui permettent d'avoir l'assurance que toute solution proposée sera en mesure de répondre aux exigences des clients exprimées dans les référentiels de qualité perçue. Elle repose sur l'observation, les évaluations et les preuves pour obtenir les résultats, afin d'aider aux décisions. Un ensemble de justifications des résultats assurent que les actions de conception, d'industrialisation et de production permettront de garantir de façon reproductible et au niveau de qualité requis le produit offert. Elle s'appuie sur des dossiers apportant des *preuves* et permettant de *lever les risques* :

- Dossier d'assurance qualité produit : définition du produit (plans fonctionnels…), des éléments d'assurance de la qualité (AMDEC[1] produit, projet et chaînes de cotes…) ;
- Dossier d'assurance qualité processus : spécifications des processus, synoptique, éléments d'assurance processus (AMDEC produit, processus et capabilités) ;
- Dossier de pilotage des décisions fondées sur des éléments factuels, apportant des preuves.

Elle nécessite une formalisation (système documentaire), ainsi que l'accessibilité des informations en interne et pour les clients.

Gérer la construction du projet par les évaluations des résultats attendus aux jalons

Au cours du projet, la qualité perçue sera réalisée si l'on effectue à la fois une *concourance*, c'est-à-dire que toutes les actions se font de façon coordonnée et concourent à la même réalisation, et si l'on peut *converger* pour stabiliser les décisions aux jalons (figure 8-14).

---

1. Analyse des modes de défaillance, de leurs effets et de leur criticité. Démarche d'évaluation des risques.

Figure 8-14. Concourance dans l'espace, convergence dans le temps

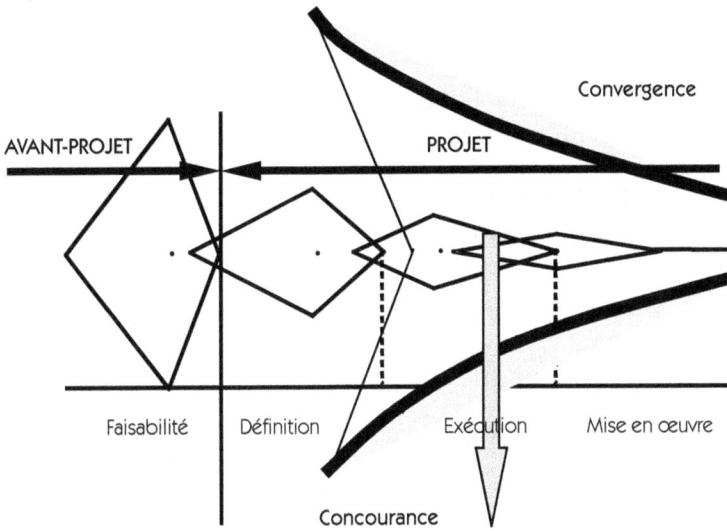

Piloter le projet par le plan de convergence

Ses principes sont exposés en figure 8-15.

Figure 8-15. Déploiement en cohérence des plannings[1]

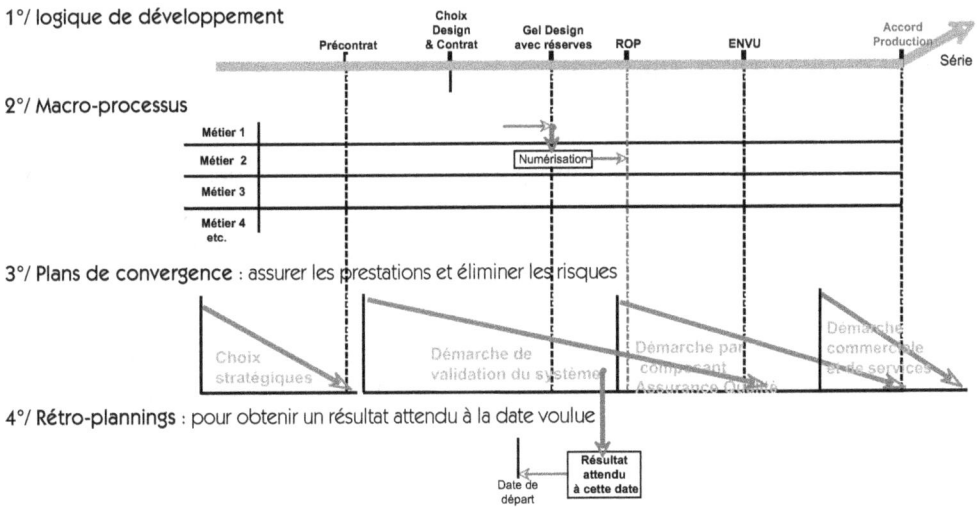

---

1. Issu du livre de Jean-Claude Corbel, *Management de projet. Fondamentaux, méthodes, outils,* Éditions d'Organisation, 2003.

Objectifs et définition du plan de convergence :

- L'objectif est de converger vers le résultat final du projet en verrouillant à chaque jalon les résultats attendus ;

- Un plan de convergence est l'ensemble des résultats intermédiaires à atteindre aux jalons majeurs d'un projet ;

- C'est un outil de pilotage qui suit les résultats obtenus et non obtenus pour anticiper et traiter les écarts comme des problèmes à résoudre.

Le plan de convergence est un processus qui donne confiance[1]

Il permet une vision commune de la trajectoire vers le livrable en :

- Réalisant collectivement ce travail avec les personnes compétentes ;

- Visualisant les résultats attendus par les clients : quel problème ? Quel résultat final ? Quelle chaîne de résultats ?

- Positionnant chacun des résultats dans le temps ;

- Précisant le nom de chaque contributeur et son engagement ;

- Donnant l'importance de chaque résultat, et si nécessaire son coût d'obtention ;

- Pilotant en continu et collectivement.

Piloter la qualité perçue aux jalons par les évaluations

Il s'agit de ne plus avoir de K 1, ou K 2… au jalon J. Pour rendre les jalons robustes, les revues d'évaluations des prototypes et des concurrents permettent de suivre les évolutions de la qualité perçue en notant les réalisations, mais aussi d'effectuer des pronostics : est-on sur la bonne trajectoire, quels résultats pourra-t-on atteindre ?

Dans ces évaluations il sera aussi détecté les problèmes critiques cotés en niveau de gravité K 1, K 2, K 3, par exemple. La conduite du projet nécessitera de lever les points les plus graves K 1 puis, au jalon suivant, les K 2, etc. Ceci complète bien la gestion des risques du projet.

Les problèmes seront intégrés dans la LUQP projet avec l'accord du chef de projet.

---

1. Source : *idem.*

Aider à la décision à l'aide de critères multiples, estimer toutes les conséquences

Le projet doit décider constamment ou faire remonter les problèmes à bon niveau pour aider la direction générale à prendre la décision. Il se doit de suivre les réalisations. Des réunions courtes mais systématiques avec les décideurs des métiers opérationnels peuvent être animées selon les phases du projet, pour révéler les problèmes, les prendre en compte et les faire résoudre.

Cependant, les dossiers présentés pour décision sont souvent incomplets, il manque des données. Il y a dans l'urgence une tendance à ne pas analyser complètement les conséquences induites par une hypothèse de solution et les impacts en qualité, coûts et délais : pour une solution technique nouvelle, il faut se poser la question de ce que cela peut avoir comme répercussions indirectes, ne pas se contenter d'une analyse au premier degré afin que tous les aspects soient traités. Lorsqu'on découvre trop tard des dérives économiques, elles sont principalement dues à des solutions mal évaluées.

Pour le détail de la démarche, nous nous reporterons à la figure 8-25 dans laquelle chaque solution est analysée au travers des conséquences qu'elle entraîne, et à la définition de la notion de graphe au chapitre 9, dans l'introduction aux fiches outils 31 à 37.

Rares sont les décisions qui reposent sur un seul critère de coût, par exemple. La plupart sont multicritères, elles mettent en jeu plusieurs dimensions Q, C, D simultanément. Les outils d'aide à la décision que nous exposons dans la fiche 35 (« Choisir selon plusieurs critères ») seront utiles, mais ils ne doivent pas être utilisés de façon mécanique : ils sont des supports à la discussion. Le rôle du décideur, dans ce cas le responsable du projet, est ensuite d'expliquer le pourquoi de la décision pour qu'elle soit effectivement prise en compte. Les prises de décision sont des temps forts dans la conduite du projet. Ces moments sont aussi l'occasion d'une capitalisation en temps réel, car une décision est un processus qui, comme toute action, doit suivre aussi le cycle PDCA que nous développons dans la fiche 37.

L'exemple du projet Twingo[1]

En 1972, la première R 5 sortait lancée par une publicité de type dessin animé. Durant les années soixante-dix et quatre-vingt, RENAULT a cherché à remplacer sa R 4. De nombreux projet ayant diverses philosophies de style de vie sont étudiés. Le 5 janvier 1989, le président Raymond H. Lévy demande à Yves Dubreil de prendre le projet, petit monospace de niveau de gamme comparable à la Clio, « *qui a du talent et de l'originalité, mais qui n'est pas rentable* ».

Le projet Twingo a cumulé diverses innovations : sociologique, de projet et de coûts.

Une démarche sociologique : comment vendre une voiture originale

Figure 8-16. L'exemple de la Twingo

L'objectif était de bouleverser les stéréotypes d'une petite voiture, faire un produit innovant et fonctionnel : un petit monospace original à l'extérieur mais aussi à l'intérieur. Un cabinet d'étude socioculturelles a testé l'acceptation du produit auprès de personnes selon leurs styles de vie. Deux segments étaient intéressés par le design et par le prix. La découverte a été qu'un nouveau segment s'est montré inté-

---

1. Selon l'exposé du directeur du projet, Yves Dubreil dans la presse en 1993 et le livre de Christophe Midler, *L'auto qui n'existait pas. Traité du cas Twingo*, InterÉdition, 1993, Dunod, 1998.

ressé (moderne, plutôt typé *new age*). Ce produit est une réelle innovation sociologique. Comme l'Espace en 1984, il a ouvert un nouveau marché automobile en Europe.

Figure 8-17. Le positionnement de la Twingo

(Travail personnel de l'auteur pour définir le positionnement de ce véhicule innovant, et estimer les volumes de vente : « Modèle courbes de vie » 1990)

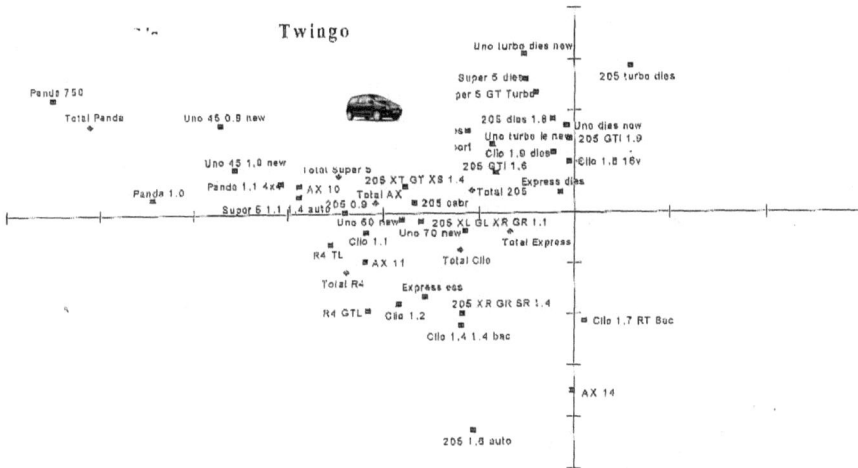

Une démarche projet :
décomposition produit, groupes fonctions associés, plateau

Pour la première fois, le projet est défini par le découpage du produit et non par la décomposition des tâches comme il se faisait habituellement.

L'organisation se calque sur cette décomposition : des groupes de personnes métiers sont affectés aux modules fonctionnels, ce qui permet le travail par unités autonomes. Chaque groupe fonction ainsi défini doit (figure 8-18) :

- Parler fonction avant de parler solution, spécifier les solutions à partir de ces fonctions ;

- Avoir une vision globale, multi-métiers ;

- Manager l'incertitude : gérer le vivier des opportunités et des risques potentiels ;

- Optimiser les écarts entre la valeur perçue par le client et le coût ;

- Compenser par un gain sur un module une dérive sur un autre ;

- Faire un reporting régulier avec le chef de projet sur le Q, C, D.

Figure 8-18. Modules produit et organisation

(Texte cité dans : *L'auto qui n'existait pas*, C. Midler, InterÉdition, 1993, page 127.)

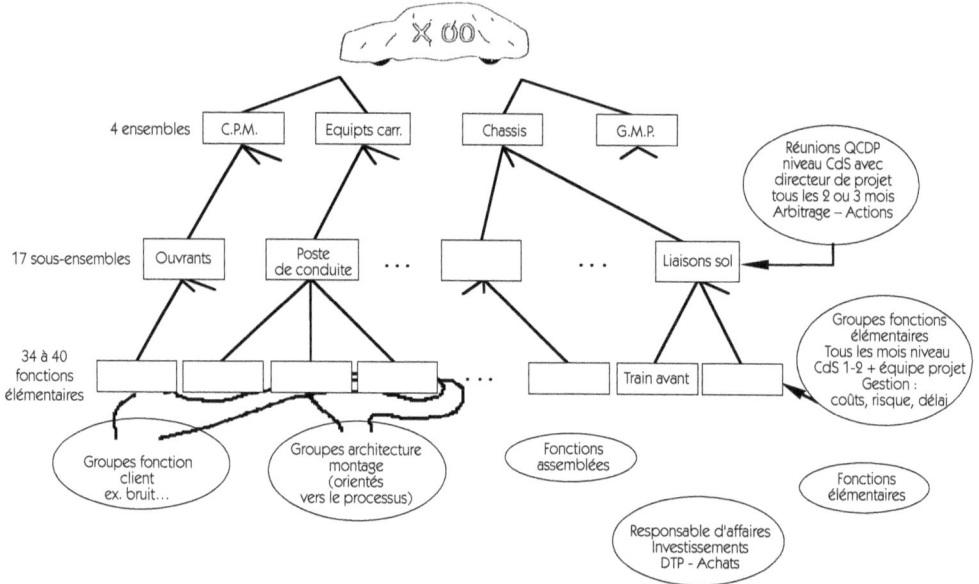

Un plateau met ensemble différents métiers, y compris les fournisseurs, pour traiter en même temps tous les aspects d'un problème. Ceci conduit à mieux prendre en compte les critères Q, C et D afin de proposer des solutions globales et plus optimisées (figures 8-19, 8-20 et 8-21). Le plateau se déplace pour suivre au plus près le terrain des opérations : près des études en conception, en usine lors de la mise au point industrielle.

Figure 8-19. L'exemple de la Twingo : l'ingénierie simultanée

(Exposé de Y. Dubreil, directeur de projet Twingo)

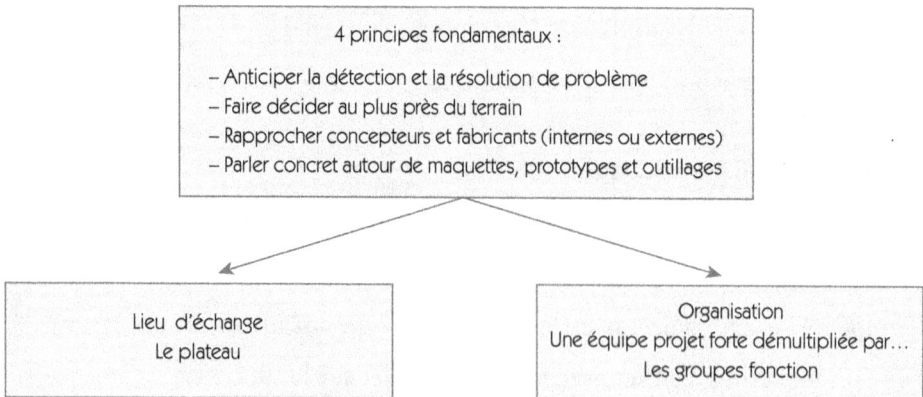

Figure 8-20. Les plateaux projet

(Travail effectué avec J.-C. Corbel lors d'un séminaire de lancement d'un projet nouveau
avec Y. Dubreil comme directeur de projet en 1996)

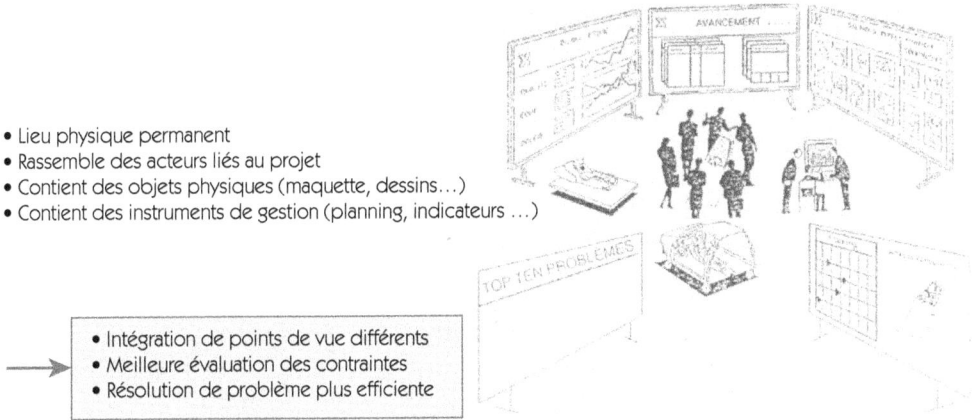

- Lieu physique permanent
- Rassemble des acteurs liés au projet
- Contient des objets physiques (maquette, dessins…)
- Contient des instruments de gestion (planning, indicateurs …)

- Intégration de points de vue différents
- Meilleure évaluation des contraintes
- Résolution de problème plus efficiente

Figure 8-21. Le plateau virtuel :
résoudre le problème en tenant compte simultanément de tous les aspects

Un plateau suit au plus près le terrain des opérations
(Ces plateaux peuvent être associés à différents outils de management des connaissances :
forums, clubs, communautés de pratiques)

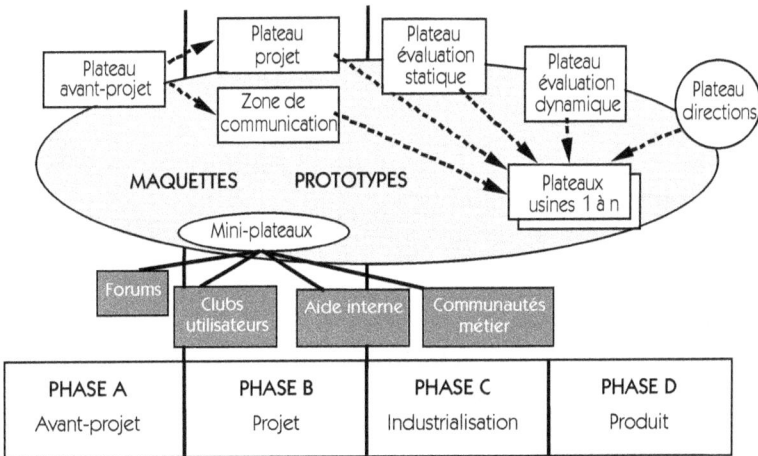

Plateau avant-projet

Plateau projet

Zone de communication

Plateau évaluation statique

Plateau évaluation dynamique

Plateau directions

MAQUETTES   PROTOTYPES

Plateaux usines 1 à n

Mini-plateaux

Forums

Clubs utilisateurs

Aide interne

Communautés métier

PHASE A	PHASE B	PHASE C	PHASE D
Avant-projet	Projet	Industrialisation	Produit

Une démarche de *design to cost* : coûts objectifs, coopération avec les fournisseurs

Il s'agissait d'aller voir les bonnes idées chez les concurrents. Pour être rentable, il fallait investir moitié moins que le programme Clio. Il fallait aussi gagner 15 % sur les coûts, le fort pourcentage de pièces achetées imposait de faire des gains avec les fournisseurs.

La simplification du produit et des versions (une caisse, peu de diversité d'équipements, un seul moteur), l'utilisation d'organes existant comme le moteur ont contribué à la réduction des coûts. La coopération avec les fournisseurs a complété cette recherche. Sur le chauffage, par exemple, le bloc coûtait 257 F (en 1990). Après présentation aux fournisseurs des enjeux, objectifs, cahier des charges fonctionnel et maquette, la question a été : que pouvez-vous faire pour un coût de 200 F ? La démarche à coût objectif a permis de se rapprocher de l'objectif de prix de vente (figure 8-22).

Figure 8-22. *Design to cost*

- Principe :
  - Implication de tous les acteurs dans les réunions périodiques animées par le chargé d'affaires achat
  - Transparence sur les coûts
  - Règles du jeu claires
  - Recherche de gains « tous azimuts »

- Avantages :
  - Démarche interactive
  - Ouverture d'esprit permettant de trouver de nouvelles solutions
  - Coopération sur la gestion des problèmes
  - Exigence et fermeté quant à l'atteinte des résultats

La présentation à la presse s'est faite au Mondial de l'automobile 1992. La commercialisation a débuté en 1993. La publicité en dessin animé a fait une caricature marquante et sympathique de la voiture avec le commentaire : « *À vous d'inventer la vie qui va avec.* »

Fiches outils

Comment faire pour maîtriser les différentes évolutions du projet en qualité perçue ? Adopter une nouvelle approche de projet.

> « - Diviser chacune des difficultés que j'examinerais en autant de parcelles qu'il se pourrait, et qu'il serait requis pour les mieux résoudre.
> - Conduire par ordre mes pensées, en commençant par les objets les plus simples et les plus aisés à connaître, pour remonter peu à peu, comme par degrés, jusques à la connaissance des plus composés.
> - Faire partout des dénombrements si entiers, et des revues si générales, que je fusse assuré de ne rien omettre. »

René DESCARTES, *Discours de la méthode*,
règles de l'analyse, de la synthèse et du dénombrement

Fiche 27. La mise en œuvre des revues pour assurer la qualité perçue

Les revues : assurer les délais aux jalons d'entreprise

Les principes sont exposés dans les figures 8-23 et 8-24 :

- Dialoguer sur des objets complets comme stimuli aux jalons ;
- Assurer la convergence QP et la cohérence de l'objet complet aux revues ;
- Les phases qualité perçue sont, par exemple, les évaluations, la concurrence, la caractérisation des cibles, la définition pièces/interfaces, les validations, le retour d'expérience ;
- L'avancement qualité perçue se mesure par la capitalisation faite au début, les convergences sur les finitions et sur la conformité ;
- Les jalons qualité perçue sont le cahier des charges QP, la revue 1, l'évaluation 1, l'accord QP, la revue 2, l'évaluation 2, l'accord QP, les évaluations série.

Figure 8-23. Jalons clients, jalons entreprise.
Dialoguer sur des objets complets comme stimuli

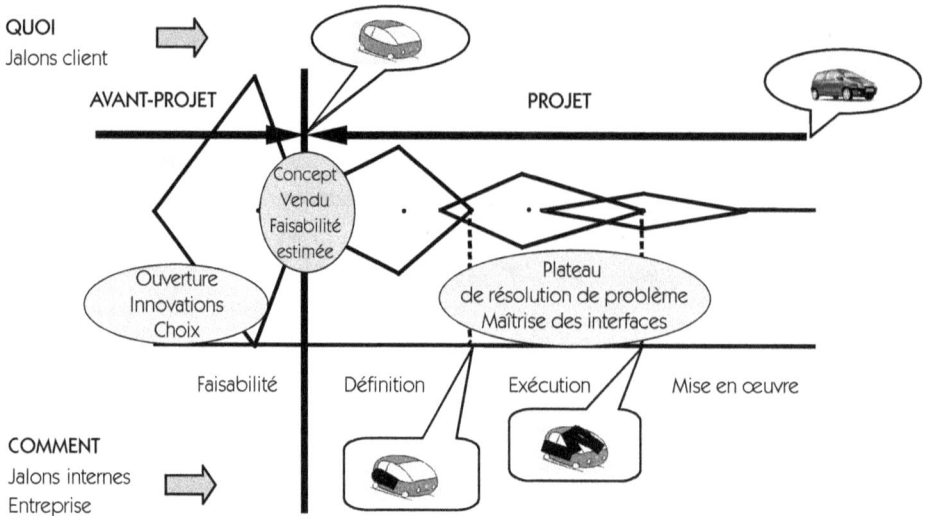

Figure 8-24. Le déploiement des qualités perçues.
Assurer la convergence QP et la cohérence de l'objet complet aux revues

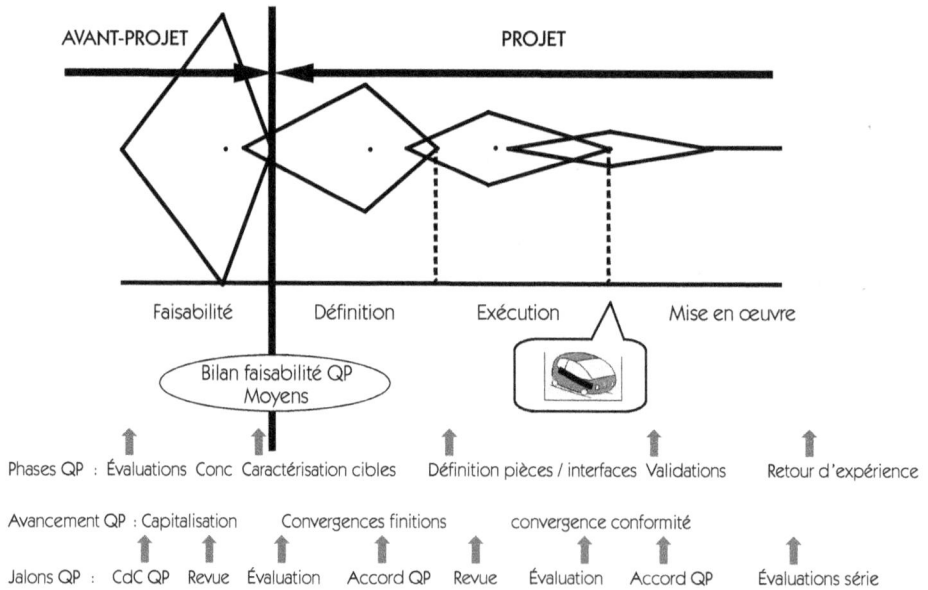

Assurer l'optimisation valeur des qualités perçues par rapport aux coûts

Pour ce faire, le bon sens pousse à mettre l'argent sur le produit aux endroits qui sont perçus et valorisés par le marché.

Au niveau système (solutions globales) : l'utilisation du graphe des conséquences

Pour chaque solution proposée, nous regardons les conséquences Q, C, D :

- Niveau de qualité perçue obtenu ;
- Coûts ;
- Délais. Pour tenir le délai, que faut-il faire sur les coûts et sur la qualité perçue ?

Quelles sont les conséquences induites par le changement technique ? De nouvelles évaluations en Coûts, Délais et Qualité perçue sont faites.

Nous répétons l'opération (dans l'esprit des cinq « pourquoi ») pour construire le graphe des conséquences dont les sommets sont les états Q, C, D, et les arcs figurent les conséquences de chaque action.

Nous pouvons ensuite comparer pour toutes les solutions celles qui ont le meilleur rapport valeur/coût en reportant pour chaque alternative les niveaux de qualités perçues et de coûts, comme sur la figure 8-25.

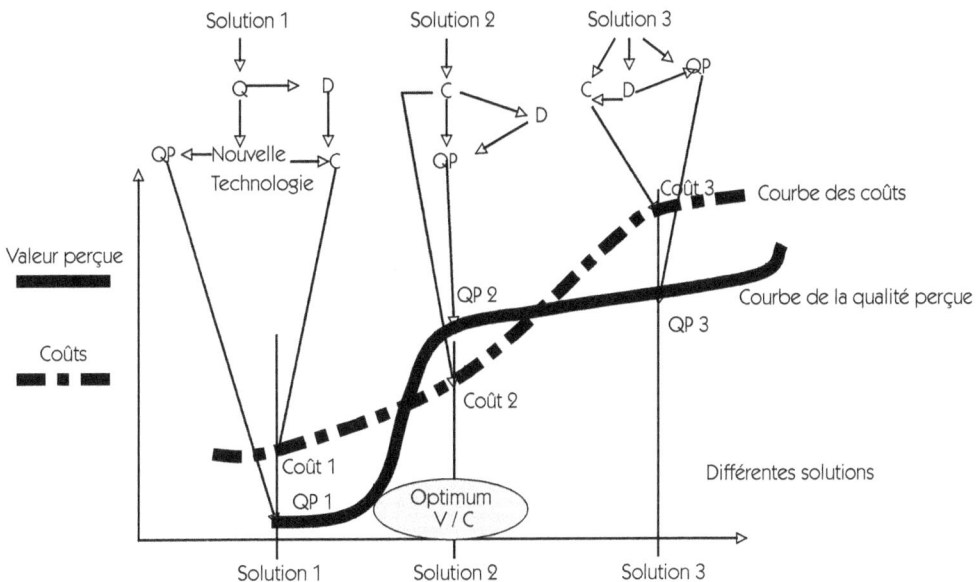

Figure 8-25. Optimisation valeur perçue/coûts.
Méthode du graphe des conséquences

Au niveau des composants

Nous avons abordé ce point dans les figures 5-8 et 8-6.

Pour une solution dont les caractéristiques sont définies (le « comment »), nous les croisons avec les services rendus (le « quoi ») comme dans la matrice QFD pour définir quels composants ont le plus d'impacts sur les qualités perçues. Nous comparerons aussi à leurs coûts.

Les évaluations des qualités perçues comme outil de management

Même des évaluations qualitatives sont intéressantes pour savoir où en est le projet par rapport à l'objectif et la concurrence, comment il évolue, s'il est sur la bonne trajectoire ou non. S'il y a des problèmes, il faut savoir tout de suite ce qu'il faut faire pour reprévoir : garde-t-on le même objectif ? Peut-on compenser ailleurs ? (Voir fiche 28).

Le référentiel client est nécessaire pour prendre le relais du client, évaluer les produits dans une optique client et manager les progrès en qualité perçue en identifiant périodiquement les problèmes et les faisant remonter à bon niveau. L'utilisation du référentiel est définie dans la figure 8-26.

Figure 8-26. Utilisation du référentiel client.
Prendre le relais du client pour évaluer les produits dans une optique client

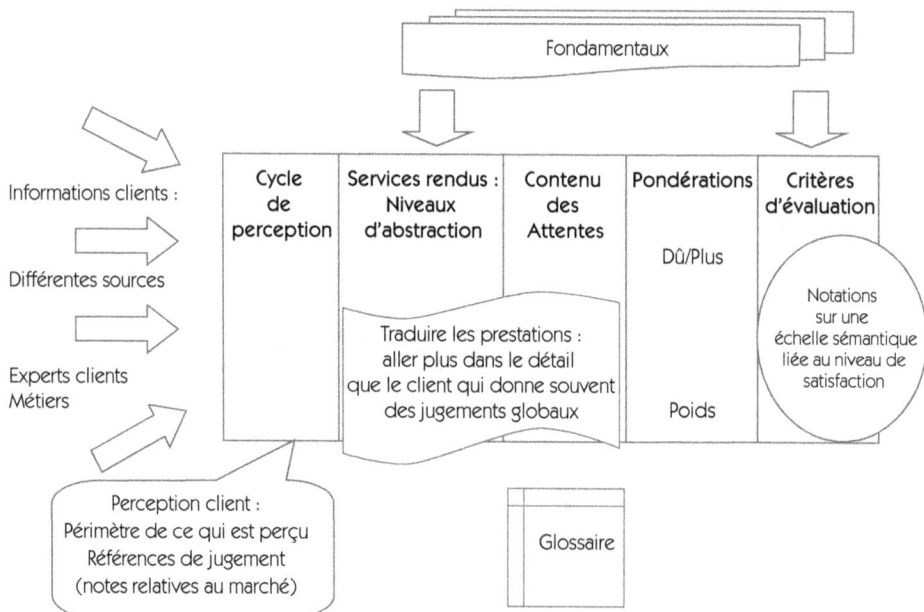

Fiche 28. Trajectoires et tableaux de bord : reprévisions, levée de risques

Les visions du futur

Figure 8-27. Vision : retour du futur

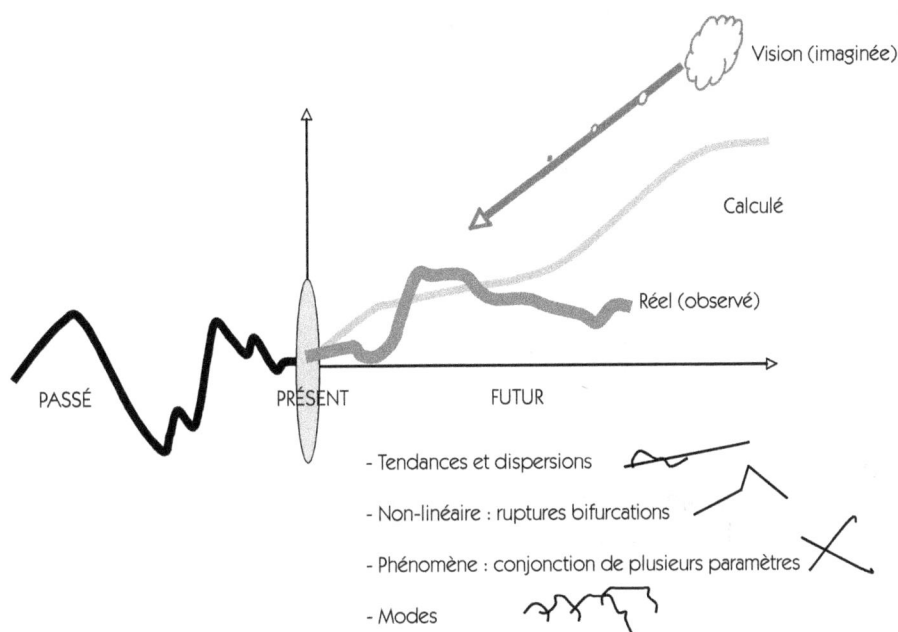

Anticiper est toujours un exercice difficile. Mais de nombreux problèmes sont dus non pas aux erreurs faites mais à l'absence de travail sur le futur. Trois dimensions sont à travailler :

- Une estimation de l'évolution future d'un phénomène à partir des mécanismes constatés sur le passé. Elle ne consiste pas en une simple extrapolation en général trop simpliste, mais en une modélisation des facteurs qui étaient en jeu et de leurs mécanismes (la courbe « Calculé ») ;

- Une vision de ce que voudrait être l'entreprise à terme, cohérente avec sa stratégie. Cette vision imagine un futur pour l'entreprise en mettant les contraintes de faisabilité au second plan pour ne pas être bridée (la courbe « Imaginée »). Il s'agit alors de construire le chemin en sens inverse pour revenir au présent, un retour du futur ;

- Une observation de ce qui est réalisé.

Les écarts par rapport au calculé vont concrétiser les problèmes liés à la mécanique du marché comme s'il continuait de façon analogue au passé. Les écarts par rapport à la vision vont situer les résultats par rapport à la stratégie de l'entreprise.

Les plans d'actions sont faits en conséquence, soit pour améliorer à court terme la prévision en prenant des facteurs nouveaux du marché (arrivée de nouveaux concurrents, nouvelles attentes de qualité perçue, normes…), soit pour orienter la stratégie.

Les trajectoires

Figure 8-28. Gestion des trajectoires

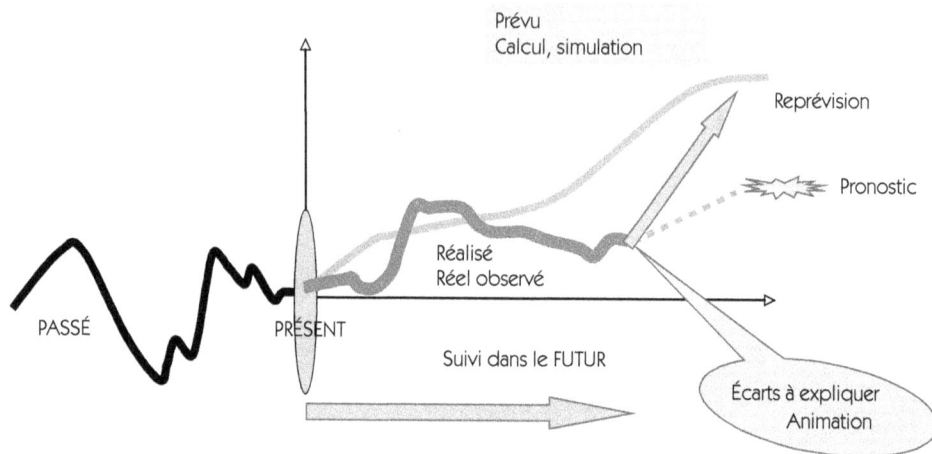

Nous venons de parler de trajectoires lorsqu'on suit l'évolution d'un phénomène, comme nous l'avons fait sur la figure 6-29. Les écarts par rapport à la stratégie (objectifs) vont permettre des reprévisions pour tenter de revenir à l'objectif fixé. Les problèmes soulevés peuvent faire émerger des risques confirmés, et un plan de levée du risque est alors nécessaire. Ici la gestion des trajectoires devient un outil de management.

Un tableau de bord

Ces données sont suivies dans un tableau de bord qui se présente comme suit :

- Un outil de pilotage présentant des informations de synthèse, support concret à la motivation des acteurs projet ;

- Il reflète la performance passée d'un système mais donne aussi des informations sur la tendance ;

- Il permet de visualiser rapidement les points faibles et les points forts d'un système, de voir si la trajectoire est suivie ;

- Toute dérive par rapport à la trajectoire nécessite un plan d'action pour y revenir ;

- Il est à concevoir lors du lancement du projet dès que les jalons ont été définis.

Un tableau de bord qualité perçue sera suivi par le projet et, sur les points fondamentaux, par la direction générale.

Fiche 29. Piloter par le plan de convergence les résultats attendus aux jalons

Piloter la convergence projet, métiers

Créé au milieu des années quatre-vingt-dix[1], le plan de convergence répondait à une demande de pilotage des projets. Les démarches processus trop axées sur les activités ne donnaient ni une vision synthétique, ni les résultats qui devaient être obtenus pour assurer une bonne marche du projet.

Figure 8-29. Construire un plan d'action, formaliser quoi, quand, qui[2]

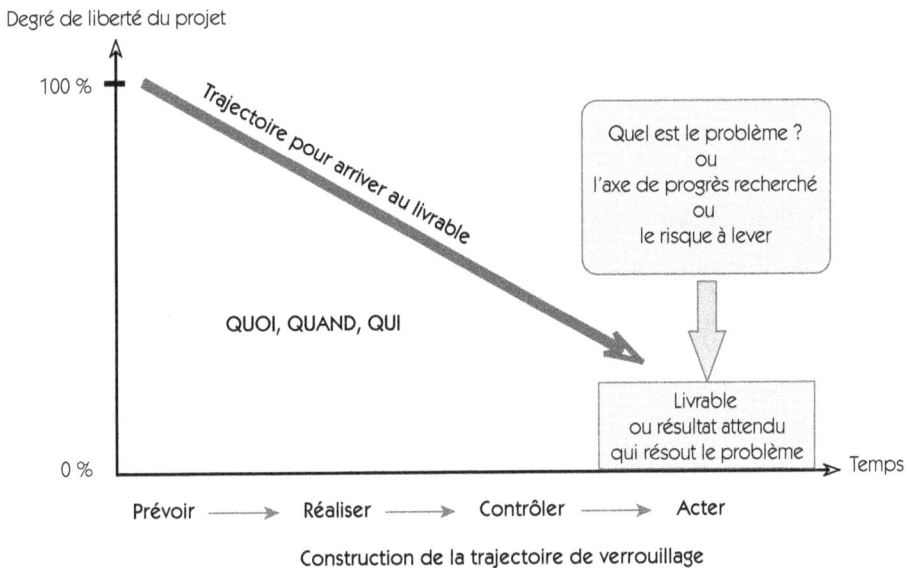

Construction de la trajectoire de verrouillage

---

1. Par Jean-Claude Corbel et Jean-Louis Giordano.
2. Issu du livre de Jean-Claude Corbel, *Management de projet, op. cit.*

Figure 8-30. Plan de convergence vers le livrable final[1]

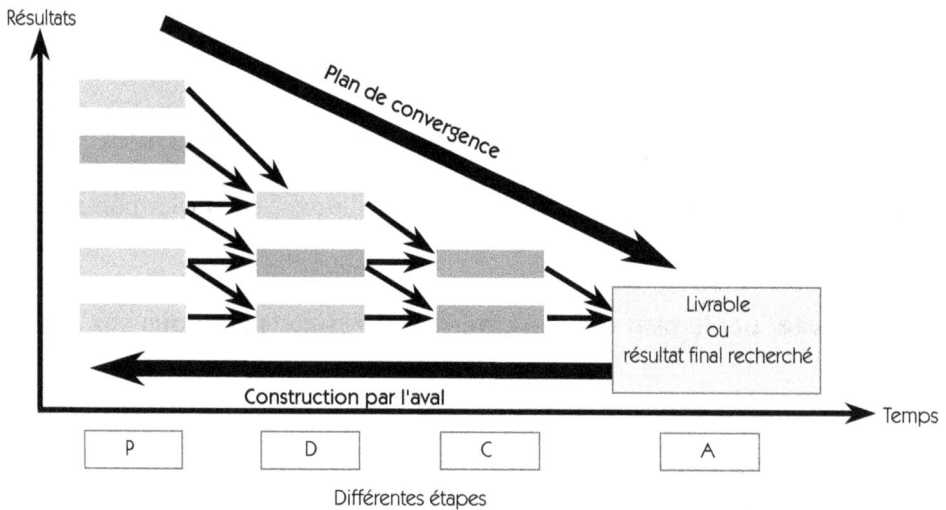

Pilotage par les résultats = Assurance d'être sur la trajectoire

Un plan de convergence est la liste des résultats attendus aux jalons majeurs d'un projet, sans faire apparaître les activités. Il sert à optimiser le développement du projet et à mettre sous contrôle des aléas majeurs dans le périmètre considéré. L'utilisation du plan impose de définir aux jalons les résultats attendus. Si des résultats importants pour l'avancement du projet ne sont pas réels au jalon, la porte du jalon ne doit pas s'ouvrir. Le plan sera complété ensuite par les activités principales de chaque phase et les indicateurs correspondants.

Le management par la démarche de convergence

C'est une conduite du projet tendue vers le client. Les quatre étapes sont :

- Préparer : quel est le problème ?

- Construire le plan avec les acteurs concernés, les conditions de réussite qui donneront la visibilité attendue ;

- Assurer la robustesse du plan *via* les retours d'expérience et des enrichissements permanents dans l'action ;

- Piloter par anticipation avec des preuves de résultats capitalisées.

---

1. *Idem.*

L'expression des résultats

Un résultat attendu est :

- Un résultat d'action et non pas une action ;
- Factuel ;
- Objectif ;
- Validé par les preuves tangibles de son obtention ;
- Quantifiable et mesurable ;
- Cohérent avec les décisions à prendre à un jalon ;
- Cohérent avec les autres résultats attendus ;
- Un contrat définitivement acquis, qui ne peut être remis en question : il exprime un point de non-retour.

La construction ou la préparation

Figure 8-31. Construction du plan de convergence[1]

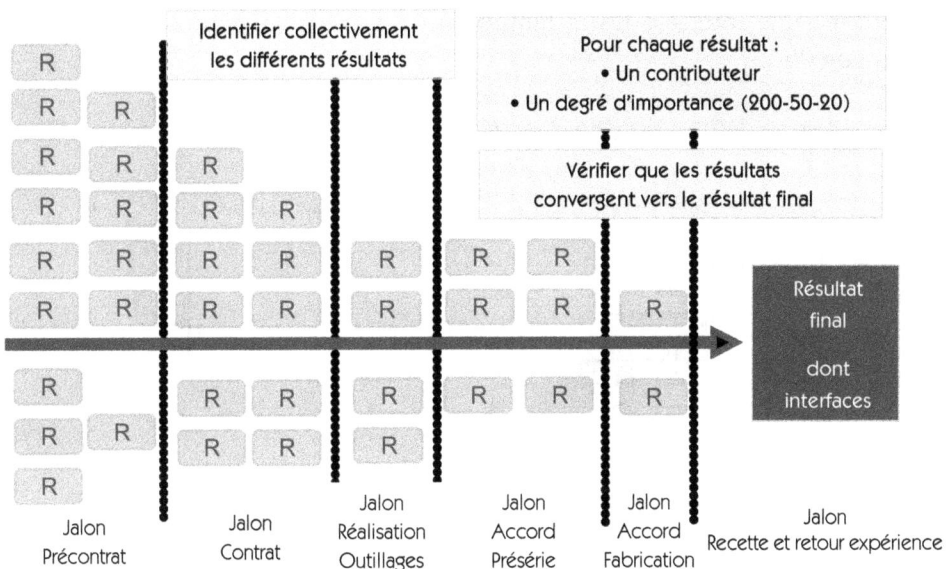

---

1. Jean-Claude Corbel et Jean-Louis Giordano, groupe de travail interne, 1996.

Il se décline comme suit :

- Thème et périmètre de travail (voir identification et finalités projet) :
  - situation finale : référentiel client, vision…
  - situation initiale : diagnostic du projet ;
- Résultats attendus : final (Q, C, D) et intermédiaires (Q, C, D) ;
- Cohérence et/ou ruptures : définir les enchaînements logiques entre résultats pour obtenir le résultat final et détecter les ruptures à faire (si écarts importants à combler) ;
- Assurer la convergence des décisions : critères de passage des jalons ;
- Définir le « qui fait quoi » (pilotes, contributeurs) et les impacts Q, C, D des résultats attendus (trajectoires) ;
- Définir les plans de progrès et les ressources pour caler les résultats dans le temps.

Le pilotage[1]

À chaque étape, définir les résultats obtenus effectivement, ceux qui sont douteux ou non obtenus. Le pilotage consistera à travailler sur les points douteux et non obtenus avec une intensité liée à l'importance du résultat pour l'avancement du projet (figure 8-32).

Figure 8-32. Visualiser l'avancement avec des indicateurs[2]

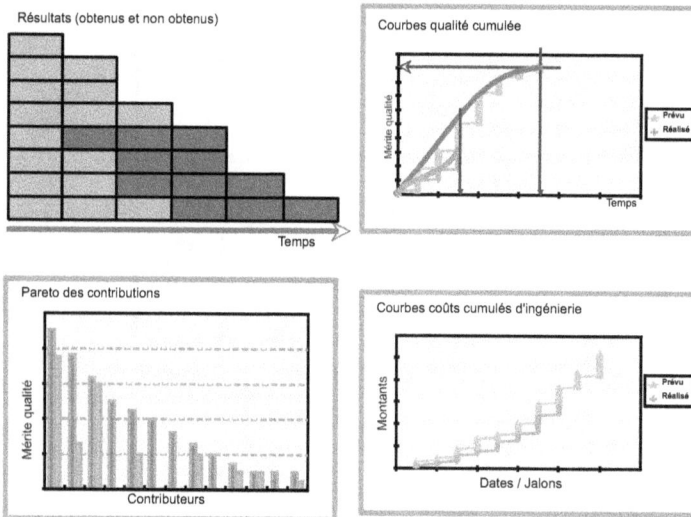

---

1. Issu du livre de Jean-Claude Corbel, *Management de projet, op. cit.*

Lors du passage d'un jalon :

* Une couleur est attribuée à chaque résultat :
  - vert s'il est obtenu,
  - rouge s'il n'est pas obtenu,
  - orange s'il n'est pas encore mais sur le point d'être obtenu ;
* Pour chaque résultat, on exige la preuve d'obtention ;
* Pour chaque résultat non obtenu, un plan d'action est mis en place ;
* La trajectoire réelle est tracée ;
* Le pilote du plan de convergence choisit de passer ou non le jalon et veille à ce que les résultats non obtenus le soient.

La convergence

Il faut vérifier que les résultats s'enchaînent bien, d'un jalon à l'autre, pour arriver au résultat final.

L'animation

Il s'agit de :

* Animer le plan de convergence :
  - en préparant, allant voir les contributeurs,
  - en modifiant, ajoutant ou supprimant des résultats de façon justifiée ;
* Anticiper en permanence : faire des zooms sur les résultats difficiles à obtenir.

Les conditions de réussite

Il faut :

* Bien définir des résultats concrets et preuves et non des actions à faire, par un verbe état ;
* Travailler en groupe de travail avec les métiers concernés et les projets, pour que les résultats soient validés et appropriés. Définir les responsables consiste à identifier « qui fait quoi », qui pilote et qui contribue aux résultats ;
* Prendre en charge les plans d'actions et plans de progrès.

Les principales étapes figurent dans les figures 8-28 à 8-31.

---

2. *Idem.*

Fiche 30. Utiliser la LUQP pour le suivi

La LUQP, c'est :

- Une liste unique des problèmes qualité perçue rencontrés au cours du projet ;
- Elle est remplie par différents métiers qui proposent des problèmes candidats ;
- Le pilote de la LUQP (chef de projet) filtre les problèmes proposés ;
- Lorsque le problème est accepté, un pilote est associé à chaque problème et est chargé de le résoudre.

La LUQP pour quoi faire ?

- Pour suivre l'avancement de la résolution des problèmes ;

Pour assurer la capitalisation : des colonnes supplémentaires sont associées à la LUQP qui permettent de classer les problèmes :

- en solution à capitaliser ou non,
- en condition pour éviter les erreurs.

Une liste unique paraît de pur bon sens. De plus, c'est un outil simple, une check-list sur laquelle sont rajoutées des indications (marquées sur la figure 8-33).

Figure 8-33. Utiliser une LUQP (liste unique des problèmes qualité perçue)

- Une liste unique des problèmes rencontrés au cours du projet
- Remplie par différents métiers qui proposent des problèmes candidats
- Le pilote de la LUQP (chef de projet) filtre les problèmes proposés
- Lorsque le problème est accepté, un pilote est associé à chaque problème et est chargé de le résoudre

Problème	Pilote	Gravité	Phase	Avancement Solution	Résultats attendus	Délais

LUQP pour quoi faire ? surtout faire simple

- Pour suivre l'avancement de la résolution des problèmes
- Pour assurer la capitalisation : des colonnes supplémentaires sont associées à la LUQP qui permettent de classer les problèmes :
  – solution à capitaliser ou non
  – condition pour éviter les erreurs

Nous avons cependant observé une forte résistance à mettre en place un tel outil. Il nous paraît malgré tout indispensable pour faire progresser un projet en qualité perçue.

Les points marquants

Les pièges à éviter

- Les incohérences perçues du produit.
- Une mauvaise intégration ou intégrité du résultat.
- Le mauvais équilibre Q, C, D du projet.

Les points les plus importants

- Le projet est le garant des équilibres Q, C, D et de l'intégrité du résultat.
- La prise en compte de la qualité perçue se fait dans les gènes du produit.
- Les contacts directs et dialogues avec les clients se font à des jalons ou pour préparer ces jalons. Faire réagir sur des prototypes réels ou virtuels pour recueillir des attentes plus précises. Ne pas craindre de présenter des erreurs (plan d'expérience). Il est plus important que l'objet présenté soit complet que précis et partiel afin de valider les interfaces.
- Les contacts doivent se faire dans un contexte représentatif : une vidéo avec un environnement.
- Les contacts directs et dialogues avec les métiers se font en permanence pour préparer le passage de jalons. Faire réagir sur des prototypes réels ou virtuels complets afin de valider les interfaces et d'expliquer les points clés aux différents métiers pour appropriation.
- L'aide à la décision suppose de ne pas s'interdire de faire des enquêtes auprès des clients, bien que les clients actuels ne soient pas aptes à se projeter dans le futur, dans un environnement qui aura changé, avec des références qui auront évolué.
- Le client ne peut pas juger des solutions techniques (le « comment »), mais l'intérêt pour lui réside dans le « quoi ». Cependant, les besoins exprimés ne sont en général pas tous couverts, et le dialogue amènera toujours des idées au constructeur.
- Le choix doit se faire à partir des propositions de l'entreprise comme le dit le client (c'est à vous de proposer), mais aussi sur des enquêtes pour estimer le meilleur équilibre nouveauté/acceptation, réponse à des attentes, et estimer si l'écart sera ensuite approprié par le marché.
- Le juste nécessaire qualité perçue/coûts est à définir par rapport au marché.
- Les ressources adéquates pour la qualité perçue sont à estimer dès le début du projet.

Pour en savoir plus

CHVIDCHENKO, Ivan, *Gestion des grands projets*, Éditions Cépaduès, Toulouse, 1994.

Constitue toujours une référence pour la conduite des projets.

MIDLER, Christophe, *L'auto qui n'existait pas. Traité du cas Twingo*, InterÉdition, 1993, Dunod, 1998.

Histoire du vécu du projet Twingo : les nouveaux principes de la conduite de projet et la constitution de plateaux, ainsi que la démarche *design to cost* avec les fournisseurs.

SMITH, Preston G., et REINERTSEN, Donald G., *Développez vos produits en moitié moins de temps*, Éditions d'Organisation, 1993.

Livre important pour comprendre comment gérer constamment les équilibres Q, C, D.

CORBEL Jean-Claude, *Management de projet. Fondamentaux, méthodes, outils*, Éditions d'Organisation, 2003.

Exposé détaillé sur les démarches de convergence dans les projets et leur pilotage par le plan de convergence.

Institut RENAULT, « Mettre en œuvre le Hoshin projet ».

Une nouvelle démarche projet orientée client et résultats attendus, intégrant la capitalisation d'expérience en continu.

Chapitre 9

Animer au quotidien
la qualité perçue et les coûts

« Lorsqu'il s'agit des hommes, rien n'est garanti ni le pire ni le meilleur. »

CONDORCET

*« Comme technicien je considérais que mon travail était terminé lorsque
la pièce répondait aux fonctionnalités demandées par le cahier des charges.
Je m'aperçois qu'il faut aller plus loin et se préoccuper de savoir comment
le client va percevoir cette pièce dans son environnement. »*

Parole de concepteur ingénierie

Respecter les fondamentaux qualités perçues implique :

- Des convergences au quotidien, un travail en commun et une cohérence des actions ;
- Des acteurs qui vont exprimer l'amour du travail bien fait.

Un produit bien perçu en qualité par les clients comporte diverses dimensions que l'on doit associer. Ce ne sont plus des fonctions indépendantes qu'il faut satisfaire mais un système dont les interfaces deviennent prioritaires dans la perception.

Animer nécessite de gérer ces différentes liaisons de façon transversale aux métiers et au projet. D'où la nécessité du dialogue entre eux. La démarche au quotidien doit en permanence :

- Garantir le soin apporté au détail dans ce qui est offert ;
- Assurer la cohérence et l'esprit du produit malgré les vagues de modifications, les compromis ou les dérives du projet.

L'animation au quotidien est importante, sans elle le sujet n'avancera pas. Elle nécessite des outils prenant en compte les aspects qualitatifs et le travail en groupe, qui puissent permettre l'interactivité entre acteurs.

Certains aspects qui semblent contradictoires sont à mener en cohérence comme qualités perçues et coûts, standardisation et innovation. Les solutions se créent au quotidien lors des confrontations entre les visions différentes des acteurs.

Mettre en vie au quotidien « avec, pour et par les hommes »[1]

> « *La confiance en l'homme libère ce qu'il a de meilleur.* »
>
> Bertrand MARTIN[2]

L'implication des hommes dans l'optimisation en continu de l'équilibre valeur/coûts

L'optimisation en continue de l'équilibre valeur/coûts doit assurer le niveau de qualité perçue nécessaire pour le produit considéré, à la différence de l'analyse de la valeur, trop souvent utilisée comme démarche de réduction de coûts. Il faut maintenant dessiner la pièce en satisfaisant ses fonctions, mais aussi le faire jusque dans le détail en tenant compte de la perception du client.

La création de valeur au quotidien passe donc par l'implication des hommes qui seront motivés pour faire de la qualité perçue (figure 9-1).

Figure 9-1. Cocréation de valeurs « avec, par et pour les hommes ».
L'organisation orientée client

- Correspond à des finalités stratégiques

- Nécessite une culture forte pour obtenir l'adhésion des acteurs au changement

- Doit s'accompagner de supports méthodologiques adaptés et structurants pour agir et transformer les produits et processus

  - Management
  - Méthodes
  - Comportement

---

1. Adapté du slogan de l'entreprise BSN.
2. Société NSD, *in* Bruno Jarrosson, Vincent Lenhardt et Bertrand Martin, *Oser la confiance*, INSEP, 1996.

Tous les métiers sont concernés

Tous les métiers sont concernés par la création de qualité perçue pour gérer les interfaces du produit. Nous l'avons amplement signalé, la qualité perçue ne peut pas être le fait d'individualités séparées. Tous les métiers ont une responsabilité dans la bonne réalisation, le travail bien fait que l'on exprime.

Une équipe, un groupe de travail transverse s'est formé quand les acteurs sortent de leur tour d'ivoire et envisagent le problème de façon plus globale, quand ils essayent de comprendre ce que font les autres. Les problèmes seront alors effectivement pris en charge. Encourager le travail en équipes transverses, c'est associer différents points pour :

- Comprendre mieux le client : chacun a sa vision et échange des informations ;
- Choisir en prenant en compte les différents aspects, par l'arbitrage Q, C, D ;
- Avoir de meilleures interprétations réciproques des divers métiers.

L'implication des acteurs

Une adaptation permanente

Comme il est impossible de tout prévoir il faut s'adapter en permanence, d'où le besoin de compétences et d'expériences de plusieurs acteurs et d'un niveau de coordination. Gérer les interfaces se fait par le dialogue. Par ailleurs, il n'est pas pensable de contrôler chaque personne qui va étudier, dessiner, fabriquer, vendre, pour vérifier qu'elle produit bien de la qualité perçue. Le déploiement passe aussi par l'explication des fondamentaux et la motivation des acteurs sur ces points.

Mettre en place une dynamique dans les relations

Bien travailler ensemble, c'est mettre en place une dynamique dans les relations et faire en sorte que l'entreprise et ses clients créent ensemble de la valeur. Une dynamique ne peut être créée si l'on ne passe pas par les étapes suivantes :

- **Expliquer.** La pédagogie est le premier point ;
- **Impliquer, approprier.** Cela veut dire que chaque acteur se pose alors la question : « Pour moi, c'est… ? » L'affectif mis en jeu de cette façon est nécessaire pour que chacun puisse s'engager ;
- **Faire.** C'est activer la mise en œuvre opérationnelle ;
- **Suivre et animer les actions.** Les acteurs sont souvent submergés de travaux, ils feront des choix et traiteront en priorité ce qui leur paraît urgent. L'action qui n'est pas suivie risque de passer après les autres ;

- **Pratiquer des retours d'expérience.** Capitaliser ne se fait pas du tout systémati-quement. La capitalisation n'est pas intégrée dans le travail au quotidien, elle ne se fait pas en continu. S'il faut faire le point après, lorsque le projet est terminé, le travail sera difficile et incomplet car les personnes seront prises sur d'autres sujets ou ne se rappelleront plus.

Former un groupe de travail

Figure 9-2. Faire groupe. Les étapes de formation de l'équipe

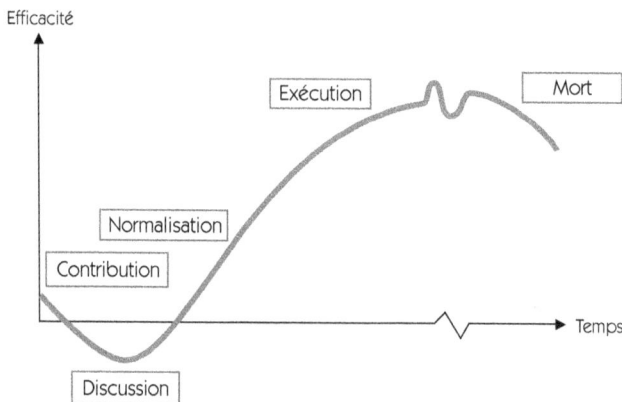

Les étapes de la formation de tout groupe de travail sont les mêmes :

- Formation du groupe (prise de contact) ;

- Discussion et mise en accord (phase de tempête assez désordonnée) ;

- Normalisation où le groupe s'approprie le sujet, il est d'accord sur l'objectif du travail et son résultat attendu ;

- Performance. Cette phase peut ensuite commencer. C'est celle qui est produc-tive, efficace.

Négliger ces diverses phases risque de conduire à des échecs et une non-prise en compte de l'objectif qualité perçue. À chaque nouvelle question ou problème à trai-ter avec différents groupes mais aussi dans le même groupe, ces étapes sont revisi-tées, plus ou moins rapidement, mais elles existent systématiquement.

L'implication des acteurs est la condition pour la mise en œuvre au quotidien de la démarche qualité perçue (figure 9-3).

Figure 9-3. Travailler en groupes transverses. Impliquer les acteurs

Le travail en groupe pour :

- Avoir une *vision globale* du problème.
- Produire *davantage d'idées.*

En groupe, 1 idée + 1 idée = 3 idées

Exemple de l'utilisation des études d'information clients :
1 sur 3

Ce que l'on constate :

- 50 % des rapports d'étude peuplent les étagères
- Sur les 50 % restants :
  - 20 % donnent lieu à une exploitation ponctuelle dans l'année, en général sectorielle
  - 30 % sont le point de départ ou le maillon d'une véritable stratégie d'amélioration de la qualité

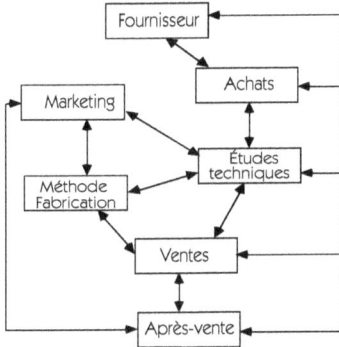

L'utilité des fondamentaux

Ils servent de fondement pour la prise en compte de la qualité perçue au quotidien :

- Ils constituent un état d'esprit pour les acteurs, une charte qu'il faut respecter ;
- Il n'est pas question d'être derrière chaque dessinateur pour le guider dans son travail afin qu'il prenne bien en compte la qualité perçue par le client. Chacun a son autonomie, est responsable de son métier. Pour qu'il intègre en permanence les aspects qualité perçue, il faut qu'il ait bien compris, approprié ces fondamentaux, qu'il soit formé, afin que, par exemple, la poignée qu'il va dessiner ne comporte plus une bavure mal placée. Lorsque le concepteur la dessinera, il pensera à la perception du client au travers des cinq fondamentaux ;
- L'industriel d'un produit aura, lui, à cœur de montrer le travail bien fait ;
- Pour un service, au contact du client le vendeur ou l'hôtesse d'accueil seront motivés pour montrer en direct qu'ils pensent à lui, qu'ils font bien leur travail, qu'ils apportent un service avec un plus personnalisé.

Animer transversalement et en permanence les convergences

Animer les convergences est indispensable car si un problème n'est pas animé, il ne se passera rien, il ne sera pas pris en compte. Une méthode ne peut rien sans l'apport des acteurs pour la mettre en œuvre. Elle sert à approprier et à faire dialoguer. Mais pour cela, une sémantique commune, des représentations collectives doivent être créées au travers des groupes de travail. L'échange entre acteurs ainsi que le problème à résoudre serviront à partager la même représentation (figure 9-4).

Figure 9-4. Pilotage chef de projet, animation des prestations.
Situer le projet par rapport aux objectifs et à la concurrence

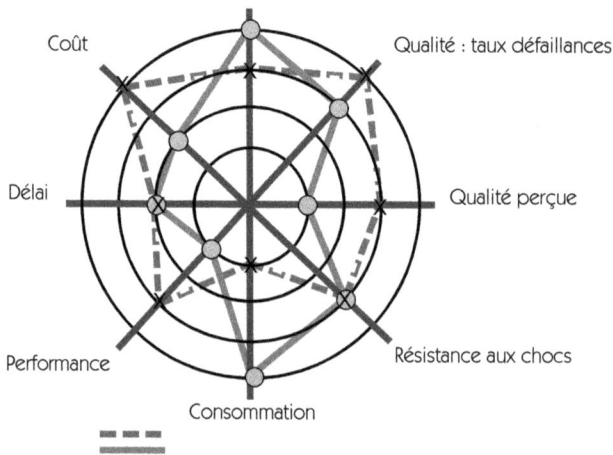

Au lieu de tout programmer, car on ne peut pas tout verrouiller, il faut faire en sorte que la dynamique se crée, en mettant en place les conditions pour cela. Ce travail constitue en lui-même un projet de mise en œuvre.

Pour se comprendre, il faut des langages qui puissent dialoguer, créer un sens commun, entre des cultures (techniques, marketing…) différentes. Associer des langages différents, réussir une synthèse exige la prise en compte de ces divers aspects, de façon simultanée, mais aussi la nécessité de traduire les perceptions qualitatives en caractéristiques objectives. Les démarches qui aident à transcrire les perceptions subjectives en caractéristiques techniques débuteront après les études faites sur la perception des attentes de clients potentiels.

Garantir l'esprit du produit et les équilibres valeur/Q, C, D

Il s'agit de maîtriser les modifications pour ne pas détruire la cohérence du produit. Des choix successifs, des suites de compromis, des dérives partielles conduisent à un coût supplémentaire et une appréciation globale moins bonne qu'un choix qui garantit la cohérence au départ. Les vagues d'économies, les modifications entraînent des balances entre prestations ; dans ce cas, la cohérence du produit, souvent très menacée, est à préserver (figure 9-5).

Figure 9-5. Processus de gestion des modifications

Identifier l'importance de la modification :
- Définir les critères :
  - Remise en cause d'un jalon
  - Évolution importante d'objectifs sur les cahiers des charges
  - Faisabilité
  - Défaut de qualité important
  - Surcoût inadmissible
  - …
- Distinguer :
  - les modifications importantes qui sont à gérer de façon particulière et qui remettent en cause le cours du processus projet
  - et les modifications de faible importance qui peuvent être gérées au quotidien

Estimer les dérives QCD du projet
Faire des reprévisions avec plans d'action de rattrapage
Recontractualiser éventuellement

Définir l'intérêt du groupe transverse qualité perçue et du comité d'arbitrage

Le projet c'est le conflit permanent. Maîtriser les conflits doit garantir la qualité perçue, car l'optimisation des qualités ne peut pas passer par une superposition de contradictions qui seront visibles par le client.

Les arbitrages entre projet et métiers doivent être aussi managés au bon niveau. Un projet aura toujours le souci de son équilibre Q, C, D. Les métiers apporteront les politiques techniques et leurs évolutions. Des nouveautés risquent de perturber le projet. L'entreprise doit arbitrer de façon la plus proche de l'action. S'il faut remonter chaque fois au président, les sujets risquent de prendre du retard. À l'inverse, une décision qui n'est pas défendue devant un comité de directeurs opérationnels risque de ne pas être robuste (figure 9-6).

Figure 9-6. Processus d'arbitrage. Comité de décision

- Remonter les problèmes et la décision à bon niveau
- Arbitrer : pour éviter des divergences entre les techniques ou entre les acteurs
- Contractualiser entre les différentes parties concernées

- Exemple :
  - Processus d'arbitrage projet et technique lors de contradiction entre les objectifs QCD du projet et les politiques techniques
  - Processus d'arbitrage entre une prestation transversale et le projet

Résoudre les problèmes et faire des retours d'expériences

Un problème est un écart prévu ou constaté entre une situation réelle et une situation souhaitée. La méthode est issue de la démarche expérimentale et donne une part importante à l'observation des phénomènes (figure 9-7).

Figure 9-7. Résoudre des problèmes

« Un problème est un écart prévu ou constaté entre une situation réelle et une situation souhaitée »

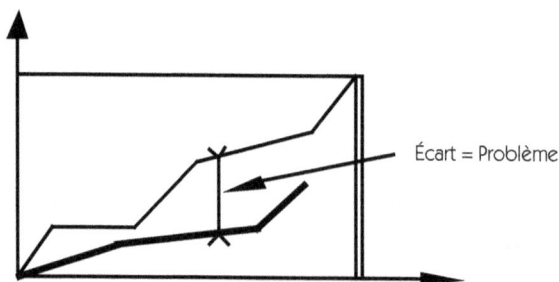

Écart = Problème

Les règles de base : une logique de pensée face aux problèmes

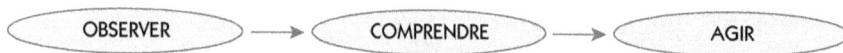

OBSERVER → COMPRENDRE → AGIR

Divers processus de résolution ont été proposés. La démarche choisie doit être adaptée à la spécificité du cas traité. La résolution en groupe repose sur l'expérience des membres. Elle est très efficace pour fournir des idées nouvelles. Le souci de capitaliser ces idées fait parti du travail, le groupe termine son travail par le cycle PDCA.

Capitaliser en continu pour assurer des progrès en qualité perçue

Ne pas refaire les erreurs du passé, progresser devient impératif pour une entreprise qui ne peut plus se permettre de tâtonner. Le cycle PDCA (ou démarche expérimentale) est la base de toute démarche scientifique permettant des progrès (figure 9-8) car elle permet de repartir d'un niveau plus élevé sur la résolution du problème suivant qui peut bénéficier de l'expérience et des erreurs révélées sur le précédent (figure 9-9). Non seulement on maintint les standards mais on va progresser.

Figure 9-8. Cycle PDCA

PLAN : Dire ce qu'on veut faire
- Définition d'une politique et des objectifs
- Élaboration d'un plan de mise en œuvre
- Définition d'indicateurs de processus

DO : Faire ce qu'on a dit, « agir » selon les processus pré-établis.
- Former, instruire en vue de l'action,
- Mettre en place les indicateurs,
- Appliquer

CHECK : Veiller à ce que les tâches soient exécutées selon les spécifications.
- S'assurer de la réalisation des résultats à l'aide des indicateurs définis au cours de la première phase « PLAN »
- Intervenir le cas échéant pour rectifier afin d'atteindre les objectifs fixés,
- Déterminer les causes qui ont conduit aux dérives par rapport aux objectifs.

ACT : Établir les règles afin de stabiliser les résultats dans leur processus.
- Établir une première règle dans tous les cas, qui pourra être améliorée par la suite,
- Tirer les enseignements en essayant notamment de standardiser la solution aux autres secteurs et processus impliqués
- Généraliser.

Une capitalisation qui vient à la fin d'un travail ou d'un projet doit se faire pour évaluer, lors de la mise en application, ce qui marche, mais ne peut porter sur le processus qui a été suivi, car les acteurs ont oublié, ne sont plus disponibles sur le sujet. La capitalisation en continu intégrée au travail, faite de façon régulière, est une approche que nous préconisons (figure 9-10) Pour cela, il faut choisir des événements comme support de capitalisation, faire exprimer par les acteurs les faits marquants ou les étonnements qu'ils ont notés. Des échanges entre métiers permettent d'identifier les informations importantes, voire de confronter des points de vue différents, ils donnent assez régulièrement de nouvelles idées. Il est aussi possible de créer des forums, permettant de rassembler des compétences. Les techniques du management des connaissances peuvent être utilisées, à condition que les objectifs soient bien définis au préalable et de ne pas commencer par acheter l'outil informatique miracle avant d'avoir exprimé ses attentes.

Figure 9-9. Progresser en maintenant le niveau et en dépassant les standards

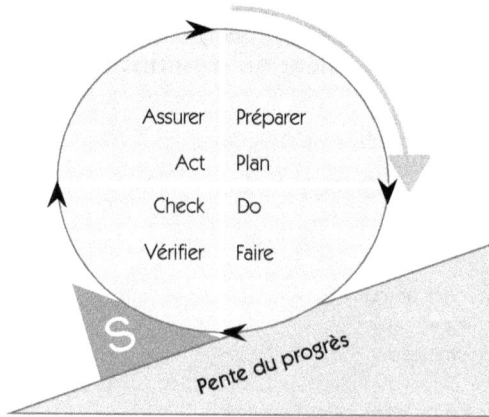

Figure 9-10. Capitalisation en continu aux jalons

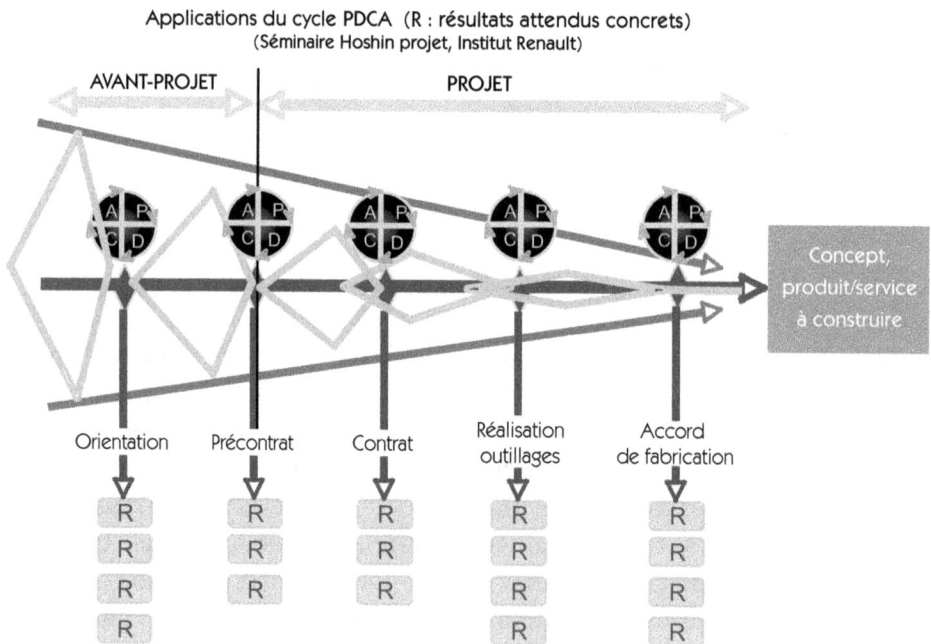

Un exemple d'animation des actions qualité perçue : dialogue entre pilote qualité perçue et pilote projet[1]

Les conseils du pilote prestations qualité perçue :

- Être en contact permanent avec le projet ;
- S'exprimer tôt, expliquer la prestation ;
- Rendre lisible : anticiper les évolutions des exigences ;
- Éviter le flou des cibles mouvantes ;
- Ne pas laisser passer des points durs ;
- Informer en retour le projet des arbitrages, des modifications ;
- Ne pas engorger le pilote projet ;
- Utiliser les outils de l'entreprise : LUQP ;
- Ne pas ouvrir des LUQP par e-mail !

Le témoignage d'un pilote projet :

- Le projet est pris entre 36 feux ;
- Les pilotes qualité perçue qui ne s'expriment pas, ou trop tard, n'obtiennent rien.

Les conseils du projet au pilote qualité perçue :

- Expliquer la finalité de la prestation : si le projet adhère, il devient pilote ;
- S'exprimer très tôt ;
- Exprimer les exigences au juste nécessaire ;
- S'intégrer au jalonnement qui s'impose au projet et s'approprier ses contraintes.

Les attentes du projet vis-à-vis du pilote qualité perçue :

- Développer l'esprit d'équipe pilote/projet : avoir des revues régulières, formaliser les réserves ;
- Avoir des exigences déployables, caractérisées, objectivables et hiérarchisées.

Les suggestions :

- Une prestation soutenue par un métier fort : jalonnement robuste, arbitrages ;
- Mettre en place des verrous partagés ;
- Obtenir l'adhésion : communication, formation.

---

1. Extrait d'un travail effectué avec O. Doutriaux, directeur du diagnostic électronique chez RENAULT, et les pilotes projet et prestations en 2004.

▷ **Fiches outils**

> *« La théorie sans pratique est absurde.*
> *La pratique sans théorie est aveugle. »*
>
> Emmanuel KANT

Un enseignement important des démarches qualité porte sur la mise en dynamique des actions, qui, sans être totalement définies au départ, vont par les conditions de leur mise en œuvre mettre en mouvement les acteurs et les pousser à sortir de leur coquille.

La notion de système (voir fiche 23, « Approche système pour penser ensemble plutôt que fragmenté ») devient indispensable dès lors que les problèmes présentent des aspects complexes. L'approche système va de pair avec la modélisation des phénomènes, elle permet de simuler leur évolution et les relations entre les divers paramètres. Elle s'appuie sur la notion de graphe.

Les démarches qualité ont introduit de la rigueur dans les approches, elles reposent sur l'observation des faits et la démarche expérimentale. Elles nécessitent de plus de mesurer de façon plus quantitative les progrès faits sur des critères d'appréciation, c'est-à-dire construire des indicateurs. Nous avons donné dans la fiche 15, « Construire les indicateurs pour évaluer », comment les mettre en forme. Ce travail consiste bien souvent à modéliser le phénomène que l'on veut mesurer.

Le travail en groupe est fondamental. Un outil intéressant que le groupe peut utiliser est le diagramme des affinités (ou KJ). Cette démarche permet de traiter des informations qualitatives. Le travail est conduit comme pour un projet : le pilote définit la question sur laquelle le groupe va travailler, chacun répond ensuite sur post-it en une phrase. Suit une phase de relecture (la plus importante pour que le groupe comprenne et s'approprie chaque réponse), puis de regroupement par parentés (affinités) et de titrage. Cette étape peut être itérée et donne une arborescence des propositions. La synthèse de ce qui se dégage des diverses réponses est faite en conclusion.

Un outil, comme un produit ou un service, doit servir à quelque chose et ainsi présenter les dimensions déjà évoquées que nous résumons dans la carte mentale ci-dessous (figure 9-11). Les sept points fondamentaux ci-après sont nécessaires pour conduire une action concrète. Ils sont tous indispensables et leur ensemble doit former un système par la cohérence qu'ils présenteront entre eux. Insistons sur le fait que des outils sont *au service* d'un projet ou du traitement d'un problème : ils ne peuvent constituer une modélisation mécanique de la conduite du projet.

La modélisation du système étudié aide à la compréhension des mécanismes la constituant (figure 9-12). Elle s'appuie sur la notion de graphe que nous expliquons en figure 9-13, et sur un exemple d'ordonnancement des tâches en figure 9-14. Les outils du management reposent aussi sur cette notion. Les six premiers (figure 9-15) répondent chacun à une question. Le septième (figure 9-16) constitue l'analyse des données, que nous utilisons de façon interactive pour découvrir le sens des regroupements.

Figure 9-11. Carte mentale de la démarche

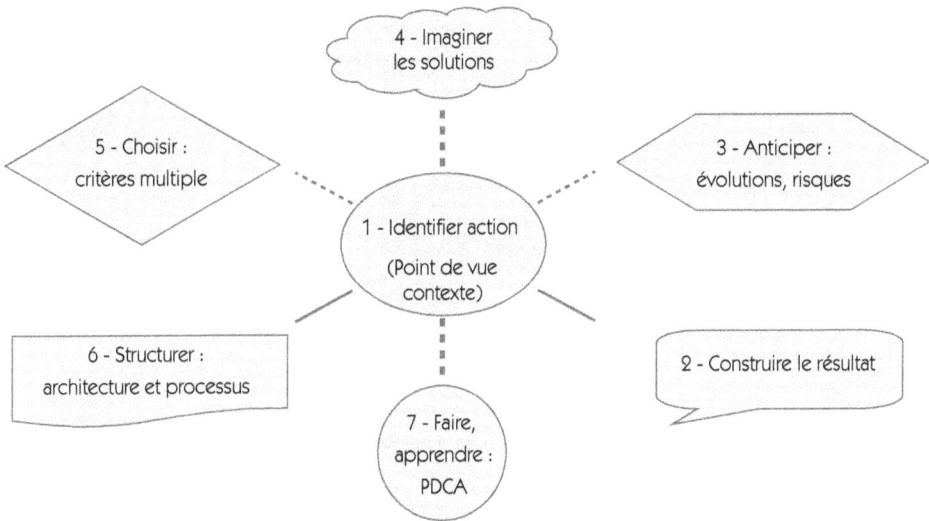

Les outils utilisés s'insèrent dans le travail en groupe. Ils assistent les interactions entre acteurs avec l'aide de méthodes interactives pour acquérir de l'information, traiter les problèmes, mettre en œuvre les solutions et faire un retour d'expérience.

Nous ne ferons que citer pour chacun des sept points les outils principaux devenus classiques.

Figure 9-12. Modélisation d'un système

« Tous les modèles sont faux, certains sont utiles. » (G. Box)
(Exemple du marché du diesel en France années 80)

Un « Modèle » peut être :

* La représentation d'un phénomène. Les relations simulent les interactions entre facteurs dans le réel

* Un outil de simulation pour des scénarios : il permet de « jouer » avec le modèle pour estimer les influences de variations des paramètres selon les différentes hypothèses

* Une « Aide à la décision » : évaluer les conséquences d'un choix sur différents critères, ainsi que leurs sensibilités

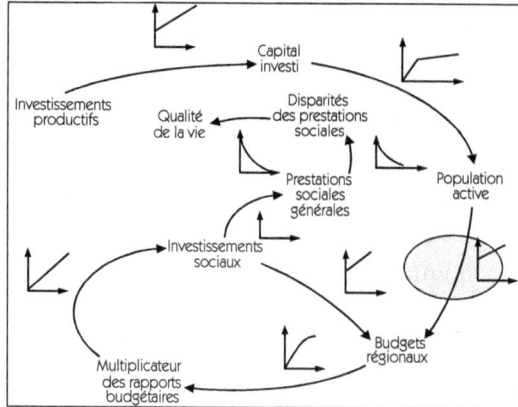

L'exemple concerne l'évolution du marché « Diesel » en fonction des facteurs influents. Par exemple la « population active » influence le niveau des « budgets régionaux » selon une loi estimée croissante linéaire.

Figure 9-13. Graphes : des points et des flèches.
Éléments de théorie des graphes

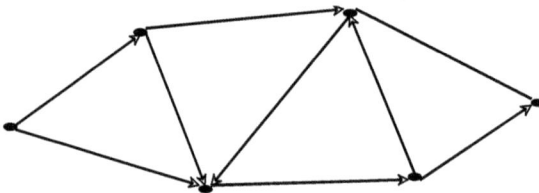

Graphe
G = (X, U)

Un graphe G, est un ensemble de points (ensemble X) reliés par des arcs (ensemble U).

Les points (sommets du graphe) et les arcs (orientés ou non) sont caractérisés.

Par exemple les sommets peuvent représenter des tâches (identifiées par un nom, un événement associé, et des caractéristiques de durée ou de nature). Les arcs seront des relations logiques entre les sommets. Ils seront caractérisés par des flux.

Deux types d'approches sont faites :
- Potentiels : le travail porte sur la détermination des caractéristiques des sommets, les arcs constituant des contraintes. Exemple, diagramme de type Pert.
- Flux : l'optimisation va se focaliser sur la circulation des flux sur les arcs. Exemple, problème de transport ou circulation.

Un graphe est une représentation simple de mécanismes associant des résultats et des actions. Il est pratique pour simuler les conséquences de variation de certaines caractéristiques sur d'autres ou sur le résultat final.

Figure 9-14. Notion de graphe : diagramme de type Pert.
Représentation selon la méthode des potentiels Métra (MPM)

1 - Modélisation : graphe MPM

Pour optimiser la durée
d'un ensemble de tâches
il est pratique de définir
chaque tâche par un
événement qui la caractérise
(date de début par exemple)
et de mettre en relation ces
tâches de façon logique (arcs)

La modélisation permet entre
autres de définir le « chemin critique »,
tâches pour lesquelles les marges
de liberté sont nulles. La réduction de
la durée totale imposera des moyens
à affecter à ces tâches. Des économies
pourront par contre concerner les tâches
non critiques du point de vue des délais.

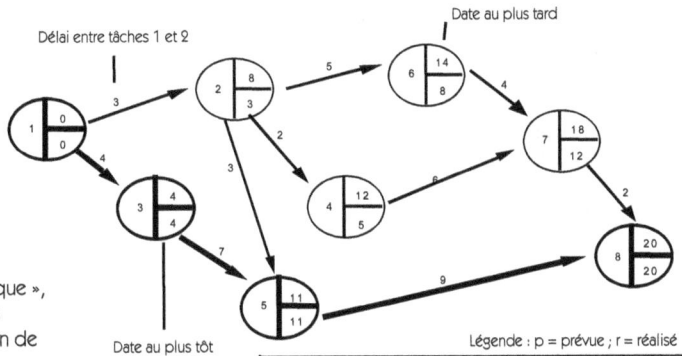

2 - Mise en œuvre opérationnelle : diagramme de Gantt
Ce graphique à barres est utilisable de façon plus
concrète en atelier, ou pour définir les charges cumulées
par période de temps.

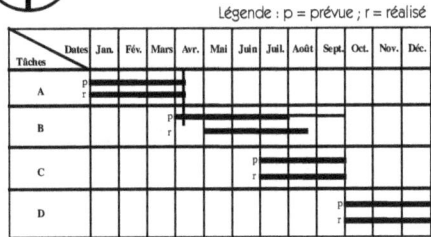

Délai entre tâches 1 et 2

Date au plus tard

Date au plus tôt

Légende : p = prévue ; r = réalisé

Tâches	Dates	Jan.	Fév.	Mars	Avr.	Mai	Juin	Juil.	Août	Sept.	Oct.	Nov.	Déc.
A	p r												
B	p r												
C	p r												
D	p r												

Figure 9-15. Les outils du management et de la qualité

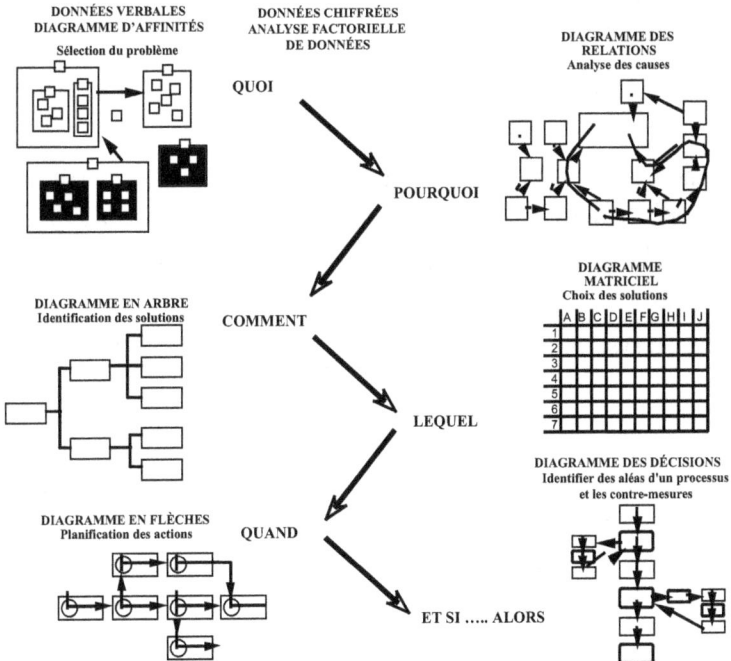

DONNÉES VERBALES
DIAGRAMME D'AFFINITÉS
Sélection du problème

DONNÉES CHIFFRÉES
ANALYSE FACTORIELLE
DE DONNÉES

DIAGRAMME DES
RELATIONS
Analyse des causes

QUOI

POURQUOI

DIAGRAMME EN ARBRE
Identification des solutions

COMMENT

DIAGRAMME
MATRICIEL
Choix des solutions

LEQUEL

DIAGRAMME DES DÉCISIONS
Identifier des aléas d'un processus
et les contre-mesures

DIAGRAMME EN FLÈCHES
Planification des actions

QUAND

ET SI ..... ALORS

Figure 9-16. Analyse de données.
Utilisation interactive de l'analyse factorielle des données

L'analyse de données est le septième des « Outils du management de la qualité ». Elle intervient dès l'identification d'un problème. Parmi les nombreuses données, souvent partielles, il est nécessaire d'en tirer des informations utilisables. Une démarche consiste à utiliser les approches factorielles (selon la norme choisie, euclidienne ou selon les fréquences) qui définissent des axes d'inertie (axes principaux, porteurs d'informations significatives). Ces axes sont « indépendants » par définition, mais ils regroupent souvent de multiples paramètres.

La difficulté réside principalement dans l'interprétation de ces axes : comment leur donner une signification en relation avec le problème traité ?

Si le traitement des données se fait de façon automatique, l'interprétation elle, fait intervenir l'intelligence des observateurs. Il est alors important de faire travailler en groupe pour interpréter ces axes, afin d'aller plus loin que la simple mise à plat des données. Tenter de donner un sens à chaque axe, c'est se demander pourquoi ces facteurs se trouvent être regroupés par l'analyse.

Le véritable apport du groupe (fait de façon interactive avec les données) sera de construire le sens des axes, de déclencher pour cela des travaux complémentaires, de poser des problèmes (écarts de signification) de les traiter. Le traitement sera enrichi, une dynamique d'action enclenchée.

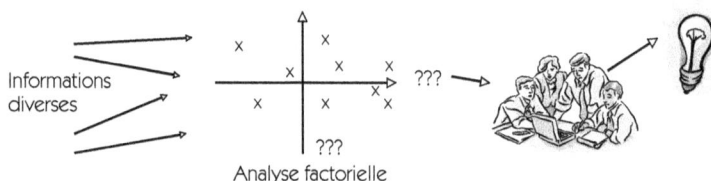

Fiche 31. Identifier l'action : un problème bien posé est à moitié résolu

La première phase constitue l'équivalent de l'avant-projet, la préparation et la compréhension du phénomène.

Le résultat attendu : un concept cadré avec enjeux, objectifs et principes de réalisation.

Le processus de travail. Une action sera traitée en groupe de travail transverse afin que tous les aspects soient pris en compte (figure 9-17 à figure 9-19) :

- Définition du thème de travail (sur quoi porte le travail ?) :
  – Point de vue,
  – Périmètre du système,
  – Finalités ;
- Phase avant-projet (préparer, définir, cadrer, le problème) :
  – Poser le problème et définir sa nature (typologie, caractérisation) ;
  – Préparer et cadrer ;
- Observation de la situation et des faits, comprendre la structure du phénomène :
  – Diagnostic, figure 9-18 ;
  – Modélisations des interactions (causes et effets), figure 9-19.

Première synthèse complète (trois dimensions à définir) : enjeux, concept, principes adoptés pour les axes de travail.

Les outils principaux :

- Le groupe de travail ;
- Les nouveaux outils du management (sept nouveaux outils reposant tous sur le diagramme des affinités). Analyse de données ;
- L'approche système, la théorie des graphes.

Figure 9-17. Fondamental 1 : identifier l'action

- Périmètre, environnement, point de vue choisi
- Nature de l'action, du phénomène
- Observer : état des lieux, diagnostic
- Comprendre les relations, la structure du problème : causes - effets
- Finalité de l'action
- Enjeux de l'action
- Principes de résolution

Figure 9-18. Diagramme des affinités

Identifier en groupe les difficultés / opportunité en répondant à une question :
« Quelles sont les difficultés pour résoudre le problème ? »

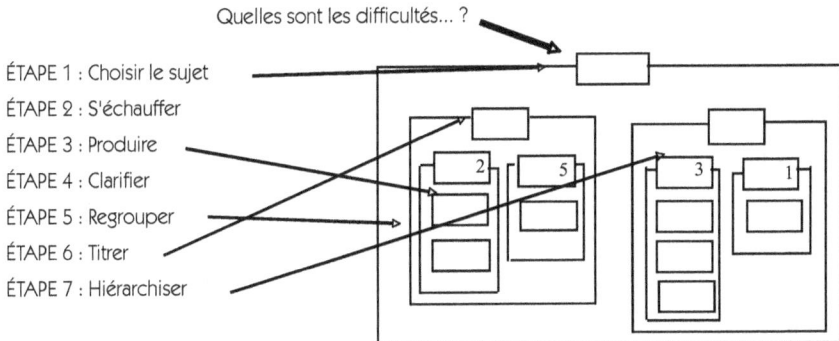

Quelles sont les difficultés... ?

ÉTAPE 1 : Choisir le sujet
ÉTAPE 2 : S'échauffer
ÉTAPE 3 : Produire
ÉTAPE 4 : Clarifier
ÉTAPE 5 : Regrouper
ÉTAPE 6 : Titrer
ÉTAPE 7 : Hiérarchiser

Figure 9-19. Diagramme des relations

Pour chaque thème prioritaire, se poser la question en groupe de travail :
« Pourquoi a-t-on cette difficulté ? » Parce que…
Pour chaque cause, recommencer afin de trouver les causes profondes.
Méthode :
1) Sur un tableau, poser le premier thème et mettre les causes horizontalement.
2) Vérifier à l'aide d'une matrice comment les causes profondes impactent sur les thèmes.

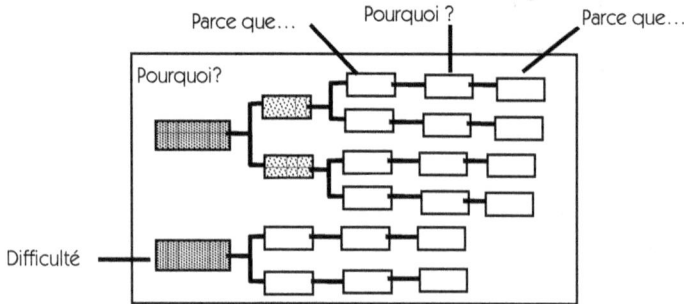

Fiche 32. Construire le résultat attendu

La deuxième phase : identifier les résultats attendus du processus de travail.

Le résultat attendu : un produit et les attentes des clients qui vont utiliser ce résultat.

Le processus de travail :

- Commencer par se poser la question « si le problème est résolu, le résultat obtenu sert à qui ? » oblige à réfléchir sur les livrables (résultats attendus), les clients de ces livrables et les actions alternatives pouvant mener au même résultat ;

- Une série d'interviews peut situer l'intérêt d'obtenir tel résultat pour les clients de ce résultat. Rappelons qu'une interview ou un questionnaire doit être conçu en fonction d'un objectif, de la facilité de l'administrer et enfin de l'exploiter ;

- Si les problèmes à résoudre sont nombreux, il est nécessaire de sélectionner ceux qui ont plus d'intérêt afin de justifier le travail à faire (figure 9-20).

Les outils principaux :

- Ce sont ceux définis dans la première et la deuxième partie, à savoir la différence entre le « quoi » et le « comment », les interviews, le QFD, la décomposition en modules, les coopérations entre différentes compétences orientées par le résultat attendu (produit final). Nous rajoutons ici les analyses fonctionnelles externes et internes ;

Figure 9-20. Fondamental 2 : construire le résultat attendu

- Identifier le système: périmètre
- Écouter les clients dans des marchés, en face de concurrents
  - Décoder les attentes
  - Hiérarchiser
- Reformuler
  - Services à rendre
  - Référentiel client
- Principes techniques à définir
- Fonctions du système: analyse fonctionnelle « Externe »
- Modules et interfaces
- Fonctions techniques : analyse fonctionnelle « Interne »
- Évaluer les réalisations

- L'analyse fonctionnelle externe. Elle consiste à identifier toutes les fonctions (fonctionnalités) d'un produit, service ou processus, indépendamment des solutions qui sont à imaginer par la suite. Les fonctions doivent être indépendantes entre elles. Ce travail s'effectue dans le cadre de principes techniques déjà choisis.

L'analyse fonctionnelle ne peut en aucun cas constituer l'analyse du besoin client qu'il faudra toujours aller interroger pour en décoder ses perceptions. Elle définit une spécification fonctionnelle, détermine de façon exhaustive les « comment faire » et non pas les « quoi » perçus par un client. Rappelons que les points suivants sont indispensables pour conduire efficacement une analyse :

— L'identification du thème de travail : système défini ainsi que les finalités, périmètre technique (ce qui appartient au système, ce qui est à l'extérieur), contraintes externes, choix des principes techniques,

— Le cycle de vie (cycle d'utilisation, profil de mission) : cycle de vie du produit par le client, à savoir cycle d'utilisation, hors utilisation (stockage, transport, rangement, entretien…), fin de vie et recyclage (produits matériels) ; contraintes internes à l'entreprise négociées (études développement, fabrication, commercialisation, après-vente) avec les acteurs présents,

— Les éléments du milieu extérieur (figure 9-21) : par phase du cycle de vie, c'est-à-dire les milieux en contact matériel ou immatériel avec le système ; les caractéristiques de ces milieux,

— La liste des fonctions par phase du cycle de vie : expression systématique de toutes les fonctions ; chaque fonction est définie par un sujet, un groupe verbal à l'infinitif, un complément d'objet, les milieux extérieurs,

– Les caractéristiques des fonctions et validations, à savoir le point le plus important de l'analyse (figure 9-22) : identification des critères de valeur ou d'appréciation associés systématiquement à une procédure de validation.

Notons que les objectifs définis, la hiérarchisation des critères fonctionnels, leur flexibilité (intervalle de variation possible) doivent tous être représentatifs de l'utilisation faite par des clients ;

Figure 9-21. Analyse fonctionnelle : milieux extérieurs d'utilisation

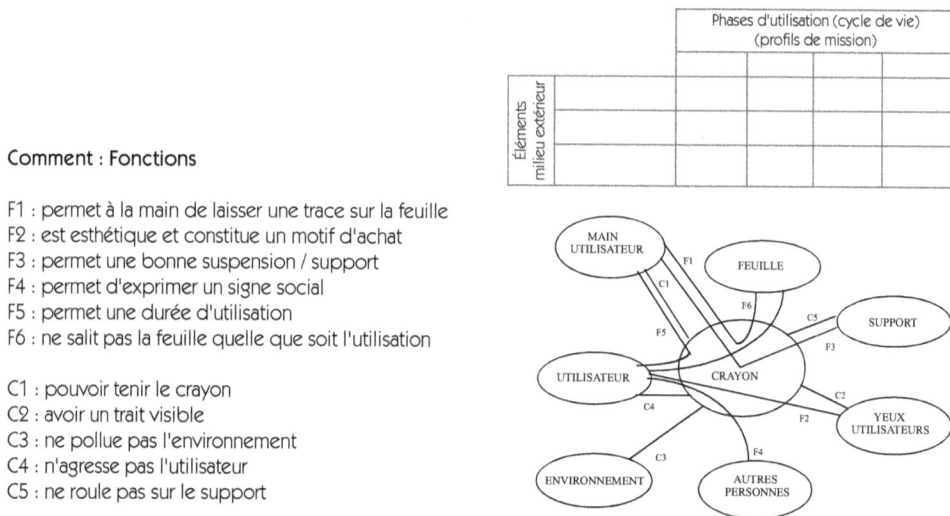

Comment : Fonctions

F1 : permet à la main de laisser une trace sur la feuille
F2 : est esthétique et constitue un motif d'achat
F3 : permet une bonne suspension / support
F4 : permet d'exprimer un signe social
F5 : permet une durée d'utilisation
F6 : ne salit pas la feuille quelle que soit l'utilisation

C1 : pouvoir tenir le crayon
C2 : avoir un trait visible
C3 : ne pollue pas l'environnement
C4 : n'agresse pas l'utilisateur
C5 : ne roule pas sur le support

Figure 9-22. Analyse fonctionnelle : caractérisation des fonctions

Caractérisation des éléments du milieu extérieur	Caractéristiques	Critères de valeur (appréciation)	Procédure de validation
		échelle	
		(sensibilité)	
Exemple pour des occupants d'une automobile :	Permettre la perception visuelle :	objectif	Procédure : mesurer selon telle spécification
taille	sensibilité		
poids		Seuil	

- L'analyse fonctionnelle interne ou technique : bloc diagramme ou diagramme des flux, ils se font après le choix de solutions. Une fois définies toutes les fonctions, le travail ne peut continuer s'il n'est pas choisi les techniques pour réaliser ces fonctions et la décomposition en sous-systèmes (analogues aux modules). Cette architecture interne du produit choisie influera sur les fonctions techniques à satisfaire, ainsi que sur les interfaces. Choisir par exemple la propulsion d'un engin par moteur thermique ou moteur électrique changera les alimentations et les sorties de ces organes, ainsi que les fonctions techniques correspondantes ;

- Les conditions de réussite des analyses fonctionnelles :

  - Définir les critères d'appréciation des fonctions. Il est très important de donner le sens de mesure de la caractéristique fonctionnelle,

  - Plus un indicateur est subjectif, plus il est nécessaire de définir les procédures pour l'évaluer (quelle information, où, quand ?),

  - Une procédure de validation doit être tout de suite associée à la définition des fonctions et de leurs caractéristiques,

  - Parfois, il est nécessaire de passer par des essais : dans ce cas, il faut bien définir les procédures d'essai, la cohérence entre les habitudes des essayeurs, le sens des mots employés (de la même façon que pour l'analyse sensorielle).

Fiche 33. Anticiper les évolutions et les risques, scénarios

La troisième phase : se projeter, simuler, s'entraîner.

Le résultat attendu : un scénario avec les risques hiérarchisés.

Le processus de travail : le futur est imprévisible, cela n'empêche pas de tenter d'y réfléchir (figure 9-23) :

- Un scénario bien préparé aura plus de chances de servir dans une situation future critique, même si celle-ci n'est jamais celle prévue, car l'entraînement ainsi effectué apportera des solutions à l'instant où on en aura besoin ;

- Les risques et leur hiérarchisation sont abordés à ce moment-là. Différentes approches existent dans la littérature. Pour être plus efficace et ne pas avoir à explorer l'univers complet des événements à risque et oublier éventuellement celui qui a une incidence sur le résultat final, nous préconisons de se focaliser sur les risques qui vont nous empêcher d'obtenir les résultats attendus aux jalons du projet (figure 9-24) ;

● La construction de la feuille de route (*Road Map*) débute par un diagnostic fait sur des critères qui seront à définir, puis situe la vision et les objectifs, enfin choisit le chemin à parcourir en le jalonnant par tout ce qui est connu d'événements futurs (sur la concurrence, les marchés, la technique, la législation, les évolutions socioculturelles…).

Figure 9-23. Fondamental 3 : anticiper les évolutions

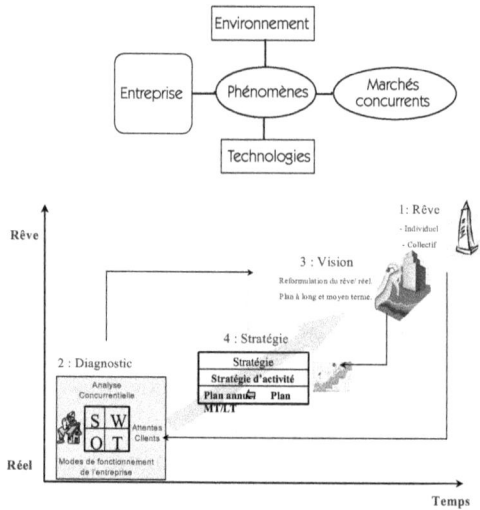

Scénarios

– Diagnostic : un système de facteurs en interactions

– Pronostic

– Vision

– Raconter une histoire au futur :
  un ensemble cohérent de situations à détailler

Figure 9-24. Scénario - Cartographie des risques

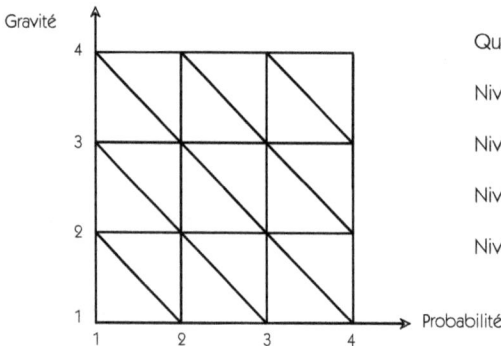

Quatre niveaux d'incertitude :

Niveau 1 : futur prévisible

Niveau 2 : nombre limité d'événements possibles

Niveau 3 : fourchette d'événements possibles

Niveau 4 : incertitude totale

Les outils principaux : ils reposent sur la définition de tendances et de scénarios possibles. La démarche PDPC (voir figure 9-32, p. 382) est l'outil principal à utiliser en groupe. Elle permet aussi d'effectuer simplement une analyse préliminaire des risques (APR). Les écarts de trajectoires constatés ensuite seront autant de problèmes à résoudre (méthode de résolution de problèmes en groupe).

Fiche 34. Imaginer des solutions

La quatrième phase : recherche de solutions, créativité.

Le résultat attendu : différentes solutions quasi validées.

Le processus de travail :

- Changer de point de vue est nécessaire pour ouvrir sur de nouvelles solutions et ne pas reproduire le passé : passer successivement par des phases de divergence, puis de convergence en s'aidant de la technique de pensée latérale ;

- Des analogies ou des solutions déjà existantes dans d'autres domaines peuvent aussi fournir des nouvelles idées ;

- L'expérimentation de solutions, les essais et les erreurs sont aussi une source précieuse ;

- Avant de choisir une solution il faut définir quelles sont les forces et faiblesses de l'entreprise afin de ne pas proposer une solution non faisable.

Figure 9-25. Fondamental 4 : imaginer des solutions

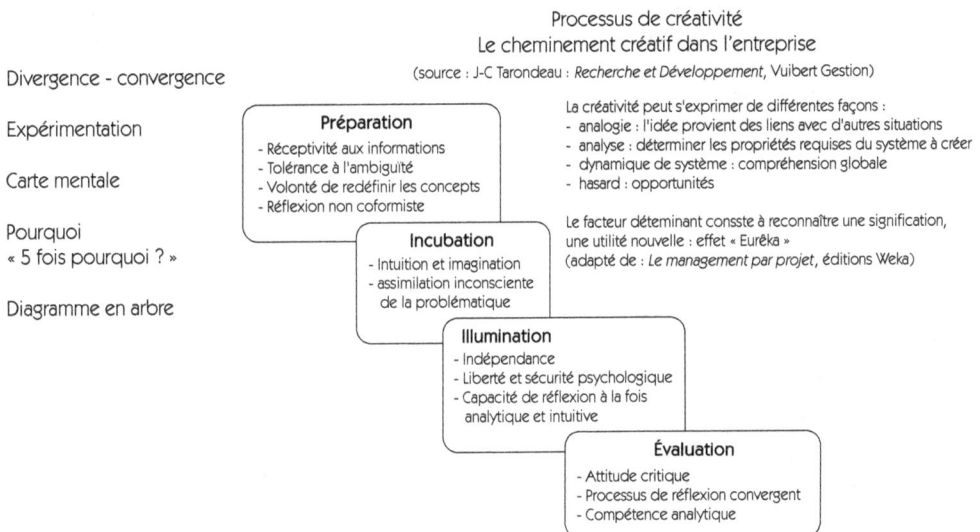

Divergence - convergence

Expérimentation

Carte mentale

Pourquoi
« 5 fois pourquoi ? »

Diagramme en arbre

Processus de créativité
Le cheminement créatif dans l'entreprise
(source : J-C Tarondeau : *Recherche et Développement*, Vuibert Gestion)

Préparation
- Réceptivité aux informations
- Tolérance à l'ambiguïté
- Volonté de redéfinir les concepts
- Réflexion non coformiste

Incubation
- Intuition et imagination
- assimilation inconsciente de la problématique

Illumination
- Indépendance
- Liberté et sécurité psychologique
- Capacité de réflexion à la fois analytique et intuitive

Évaluation
- Attitude critique
- Processus de réflexion convergent
- Compétence analytique

La créativité peut s'exprimer de différentes façons :
- analogie : l'idée provient des liens avec d'autres situations
- analyse : déterminer les propriétés requises du système à créer
- dynamique de système : compréhension globale
- hasard : opportunités

Le facteur déterminant consste à reconnaître une signification, une utilité nouvelle : effet « Eurêka »
(adapté de : *Le management par projet*, éditions Weka)

Figure 9-26. Carte mentale : à quoi est associée la démarche qualité dans l'entreprise ?

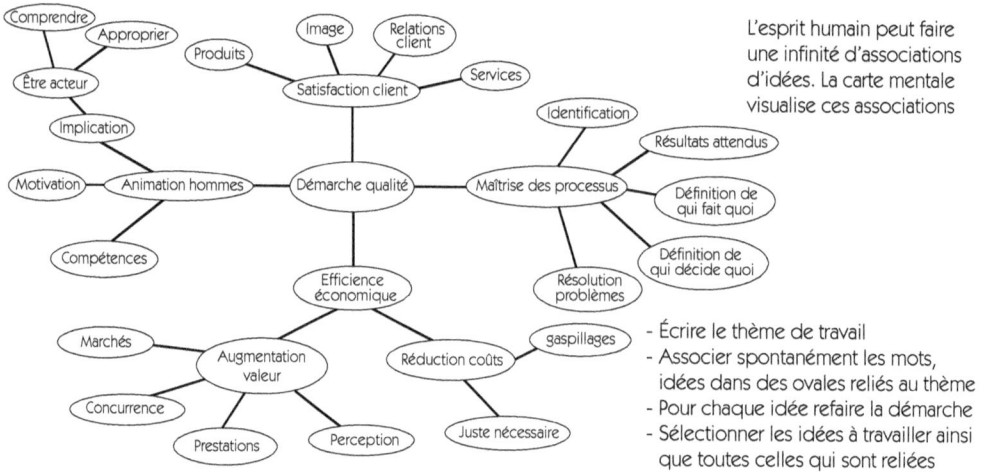

L'esprit humain peut faire une infinité d'associations d'idées. La carte mentale visualise ces associations

- Écrire le thème de travail
- Associer spontanément les mots, idées dans des ovales reliés au thème
- Pour chaque idée refaire la démarche
- Sélectionner les idées à travailler ainsi que toutes celles qui sont reliées

Les outils principaux :

- Les techniques de créativité, carte mentale, cinq « pourquoi » ;
- Le diagramme en arbre ;
- La quantification des risques ;
- Le travail en groupe.

Figure 9-27. Diagramme en arbre

L'objectif est de supprimer la cause, les actions étant les solutions possibles. Les regroupements participent à un même sous-objectif qui deviendra une action pour un regroupement ultérieur.

Pour chaque cause profonde, il faut répondre à la question suivante :

- **Comment** lever concrètement cette cause ?
- **Comment** faire (la fonction F1) pour permettre à la main de laisser une trace sur la feuille

Nous définissons ainsi une arborescence des solutions

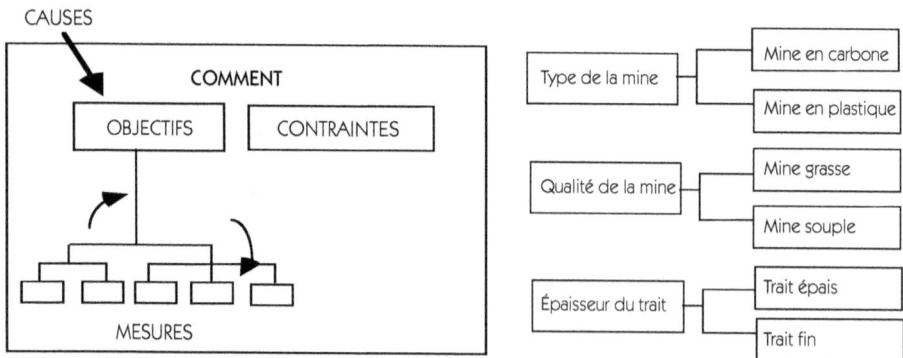

Comment faire un diagramme en arbre :

* Se poser la question : « Comment faire pour obtenir la fonction F… ? » ;
* Lister les réponses techniques élémentaires en caractérisant la fonction pour les réponses connues (factuelles) et en procédant à une validation pour les idées nouvelles ;
* Regrouper les solutions qui participent au même objectif :
  – Lister les oublis (existe-t-il une autre action pour satisfaire le même objectif ?),
  – Filtrer les actions selon des critères propres au métier (efficacité, facilité, délais, coûts),
  – Faire la liaison entre les actions qui se font ensemble (et) ou indépendamment (ou) ;
* Mesurer à l'aide des critères de valeur, définis par les questions :
  – À quoi voit-on que… ?
  – Comment se rendre compte que… ?
  – Comment vais-je suivre l'évolution de… ?

Fiche 35. Choisir selon plusieurs critères

La cinquième phase : processus de décision avec des critères multiples.

Le résultat attendu : le choix d'une solution.

Les outils sont interactifs pour recueillir de l'information au contact des décideurs ou des clients. Ils sont faits pour impliquer les acteurs en groupe de travail (figure 9-28 à figure 9-30).

Le processus de travail : une décision constitue toujours un processus difficile. La matrice de décision est un outil simple. Elle n'est qu'un support au dialogue entre les personnes du groupe de travail pour se poser les bonnes questions. Son avantage est qu'elle oblige à tenir compte de l'ensemble des critères. Mais une somme pondérée ne représente pas les mécanismes complexes de la décision. Pour des enjeux importants, nous savons que chacun donne une solution selon ses propres critères subjectifs de façon inconsciente et globale. Chacun ayant les siens, cela conduit en général à des blocages. Nous proposons, dans un groupe de travail, de prendre en compte dans un premier temps la première impression, ainsi que les dimensions subjectives des acteurs, juges ou experts qui enrichiront ainsi la réflexion :

* Laisser spontanément les acteurs de la décision donner leur sentiment sur la solution :
  – « J'aime »/« je n'aime pas », pourquoi,
  – Définir les points forts et faibles perçus par les acteurs ;

Figure 9-28. Fondamental 5 : choisir. Optimisation multidimensionnelle

- Type de décision
  - Choix global et intuitif : préférence pour un objet global
  - Choix analytique et rationnel : liste des conséquences et interactions
  - Optimum par critère : « point de mire »
  - Optimum sous contrainte

- Décisions en général multidimensionnelles : de multiples aspects
  - Commencer par définir les points forts et faibles de différentes solutions existantes
  - Lister les dimensions qui couvrent le problème ou le thème de travail
  - Définir les « critères de jugement » des solutions futures : « À quoi va-t-on voir que la satisfaction s'améliore sur telle dimension ? »

- Identifier les valeurs des clients de la décision
  - Définir la métrique d'agrégation des critères multiples
  - Pondérations sont un début de définition des valeurs, mais frustration et possibilité de manipulation
  - La définition des poids doit se faire en liaison avec le « client » avant la matrice pour ne pas être influencé

- Définir les impacts des choix sur les critères
  - Matrice de décision

- Propositions de solutions : une aide au choix qui permet d'expliquer pourquoi
  - La démarche ne doit pas imposer une décision mais elle constitue une « aide à la décision »
  - Elle sert principalement de support au dialogue entre différents acteurs pour construire et expliquer une représentation commune

Figure 9-29. Matrice de décision

- Objectif : positionner différentes solutions par rapport à des critères de choix prédéfinis en estimant les impacts de chaque solution sur ces critères
- Les critères sont pondérés de façon indépendante, en représentant les préférences du client : éviter toute manipulation (qui peut se produire après la connaissance du résultat pour influer sur le choix)
- La matrice est une « aide à la décision », elle ne se substitue pas aux acteurs: la solution proposée doit être débattue et argumentée

Critères		Poids	Solution 1	Solution 2	Solution 3
Qualité	Critère 1	9	++	---	+
	Critère 2	4	-	++	-
	Critère 3	2	-	+	++
Coûts	Critère 4	6	-	=	+
	Critère 5	1	+++	++	---
Délais	Critère 6	4	++	+	+
Total			+17	-11	13

Figure 9-30. Choix d'un mode de transport Paris-Marseille

• Population 1		Solutions			
Critère	Pondération	TGV	Avion	Voiture	Auto-stop
Rapidité	80	4	4	1	0
Confort	80	5	4	3	1
Sécurité	100	5	3	1	1
Coût	10	2	2	3	5
Total		1 240	960	450	230

• Population 2		Solutions			
Critère	Pondération	TGV	Avion	Voiture	Auto-stop
Rapidité	10	4	4	1	0
Confort	10	5	4	3	1
Sécurité	50	5	3	1	1
Coût	100	2	2	3	5
Total		540	430	390	560

- En déduire une liste de dimensions à prendre en compte ;
- Rationaliser la décision (construire des critères et un langage commun) :
  - Aller voir les clients de la décision (interviews type Shiba, voir chapitre 2),
  - Définir les critères de jugement et l'indicateur de leur mesure en cohérence avec les dimensions citées au chapitre 1 ;
- Définition de la valeur perçue de la décision :
  - Estimer, dans une optique client de la décision, les critères les plus importants, les *dus* et les *plus*,
  - Donner des objectifs sur ces critères ;
- Croiser solutions et critères à l'aide de la matrice de décision. Déterminer une solution et sa robustesse (sensibilité aux données, si elles sont peu précises) ;
- Examiner les écarts entre solution choisie par la matrice et les solutions choisies spontanément au début du travail. Animer le dialogue, l'argumentation et la convergence entre acteurs.

La décision constitue un moment fort dans un processus. Elle oriente une stratégie et des actions, elle doit être mise en œuvre et suivie dans son application.

Les outils principaux :

- La définition des critères de jugement et de leur mesure (indicateur) ;
- La matrice de décision ;
- Le groupe d'experts.

Fiche 36. Structurer l'architecture et les processus

La sixième phase : identifier l'architecture et les processus.

Le résultat attendu : l'organisation capable, communiquée, supportée par la direction générale.

Le processus de travail :

- Structurer, c'est définir l'architecture des moyens et ressources (organisation), et surtout « qui fait quoi » et « qui décide quoi », indispensables à préciser. Un point important consiste à synchroniser les différentes actions, les coordonner pour obtenir les résultats attendus de façon efficace (figure 9-31) ;
- Définir les processus. L'expérience du travail sur la définition des processus nous suggère qu'une mise à plat de l'ensemble des activités est souvent longue, qu'il ne se dégage pas de synthèse. Cette approche de reingénierie des processus n'est pas opérationnelle à notre sens. Un processus est un graphe dont les sommets sont les activités et les arcs les relations entre elles. Dans tout graphe nous pouvons définir des paquets homogènes d'activités, c'est-à-dire un périmètre de ce type d'activité. Pour chaque périmètre ainsi défini, nous définirons une entrée et une sortie par une nouvelle activité (souvent fictive) que nous appellerons *jalon* (ou revue) par analogie à la logique de développement projet. Ces jalons permettront de travailler sur une partie du processus et d'obtenir une vision plus synthétique et opérationnelle, ainsi que les résultats attendus pour ces paquets d'activités (figures 9-32 à 9-35) ;
- Communiquer ;
- Obtenir le soutien de la direction générale.

Les outils principaux :

- Le jalonnement, tableau de bord, les outils Pert et Gantt (pour applications) ;
- La cartographie des processus, les plans de validation et de surveillance ;
- Les « qui fait quoi », « qui décide quoi », les organigrammes ;
- La mémoire d'entreprise, selon des besoins de capitalisation.

Figure 9-31. Fondamental 6 : structurer.
Synchroniser processus et organisation

- Déployer les objectifs

- Processus, une nouvelle approche par le PDPC
  - PDPC : un outil simple qui résume les attentes sur la cartographie des processus
  - Résultats
  - Activités associées à un résultat
  - Enchaînement logique des activités
  - Jalonnement permet de structurer le processus
  - Risques listés systématiquement par la question « Et si... Alors... »

- Organisation: le point le plus important et de bien définir le Qui Fait Quoi et Qui Décide Quoi
  - Définition des missions et fonctions
  - Identification des charges et ressources
  - Évaluation des moyens

Figure 9-32. Construire un PDPC (*Process Decision Program Chart*) :
anticiper les situations indésirables et leurs conséquences, et les risques

Phase 1 : définition de la situation initiale (SI)
Phase 2 : définition de la situation finale (SF)
Phase 3 : à partir de la logique de développement,
définir les activités et leurs résultats associés
Phase 4 : définir les aléas possibles, les coter
et les actions correctives (AC)
ou préventives (AP) associées
en se posant la question :

ET SI (on n'obtient pas tel résultat)...
ALORS (que devrons-nous faire) ?

Cotation :
K1 : très grave
K2 : moyennement grave
K3 : peu grave

1) PDPC

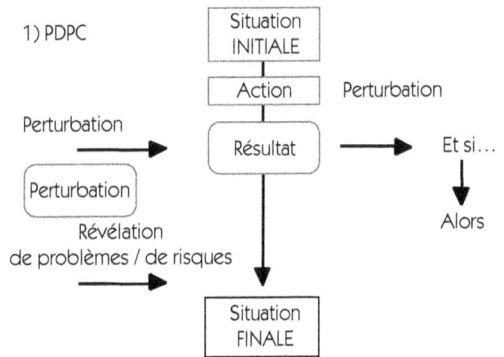

2)Plan de travail (⇒ trajectoires réussies)

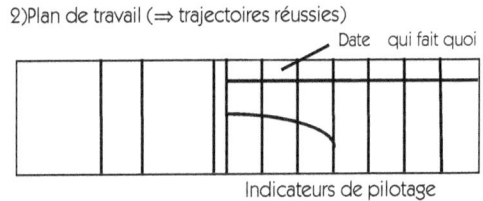

3) Liste unique de problèmes

Figure 9-33. La démarche processus :
activités tirées par le résultat attendu dans le cadre d'objectifs

1 - Identification de l'entité concernée : objectifs, périmètre, milieux extérieurs, clients et attentes

2 - Résultats attendus de l'entité : produits et services, modules fonctionnels

3 - Analyse fonctionnelle : liste des fonctions à satisfaire

4 - Cartographie des processus : périmètre, nature, objectifs, relations, impacts sur les fonctions

5 - PDPC pour identifier chaque processus
  - Périmètre début et fin
  - Jalons à situer aux activités stratégiques, ou moments forts entre deux phases de nature différente
  - Analyse des risques et contre-mesures
  - Optimisation du processus

6 - Graphe des relations entre activités
  - Modélisation des activités et des relations
  - Simulations, chemin critique …

7 - Pérennisation, capitalisation en continue
  - PDCA

Figure 9-34. Logigramme détaillé d'un processus

(Issu des séminaires de l'Institut Renault portant sur le Hoshin des flux en usine : les sigles sont maintenant normalisés. Les activités sont déterminées par rapport aux acteurs).

Afin de rendre opérationnelle la démarche « processus » nous proposons de localiser des sous-ensembles d'activités homogènes (périmètre à identifier) et de rajouter des « jalons fictifs » comme une décision à prendre dans une revue de fin d'étape par un comité de pilotage du processus (de façon analogue à un processus projet).

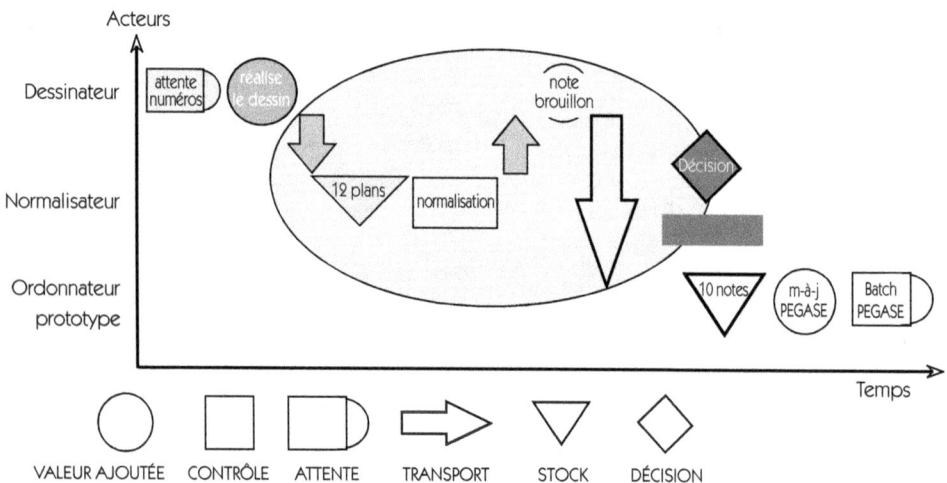

Figure 9-35. Les caractéristiques clés du projet : la maîtrise du processus

Trois types d'indicateurs : de résultats (contrôle) et de moyens (processus ou cause) mais aussi des indicateurs relatifs au pilotage			
Nom du produit			
Nom du processus			
Processus	Points de contrôle		
Phases/jalons	Éléments inspection *(vérifier la cause)*	Éléments de contôle *(vérifier le résultat)*	Éléments de pilotage
Phase Jalon			
Phase Jalon			

Fiche 37. Faire et apprendre, utiliser le cycle PDCA

La septième phase : faire et progresser en permanence.

Le résultat attendu : une mise en dynamique apprenante.

Figure 9-36. Fondamental 7 : FAIRE, SUIVRE, ANIMER

- Groupes transverses
- Associer les points suivants (voir PDCA)
  - Expliquer
  - Susciter l'appropriation par les acteurs : « pour moi ça veut dire…. » : une perception affective et une implication
  - Faire et former
  - Suivre et corriger
- Avoir une vision dynamique des phénomènes
  - Prévu (dans le passé) et réalisé (présent) : écarts et problèmes à traiter
  - Trajectoire et estimation : pronostic de réaliser les objectifs ou non
  - Reprévision et actions de correction
- Définir les plans d'action
  - Objectifs, pilote, indicateur
  - Qui fait quoi
  - QQOQCP et justifier les actions
- Appliquer systématiquement le PDCA ou « démarche expérimentale »
- Capitaliser « en continu » lors d'événements structurants

Figure 9-37. Exemple de l'utilisation de la LUQP

N° et auteur	Description du problème	Pilote	Gravité K1,K2, K3,K4	Niveau de difficulté de résolution	Phase projet où apparaît le problème	Avancement de la résolution	Résultats attendus	Délai	Solution apportée
						0 : prise en compte 1: résolution validation 2 : spécification 3 : industrialisation 4 : fermeture 5 : appliqué 6 : refusé			

CAPITALISATION

Figure 9-38. PDCA ou démarche expérimentale (Roue de Deming)

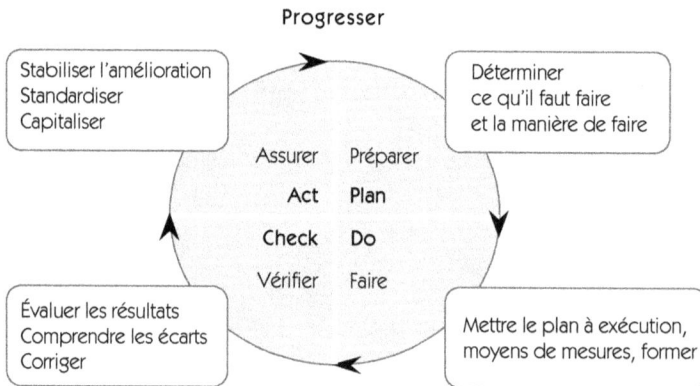

Progresser

Stabiliser l'amélioration
Standardiser
Capitaliser

Déterminer
ce qu'il faut faire
et la manière de faire

Assurer   Préparer
Act   Plan
Check   Do
Vérifier   Faire

Évaluer les résultats
Comprendre les écarts
Corriger

Mettre le plan à exécution,
moyens de mesures, former

Le processus de travail :

- Mettre en œuvre, piloter et suivre ;

- Apprendre par l'action, ce qui constitue aujourd'hui la source principale de progrès dans une entreprise, si elle capitalise l'expérience pour ne pas reproduire les erreurs du passé ;

- Utiliser la démarche expérimentale pour résoudre des problèmes ;

- Selon les types de problèmes, une démarche structurée comme celle d'un projet avec points d'entrée et sortie unique (un chef de projet est nommé) est nécessaire. Sans cela les divers acteurs perdront du temps, ne se coordonneront pas, et la résolution prendra du retard ;

- Impliquer les acteurs et créer la motivation.
- Définir le plan d'action avec QQOQCP/C (pour chaque question se demander Pourquoi ?) :
  - Q : *qui* est concerné (pourquoi qui ?) ?
  - Q : de *quoi* s'agit-il (pourquoi quoi ?) ?
  - O : *où* cela se produit-il, s'applique-t-il (pourquoi où ?) ?
  - Q : *quand* cela apparaît-il, s'applique-t-il (pourquoi quand ?) ?
  - C : *comment* procède-t-on (pourquoi comment ?) ?
  - P : *pourquoi* est-ce important, quel enjeu ?
  - C : *combien* ?

Les outils principaux :

- Le PDCA ou la démarche expérimentale ;
- Les méthodes de résolution de problèmes en groupe ;
- Le plan de convergence ;
- Les check-lists (à compléter) pour ne rien oublier ;
- Le Pareto, causes/effets… ;
- Les plans d'actions ;
- La LUQP ;
- Les fiches de retour d'expériences ;
- Les bonnes pratiques à diffuser ;
- La conduite de réunions ;
- Les actions de progrès, les audits ;
- La formation ;
- La culture de l'engagement donné.

Les points marquants

Les pièges à éviter

- Les dérives permanentes, les petites évolutions qui détruisent la cohérence du projet.
- Le déséquilibre qualité, coûts, délais : trop de pression sur l'un peut dégrader les autres.
- La perte de la qualité perçue au cours des vagues d'économie et de la recherche de la rentabilité.
- L'achat d'outils de travail sans analyser a quoi ils serviront.

Les points les plus importants

- Avoir l'obsession du client.
- Travailler ensemble.
- Optimiser la valeur/Q, C, D : le juste nécessaire qualité perçue par rapport aux coûts.
- Coordonner métiers et projets : dialogues, point de sortie unique, assurer la cohérence.
- Animer les convergences.
- Donner toute son importance à l'observation et à la démarche expérimentale.
- Résoudre les problèmes en tenant compte de tous les aspects Q, C, D.
- Privilégier la motivation des acteurs qui est un garant de prise en compte de la qualité perçue et de la réussite du projet.
- S'assurer de l'implication de la direction générale.

Pour en savoir plus

BERNARD Claude, *Introduction à l'étude de la médecine expérimentale*, Champs Flammarion, 1984.

> Ce médecin propose en 1865 une nouvelle démarche pour étudier les phénomènes biologiques : le raisonnement expérimental. Du constat d'un fait naît une idée et après raisonnement il institue une expérience. De cette expérience résultent de nouveaux phénomènes qu'il faut analyser pour progresser. L'observation joue un rôle fondamental.

SHIBA Shoji, *Les outils du management de la qualité*, MFQ, 1995.

> Ces sept nouveaux outils sont fondamentaux pour traiter l'information qualitative et très intéressant pour travailler en groupe à l'aide de *post-it* de façon à ce que tous les participants soient impliqués. Ils reposent sur le premier outil (diagramme des affinités ou KJ) qui répond à la question « quel est… ? ».

Bruno JARROSSON, Vincent LENHARDT et Bertrand MARTIN, *Oser la confiance*, INSEP, 1996.

> À partir de l'expérience du directeur d'une entreprise qui a réussi à se redresser « avec et par » le personnel, le livre expose le rôle fondamental de la confiance dans la motivation du personnel et l'efficacité d'une entreprise.

MCDERMOTT, Robin E., MIKULAK, Raymond J., et BEAUREGARD Michael R., *Développer l'initiative personnelle et la créativité du personnel*, Dunod, 1996.

> Après une analyse des pièges et échecs des systèmes de suggestion traditionnels, le livre propose une méthode plus générale de qualité totale et d'animation au quotidien, un guide pratique pour aider à concrétiser les idées du personnel.

IQM/MFQ, « L'homme acteur du changement », *Les Cahiers Qualité Management*, Institut Qualité et Management, 2000.

> Comment apprivoiser, susciter les changements ? Changer de regard, changer ensemble, nouvelles entreprises, nouvelles évaluations. *« La seule permanence semble être celle de cette recherche perpétuelle d'interprétation et de compréhension de la réalité… C'est donc de la multiplicité des regards que se nourrit notre perception de la réalité. »*

Conclusion

Faire son expérience par soi-même

La prise en compte nécessaire de la perception oblige à décoder le client selon différents points de vue. Adopter la démarche qualité perçue est contraignant, celle-ci demande de maîtriser les interactions qui sont toujours des sources de difficultés. Il faut de plus dépasser le seul fonctionnel et lui rajouter tous les signes de qualité. La *valeur perçue* devient alors une *valeur vendable*. Pour cela, il faut revenir aux fondamentaux : le produit confirme par ses prestations à l'usage ce qu'il promet dès le premier contact.

Pour chaque entreprise le diagnostic qualité perçue optera pour un niveau compétitif par rapport au marché. Cependant adopter une telle démarche ne peut pas se faire progressivement, une rupture est nécessaire. Sa mise en place doit permettre de franchir un seuil, sinon l'entreprise risque d'évoluer moins vite que le marché. Dans ce cas, tous les métiers impliqués devront partager les mêmes représentations pour créer une dynamique d'entreprise.

Un groupe transverse avec un pilote qualité perçue aura pour mission d'intégrer la qualité perçue à la logique de développement, d'effectuer les évaluations, préparer les revues ainsi que la constitution de bases de données sur la concurrence. De la pédagogie et de la communication seront associées à ces actions. L'important est, comme toujours, de définir le *qui fait quoi* des différents acteurs.

La qualité perçue est un moyen pour s'obliger à travailler ensemble et maîtriser les interfaces. Le souci du travail bien fait jusque dans le détail constitue un bon indicateur pour le client du sérieux de ce qu'il peut acheter, de la confiance qu'il peut avoir. Ce point ne peut être issu de travaux faits séparément et non coordonnés.

L'implication forte de la direction générale est toujours fondamentale, d'autant que la qualité perçue doit être intégrée à la stratégie de l'entreprise. Cette démarche exige la prise en compte simultanée des aspects de qualité, de coûts et de délais, et pas uniquement celle du seul objectif à court terme de rentabilité, qui sera assuré dès lors que les produits et services de l'entreprise offrent une valeur vendable.

Une fois la rupture faite, il faut organiser le progrès en continu pour anticiper les évolutions et s'adapter constamment aux changements des marchés. Mais quel que soit le processus de mise en œuvre adopté, il sera toujours nécessaire au concepteur, comme pour la Twingo, *d'inventer la vie qui va avec.*

Glossaire[1]

Analyse fonctionnelle (voir norme AFNOR X 50-150). Démarche qui consiste à recenser, caractériser, ordonner, valoriser l'ensemble des fonctions d'un produit. Elle permet d'identifier les relations entre fonctions externes et fonctions techniques.

Caractéristique. Caractère distinctif, manière propre de réagir. Signe distinctif. Caractère essentiel, trait dominant.

Critère de valeur ou de jugement. Indicateur quantitatif ou qualitatif d'un service rendu, permettant d'évaluer leur niveau de satisfaction de ses utilisateurs.

Critère d'appréciation. Caractéristique quantitative ou qualitative d'une fonction permettant d'apprécier son niveau de réalisation, notion principale en analyse fonctionnelle.

Cognitif. Capacité de connaître, traitement de l'information par le cerveau. Concerne les processus mentaux tels que la perception, la mémoire, la résolution de problèmes, le langage, l'apprentissage.

Connotation. Signification qui vient s'ajouter au sens ordinaire en fonction du contexte.

Cycle de vie d'un produit. Toutes les étapes de la vie d'un produit, de sa naissance à sa disparition (cycles de conception, de perception, d'utilisation, de fin de vie).

Dénotation. Signification invariante et non subjective.

Émergence. Apparition d'une propriété nouvelle résultant d'un assemblage d'éléments dont aucun ne contient les propriétés de l'ensemble. Synergie : le tout est plus que la somme des parties. Sous optimisation : le tout est moins que la somme des parties.

---

1. Extraits du *Petit Larousse*, *Petit Robert*, *Littré*, de la revue *Sciences Humaines* ainsi que d'hypothèses personnelles de l'auteur.

Fonction externe. Action qu'un produit ou qu'un processus effectue avec ses milieux extérieurs ou ses utilisateurs, exprimée en termes de finalités, indépendamment des solutions utilisées.

Une fonction est un *comment* permettant de caractériser l'objet. Elle ne doit pas être confondue avec les *quoi* qui sont les services rendus, perçus par les clients.

Fonction technique. Action interne d'un produit ou processus mise en œuvre par les concepteurs/réalisateurs dans le but d'assurer les fonctions externes.

Forme (ou *Gestalt*). Selon Max Wertheimer, Kurt Koffka et Wolfgang Kohler, la perception visuelle organise les données de l'environnement à partir de configurations très prégnantes (loi des *bonnes formes*) correspondant à une perception immédiate et globale.

Inférence. Toute opération par laquelle on admet une proposition dont la vérité n'est pas connue directement, en vertu de sa liaison avec d'autres propositions déjà tenues pour vraies. Une supposition faite par la pensée qui complète un raisonnement, la déduction, l'induction ou l'abduction.

Jugement de fait et jugement de valeur (à rapprocher de *faits et opinions*). Les faits sont vérifiables objectivement par différents acteurs, les valeurs sont subjectives, dépendent des conventions sociales ou des opinions des individus. Certains auteurs estiment qu'il y a coupure radicale entre ces deux jugements, d'autres pensent que ces domaines sont de même nature. L'orientation actuelle est de maintenir une distinction entre ces univers, tout en permettant des passerelles.

LUQP. Liste unique des problèmes qualité perçue qui sont suivis et devront être résolus.

Perception. Connaissance de la réalité (externe ou interne) par l'intermédiaire d'un ensemble de signaux sensoriels appelés sensations. Représentation consciente faite à partir des sensations. Le perceptible est saisi par les sens et compris par l'esprit.

Prestation. Service fourni. Action de se produire en public (acteur). Action de prêter, de prononcer un serment.

Problème. Écart entre une situation réelle et une situation souhaitée.

Propriété. Ce qui est le propre de. Qualité particulière. Adéquation d'un mot à l'idée.

Qualité. Manière d'être, bonne ou mauvaise, ce qui en fait le mérite. Aptitude à satisfaire. État caractéristique. Exercice d'une fonction à titre de… Supériorité, excellence.

Qualités perçues. Deux notions existent :

La notion générale. Tout ce qui est perçu, qualité des prestations et signes de qualité (littérature américaine : modèle PIMS) ;

La notion limitée aux signes de qualité, en dehors des prestations vécues et de la qualité.

QFD (*Quality Function Deployment*). Démarche permettant de déployer les attentes des clients (le « quoi ») en caractéristiques techniques (le « comment »).

Rationalité limitée. Pour Herbert A. Simon, « *le raisonnement humain en situation sociale n'est jamais parfaitement rigoureux : les acteurs ne peuvent élaborer des choix optimaux faute d'informations, de capacité de raisonnement ou de temps suffisant. Dans la plupart des cas, le sujet se contentera d'adopter des solutions satisfaisantes, plutôt que des solutions optimales* ».

Représentation individuelle. Tous les états mentaux (images mentales, idées, concepts, croyances, désirs, connaissances) censés représenter la réalité extérieure ou les croyances du sujet. Par exemple, « *le mot soleil est une représentation verbale d'un astre qui brille, le signe "+", une représentation logique de l'opération ajouter* ».

Représentations sociales. C'est ce qui nous permet de « voir » le monde, de nous représenter la réalité. Elles nous permettent d'assimiler l'information en provenance de notre environnement et de communiquer avec autrui. Elles évoluent en fonction des préoccupations d'un groupe humain. « *Tout objet ou comportement social est une réalité plus une représentation.* »[1]

Sémantique. Domaine de la linguistique qui étudie la signification (ou le sens) des mots. Comme adjectif, s'applique à tout ce qui concerne l'attribution d'une signification à un signe ou à un énoncé.

Sémiotique ou sémiologie. « *Science qui étudie la vie des signes au sein de la vie sociale.* »[2] Étude de la signification des systèmes de signes (codes, images).

---

1. Serge Moscovici.
2. Ferdinand Saussure.

Service fourni. Action de servir, être utile et bon à, aide, appui, donner des soins, travaux effectués pour quelqu'un. Vendre, fournir une marchandise. Usage, utiliser, fonctionnement d'une machine en service. Exercer une fonction, s'acquitter d'un devoir. Obligation d'un citoyen. Souvent associé à servilité.

Symbole. « Ce qui représente autre chose en vertu d'une correspondance analogique. »[1] Il montre et rend visible ce qui ne l'est pas (valeur abstraite). Objet possédé par des individus, sa possession permet de se rejoindre.

Verbatim (en bas latin : mot à mot). Description mot à mot de l'attente ou du besoin, du problème ou de toute réaction énoncée par le client.

Valeur. Caractère de ce qui produit l'effet voulu, qui a les qualités requises, importance. Prix selon lequel un objet peut être échangé, vendu. Usage et échange. Sens que prend un mot dans un contexte. Mesure d'une grandeur, quantité équivalente.

Valeurs morales (*vrai, beau, bien*) servant de référence. Jugement de valeur (appréciation) opposé à jugement de réalité (constat d'un fait).
Ce mot a de multiples significations, il est nécessaire de les préciser à chaque fois.

Valeur perçue client. Nous adoptons une notion de valeur différente de celle utilisée habituellement (comme rapport fonction sur coût). La valeur perçue est l'intérêt que le client porte sur l'ensemble des dimensions qu'il perçoit, l'aptitude à être désiré.

---

1. André Lalande.